Das große Ulmer

Biogartenbuch

Brunhilde Bross-Burkhardt

Das große Ulmer

Biogartenbuch

Ulmer

Obst im Biogarten 188

Ziergarten und andere Gartenteile 230

Selbstversorgung mit Gemüse, Obst und Kräutern 258

Biogärtnern als Lebenshaltung

Der Biogarten ist für mich mehr als ein Ort, an dem Nutzpflanzen gesund heranwachsen und mich gesund ernähren. Das biologische Gärtnern ist gleichzeitig Ausdruck meiner Lebenshaltung. Es bringt mich der Natur ganz nahe und es schenkt mir Lebensfreude. Dabei hat für mich das biologisch orientierte Gärtnern mehrere Aspekte:

Da ist zum einen die stoffliche Ebene mit Düngung, Pflanzenschutz, Saatgut und andere Ressourcen. Im biologischen Gartenbau gibt es den klaren Grundsatz, auf chemisch-synthetische Spritzmittel zu verzichten, keinen „Kunstdünger" zu verwenden und sparsam mit Wasser, Energie und Rohstoffen umzugehen. In der öffentlichen Wahrnehmung steht der materielle Aspekt des Biogartenbaus im Vordergrund. Und er ist auch seine Basis. Zu den Grundsätzen auf stofflicher Ebene gehört zudem der sorgsame Umgang mit der organischen Substanz. Der pflanzliche Aufwuchs und Abfälle aus dem Haushalt sollen möglichst im Naturkreislauf des Gartens bleiben und so längerfristig für Humusaufbau und fruchtbaren Boden sorgen.

Bei meinem Verständnis vom biologischen Gärtnern schwingt zum anderen immer der Naturschutzgedanke mit. Ich will einen Beitrag zur Biodiversität leisten, indem ich in meinen Gärten und in meinem Lebensumfeld Lebensräume für Tiere und Pflanzen erhalte und neu schaffe. Mir ist es beispielsweise wichtig, dass alte Bäume stehen bleiben, manchmal bis sie absterben. Und ich lasse bis zu einem gewissen Grad Wildwuchs zu.

Biogärtnern ist für mich aber noch viel mehr. Biogärtnern bedeutet für mich auch eine innere Verbundenheit mit dem Geschehen im Garten und in der umgebenden Natur. Der Garten ist für mich ein Ort, in dem ich die belebte und unbelebte Gartenwelt genau beobachten und den Pflanzen, den Tieren und dem Boden ganz nahe sein kann. Der Boden ist für mich der Schlüssel zu allem.

Und ein vierter wesentlicher Aspekt des Biogärtnerns (vielleicht der Wichtigste) ist für mich fast so etwas wie eine Lebenshaltung, eine geistige Freiheit, die sich in Experimentierfreude und der Bereitschaft, mich auf Neues einzulassen, ausdrückt. Dabei bleibe ich auf dem Boden des naturwissenschaftlich Begründbaren und hinterfrage und analysiere manch vermeintliche Biogartenmethode.

Mehr als die Spanne einer Generation liegt zwischen der ersten großen Welle der Biogartenbewegung und der heutigen Biogartenpraxis. Die Grundsätze haben sich nicht geändert. Doch die Bewegung ist vielfältiger geworden. Und, der wesentliche Unterschied: Früher wurde alles, was sich „bio" nannte, von der breiten Masse verunglimpft und oft ziemlich rabiat bekämpft. Heute ist Biogartenbau in der Öffentlichkeit allgemein akzeptiert und für viele selbstverständlich geworden. Ich bin gespannt darauf, wie es in Zukunft mit dem biologischen Gartenbau weitergeht.

Dr. Brunhilde Bross-Burkhardt

Die Wurzeln des Biogartenbaus

Bioanbau in privaten Gärten hat viele Facetten. Bei allen individuellen Ausprägungen gibt es viele Gemeinsamkeiten: Biogärtner wollen gesundes Obst und Gemüse ohne Schadstoffe ernten und etwas für die Natur tun.

Biologisch gärtnern – was ist das?

Es ist gar nicht so einfach, diese Frage zu beantworten. Eine exakte Definition bezogen auf den privaten Biogartenbau gibt es nicht. Der kleinste gemeinsame Nenner ist wohl, dass es ein Gärtnern mit der Natur und ohne giftige Stoffe ist.

Gesundheit auf drei Ebenen

Ein wichtiger Leitgedanke des biologischen Anbaus ist, dass nur auf einem gesunden Boden gesunde Pflanzen wachsen können. Der Boden ist das A und O beim biologischen Gärtnern. Alles zielt darauf ab, den Boden fruchtbar zu machen. Damit verbunden ist die weitergehende Vorstellung, dass nur auf einem gesunden Boden gesunde Pflanzen wachsen, die wiederum der Gesundheit des Menschen zuträglich sind. Gesundheit auf drei Ebenen also.

Die wichtigsten Methoden zur Förderung der Bodenfruchtbarkeit sind Gründüngung, Mulchen und Kompostgaben mit dem Ziel einer Kreislaufwirtschaft. Und zur Gesunderhaltung der Pflanzen selbst dienen giftfreie Methoden zur Krankheits- und Schädlingsregulierung. Unter diesen Voraussetzungen, so ist die Idealvorstellung, soll sich der Mensch selber als Nutznießer gesund von den pflanzlichen Produkten ernähren können. Zu meinem Verständnis von biologischem Gärtnern gehört auch, nicht unnötig Energie und Ressourcen zu verschwenden.

Ziel des Biogärtnerns: fruchtbaren Boden schaffen.

Ökologischer Aspekt

Für mich hat das biologische Gärtnern auch einen starken ökologischen Aspekt. Ein Biogarten ist für mich zumindest in Teilbereichen auch ein Naturgarten. Ich möchte in meinem Garten, auf meinem Grundstück für die Vielfalt in der Natur etwas tun, indem ich Lebensräume für Pflanzen und für Tiere schaffe. Dabei denke ich nicht nur an die Welt über der Erdoberfläche, sondern auch an die im Boden.

Eine natürliche Umgebung und gewachsener Boden bieten die besten Voraussetzungen für biologisches Gärtnern. In Kisten und Kästen, in denen die Pflanzerde keinen direkten Kontakt zum gewachsenen Boden hat, lässt sich nur eingeschränkt biologisch gärtnern.

Biologisches Gärtnern heute

Was ist biologisches Gärtnern heute? Der Begriff ist – abgesehen von der Grundintention des naturnahen, giftfreien Anbaus – nicht klar definiert. Nicht jeder Biogärtner oder jede Biogärtnerin wird alle verfügbaren Methoden praktizieren, sondern viel-

Ein vielfältiges Miteinander prägt den Biogarten.

mehr nur diejenigen umsetzen, die für die eigenen Bedürfnisse nötig sind. Für eine umfassende Praxis fehlt bei den vielfältigen Belastungen im Beruf und in der Familie oft die Zeit. Wenn man keine umfassende Selbstversorgung wie in frühen Biogärtnerzeiten anstrebt, ist das auch gar nicht nötig. So kann man sehr gelassen und experimentierfreudig an das Projekt Biogarten herangehen.

Wer im privaten Umfeld biologisch gärtnert, muss sich nicht an feste Regeln halten wie im professionellen Bioanbau, bei dem alle Details genau in Anbaurichtlinien festgehalten sind. Privatleute können frei entscheiden, wie sie Bioanbau praktizieren.

Intensiver oder extensiver Anbau

Dabei kann die Intensität des Anbaus ganz unterschiedlich sein: Biologisch gärtnern kann man mit einem hohen (intensiven) oder einem geringen (extensiven) Einsatz an Ressourcen (Düngung, Pflanzenschutz, Technik, Energie und Zeit). Manche private Biogärtner schöpfen, so wie im Erwerbsanbau, alle Möglichkeiten aus und behandeln ihr Gemüse und Obst intensiv mit den zur Verfügung stehenden Düngemitteln, Pflanzenschutz- und Pflanzenpflegemitteln sowie mit biotechnischen Methoden, um hohe Erträge zu erzielen. Andere private Biogärtner werden nur mal hier und mal da eingreifen, wenn Blattläuse überhandnehmen oder Schnecken alles Grüne abraspeln.

Eine dritte Gruppe von Biogärtnerinnen und -gärtnern lässt es nach meiner Erfahrung einfach eher laufen. Sie kommen kaum auf die Idee, Pflanzenschutzmittel oder -pflegemittel egal welcher Ausrichtung anzuwenden, und sie düngen sehr zurückhaltend mit garteneigenem Kompost und allenfalls gelegentlich etwas Hornmehl, wenn Stickstoffmangel deutlich zu sehen ist. Geerntet wird eben das, was mehr oder weniger von alleine heranwächst. All das fällt unter den Überbegriff „biologisches Gärtnern“.

Biologisch gärtnern auf verschiedenen Ebenen

- Fruchtbaren Boden schaffen (durch Gründüngung und Mulchen)
- Düngen mit organischen Düngern
- Giftfreie Pflanzenpflege und Pflanzenschutz
- Saatgutpflege
- Vielfalt bei Pflanzen und Tieren fördern
- Ressourcen schonen

Dem Bioanbau verwandte Praktiken

In einem Permakulturgarten oder einem Naturgarten geht es eher um ein Gesamtkonzept für das Lebensumfeld des Menschen, das Gebäude und andere architektonische Elemente mit einbezieht.

Permakultur

Permakultur ist ein umfassendes Entwurfssystem für den Lebensraum des Menschen mit den Bestandteilen Forstwirtschaft, Landwirtschaft, Wasserwirtschaft, Obstbau, Gartenbau, Energiewirtschaft, Architektur, Baubiologie, Ökonomie und Ökologie. Ziel ist eine möglichst große Nahrungsmittelunabhängigkeit auf der kleinstmöglichen praktikablen Fläche. Der Australier Bill Mollison hat den Begriff Permakutur im Jahr 1978 mit seinem Buch „Permaculture I. A Perennial Agriculture for Human Settlements" an die Öffentlichkeit gebracht. Permakulturpraktiker streben an, die Nahrung dort zu erzeugen, wo sie gebraucht wird, also auch in Städten.

Ein Naturgarten bietet Lebensraum für eine Vielzahl von Wild- und Kulturpflanzen und für Tiere.

In Permakulturgärten soll sich möglichst alles selbst regulieren. Der Mensch soll von der Natur leben, sie kontrollieren, dabei aber nicht zerstören. Das Bestreben ist, sich selbst mit Energie zu versorgen. Deswegen werden organische Abfälle möglichst komplett verwertet und zu Dünger, Kompost oder Biogas verarbeitet. Abwässer werden am Ort ihrer Entstehung aufbereitet und weiterverwertet.

Permakulturpraktiker wollen das Kleinklima günstig beeinflussen, sodass auch exotische Gewächse in unserem Klimabereich wachsen können. Sie bauen Gebäude und pflanzen Gehölze so, dass kalte Winde abgehalten werden oder dass die Sonne so reflektiert wird, dass sie wärmebedürftigen Gewächsen wie beispielsweise dem Weinstock zugutekommt.

Genau genommen unterscheidet sich die Permakultur kaum von traditionellen mitteleuropäischen Anbausystemen. Auch in Mitteleuropa wirtschafteten Landleute notgedrungen energieeffizient und verwerteten die verfügbare organische Substanz zum Düngen und auch zum Bauen. Der Anbau von Spalierobst an der Südseite von Gebäuden ist ebenfalls altes gärtnerisches Wissen, ebenso das Auffangen von Regenwasser von den Dächern.

Naturgarten

In einem Naturgarten geht es weniger um Nahrungsmittelerzeugung, sondern um aktiven Naturschutz, indem man Lebensräume für Pflanzen und

Tiere schafft (oder einfach nur zulässt). Diese Vielfalt kommt indirekt dem Nutzgarten zugute.

Ein Naturgarten kann ein wenig von den Funktionen übernehmen, die in der Feldflur Hecken, Feldgehölze, Raine und Tümpel erfüllen, nämlich Tieren Nahrung, Brut- und Rückzugsorte zu bieten. Dazu legen Naturgärtner Blumenwiesen an, lassen Wildkrautecken stehen, bauen Trockenbiotope und Trockenmauern. Tragen Lesesteinhaufen zusammen, pflanzen Hecken und schaffen – wo es passt – Feuchtzonen und Tümpel.

Naturgärtner denken immer an die Tierwelt. Sie lassen Brennnesseln als Futterpflanzen für Schmetterlinge wie den Kleinen Fuchs wachsen. Sie schneiden nicht alles Abgeblühte gleich ab, sondern lassen es als Futter für Vögel oder Insekten stehen. Sie dulden bis zu einem gewissen Grad Unkräuter.

Urban Gardening

Genau genommen sind alle Anbauformen in einem städtischen Umfeld urbanes Gärtnern, also auch traditionelle Kleingärten oder Schrebergärten, Balkongärten oder Dachgärten. Doch der englische Begriff „Urban Gardening“, der in den deutschen Sprachgebrauch eingegangen ist, hat durch die vielen Veröffentlichungen in den Medien einen anderen Anklang und bezieht sich vor allem auf neue Modelle des Gärtnerns, vor allem des Nutzpflanzenanbaus, in der Stadt. Diese heben sich vom individuellen, manchmal als spießig empfundenen Gärtnern im Kleingarten ab – eine äußerst bunte Szene vom Guerilla-Gardening mit dem Werfen von Samenbomben über Gemeinschaftsgärten und Selbsterntegärten bis hin zu kommerziellen Urban-Agriculture-Projekten wie Aquaponic und Indoor-Farming.

Viele Urban-Gardening-Projekte finden im öffentlichen Raum statt. Da geht es nicht um individuellen Landbesitz, sondern um die Nutzung des öffentlichen Raums, der als Allgemeingut verstanden wird. So ist es beispielsweise beim Prinzessinnengarten in Berlin-Kreuzberg. In diesem findet der Anbau hauptsächlich in Kisten und Säcken statt. Bei einer solchen Anbauweise kommt es besonders auf die gleichmäßige Wasserversorgung eventuell mit Hilfe einer automatischen Bewässerung an, denn die Gemüsepflanzen oder die Obstgehölze haben nur einen begrenzten Wurzelraum. Anders als in gewachsener Erde können die Kulturpflanzen mit ihren Wurzeln nicht in tiefere Bodenschichten vordringen und sich aus dem Bodenvorrat mit Wasser und Nährstoffen versorgen. Bei Dauerkulturen besteht zudem die Gefahr, dass die Pflanzen im Winter vertrocknen oder ausfrieren.

Bekannt für Gemüseanbau im Container: der Berliner Prinzessinnengarten.

Widerständig sein

Ökologisch und nachhaltig ist der Anbau in Gefäßen nur, wenn man sorgsam und sparsam mit Materialien umgeht und Erde (Substrate) ohne Torf verwendet. Die Kosten sollten in einem vernünftigen Verhältnis zum Ertrag stehen. Etwas Widerständigkeit gegen modisches (und teures) Urban-Gardening-Zubehör aus dem Handel gehört auch dazu. Selbstverständlich sollte sein, dass die Urban-Gardening-Aktivitäten in sicherer Entfernung von Abgasen, Feinstaub und Reifenabrieb betrieben werden. In früheren Biogartenzeiten haben wir wegen der potenziellen Schadstoffbelastung eher vor dem Anbau von Gemüse und Kräutern in der Stadt gewarnt.

Von den Anfängen des Biogartenbaus

Aus heutiger Sicht erscheint es so, als ob es biologischen Anbau schon immer gegeben habe. „Bio" ist heute Mainstream. Doch das war nicht immer so. Die Entwicklung fing nach dem Zweiten Weltkrieg klein an.

Einige herausragende Persönlichkeiten wirkten in der Anfangszeit und brachten den biologischen Anbau gegen große Widerstände in der Öffentlichkeit voran. Gartenbesitzer, die ihren Garten biologisch ohne „Spritzmittel" und „Kunstdünger" bewirtschafteten, wurden bis in die 1980er-Jahre als „Spinner" bezeichnet, manchmal gar verhöhnt und aktiv bekämpft. Sie waren in der Gesellschaft Außenseiter.

Von einem „Biogarten" war um 1950 noch nicht die Rede. Man sprach allenfalls von „biologischer Düngung". Um die Entwicklung zu verstehen, die das biologische Gärtnern in Haus- und Kleingärten genommen hat, muss man sich vor Augen führen, wie ein Garten nach dem Zweiten Weltkrieg ganz praktisch bearbeitet wurde. Zu dieser Zeit waren die Lebensmittel knapp, deshalb setzten die Familien alles daran, sich selbst mit Gemüse, Obst und Beerenobst zu versorgen. Die Hausgärten waren deshalb intensiv bewirtschaftete Nutzgärten mit Kartoffeln, Kraut und Möhren. Sehr viele Menschen besaßen damals durch Miterleben und durch den praktischen Umgang in der Familie die Kenntnisse und Fertigkeiten, die man zur Gartenbewirtschaftung braucht.

Um 1950 wurden in den Gärten noch nicht so viele Gemüsearten und -sorten kultiviert wie heute. Tomaten zogen gerade erst in die Gärten ein, Brokkoli und Zucchini kannte man noch nicht. Kartoffeln, Kohlgemüse, Möhren, Zwiebeln, Lauch und Bohnen waren die Basis der Selbstversorgung. Johannisbeeren und Stachelbeeren, Äpfel und Birnen versüßten die Nahrung und wurden zu Saft und vergorenem Most verarbeitet. Walnüsse trugen zur Fettversorgung bei.

Die Kunst des Düngens

Zum Düngen stand in der Nachkriegszeit oft noch tierischer Mist aus Kleintierhaltungen zur Verfügung. Gar nicht so selten wurden auch menschliche Fäkalien auf die Gartenbeete ausgebracht – mit der Folge, dass die Menschen, die auf solchen Flächen angebautes Gemüse aßen, Spulwürmer bekamen. Leicht lösliche Mineraldünger („Kunstdünger") gab es zu der Zeit bereits und Gartenbesitzer nutzten sie. Gartenkompost wurde um 1950 noch kaum als Dünger eingesetzt. Die Gartenbesitzer verbrannten häufig organische Abfälle oder lagerten sie auf „wilden Haufen", bevor sie diese nach jahrelangem Rotten auf die Beete ausbrachten. Die schwarze Komposterde hatte dann kaum noch einen Düngewert und taugte allenfalls zur Bodenverbesserung.

Die Pioniere der Biogartenbewegung trugen zur Änderung dieser vielgeübten Praxis bei: Vor allem Ewald Könemann und Alwin Seifert klärten in den 1950er- und 1960er-Jahren ein interessiertes Publikum über den Nutzen einer geregelten Kompostierung und den hohen Düngewert des Komposts auf. Alwin Seifert, der seinerzeit als „Kompost-Apostel" verehrt wurde, behauptete sogar, dass er durch die alleinige Düngung mit Kompost in seinem Garten Schädlingsbefall an seinen Apfelbäumen verhindern könne.

In der Schweiz bildete Maria Müller in der von ihr geführten Bauernheimatschule viele junge Frauen in biologischem Gartenbau aus. Sie war übrigens zusammen mit ihrem Mann Dr. Hans Müller und dem deutschen Arzt Dr. Hans Peter Rusch Mitbegründerin des organisch-biologischen Landbaus in der Schweiz, der schließlich in die Gründung des deutschen Bioanbauverbandes „Bioland" mündete.

Die Biogartenpionierin Gertrud Franck

Gertrud Franck (1905–1996) ist die wichtigste deutsche Biogartenpionierin. Sie erprobte und entwickelte nach dem Zweiten Weltkrieg ihr eigenes Mischkultursystem. Die Mischkultur war nicht ihre Erfindung, sie baute vielmehr auf älteren Erfahrungen und Erprobungen auf, zum Beispiel des Gartenbauinspektors Albert Georg Wirth und der Gartenfachberaterin Dr. Huberta von Bronsart. In ihrem Gutsgarten, der gleichzeitig ein Versuchsgarten war, kombinierte Gertrud Franck nicht nur sich gegenseitig fördernde Gemüse und Kräuter in Reihen, sondern betrieb auch eine ausgeklügelte Bodenpflege mit Gründüngungssaaten (Spinat, Gelb-Senf und Acker-Bohnen) und Mulchen. Ihr Ziel war es zunächst, mit Hilfe der Mischkultur hohe Erträge an Gemüse, Obst und Kräutern zu erzielen, die sie zur Selbstversorgung in ihrem großen Gutshaushalt brauchte.

Gertrud Franck war selbst keine Gärtnerin oder Landwirtin, sondern arbeitete vor ihrer Ehe als Gemeindehelferin im kirchlich-sozialen Bereich. Durch ihre Heirat mit dem Agraringenieur Dr. Hannfried Franck wurde sie Gutsfrau auf einem großen landwirtschaftlichen Saatzuchtbetrieb, auf der Oberlimpurg bei Schwäbisch Hall. Auf einer ehemaligen Schweineweide des Gutsbetriebs legte sie einen etwa 1 Hektar großen Gemüse- und Obstgarten an. Diesen bewirtschaftete sie zusammen mit Angestellten und weiblichen Lehrlingen der Hauswirtschaft. Das geerntete Gemüse war wichtiger Bestandteil der Eigenversorgung auf dem Gut und wurde vielfältig verwertet.

Das große Gartengelände bot reichlich Platz für Mischkulturversuche mit Wiederholungen, so wie es im landwirtschaftlichen Versuchswesen der damaligen Zeit praktiziert wurde. Gertrud Franck hatte Erfolg mit ihrer Anbauweise. Ihre Erfahrungen und Auswertungen brachte sie auf verschiedenen Wegen an die Öffentlichkeit: über die Ausbildung der weiblichen Lehrlinge in ländlicher Hauswirtschaft, über Vorträge und Gartenführungen sowie über Zeitschriftenartikel und Bücher. Ihr Ziel war es, den Frauen auf dem Land ein praktikables Gartenbausystem an die Hand zu geben, mit dem sie kräfteschonend hohe Erträge an Gemüse und Obst für die Eigenversorgung erzielen konnten. Dies war in den kargen Nachkriegsjahren von sehr großer Bedeutung. Zu dieser Zeit ging es noch nicht darum, im heute verstandenen Sinn biologisch zu wirtschaften. Es bestand vielmehr die Notwendigkeit, hohe Erträge zu erzielen, um die Menschen mit Nahrungsmitteln zu versorgen. (Das war eine völlig andere Situation als in unserer heutigen Überflussgesellschaft.)

Gertrud Franck betrieb ihre praktische und publizistische Arbeit mit großer Gründlichkeit und Ausdauer jahrzehntelang bis etwa Mitte der 1980er-Jahre. Wolfgang von Haller von der Gesellschaft Boden und Gesundheit erkannte als Erster ihre wegweisende Bedeutung für die Gesundheits- und entstehende Bioanbauszene. Er veröffentlichte in seinem „Nachrichtenblatt Boden und Gesundheit“ von 1957 bis 1965 eine Artikelfolge von Gertrud Franck über Mischkultur und fasste die Artikel in einer Broschüre „Gesundheit durch Mischkultur“ zusammen. Diese Broschüre mit einem gezeichneten Anbauplan für den Gemüsegarten wurde in acht Auflagen mit einer Gesamtauflage von 55 000 Exemplaren gedruckt.

Die Mischkulturgärtnerin Gertrud Franck.

Vorbeugen durch Mischkultur

Und wie sah es mit dem Pflanzenschutz aus? Blattläuse und Spinnmilben, Mehltau und Welkekrankheiten bereiteten Probleme. Die Gartenbesitzer setzten auf Vorbeugung. Sie hielten die Fruchtfolge ein. Sie förderten Singvögel, kleine Säugetiere und nützliche Insekten als Schädlingsvertilger. Sie probierten Mischkulturen aus. Die Biogartenpionierin Gertrud Franck sah in der Mischkultur ein großes Potenzial für die Krankheits- und Schädlingsregulierung. Sie legte nach dem Zweiten Weltkrieg in ihrem großen Gutsgarten in Schwäbisch Hall Mischkulturversuche an und entwickelte ein ausgeklügeltes Mischkultursystem, das Gründüngung und Mulchen integrierte. Gertrud Francks Methode wurde durch ihre Veröffentlichungen und ihre Vorträge, die sie im ganzen Bundesgebiet hielt, bekannt und fand viele Nachahmer.

Pflanzenschutzmittel zunächst hochwillkommen

Ab etwa 1950 kamen in rascher Folge chemisch-synthetische Pflanzenschutzmittel wie die Insektizide DDT und E 605 auf den Markt. Die Chemiefirmen bewarben die Mittel mit großformatigen Anzeigen in Publikumzeitschriften und Gartenmagazinen. Sie versprachen hohe Erträge und Arbeitsersparnis. Und die Gärtner und Landwirte nahmen dieses Angebot gerne an.

Ab Mitte der 1950er-Jahre gelangten Nachrichten über negative Auswirkungen von DDT auf die Umwelt aus den USA nach Europa. Einige Persönlichkeiten wie Wolfgang von Haller von der Gesellschaft Boden und Gesundheit klärten über die Gefährlichkeit der Mittel auf. In der großen Öffentlichkeit fanden die Skeptiker jedoch kein Gehör – im Gegenteil, sie wurden verlacht und als „Spinner“ oder „Gesundheitsapostel“ abgestempelt. In Deutschland gab es zu der Zeit keine Pflanzenschutzgesetzgebung. (Das erste Pflanzenschutzgesetz der Bundesrepublik Deutschland wurde erst 1968 verabschiedet.) Die Chemiefirmen brachten die Mittel ohne ausreichende toxikologische Prüfung auf den Markt.

In der Reihenmischkultur nach Gertrud Franck haben alle Reihen einen Abstand von 40 oder 50 cm zueinander.

Pflanzenpflege mit natürlichen Mitteln

Die Gartenbesitzer, die DDT und die anderen Pestizide nach den Schreckensmeldungen nicht mehr anwenden wollten, suchten nach Alternativen. Blattläuse, Kohlweißlingsraupen und Mehltau gab es schließlich auch in ihren Gärten – auch wenn sie durch gute Bodenpflege und Nützlingsförderung dem Befall mit Krankheiten und Schädlingen vorzubeugen trachteten.

Gertrud Franck empfahl Kräuterjauchen und Kräutertees aus Brennnesseln, Beinwell (Comfrey), Zwiebelschalen und Schachtelhalm. Die Benediktinerinnen der Abtei Fulda testeten eine Vielzahl von Kräutern und veröffentlichten ihre Erfahrungen in der Broschüre „Kräutersaft gibt Pflanzen Kraft“. Der Pharmazeut Helmut Snoek sichtete und überprüfte die vorhandenen Mittel auf ihre Wirksamkeit und entwickelte selbst Präparate. Er brachte feinst vermahlene Steinmehle als ungiftige, doch wirkungsvolle Stäubepräparate auf den Markt. So behalf man sich über Jahrzehnte mit einfachen Mitteln, die in vielen Fällen die Pflanzen nicht sehr effektiv schützten. Aus heutiger Sicht fallen sie allenfalls unter die Kategorie Pflanzenpflegemittel.

Heilpflanzen wie Ringelblumen und Königskerzen bringen auch dem Garten Gesundheit.

Biogärtnern wird populär und der Bioanbau professionalisiert sich

Erst ab etwa 1980 begann in weiten Bevölkerungskreisen allmählich ein Umdenken. Die „Alternativen", oft Anhänger oder Mitglieder der 1980 gegründeten Partei „Die Grünen", entdeckten das giftfreie Gärtnern als ideales Betätigungsfeld, ihre Ideen in die Tat umzusetzen. So wurde das biologische Gärtnern innerhalb von wenigen Jahren populär. Die Verlage brachten sehr viele Bücher über biologisches oder naturgemäßes Gärtnern auf den Markt. Zeitschriften griffen das Thema auf. Auf dem Gelände der Landesgartenschauen wurden Bio-Lehrgärten angelegt. Volkshochschulen boten Praxiskurse an. Der baden-württembergische Landwirtschaftsminister Gerhard Weiser verbot 1990 per Gesetz die Anwendung von Herbiziden und sehr vieler Insektizide und Fungizid in Privatgärten.

Ab Ende der 1980er-Jahre professionalisierte sich der biologische Landbau. Die Verbände gaben sich Anbaurichtlinien. Insgesamt wurden die Anforderungen an Pflanzenschutzmittel immer höher angesetzt. Präparate wurden toxikologisch auch auf ihre Giftigkeit für Fische und Insekten untersucht. Das über Jahrzehnte als pflanzliches Insektizid genutzte Pyrethrum geriet in Verruf. Pflanzenschutzfirmen entwickelten wirksame biologische Präparate wie Kaliseife zur Blattlausregulierung und neue Kupferpräparate, die die Belastung der Umwelt mit Kupfer minimieren. Die Entwicklung und Erprobung von ungiftigen Pflanzenschutzmitteln geht stetig weiter.

Umsetzung in die Praxis – sieben Beispiele

Biologisch gärtnern können alle – ob im Nutzgarten, im Blumen- und Rosengarten oder im Naturgarten. Sieben exemplarische Beispiele zeigen, wie Menschen in ganz unterschiedlichen Lebenssituationen ihre Vorstellungen in die Praxis umsetzen.

Annäherung ans biologische Gärtnern – wie beginnen?

Sich gesund von selbst herangezogenem Obst und Gemüse ernähren, das wünschen sich viele Menschen. Das eigene Land oder das zeitweise in Besitz genommene Land soll dies liefern. Dazu verlockt die Aussicht, in engen Kontakt mit der Natur zu kommen und für die Natur selbst etwas zu tun.

Doch die Wünsche müssen in Einklang mit den Möglichkeiten gebracht werden. Den Muster-Biogarten gibt es nicht. Dazu sind die Grundstücke, das ganze Umfeld und die Lebenssituationen der Menschen, die sich gärtnerisch betätigen, zu unterschiedlich. Es ist ein großer Unterschied, ob man sich nur um ein kleines Gemüse- und Kräuterbeet kümmert oder ob man ein großes Grundstück bewirtschaftet und sich weitgehend selbst mit Gemüse und Obst versorgt. Das eine lässt sich in ein paar Minuten täglich nebenher bewältigen, für die Selbstversorgung muss man viel Zeit aufwenden und sich mit der ganzen Lebensweise darauf einstellen.

Mischkulturbeet mit Busch-Bohnen, Roter Melde, Ringelblumen und Kohlgemüse.

Die sieben Beispiele in diesem Kapitel knüpfen alle an eigene Gartensituationen oder an solche in der Familie oder im engen Freundeskreis an. Wir haben alle über Jahrzehnte mit unseren giftfrei bewirtschafteten Gärten gelebt. Wir sind immer dem biogärtnerischen Gedanken treu geblieben – bei allen Widrigkeiten, die in einem Gartenleben auf einen zukommen, inklusive der Tschernobyl-Katastrophe mit dem radioaktiven Fallout. Auch die praktischen Erfahrungen der vielen Frauen und Männer, über deren Gärten ich als Journalistin berichtete, fließen mit ein.

Auf den nachfolgenden Seiten stelle ich sieben Gärten mit unterschiedlichen Ausgangssituationen vor; sie unterscheiden sich in Größe, Zuschnitt, Beziehung zu Gebäuden, Kulturen und Intensität der Bewirtschaftung. Die Beispiele lassen sich an unterschiedliche Situationen anpassen, und Teilaspekte sind untereinander austauschbar. Bitte kommen Sie nicht auf die Idee, die Vorschläge 1:1 umsetzen zu wollen. Nach meinem Grundverständnis von Gärtnern darf man sich nie an fertigen Rezepten und Plänen festhalten, sondern muss das eigene, wohl durchdachte Vorgehen an den Gegebenheiten ausrichten und daraus eben das Beste machen. Man darf nicht versuchen, dem Gelände die eigenen möglicherweise unrealistischen Vorhaben oder Wünsche überstülpen zu wollen. Bei allen Beispielen ist mir der sparsame Umgang mit Ressourcen ein Anliegen.

Mögliche Bestandteile eines Biogartens

Obstgarten
- Hochstammobstbäume
- Halbstammobstbäume
- Buschbäume
- Spindelobstbäume
- Säulenobstbäume
- Wandspaliere und freistehende Spaliere
- Beerenobststräucher
- Erdbeerbeete

Gemüse- und Kräutergarten
- Gemüsebeete als Flachbeete mit beliebiger Länge, Breite 1–1,20 m
- Frühbeet
- Kleingewächshaus
- Hochbeete
- Hügelbeete
- Dauerkulturen (Rhabarber, Meerrettich, Topinambur etc.)
- Kräuterspirale

Ziergarten (auch mit Nutzpflanzenanteil)
- Rabatten und Beete mit Sommerblumen, Stauden, Rosen und anderen
- Ziergehölze
- Frei wachsende Hecken und Blütenhecken
- Formschnitthecken
- Solitärsträucher und -bäume
- Kletterpflanzen an Fassaden und Zäunen
- Wiese
- Wilde Säume an Rändern, entlang von Beeten, Stellplätzen
- Trockene Säume unter der Dachtraufe
- Schotterflächen als Biotope

Weitere Elemente
- Kompostplatz mit Mieten oder Behältern
- Wasserstellen mit Schöpfbecken
- Stützgerüste für kletternde Nutz- oder Zierpflanzen
- Trockenmauern
- Wilde Ecken mit Brennnesseln, Holunder und anderen Wildgewächsen
- Stein- und Reisighaufen als Biotop für Igel, Spitzmäuse, Eidechsen, Blindschleichen
- Tümpel und Teiche

Vielfältig bepflanzte Kräuterspirale mit Eberraute und Garten-Salbei im Vordergrund.

Die Rambler-Rose 'Maria Lisa' lockt mit offenen Blüten Honigbienen an.

1 Urban Gardening – gemeinschaftlich gärtnern

In Großstädten sind Wohnung und Garten oft räumlich getrennt. Die Gärten liegen außerhalb der Wohnbebauung in Kleingartenanlagen oder auf umfunktionierten öffentlichen oder privaten Flächen. Auch hier lässt sich mit Experimentierfreude biologisch gärtnern.

Die Ausgangssituation

Der etwa 250 m² große Kleingarten ist rechteckig und schlicht angelegt; ein schlauchartiges Grundstück mit schmalem Mittelweg, von einem Maschendrahtzaun umgeben. Im hinteren Teil steht die Gerätehütte.

Der Garten wird nur für wenige Jahre von einer Gruppe Studenten der Agrarwissenschaften während der Studienzeit gepachtet. Da lohnt es sich nicht, viel umzugestalten und neue Bäume zu pflanzen. Man nutzt die Gehölze, die von den Gartenvorgängern da sind. Biogärtnerische Akzente muss man da eben mit einjährigen Kulturen setzen. Vorhanden sind mehrere Sträucher Rote und Schwarze Johannisbeere und Stachelbeere, ein Pflaumen- und ein Zwetschgenbaum. Den Mittelteil nehmen Gemüse- und Erdbeerbeete ein. Im hinteren Teil neben der Gerätehütte breiten sich Holunder und Brennnesseln aus. Auf der anderen Seite der Gartenhütte befinden sich die Kompostmieten bzw. -haufen und eine kleine Fläche mit Topinambur.

Der Garten soll hauptsächlich Experimentier- und Beobachtungsobjekt sein. Ziel ist nicht unbedingt, hohe Erträge zu erwirtschaften. Die sind auch gar nicht nötig für die kleine Gruppe von Agrarstudenten, die an dem Garten partizipieren.

Gartenland pachten oder mieten

Ein Pachtgarten in der Stadt muss vielen Wünschen genügen. Er gibt die Möglichkeit, im Freien zu sein und frische Luft zu genießen. Und eine weitgehende Selbstversorgung mit Obst und Gemüse ist bei entsprechender Fläche auch möglich. Wenn man einen Kleingarten übernimmt, zahlt man meist eine Ablösesumme an den Vorbesitzer. Die Höhe richtet sich danach, wie aufwendig das Gartenhaus gebaut ist und wie wertvoll der Pflanzenbestand ist. Dementsprechend kann die Ablösesumme ganz gering sein oder etliche Tausend Euro betragen.
Die andere Möglichkeit ist, eine Ackerparzelle einfach für eine Saison zu mieten. Noch einfacher ist die Mitarbeit an einem gemeinschaftlichen Urban-Gardening-Projekt.

Um den Kompost dreht sich alles

Der beschriebene Kleingarten entspricht ungefähr dem, den ich während der Studienzeit in Kiel gepachtet hatte. Vor allem der Kompostplatz war meinen Mitstudenten und mir als Beobachtungsobjekt wichtig. Obwohl der Garten entfernt von der Wohnung lag, brachten wir unsere organischen Küchenabfälle ziemlich regelmäßig auf dem Gepäckträger des Fahrrads dorthin. Im Sommer häufiger, im Winter etwas sporadischer. Die Abfälle (wir bezeichneten sie wissend um ihren Wert immer als „organisches Material") sammelten wir in dick mit Zeitungspapier ausgekleideten Kartons. Gerne nahmen wir auch unbedrucktes Brot-Einwickelpapier, das die Feuchtigkeit gut aufsaugt. So war der Garten für uns auch eine Recyclingstätte.

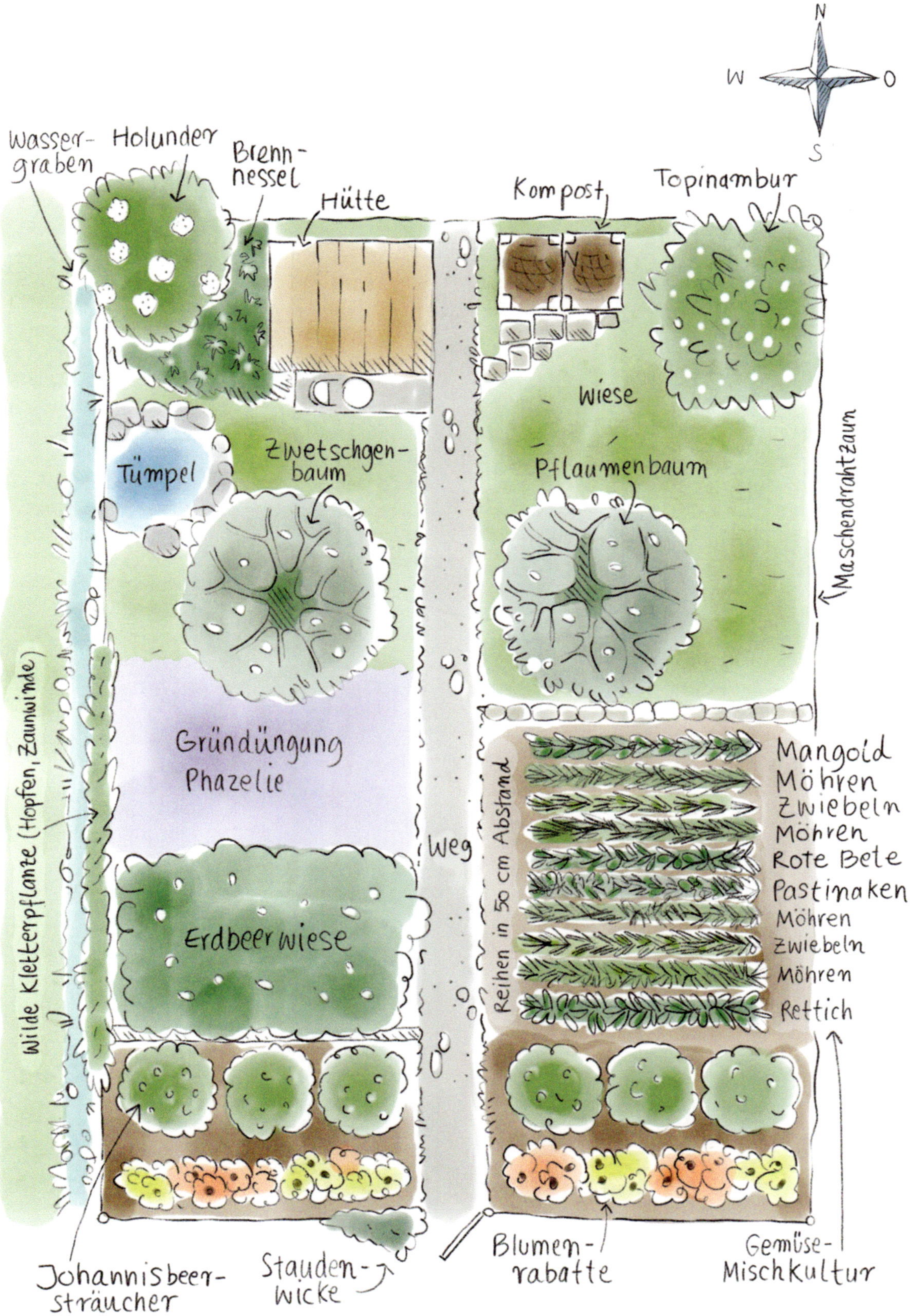
N
W
O
S
Wasser-
graben
Holunder
Brenn-
nessel
Hütte
Kompost
Topinambur
Wiese
Tümpel
Zwetschgen-
baum
Pflaumenbaum
Maschendrahtzaun
Gründüngung
Phazelie
Weg
Reihen in 50 cm Abstand
Mangold
Möhren
Zwiebeln
Möhren
Rote Bete
Pastinaken
Möhren
Zwiebeln
Möhren
Rettich
Erdbeerwiese
Wilde Kletterpflanze (Hopfen, Zaunwinde)
Johannisbeer-
sträucher
Stauden-
wicke
Blumen-
rabatte
Gemüse-
Mischkultur

Organisches Material sammeln

Auch im kleinsten Haushalt in einer Etagenwohnung fallen in der Küche organische Abfälle an, wie etwa Obstschalen, Putzabfälle vom Gemüse, Kaffeesatz und Teebeutel. Dazu kommen vertrocknete Blumensträuße, abgestorbene Topfpflanzen. Wer auf dem Balkon gärtnert, muss auch die Füllung von Balkonkästen – Pflanzen samt Blumenerde – entsorgen.

Das Material kann man in die Braune Tonne geben, doch für die kommunale Müllabfuhr ist das Material eigentlich viel zu wertvoll. Warum nicht sammeln und zu Dünger aufbereiten? Ein wenig sortieren muss man allerdings schon; also keine Schalen von gekochten Kartoffeln, kein altes Brot usw. in den Kompostsammelbehälter geben, denn damit würde man nur Ratten anlocken.

Wer noch einen Schritt weitergehen möchte, gibt die organischen Abfälle in eine Wurmkiste (siehe Seite 77) und gewinnt so gleich fertigen Kompost. Die Wurmkiste kann auf dem Balkon oder auch in einem Kellerraum stehen. Die Kompostwürmer setzen die Abfälle in fruchtbare Komposterde um, die man wiederum für Balkonpflanzen nutzen kann oder auf das Gartenstück bringt.

Um Topinambur muss man sich nicht kümmern; er wächst von alleine und blüht dazu noch schön.

Ausdauerndes Gemüse für extensiven Anbau

Ausdauernde Gemüsearten wie Rhabarber, Meerrettich und Topinambur sind ideal für extensiven Anbau. Sie wachsen von alleine. Speziell der Topinambur fängt allerdings nach einigen Standjahren an zu wuchern und kann so lästig werden.

Gemüse mit wenig Aufwand anbauen

In dem Kleingarten gibt es rechts und links des Mittelwegs zwei etwa 4 × 5 m große Beete, die für den Gemüseanbau und für die Gründüngung offen gehalten werden.

Da der Garten nicht regelmäßig aufgesucht wird und dann jeweils nur wenig Zeit für die Gartenarbeiten bleibt, ist es gut, sich auf wenige Gemüsearten und wenige Kulturen zu beschränken. Weniger ist da mehr. Jede Kultur braucht Aufmerksamkeit und Zeit, Zeit für die Arbeit mit den Händen, fürs Säen, Hacken, Gießen und Ernten. Deshalb fällt die Wahl auf Knollen- und Wurzelgemüse, also auf Kartoffeln, Möhren, Pastinaken, Petersilienwurzel, Rote Bete und Rettich. Diese Gemüsearten nehmen den Platz auf dem Beet längere Zeit ein und brauchen wenig Pflege. Gelegentliches Hacken und Unkrautjäten genügen normalerweise. Auch Gießen muss man selten oder gar nicht. Bei Wurzelgemüse kann man sich bis zur Ernte im Spätherbst Zeit lassen. Auch die leicht zu kultivierenden Dicken Bohnen und Mangold, der lange auf dem Beet steht und in milden Wintern überwintert, sind einen Versuch wert.

Zwetschgenbäume sind ideal für kleine Pachtgärten.

Auf den Anbau von Feingemüse, also von Salaten, Bohnen, Erbsen, Tomaten sollte man bei einem entfernt von der Wohnung liegenden Garten verzichten, weil man nach diesen Kulturen öfter schauen und durchernten muss. Zudem sind sie durch Schneckenfraß gefährdet.

Zeitsparender Erdbeeranbau

Einen Teil des Areals nimmt die Erdbeerwiese ein. Normalerweise werden Erdbeeren zwei- oder dreijährig kultiviert. Das Pflanzen, das Unterlegen mit Stroh und das Abschneiden der Ranken sind sehr zeitaufwendig. Für die Erdbeerwiese wird das Beet flächendeckend mit einer speziellen Sorte (zum Beispiel 'Florika') bepflanzt. Der große Vorteil ist, dass man die Pflanzen nicht entranken muss. Und es ist auch nicht nötig, die Reihen ständig zu ordnen, zu roden und neu zu pflanzen. Die Erdbeeren wachsen wie auf einer Wiese und bilden nach kurzer Zeit einen dichten Bestand.

Blütenvielfalt fördern

Etwa ein Viertel des Gemüselandes ist für eine Sommer-Gründüngung reserviert. Diese Gründüngungsfläche wandert in der Fruchtfolge mit und nimmt jeden Sommer eine andere Fläche ein. Für die Begrünung über Sommer eignen sich vor allem Phazelie, Bitter-Lupine oder Gelbe Lupine (je nach Bodenart) und Leguminosenmischungen. Diese Gründüngungsarten sind gleichzeitig eine gute Bienenweide. Ersatzweise kann man auf kleinen Flächen Sommerblumenmischungen aussäen mit vielerlei Blütenpflanzen, die Insekten anlocken.

Wildkraut tolerieren und regulieren

Wildpflanzen locken ebenfalls Insekten, Schmetterlinge und Vögel an. Die sollten an Stellen, an denen sie nicht stören, stehen bleiben dürfen. Fast schon ein „Muss" im Biogarten ist die Brennnesselecke, denn Brennnesseln sind wichtige Nährpflanzen für Schmetterlinge. Der Kleine Fuchs beispielsweise ist auf die Brennnessel als Nahrungspflanze angewiesen.

Vom Umgang mit Unkräutern

Das Tolerieren der Wildkrautflora darf allerdings nicht so weit gehen, dass zu viel Unkraut wächst. (Damit ruft man mit Sicherheit Unmut bei den Gartennachbarn und beim Vorstand der Kleingartenanlage hervor.) In älteren Gärten ist immer ein Samenvorrat von Wildkräutern im Boden. Wenn man dann nur ein paar Monate nicht hackt und jätet, keimen die Samen, und die Unkräuter wachsen in die Höhe. Diese versamen sich wieder, und der Wildwuchs breitet sich rasch aus. Das kann ganz reizvoll aussehen und fördert sicher die Fauna und speziell die Nützlinge. Doch die Wildkräuter dürfen nicht überhand nehmen, weil sie Kulturpflanzen bedrängen und unterdrücken.
Wenn man in einem Garten wenig oder gar nichts macht, übernehmen Wildpflanzen die Regie. Zunächst sind es Kräuter und Gräser, beispielsweise Berufkräuter, Goldruten und Kohldisteln, dann kommen die Gehölze. Vor allem die Gehölze – Brombeeren, Holunder und Birken – siedeln sich von alleine an und machen ein Gartengrundstück schnell zur nahezu undurchdringlichen Wildnis. Da muss man dann viel Mühe aufwenden, um das Gelände wieder urbar zu machen.

2 Kleiner Nutzgarten direkt am Haus

Auf Neubaugrundstücken ist die Gartenfläche oft klein. Für gute Ernten kommt es besonders auf eine gute räumliche Ausnutzung mit Unterkulturen und Mischkulturen an.

Die Ausgangssituation

Das Gartengelände liegt auf einer Ebene mit dem Erdgeschoss des Hauses. Von Küche und Wohnzimmer aus sind die Gemüse- und Kräuterbeete gut erreichbar. Der Garten birgt trotz seiner kleinen Grundfläche von etwa 250 m² eine Vielzahl an Nutz- und Zierpflanzen. Auch die Vertikale wird durch Klettergewächse an der Hausfassade genutzt.

Nutzpflanzen gut platzieren

Der richtige Standort ist das A und O für den Gemüse-, Kräuter- und Obstanbau. Auf vielen Hausgrundstücken hat man in der Regel kaum Möglichkeiten zum Variieren und muss eventuell auch mit weniger günstigen Standorten und mit kleinen Beeten für den Nutzgartenteil vorliebnehmen. Bei der Gartenanlage auf Neubaugrundstücken sollte man sich vor allem nach der Besonnung richten. Der am besten besonnte Teil ist ideal für den Gemüseanbau. Es sollte möglichst kein Schatten von Gebäuden und Gehölzen auf ihn fallen. Und er sollte vor Wind geschützt sein. Gerade bei Neuanlagen muss man auch immer bedenken, wie sich Gehölze und Stauden in die Höhe und Breite entwickeln und die Pflanzabstände dementsprechend großzügig bemessen. Dabei bietet es sich an, Nutz- und Zierpflanzen zu mischen. Kombinationen von Strauchrosen mit Kräuter-Halbsträuchern wie Garten-Salbei und Lavendel sehen immer einladend aus. Meist ist es nicht nötig, ein separates Kräuterbeet anzulegen; die einjährigen Würzkräuter wachsen einfach beim Gemüse mit. Und Teekräuter nehmen die Fläche unter Beerenobst-Hochstämmchen und Säulenobstbäumen ein.

Enge Verzahnung von Haus und Garten

Den Platz direkt am Haus nehmen Klettergewächse ein: Der Weinstock 'Boskoops Glorie' hat zusammen mit einer Kletterrose und einer Waldrebe die Südfassade für sich. Die Ostfassade teilen sich eine Bayern-Kiwi 'Weiki', eine Glyzine und eine weitere Kletterrose 'Coral Dawn'. Die Zwischenräume zwischen den Klettergewächsen nehmen Töpfe und Kästen mit Tomaten, Hängeerdbeeren und Ziergewächsen ein.

Unter dem Küchenfenster befindet sich der Außenwasseranschluss. In der darunter aufgestellten Wanne kann sich das Wasser vor dem Schöpfen mit der Gießkanne erwärmen. An der Nordostecke und der Südwestecke des Hauses wird das Regenwasser vom Fallrohr in hohe schmale Wassertonnen geleitet, die wenig Raum einnehmend direkt an der Hauswand stehen.

Ein Plattenweg trennt den Streifen direkt am Haus von einer Rabatte mit ausdauernden Würz- und Heilkräutern. Von der Küche aus gut erreichbar wachsen hier: Schnittlauch, Sauerampfer, Kleiner Wiesenknopf, ausdauerndes Bohnenkraut, Zitronen-Melisse, Ysop und Eberraute. Im Sommer stehen in Lücken zwischen den Kräuterstauden Töpfe mit Lorbeer, Rosmarin und Zitronenverbene.

Das Nebeneinander und Nacheinander beim Gemüse

An die Kräuterrabatte grenzen die beiden Gemüsebeete an, jeweils 1,20 m breit und etwa 5 m lang. Bei dieser kleinen Fläche, die für zwei Personen zur Versorgung vom späten Frühjahr bis zum

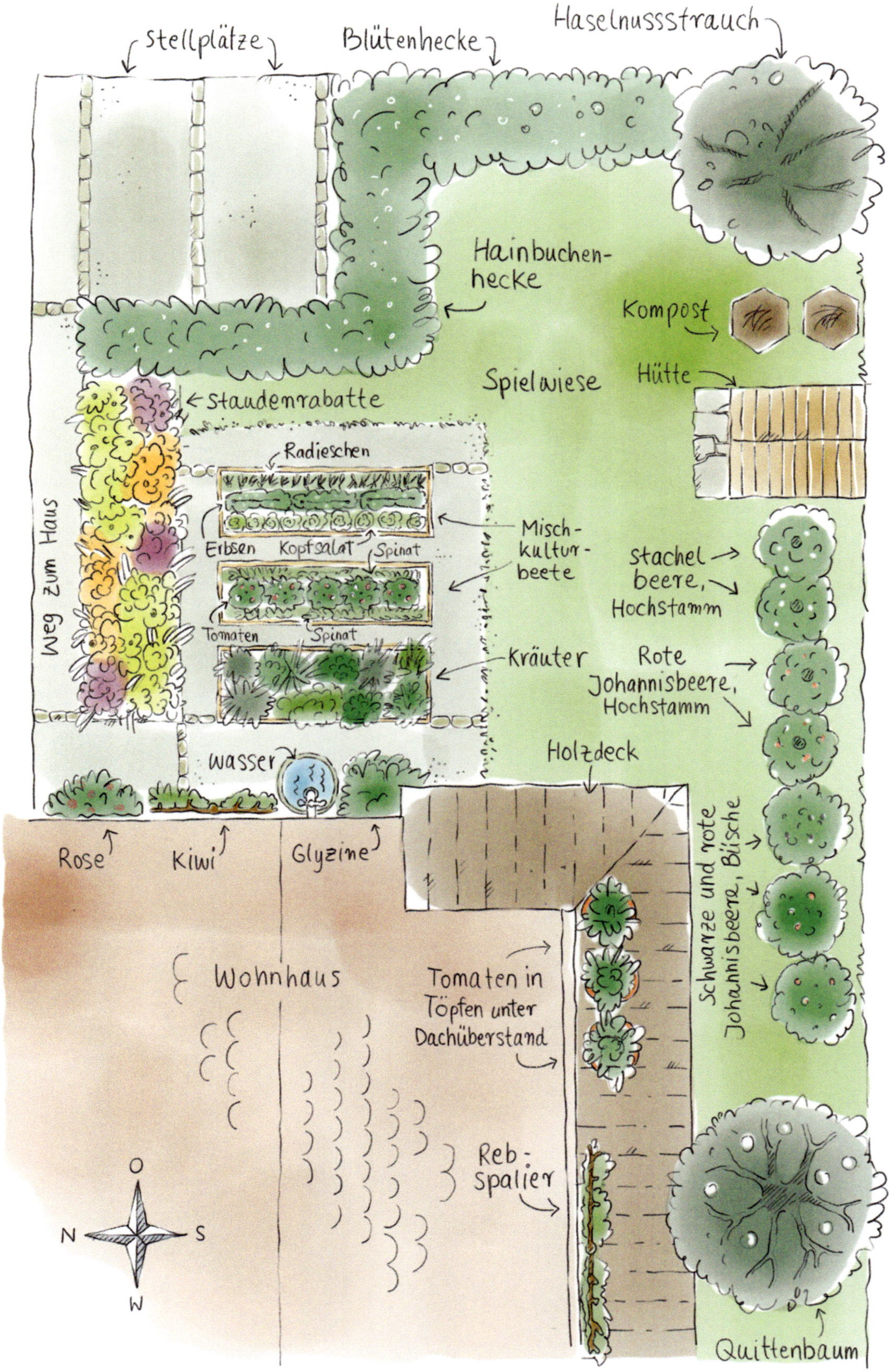

Stellplätze
Blütenhecke
Haselnussstrauch
Hainbuchenhecke
Kompost
Spielwiese
Hütte
Staudenrabatte
Radieschen
Weg zum Haus
Erbsen
Kopfsalat
Spinat
Mischkulturbeete
Stachelbeere, Hochstamm
Tomaten
Spinat
Kräuter
Rote Johannisbeere, Hochstamm
Wasser
Holzdeck
Rose
Kiwi
Glyzine
Schwarze und rote Johannisbeere, Büsche
Wohnhaus
Tomaten in Töpfen unter Dachüberstand
Reb-spalier
O
N
S
W
Quittenbaum

Spätherbst nahezu ausreicht, kommt es auf ein ausgeklügeltes Nebeneinander und Nacheinander an, im Sinne der Mischkultur.

Auf den Beeten werden hauptsächlich Feingemüsearten kultiviert. Das sind vor allem Tomaten, Paprika, Andenbeeren, Salate, Mangold sowie Zucker-Erbsen und Busch-Bohnen. Die Gemüsesaison beginnt Ende März oder Anfang April – je nach Klima und Wetterlage – mit der Aussaat von Pflücksalat. Damit nicht zu viel Salat auf einmal erntereif wird, wird in Sätzen etwa alle drei Wochen ausgesät. Dabei wird nicht die ganze Reihe belegt, sondern nur ein Teil davon – gut zugänglich am Rand des Beetes, damit dieses beim Ernten nicht betreten werden muss.

Ab Ende April ist Zeit zum Aussäen der Zucker-Erbsen. Busch-Bohnen folgen Mitte Mai. Sie werden ebenfalls in Sätzen bis Anfang Juli horstweise direkt an Ort und Stelle gesät. Späte Busch-Bohnen kann man in die Reihe des bereits abgeernteten Pflücksalates legen. Die Fruchtgemüse Tomaten, Paprika und Peperoni sowie Andenbeeren werden dagegen im Haus vorgezogen und ab Mitte Mai (nach den Eisheiligen) ins Freiland gepflanzt.

Die Gemüsearten werden jedes Jahr an eine andere Stelle gesät oder gepflanzt, um die Fruchtfolge einzuhalten. (Aber bei der Vielzahl der Kulturen lässt sich der ursprüngliche Mischkulturplan nicht immer einhalten, er verwischt sich nach und nach.) Tomaten sind da nicht so empfindlich; sie lassen sich auch mehrere Jahre hintereinander auf dieselben, am besten besonnten Bereiche der Beete pflanzen.

Die einjährigen Würzkräuter Dill und Bohnenkraut wachsen in dieser Gemüsemischkultur einfach so mit: Die beiden Arten versamen sich häufig und kommen von selbst jedes Jahr wieder. Das tut auch die Ringelblume, die ebenfalls auf den Beeten mitwächst.

Beerenobst und Baumobst

Auf einem separaten Beet sind Beerensträucher untergebracht. Es sind je zwei Hochstämmchen von Stachelbeere und Roter Johannisbeere ('Rovada') und je zwei Büsche Rote und Schwarze Johannisbeere ('Ometa'). Zu Füßen der Hochstämmchen wachsen Minzen und Kapuzinerkresse.

Auf dem kleinen Gartengrundstück ist nur wenig Platz für Obstbäume. Da fiel die Wahl auf einen Quittenbaum. Der ist mit seinen wunder-

Mutterkraut und Minzen gehören in diesem Garten mit dazu.

schönen offenen Blütenschalen im Frühjahr und den goldgelben Früchten im Herbst Zier- und Nutzgehölz in einem. Zudem braucht er keinen Schnitt.

Die Staudenrabatte am Weg zum Haus

Entlang vom Zugangsweg zum Haus erstreckt sich eine breite Rabatte mit Prachtstauden. Mit Gämswurz, Tulpen, Pfingstrosen, Akeleien, Türkischem Mohn, Margeriten, Sonnenauge, Phlox, Kissen-Astern und Herbstastern blüht hier vom Frühjahr bis zum Spätherbst immer etwas.

Etwas abgerückt von den anderen Stauden und den niedrigen Küchenkräutern stehen die hochwüchsigen und raumgreifenden Kräuterstauden Alant, Eibisch und Gewürz-Fenchel.

Kletterrosen an der Fassade

Zwei stark rankende Kletterrosen 'New Dawn' und 'Coral Dawn' bekleiden die Hausfassade. 'New Dawn' ist ein äußerst frostharter Klassiker, eine Züchtung aus dem Jahr 1930, allerdings stark bestachelt, sodass man sich der Rose nur vermummt und mit dicken Handschuhen nähern darf. Beide ranken sich an Klettergerüsten und an Gehölzen als Stütze bis unters Dach nach oben. Die Blütenbüschel grüßen durch die Fenster im ersten Stockwerk.

Gut zugänglicher Kompost

Der Kompostplatz ist vom Haus aus gut zugänglich, sodass das Kompostiermaterial auch bei Niederschlägen dorthin gebracht werden kann. In diesem Garten wird mit einem System aus zusammensteckbaren Kunststoffseitenteilen gearbeitet. Daraus lassen sich nach Bedarf zwei oder drei Kompostbehälter zusammenstecken. Im einen wird gesammelt und im anderen reift der Kompost. Um die Behälter herum ist genügend Platz zum Hantieren.

Alle organischen Abfälle aus dem Haushalt werden in die Behälter geleert, außerdem die Ernteabfälle aus dem Garten. Die gröberen Pflanzenteile, also Stauden- und Gehölzschnitt, werden gehäckselt und, wenn es sich ergibt, zusammen mit Rasenschnitt (ohne Unkräuter) aufgesetzt. So ergibt sich ein günstiges Verhältnis von Kohlenstoff zu Stickstoff (C/N-Verhältnis), das die Rotte begünstigt. Die Hausbewohner achten beim Kompost immer sehr darauf, dass er ausgeglichen feucht ist, nicht zu nass und nicht zu trocken. Das Ergebnis ist eine feine, gut duftende Komposterde – ideal für die Pflanzlöcher der Tomaten und zum Düngen der feinen Gemüse.

Im Stachelbeer-Kiwi-Strauch am Haus nisten regelmäßig Amseln.

Minzen für den Tee

Ja, die Minzen. Die sind neben Zitronen-Melisse Grundbestand in jedem Haushalt mit Kräuterteetrinkern. Ich rate zu einer Art bzw. Sorte, die nicht allzu stark wuchert und die sich für Teeaufgüsse eignet. Eine sehr aromatische und nicht allzu stark wuchernde Tee-Minze ist die Pfefferminzsorte 'Mitcham's'. Andere Minzenarten und -sorten wie die Apfel-Minze oder die Grüne Minze (Spearmint) wuchern dagegen stark; wegen ihrer starken Ausläuferbildung rate ich aus eigener Erfahrung von diesen Arten eher ab, zumindest auf kleinen Grundstücken. Sie stehen besser auf größeren Grundstücken, wo sie sich selbst überlassen werden können. Diese stark wuchernden Arten werden manchmal zum „Unkraut".

3 Großer Selbstversorgergarten am Wohnhaus

Im ländlichen Raum sind Hausgrundstücke oft recht groß. Auf tausend Quadratmeter und mehr ist Platz für viele Gartenteile mit unterschiedlichen Nutzungen.

Die Ausgangssituation

Das große Wohngebäude ist ein ehemaliges Bauernhaus. Der Gemüsegarten auf der Südseite grenzt unmittelbar ans Haus an; er ist durch eine niedrige Mauer gefasst und von einem Staketenzaun an Sandsteinpfosten umgeben. Er liegt offen da, nur die Ecken sind betont – mit einem Flieder an der Südostecke und einer dornenlosen Brombeere an der Südwestecke. Im Inneren ist er im Stil der alten Bauerngärten mit kreuzförmigem Wegegrundriss angelegt. In diesem Garten ist der Boden über viele Jahre gut gedüngt worden und humos. Hier gedeihen auch stark zehrende Gemüsearten, wie beispielsweise Kohlgemüse, gut. An der Hausfassade ranken Weinreben. Zwei Spalierbirnen gibt es auch.

Reihenweise Mischkultur auf Beeten

In den vier etwa gleich großen Beeten wächst Gemüse in Mischkultur, in Anlehnung an das Mischkultursystem nach Gertrud Franck. Der Reihenabstand der Gemüsekulturen beträgt immer 50 cm, ohne weitere Zwischenwege innerhalb der Gemüsekarrees. Man geht beim Hacken und Ernten einfach in den gemulchten Zwischenreihen (siehe auch Seite 78).

Es ist ein durchdachtes System, bei dem man im Frühjahr die gesamte Gemüsefläche als Erstes mit Spinat in Reihen im Abstand von 50 cm einsät. Gleichzeitig oder etwas später folgen die anderen Gemüsearten, die ebenfalls im 50-cm-Abstand zwischen den Spinatreihen ausgesät oder gepflanzt werden.

Der Spinat wächst schnell zwischen den anderen Gemüsepflanzen heran. Zum Teil werden die Spinatblätter geerntet; der größte Teil wird jedoch vor dem Schießen abgehackt und bleibt als Mulchdecke liegen. Die Mulchschichten zwischen den Gemüsereihen werden nach und nach erneuert – mit Grasschnitt und Brennnesselblättern (ohne Samen!) und anderen leicht verrottbaren Pflanzenteilen, die im Garten anfallen.

Mit Vor- und Nachkulturen die Fläche gut nutzen

Bei der Mischkultur nach Gertrud Franck geht es nicht nur um das Nebeneinander der Kulturen. Es kommt ebenso darauf an, die Grundfläche durch ein ausgeklügeltes System von Vor- und Nachkulturen gut zu nutzen. Es ist ein intensives Kultursystem mit dem Ziel, hohe Erträge zu erwirtschaften.

Die Erde liegt nie lange bloß und unbestellt da. Sobald eine Reihe oder ein Teilstück einer Reihe abgeerntet ist, wird eine neue Kultur gesät oder gepflanzt. Nach der Ernte von Salat, Radieschen und Kohlrabi im Laufe des Juni folgen späte Busch-Bohnen-Saaten oder wiederum Salate oder Knollen-Fenchel. Wenn Blumenkohl, Knoblauch und Zwiebeln den Platz im Juli und August räumen, wird ein Teil der frei werdenden Fläche mit Zuckerhut und Endiviensalat eingepflanzt, die an anderer Stelle im Garten auf einem Anzuchtbeet vorkultiviert worden sind.

In diesem ländlichen Garten dürfen Stangen-Bohnen nicht fehlen. Mit ihren Stützgerüsten und ihrem Blatt- und Blütenschmuck tragen sie wesentlich zum Reiz der ländlichen Gärten bei.

Apfel-
baum
Wiese
Walnussbaum als
Hausbaum
Staketenzaun mit
Sandsteinpfosten
Flieder
Kräuter
Rebspalier
Blumenrabatte
Birnenspalier
Kräuter
niedrige
Trockenstein-
mauer
Alte
Rosen
13 m
Himbeerspalier
Brombeerstrauch
Holunder
Wassertank
Komposthaufen
mit Kürbis
Wassertonne
Wiese
Scheune
Anlehn-
gewächshaus
für Tomaten
O
S
N
W
1 Mischkultur mit
Möhren, Lauch,
Blumenkohl und
Brokkoli, Zwiebeln
2 Erdbeeren
3 Mischkultur
mit Salaten,
Stangenbohnen,
Rote Bete
4 Kartoffeln

Tomaten im Gewächshaus

Die wärmeliebenden Tomaten, Paprika und Gurken stehen nicht in diesem Gartenteil, sondern in einem angebauten Gewächshaus vor der separat stehenden Scheune. Auch im Gewächshaus stehen die Tomatenpflanzen in weitem Abstand zueinander, sodass Luft hindurchstreifen kann. Weiter Pflanzabstand beugt zusätzlich dem Befall mit der Kraut- und Braunfäule vor. Der Boden unter den Tomatenstöcken wird immer gut gemulcht; dies schützt einerseits vor dem Hochspritzen der Erde beim Gießen und andererseits hält es die Feuchtigkeit im Boden.

Gründüngung im Herbst

Die Gemüsebeete werden intensiv bearbeitet. Im August bis Anfang September geht es weiter: Da wird auf abgeernteten, zusammenhängenden Beetflächen Feldsalat breitwürfig ausgesät. Feldsalat ist einerseits wohlschmeckendes, überwinterndes Salatgemüse. Andererseits fungiert es als Gründüngung, die den Boden schützt und bedeckt und mit ihrem Wurzelwerk aufschließt.

Für größere Flächen nimmt man zur Gründüngung eher Gelb-Senf oder Phazelie. Phazelie kann bis etwa Ende August gesät werden, für Gelb-Senf ist noch bis Mitte September Zeit. Es kommt nur darauf an, dass die keimenden Pflanzen den Boden abdecken. Sie müssen nicht in die Höhe wachsen und blühen. Die genannten beiden Gründüngungspflanzenarten sterben in aller Regel im Winter ab, wenn die Temperatur tief genug ist. Sie bleiben dann als Mulchdecke bis zum Frühjahr liegen.

Der Kompostplatz

Auf dem großen Hausgartengrundstück fallen Berge von organischem Material an. Nicht nur krautige Abfälle und Wiesenschnitt, sondern auch Schnittmaterial von den vielen Zier- und Nutzgehölzen. Die Mengen lassen sich nur mit einem leistungsfähigen Häcksler bewältigen und zerkleinern.

Mischkulturbeet im Frühjahr mit abgehacktem Spinat als Mulchdecke.

Der große Gemüsegarten liefert alles zur Selbstversorgung einer Familie.

Der Kompostplatz befindet sich außerhalb des Gemüsegartens. Hier wird das Häckselmaterial zusammen mit dem reichlich anfallenden Wiesenschnitt auf Haufen aufgesetzt. Über Winter gelagerte Haufen werden im späten Frühjahr mit Zucchini und Kürbis bepflanzt. Diese stark zehrenden Gemüsearten laugen den Kompost etwas aus, sodass er nicht mehr so nährstoffreich ist. Doch in diesem sehr großen Garten kommt es darauf kaum an, da geht es etwas großzügig zu. Es ist ja von allem genügend da.

Der fertige Kompost ist reich an Gras- und Wildkrautsamen. Die Grundstücksbesitzer bringen ihn deshalb nicht in den Gemüsegarten (dort würde er nur zu Verunkrautung führen), sondern düngen damit die Baumscheiben von Ziergehölzen und Obstbäumen. Zum Düngen im Gemüsegarten holen sie verrotteten Kuhmist von einem Bauernhof in der Nachbarschaft.

Regenwasser auffangen

Es ist immer sinnvoll, das Regenwasser vom Dach aufzufangen, vor allem bei diesem Anwesen mit seinen großen Dachflächen des Wohnhauses und der Scheune. Fürs Auffangen von Regenwasser spricht auch der Berechnungsmodus der Gemeinden für Wasser und Abwasser. Wer Wasser speichert und dieses nicht in die Kanalisation leitet, zahlt weniger Gebühr. Im Laufe von Jahren amortisieren sich so die Anschaffungskosten für Regenwasserzisterne oder Wassertanks.

Eine unterirdische Zisterne sollte bereits beim Bau des Hauses im Boden versenkt werden. Bei älteren Häusern ist es sinnvoller, mit einem System von Wassertanks zu arbeiten. Auch von Garagen, Gartenhäusern und Kleingewächshäusern sollte man das Wasser auffangen. In offenen Schöpfbecken erwärmt es sich gut und ist immer verfügbar.

4 Krautgarten – ein Gartengrundstück in freiem Gelände

Krautgärten kennt man auf dem Land schon lange. Es sind Gärten in Randbereichen der Ortschaften oder in der Feldflur, ohne Einzäunung und ohne Bauwerke. Sie sind oft schon seit Generationen im Grundbesitz der Ortsansässigen. Mancherorts kann man solche Grundstücke auch von Kommunen oder Landwirten pachten oder mieten.

Die Ausgangssituation

Dieser Krautgarten liegt am Rand eines Dorfes, in Fußwegentfernung vom Wohnhaus, das im Bereich der alten Ortsbebauung nur wenig nutzbare Fläche ums Haus hat. Der Krautgarten hat eine Fläche von etwa 500 m² und ist eingezäunt. Er liegt in einer Aue, die manchmal vom nahen Fluss überflutet wird. Dann lagert sich auf den Beeten Schlamm ab, der voller Nährstoffe steckt und die Kulturpflanzen mit Mineralstoffen versorgt.

Von Grobgemüse und Feingemüse

Traditionell werden in Krautgärten eher die Grobgemüse angebaut, die im Gegensatz zum Feingemüse (Salate, Erbsen, Busch-Bohnen) wenig Pflege brauchen. Dies sind hauptsächlich Möhren, Zwiebeln, Lauch, Sellerie sowie die Feldkulturen Kartoffeln und Kürbis. Von diesen Kulturpflanzenarten wiederum eignen sich am besten Lagersorten, die im Herbst lange draußen bleiben können, für den Anbau auf freiem Gelände.

Bei der überschaubaren Artenzahl und dem beetweisen Anbau lässt sich die Fruchtfolge gut einhalten. Das heißt, dass eine Gemüseart aus derselben Pflanzenfamilie erst nach mindestens vier Jahren wieder an dieselbe Stelle kommen darf.

Grobgemüsearten sind leicht und mit relativ wenig Arbeitsaufwand zu handhaben. Sie sind ideal für eine extensive Bewirtschaftung. Nach dem Säen oder Pflanzen muss man sie zur Bodenlockerung und Unkrautregulierung gelegentlich hacken. Das Hacken ist vor allem nach starken Regengüssen nötig, damit der oberflächlich verkrustete Boden wieder atmen kann. Gießen ist in aller Regel nicht nötig, nur während langer Trockenphasen.

Krautgärten wieder im Trend

Traditionell wird in den Gärten am Ortsrand das Grobgemüse angebaut. Das Feingemüse kultiviert man eher in der Nähe der Wohnung. Mancherorts kann man solche Grundstücke von Kommunen oder Landwirten pachten oder mieten. Die Mietäcker am Rande der großen Städte sind die neueste Variante einer solchen Bewirtschaftung zur eher kurzfristigen Nutzung.

Düngung nach Bedarf

Damit die Gemüse gesund und gut heranwachsen, brauchen sie ausreichend viele Nährstoffe. Von Zeit zu Zeit sollte man eine Bodenprobe ziehen und analysieren lassen. Auf diesem Krautacker gibt es zwar einen kleinen Kompostplatz, auf den die Ernteabfälle gebracht werden. Doch was dort

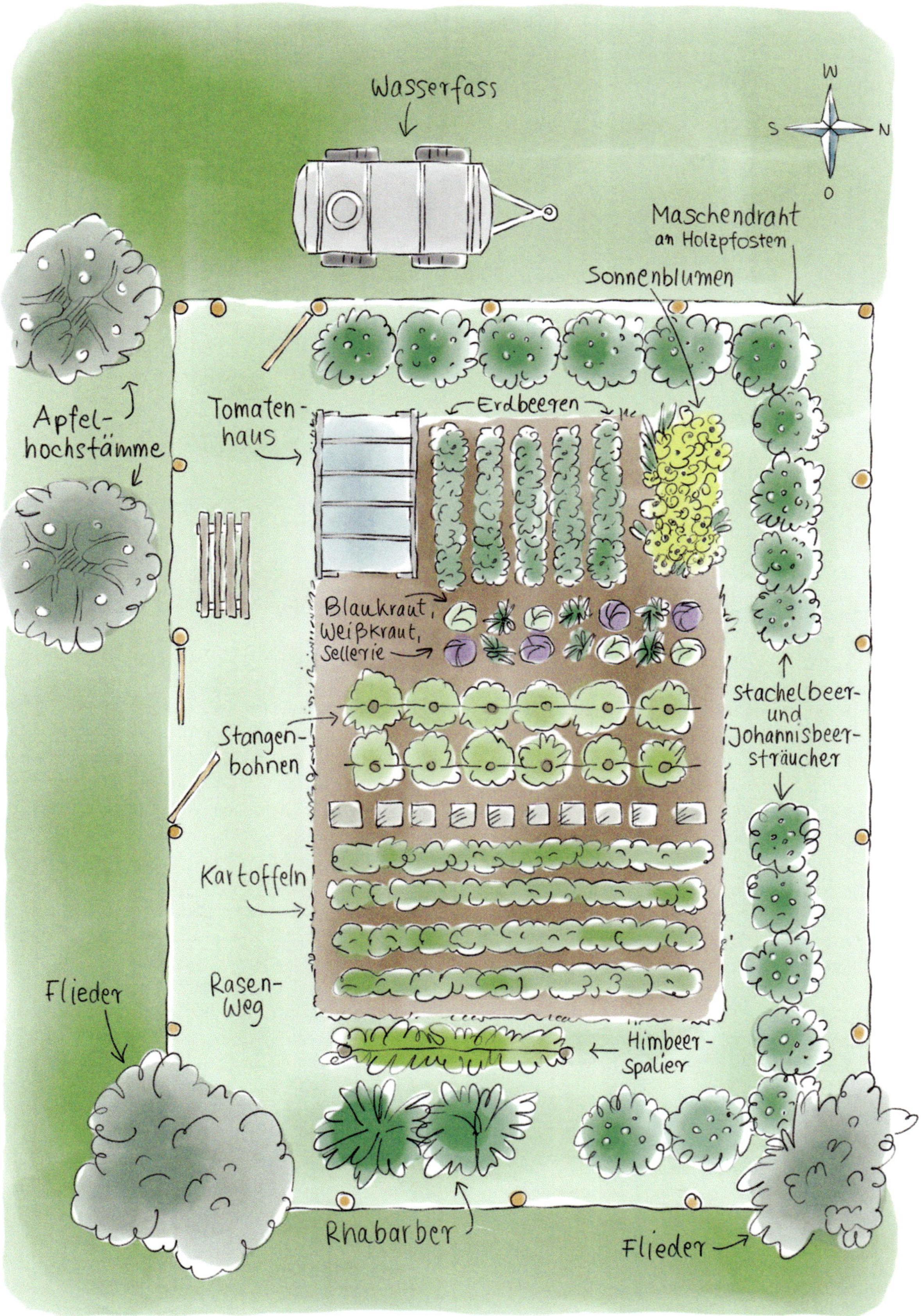
Wasserfass
W
S
N
O
Maschendraht an Holzpfosten
Sonnenblumen
Apfel-hochstämme
Tomaten-haus
Erdbeeren
Blaukraut, Weißkraut, Sellerie
Stangen-bohnen
Stachelbeer- und Johannisbeer-sträucher
Kartoffeln
Rasen-Weg
Flieder
Himbeer-Spalier
Rhabarber
Flieder

Hacken ist die wichtigste Arbeit in extensiv genutzten Krautgärten.

verrottet, reicht zum Düngen nicht aus. Deshalb kommt noch verrotteter Mist von einem Bauernhof auf die Beete. Wenn der nicht beschafft werden kann, wird organischer Fertigdünger gegeben. Der kann exakt den Bedürfnissen der Kulturpflanzenarten entsprechend dosiert werden. Zusätzlich wird der Boden mit kohlensaurem Kalk versorgt.

Wassermangel vorbeugen

Normalerweise muss man die Feldkulturen nicht wässern, außer beim Pflanzen und bei extremer Trockenheit. Auf solchen Grundstücken im Außenbereich gibt es in aller Regel keinen Wasseranschluss. Günstig ist es, wenn der Krautgarten in der Nähe eines Baches liegt, aus dem bei Bedarf Wasser geschöpft wird. In diesem Fall steht ein altes Jauchefass als Wasserspeicher zum Entnehmen von Gießwasser bereit. Das Fass liegt auf einem fahrbaren Untersatz, der sich an einen Schlepper anhängen lässt. Zum Befüllen mit Wasser wird es nach Bedarf auf den Hof im Dorf gezogen.

Das Bewässerungsproblem lässt sich noch auf eine andere Weise lösen: durch Hacken und Mulchen. Das Hacken hält das Wasser im Boden, weil es die Bodenkapillaren unterbricht und so die Verdunstung bremst. Das Mulchen wirkt in gleicher Weise. Ein ideales Mulchmaterial ist abgemähte Gründüngung, die direkt im Garten herangewachsen ist.

Im Herbst umgraben oder umpflügen

Der große Vorteil einer größeren, zusammenhängenden Gemüsefläche ist, dass der Boden nach der Ernte im Spätherbst komplett umgegraben oder umgepflügt werden kann. (Es sei denn, man hat eine überwinternde Gründüngung wie Wickroggen eingesät.) Das Umgraben ist zwar anstrengend, es schafft aber auf der Fläche „reinen Tisch“ und somit gute Voraussetzungen für eine gute Ernte im darauffolgenden Jahr. Das ist vor allem auf schweren Böden ein Vorteil. Hier geht es ohne Umgraben kaum. Auf leichten Böden genügt unter Umständen das Lockern mit der Grabegabel.

In diesem großen Garten mit der zusammenhängenden Beetfläche lässt sich auch gut mit der Gartenfräse arbeiten, was in diesem Fall vertretbar ist, und viel kräftezehrendes Umgraben erspart.

Beerenobst mulchen

Um das Gemüseareal herum stehen mehrere Dutzend Beerensträucher. Es sind Rote Johannisbeeren, Schwarze Johannisbeeren, Stachelbeeren und Jostabeeren, jeweils in Buschform. Eine Himbeerkultur befindet sich ebenfalls auf dem Gelände.

Alle Beerenobststräucher sind gut gemulcht. Bei ihnen ist die Mulchdecke besonders wichtig, damit die Feuchtigkeit im Boden bleibt. Bei Wassermangel blühen Himbeeren schlecht und setzen kaum Früchte an. Das Mulchmaterial für die Beerenobstkulturen stammt direkt von den Grünstreifen auf dem Gelände.

Wildtiere abhalten

Auf Grundstücken im Außenbereich gibt es manchmal Probleme mit hungrigen Rehen oder Wildschweinen. Um diese abzuhalten, ist eine wirklich stabile Einzäunung unumgänglich. Seit einigen Jahren ist an manchen Orten Biberfraß ein Problem. Die Biber nagen tatsächlich dicke Baumstämme durch. Da muss man die Bäume mit einer Ummantelung aus sehr stabilem Metallgitter schützen. An manchen Orten graben Kaninchen oder Wühlmäuse. Wühlmäuse lassen sich sicher nur mit Fallen bekämpfen. In feuchten Jahren kann es mit Schnecken Probleme geben, vor allem wenn der Garten von Grünland umgeben ist. Da wird man um das Auslegen von biologischem Schneckenkorn (siehe Seite 94) nicht herumkommen.

Alle frei werdenden Flächen werden mit Gründüngung eingesät.

5 Streuobstwiese mit Wildgehölzen

Obstbäume gehören in einem größeren Biogarten unbedingt dazu. Oft wird es eher darum gehen, auf einer schon vorhandenen Obstwiese junge Obstbäume dazuzupflanzen. Der Vorteil dabei ist, dass die älteren Bäume schon Früchte tragen.

Die Ausgangssituation

Dieses Grundstück in Südwesthanglage ist etwa 1000 m² groß. Ursprünglich gehörte es zum darüberliegenden Hausgrundstück und war von dort über eine Natursteintreppe zugänglich. Die Treppe gibt es noch. Doch seit meine Freunde das Grundstück vor Jahrzehnten gekauft haben, erfolgt der Zugang von einem Weg, der unten vorbeiführt. Sie müssen von ihrem Haus mit Rosen- und Kräutergarten (Beispiel 7, siehe ab Seite 46) nur ein paar Schritte zur Obstwiese gehen.

Schafe halten den Aufwuchs auf der Weide kurz und machen das Mähen überflüssig.

Ein mächtiger Walnussbaum nimmt den halben oberen Teil der Obstwiese ein. Neben ihm wirken die alten Apfelhochstämme, der Quitten- und der Zwetschgenbaum fast ein wenig verloren. Im mittleren Teil stehen nachgepflanzte Apfelbäume (Streuobstsorten); den unteren Teil nehmen ein 'Wettringer Taubenapfel', eine Reneklode, ein groß gewachsener Speierlingsbaum und einige Haselnusssträucher ein. Eine breite Hecke mit Wildsträuchern, u. a. Kirschpflaumen und Kornelkirschen, grenzt das Grundstück zum unterhalb vorbeiführenden Weg ab. Eine große freistehende Brombeerhecke befindet sich auch auf dem Gelände. Es ist also von fast allen Baumobstarten etwas da.

Zeitweise gab es auf dem Gelände auch einen Gemüsegarten, der rundum von einem Schneckenzaun aus Metall umgeben war. Die Nutzung wurde jedoch aus Zeitgründen aufgegeben. Die Bewirtschaftung an dem trockenen Hang war ohnehin immer schwierig, weil auf der Obstwiese kein Gießwasser zur Verfügung steht.

Brombeeren am Stützgerüst

Vor allem die Brombeeren sind ein Gedicht! Es ist nicht ganz klar, ob dies einfach wilde Brombeersträucher sind oder ob es sich um die alte, stark bedornte Sorte 'Theodor Reimers' handelt, die vor Jahrzehnten einmal gepflanzt worden ist. Seither haben sich Brombeersträucher an verschiedenen Stellen des Obstgrundstücks angesiedelt. Sie tun dies mit einer sehr effektiven Vermehrungsstrategie: durch Absenker. Brombeerranken, die den Boden berühren, ziehen an der Berührungsstelle

N
O
S
W
Trockenmauer
Kompost-
haufen
Naturstein-
treppe
Alter
Apfelbaum
Quitten-
baum
Hütte
Wiese
Walnussbaum
Apfelhochstämme
Gehölzstreifen
Blut-
hasel-
strauch
Haselnuss-
sträucher
Brombeer-
spalier
Renekloden-
baum
Wildobst
ausgemähter
Weg
Kirschpflaume

Eine Rarität auf der Obstwiese: der Speierling.

Wurzeln. Daraus erwächst ein neuer Strauch, der sich wiederum auf dieselbe Art und Weise fortpflanzt. So bilden Brombeeren mit der Zeit nahezu undurchdringliche Gestrüppe. Meine Freunde machen sich die Mühe, die Brombeersträucher durch Aufleiten, gründliches Abstechen der wurzelnden Ranken und durch Beschneiden in Form zu bringen – eine etwas mühsame Winterarbeit. Sie tun dies wegen der äußerst aromatischen Früchte, die sie zu vorzüglicher Marmelade verarbeiten.

Haselnusssträucher der wertvollen Haselnüsse wegen

Etwas ungewöhnlich ist die kleine Haselnusskultur, zu der auch ein Blut-Haselstrauch gehört. Die rotblättrige Blut-Hasel stammt noch aus der Zeit, als Wolfgang von Haller von der Gesellschaft Boden und Gesundheit e. V. (siehe Seite 15) die Obstwiese bewirtschaftete. Die Biogartenpioniere schätzten das Schalenobst sehr, sie pflanzten es gezielt zur Nussernte an. Bei den derzeit hohen Haselnusspreisen lohnt sich der Anbau. Auf jeden Fall tragen die selbst gesammelten Nüsse zur Selbstversorgung bei. Man muss sich nur die kleine Mühe machen, sie aufzusammeln und später zu knacken. Ich selbst ernte von meinen eigenen Haselnusssträuchern kiloweise Nüsse. Die schmecken richtig gut einfach so aus der Hand gegessen – mild und kernig.

Wiesenpflege: Mähen und Beweiden

Auf einer Streuobstwiese geht es nicht nur um die Obstbäume, sondern auch um die Wiese als solche. Meistens genügt es, diese ein- oder zweimal im Jahr zu mähen. Bei später erster Mahd samen viele Kräuter und Gräser aus – dies fördert die Artenvielfalt. Wiesen-Schlüsselblumen beispielsweise reifen erst im Juni. Um diese Art und andere Wiesenblumen zu fördern, mäht man deshalb erst nach der Fruchtreife, sodass sie sich versamen können. Nach und nach kommen dann Wiesen-Margeriten, Wiesen-Pippau und Wiesen-Glockenblumen auf, sodass ein buntes Bild entsteht. In einer an Pflanzenarten reichen Wiese leben auch viele Tiere, die an den Lebensraum angepasst sind.

Meine Freunde mähen die Wiese ganz traditionell und energiesparend mit der Sense. Nur wenige Male haben sie sich einen leistungsfähigen Freischneider ausgeliehen, um dem Aufwuchs Herr zu werden. Und manchmal haben sie sich von wiederum anderen Freunden Schafe aus deren großer Herde zum Abweiden ausgeliehen.

Extensive Bewirtschaftung der Streuobstwiese

Auch ohne gezielten Pflanzenschutz bringen die ausgewachsenen Bäume in den meisten Jahren so viel Ertrag, dass im Haushalt gar nicht alles verwertet werden kann. Fallobst und überschüssiges Obst bringen meine Freunde in die Mosterei. Was dann noch übrig bleibt, überlassen sie den Tieren auf dem Grundstück – den Vögeln, Wespen und Regenwürmern. Die wandeln das Fallobst und das Laub in Humus bzw. in Dünger um.

Die Singvögel fühlen sich in der natürlichen Umgebung mit dem reichen Nahrungsangebot wohl. Diese wiederum sind wichtige Helfer im Pflanzenschutz; sie fressen Schädlinge zuhauf. So schließt sich der Kreislauf im Obstwiesenbiotop!

Vielseitiger Apfel

Beim Apfel unterscheidet man Sorten zum Frischverzehr (Tafeläpfel), für den Haushalt (zum Backen, Dörren, für Mus) sowie Wirtschaftssorten (zum Mosten oder Schnapsbrennen). Manche Sorten sind für alle Zwecke nutzbar; bei einigen ändert sich die Verwendungsmöglichkeit während des Lagerns. Unterschieden wird auch nach Erntereife und der Lagerfähigkeit der Früchte. Auf diese Eigenschaften sollte man bei der Auswahl der Apfelsorte unbedingt achten.

Frisch auf die Hand: Tafeläpfel

Hervorragende Sorten zum Frischverzehr und meine persönlichen Lieblingssorten sind zum Beispiel der 'Winterrambur' (auch: 'Rheinischer Winterrambur') oder 'Transparent' (Synonym: 'Apfel aus Croncels'). Der großkronige 'Winterrambur' ist schon seit etwa 1800 bekannt und im extensiven Anbau wegen seiner Widerstandsfähigkeit noch heute eine Standardsorte. Der 'Transparent' stammt aus Frankreich und kam 1869 in den Handel; er hat sich bis zum Ende des 19. Jahrhunderts schnell über Mitteleuropa ausgebreitet. Die Sorte eignet sich auch noch für höhere Lagen.

Weitere Sorten, die auch gut sind für die anderen Verwendungszwecke: 'Berner Rosenapfel', 'Champagner Renette', 'Danziger Kantapfel', 'Dülmener Rosenapfel', 'Freiherr von Berlepsch', 'Gewürzluiken', 'Glockenapfel', 'Goldparmäne', 'Goldrenette aus Blenheim', 'Gravensteiner', 'Jakob Lebel', 'Kaiser Alexander', 'Kaiser Wilhelm', 'Prinzenapfel' (Synonym: 'Ananasapfel'), 'Rote Sternrenette', 'Roter Bellefleur', 'Roter Herbstkalvill', 'Roter Boskoop', 'Schöner aus Herrnhut', 'Schöner aus Miltenberg', 'Wettringer Taubenapfel', 'Zabergäurenette'.

Haushaltssorten zum Backen und Kochen

Die bekannte Apfelsorte 'Jakob Fischer' (Synonym: 'Schöner vom Oberland'), den der sortennamengebende Landwirt Anfang des 20. Jahrhunderts im Kreis Biberach gefunden hat, ist ein früh reifender, großfrüchtiger Haushaltsapfel, der sich hervorragend zum Kuchenbacken oder für Apfelbrei eignet, weil er gut zerfällt. Er eignet sich nicht zum Lagern, sondern muss sofort verbraucht werden.

Der 'Brettacher', ein Zufallssämling, 1908 gefunden von einem Landwirt in Brettach bei Heilbronn, dagegen ist ausgesprochen lange lagerfähig – bis zum Sommer des Folgejahres. Erst am Ende der Lagerzeit kann man ihn geschält auch frisch essen. Er überbrückt in Selbstversorgerhaushalten die Lücke bei der Versorgung mit Obst bis zur Ernte der ersten Beerenfrüchte.

'Schöner aus Boskoop' ist nicht ganz so lange lagerfähig; er eignet sich hervorragend zum Backen, aber auch zum frisch essen. Die Sorte stammt wahrscheinlich aus Holland; sie wurde im Jahr 1863 erstmals auf einer Sortenschau vorgestellt und entwickelte sich um 1900 herum zur beliebtesten Apfelsorte.

Wirtschaftssorten

Es gibt Apfelsorten, die frisch nicht so gut schmecken und sich besser zum Mosten bzw. Keltern, also zum Pressen von Saft eignen. Das merkt man als Streuobstwiesenbesitzer schnell. Solche Sorten sollten trotzdem gepflanzt werden. Verbreitete Sorten zum Mosten sind: 'Bittenfelder Sämling', 'Börtlinger Weinapfel', 'Hauxapfel', 'Maunzenapfel', 'Öhringer Blutstreifling', 'Roter Trierer Weinapfel', 'Sonnenwirtsapfel'.

Die widerstandsfähige Sorte 'Goldrenette aus Blenheim' eignet sich gut für den Hausgarten und für den Streuobstbau.

6 Resthof mit Pferdehaltung

Ein Resthof für die Pferdehaltung – davon träumen viele Pferdebegeisterte. Dafür braucht man mehrere Tausend Quadratmeter Land und eine sichere Einzäunung für die Koppel.

Die Ausgangssituation

Diese Hofstelle befindet sich am Rand eines Dorfes. Eine große Streuobstwiese mit alten Mostobstbäumen gehört dazu; sie bietet den drei Pferden genügend Auslauf. Eine Wildgehölzhecke grenzt die Wiese an einer Seite von den Nachbargrundstücken ab. Ein Wassergraben bildet die natürliche Grenze auf der Südseite. Von der Streuobstwiese sind der Wohngarten und ein Gemüse- und Beerenobstgarten abgegrenzt.

Pferdemist kompostieren

Die drei Pferde produzieren reichlich Mist. Es ist eigentlich zu viel zum Verwerten auf dem Grundstück; deshalb sind die Pferdehalterinnen dankbar, wenn ihnen gelegentlich jemand den Mist abnimmt. (Das Kompostieren von Pferdemist ist auch so etwas wie Abfallentsorgung.)

Bei einer Pferdehaltung macht der Umgang mit Einstreu und Mist viel Arbeit. Im Stall muss Einstreu ausgebracht werden. Die kann entweder aus Sägespänen oder aus Stroh bestehen – Materialien, die die Frauen von verschiedenen Lieferanten in der Nähe beschaffen. Die beiden Pferdehalterinnen misten regelmäßig und sorgfältig aus und bringen die Pferdeäpfel und von Urin durchtränkte Einstreu mit dem Schubkarren auf den betonierten Kompostplatz. (Das Lagern von tierischem Mist ist vom Gesetzgeber streng geregelt. Die Vorschriften sind von Bundesland zu Bundesland unterschiedlich. Bitte erkundigen Sie sich bei den Landwirtschaftsämtern oder Landratsämtern vor Ort, was alles zu beachten ist.) Sie lesen auch die Pferdeäpfel von der Weide ab und kompostieren sie. Auf diese Weise schaffen sie es, ihre Pferde wurmfrei zu halten. Wenn der Kot dagegen auf der Weide bliebe, gäbe es höchstwahrscheinlich ein Problem mit Spulwürmern. Bei dieser Pferdehaltung ist es nicht so. Durch das Kompostieren werden schädliche Keime und eben auch Wurmeier ziemlich sicher abgetötet. Man spricht dabei von einem hygienisierenden Effekt des Kompostierens.

Haufenkompostierung

Die große Menge anfallenden Mistes lässt sich nur auf Mieten kompostieren. Jedes Jahr fangen die Pferdehalterinnen auf der Betonplatte zwei neue Mieten an, die sie der Länge nach aufbauen. Zuunterst kommt eine Lage lehmige Erde, damit der Kompostierprozess in Gang kommt. Auch Tonmehl streuen sie beim Aufsetzen mit ein, um mineralische Bestandteile in den Kompost zu bringen. Diese sind nötig, damit die Bodenorganismen stabile Ton-Humus-Komplexe aufbauen können. Die Mieten werden mit einem speziellen Kompostvlies abgedeckt, sodass kaum Niederschlagswasser in die Mieten einsickert und kein Unkraut aufkommt. Ohne Abdeckung wären die Mieten bald dicht von Unkräutern, wie Melde, Kohldisteln und Co. überzogen. Das Vlies dient außerdem als Verdunstungsschutz, sodass die Mieten nicht austrocknen.

Im zweiten Jahr haben sich die Mieten durch die Verrottungsvorgänge schon etwas gesetzt. Im dritten Jahr sind die Mieten nur noch flache Hügel. Jetzt ist das organische Material so weit verrottet, dass Gemüse darauf wachsen kann. Die schwarze, humose Erde ist jetzt zum Einsäen und Bepflanzen bereit.

Kompostmieten
Überdachung Auslauf
dreijährig 20 cm hoch
Grünland
zweijährig 50 cm hoch
Beton
Pferdestall
einjährig 1m hoch
Wasserbecken
Wasserfass
mobile Einzäunung
Gewächshaus
Wirtschaftsküche
Himbeerspalier
Mostbirnenbäume
Wohnhaus
O
N
S
W
Kartoffel-Rosen
Pfeifenstrauch
natürlicher Wassergraben mit Ufervegetation
Terrasse

Gemüse wächst auf den Komposthaufen dank des hohen Nährstoffangebots üppig heran. Allerdings bietet es auch beste Bedingungen für Unkräuter, die aus dem Samenvorrat im Kompost keimen oder die von außen zufliegen. Im vierten Jahr ist der Mist vollständig verrottet, von dem Haufen ist nichts mehr zu sehen.

Schatten spendende Gemüse

Die Grundstücksbesitzerinnen bepflanzen einen Teil der Haufen mit Kürbissen und Zucchini. Diese beschatten mit ihrem Blätterdach den Grund und unterdrücken so durch Lichtentzug das Unkraut. Tomaten und Kohlgemüse mit ihrem hohen Nährstoffaneignungsvermögen sind ebenfalls zum Bepflanzen des Pferdemistkomposts denkbar.

Für zarte Salate, für Radieschen, Möhren, Bohnen, Erbsen und andere Leguminosen ist die äußerst nährstoffreiche Erde dagegen nichts. Das hohe Stickstoffangebot würde bei den Schwachzehrern leicht zu Überdüngung und damit zu schlechter Qualität und Haltbarkeit der Gemüse führen.

Mistkompost als vielseitiger Dünger

Der verrottete Pferdemist ist noch für eine andere Verwendung nützlich. Die Pferdehalterinnen nutzen ihn teils zum Verbessern der Grasnarbe. Das ist nötig, weil es auf einer Pferdekoppel durch den Tritt der Hufe immer auch offene Stellen gibt. Durch die Kompostgabe wird der Graswuchs gefördert. Dadurch schließt sich die beschädigte Grasnarbe wieder.

Auf dem Gelände befindet sich noch ein abgezäunter Gemüse- und Beerenobstgarten. Die Gemüsepflanzen und die Beerenobststräucher werden mit dem reichlich vorhandenen Mistkompost ebenfalls bestens versorgt. Bei den Beerensträuchern wird darüber noch Stroh ausgebreitet – zur Unkrautunterdrückung und um Wasser im Boden zu halten.

Pferdemistkompost färbt die Beeterde dunkel.

Kürbisse gedeihen besonders gut auf Kompostmieten.

Das Kleingewächshaus

Pferdehaltung und die Bewirtschaftung eines Kleingewächshauses gehen gut zusammen. Wer Pferde hält, ist ohnehin immer da und kann nicht so ohne Weiteres verreisen. Auch ein Gewächshaus erfordert, dass immer jemand da ist, der es betreut, es sei denn, es gibt eine zuverlässige Vertretung. Denn im Gewächshaus und Frühbeet muss viel häufiger als im Freiland gegossen werden. Und Lüften muss man auch. Und schließlich ist als Lohn für die Mühe das selbst kultivierte Gemüse zu ernten und zu genießen.

Kartoffel-Rosen um die Terrasse

Passend zur norddeutschen Landschaft wachsen in diesem Garten viele Kartoffel-Rosen (*Rosa rugosa*), als Hecke und einzeln gepflanzt. Diese Rosenart ist zur Blütezeit im Juni ein wunderschöner Anblick und ebenso im Fruchtschmuck mit großen, apfelartigen Hagebutten. Anders als die üblichen Gartenrosen machen Kartoffel-Rosen wenig Arbeit; sie bleiben in aller Regel gesund. Auf zu kalkhaltigem Boden bekommen sie allerdings leicht Chlorose.

Frühe Ernten vom Mistbeet

In früheren Zeiten wurde das Packen des Frühbeetes mit Pferdemist viel praktiziert, bevor Kleingewächshäuser aufkamen, die einfacher zu bewirtschaften sind. Es ist eigentlich eine elegante Methode der Ernteverfrühung, die allerdings mit Aufwand verbunden ist und relativ viel Zeit erfordert. Wenn der Pferdemist ohnehin da ist, bietet es sich an, ihn auch für diesen Zweck zu verwenden. Das Mistbeet wird im frühen Frühjahr, etwa Ende Februar, gepackt – lange bevor man im Freiland etwas machen kann. Dabei geht man so vor: Das Erdreich im Rahmen der Frühbeetumrandung etwa 50 cm tief ausgraben. Eine 40 cm hohe Lage frischen Pferdemist einfüllen und gut festtreten. Darüber etwa 20 cm hoch normale Gartenerde, vermischt mit reifem Kompost, auffüllen. Das Frühbeet mit Fenstern oder Folie abdecken. Dies alles ein paar Tage ruhen lassen und die Wärmeentwicklung mit einem Boden- oder Kompostthermometer kontrollieren. Beim Verrotten des Mistes entsteht Wärme. So viel Wärme, dass das Frühbeet bereits Ende Februar mit Salaten und Radieschen eingesät werden kann. Etwa 10 °C sollten für gute Keimung erreicht werden. Optimal sind etwa 18–22 °C. Höher als 25 °C sollte die Boden- und Lufttemperatur nicht steigen. Durch Lüften und eventuell auch Schattieren mit Vlies oder Matten lässt sich die Temperatur regulieren.

7 Rosen- und Kräutergarten am Haus

Nützliches und Zierendes direkt am Haus. Duftende Rosen, umspielt von Glockenblumen, Lavendel und Garten-Salbei, so ergibt sich mit wenig Aufwand in jedem Garten ein harmonisches Bild.

Die Ausgangssituation

Die Gunst des Standorts nutzen: Bei einem Grundstück in freier Südhanglage führt kein Weg an Rosen vorbei. (Die Wohnräume samt Küche liegen unterhalb des Straßenniveaus eine Etage tiefer.) Rosen stehen auf den Pflanzstreifen ums ganze Haus herum und besonders auf der Südseite unterhalb und seitlich der von einer Pergola überspannten Terrasse. Auch der lehmige, etwas schwere Boden gefällt den Rosen. Kein fest abgezirkeltes Rosenbeet also, alle Rosenstöcke sind vielmehr individuell platziert und in Beziehung zur modernen Architektur des Hauses und zur Umgebung gesetzt. Alle sind sie umspielt von Sommerblumen, Stauden und Kräuter-Halbsträuchern.

Rosen hinter einer Trockenmauer

Unterhalb der Terrasse stehen, gefasst von einer niedrigen Trockenmauer, Rosen und Stauden: die unverwüstlichen Sorten 'The Fairy' und 'Sommerwind', dazu 'Rosenstadt Freising', die rot blühende Edelrose 'Burgund' und ein paar andere, deren Sortennamen nicht bekannt sind. Lavendel, Garten-Salbei, Dost und ein paar Tuffs der graubläulich belaubten Eberraute wachsen hier ebenfalls. Spornblume, Löwenmäulchen und andere, sich selbst aussäende Blumen umspielen die Szenerie. Ein paar Johannisbeersträucher gehören auch dazu.

Ein Birnbaum der Sorte 'Conference' ist in die Rosenterrasse integriert. An ihm rankt die Kletterrose 'Jasmina' so wie eine Ramblerrose in die Höhe. Zu Füßen breitet sich ein Teppich aus Steinsame aus. Die rosafarbene Kleinstrauchrose 'Knirps' passt farblich gut dazu.

Rosen dominieren auch auf dem westlichen Seitenstreifen: Rosenklassiker wie 'Centenaire de Lourdes', 'Bremer Stadtmusikanten', 'Eden-Rose' und die weiß blühenden Sorten 'Aspirin' und 'Schneewittchen', dazu ein Hochstämmchen der neuen rot blühenden Züchtung 'Black Forest Rose' – ein Geburtstagsgeschenk. In diesem Gartenteil ist im Frühsommer die Blüte des Türkischen Mohns ein Höhepunkt. Mit Bedacht hat die Gartenbesitzerin nicht die üblichen ziegelroten Sorten gewählt, sondern Sorten mit bläulicher Farbnuance, die mit Rosen gut harmonieren. Da liegt es nahe, auch vom Klatsch-Mohn rosafarbene und weiße Sorten auszusäen. Die Blütenstängel der Mohnpflanzen lehnen sich an Hochstammrosen und weitere Zierstrauchrosen an. Polsternelken und Fetthennen breiten sich zu Füßen der Gehölze und Rosen über einer weiteren Trockenmauer aus.

An der Hausfassade setzt sich die Rosenschau mit einer Kletterrose 'Sympathie' und den blattgesunden Kartoffel-Rosen fort.

Der Küchengarten am Küchenausgang

Ich betone immer wieder, wie wichtig der direkte Zugang von der Küche oder von einer Wirtschaftsküche zum Garten ist. Beim Bau dieses großen Wohnhauses hat der Architekt das bedacht. So liegt der kleine Küchengarten mit einem Sauer-Kirschen-Baum in der Mitte direkt vor einer Seitentür, die über einen Wirtschaftsraum in die Küche führt. Unterpflanzt ist er mit Küchenkräutern. Bärlauch, Schnittlauch, Liebstöckel und Zitronen-Melisse sind so immer schnell zur Hand.

Von der Seitentür aus sind es ebenfalls nur ein paar Schritte bis zum Eingang des Lagerkellers und

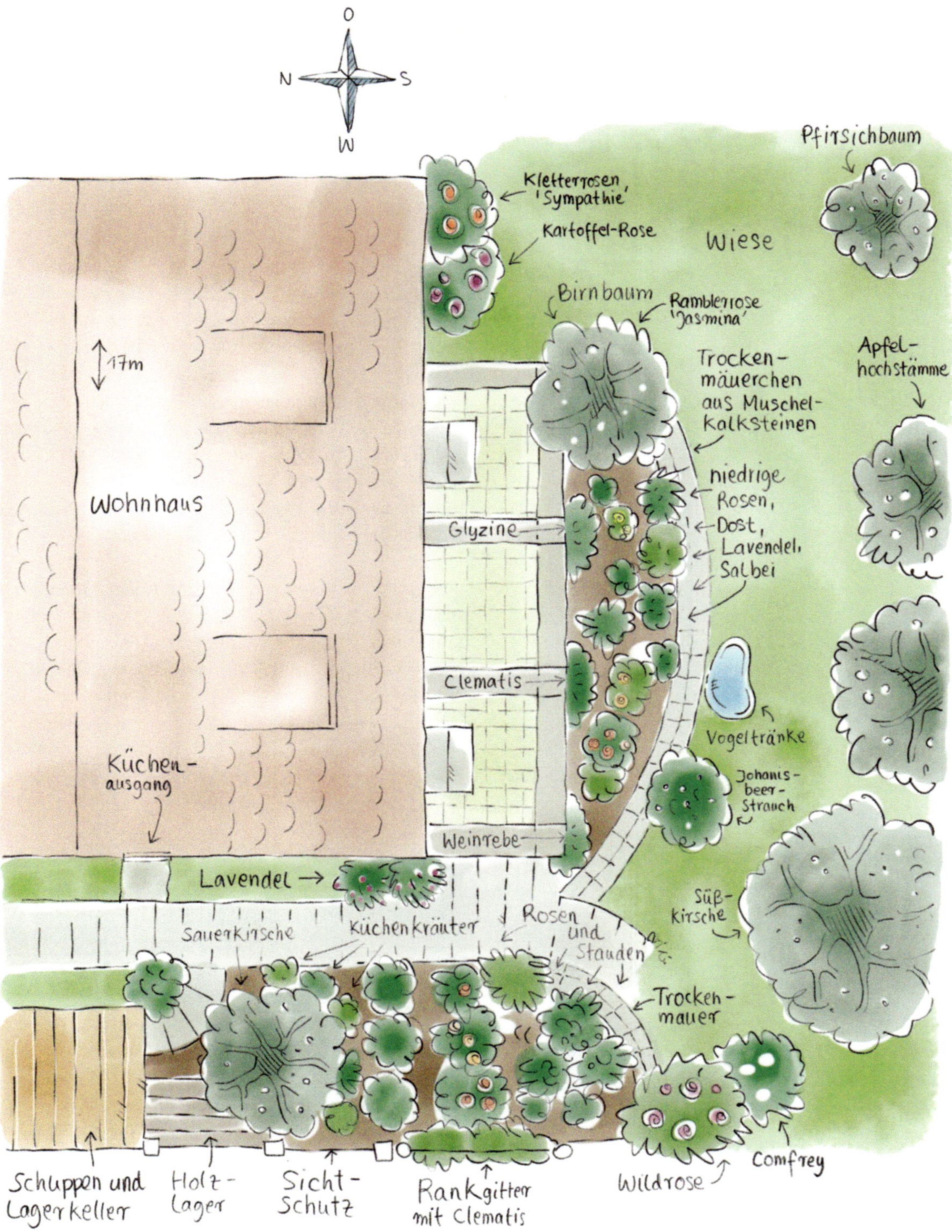
O
N
S
W
Pfirsichbaum
Kletterrosen 'Sympathie'
Kartoffel-Rose
Wiese
Birnbaum
Ramblerrose 'Jasmina'
Trocken-mäuerchen aus Muschel-kalksteinen
Apfel-hochstämme
17m
Wohnhaus
niedrige Rosen, Dost, Lavendel, Salbei
Glyzine
Clematis
Vogeltränke
Johannis-beer-Strauch
Küchen-ausgang
Weinrebe
Lavendel
Süß-kirsche
Sauerkirsche
Küchenkräuter
Rosen und Stauden
Trocken-mauer
Schuppen und Lagerkeller
Holz-Lager
Sicht-Schutz
Rankgitter mit Clematis
Wildrose
Comfrey

Dachwurze, Fetthennen, Polsterglockenblumen und Spanisches Gänseblümchen besiedeln die Fugen der Trockenmauer.

zum Holzlagerplatz. Hier und im Schuppen lagert das Holz für den Grundofen, der das Haus im Winter mollig warm macht.

Der Lagerkeller für Obst und Gemüse

Die Hausbesitzer haben Grundstück und Garten auf eine durchdachte Vorratshaltung ausgelegt. Dazu gehört auch ein zweistöckiger Lagerschuppen an der westlichen Grundstücksgrenze. Der Schuppen, eigentlich fast ein kleines Haus, fängt die Höhendifferenz zwischen Straßenniveau und Gartenniveau auf. Im oberen Stockwerk lagert noch mehr Holz. Das untere Stockwerk ist der Lagerkeller für Obst und Gemüse. Hier werden auch die Gartengeräte sowie die Eimer, Kannen und Wannen untergestellt, die man so das Jahr über braucht. Der Untergrund besteht zum Teil aus gestampftem Lehm und zum Teil aus Ziegelsteinen, so wie früher in vielen Häusern auf dem Land. Mit seiner ausgeglichenen Temperatur und hoher Luftfeuchtigkeit bietet der Lagerkeller Äpfeln und Gemüse beste Lagerbedingungen.

Gemüse und Kartoffeln bauen die Hausbesitzer allerdings nicht mehr selbst an, sondern kaufen sie bei Biobauern im Ort. Sie haben den früher intensiv betriebenen Gemüsebau aus Zeitgründen aufgegeben. Aus dieser Zeit stammt noch die Beinwellstaude (Comfrey) in einer Grundstücksecke. Deren Blätter wurden zum Mulchen und für düngende Pflanzenjauche gebraucht. Heute ist dies nicht mehr nötig. Die Staude ist dennoch äußerst wertvoll als Bienen- und Hummelweide.

Schattige Pflanzbeete

Am Lagerkeller vorbei führt eine Treppe aufs Straßenniveau. Ein schmales, schattiges Pflanzbeet begrenzt sie. Hier stehen standortgerecht ausgewählt Buchs, Farne, Bergenien und Herbst-Anemonen. Eine Rindenmulchdecke sorgt dafür, dass hier nicht allzu viel Unkraut hochkommt und dass der Boden darunter feucht bleibt.

Die Obstwiese am Haus

Fürs Gemüse ist keine Zeit mehr, doch für Obst schon. Denn die paar Wochen im Jahr, die man für die Obsternte reservieren muss, lassen sich in den Jahreslauf eher einplanen als der Gemüseanbau, der einen über viele Monate im Jahr bindet.

Den größten Teil des Grundstücks nimmt die Obstwiese ein. Auf ihr stehen ein paar Apfelhochstämme und eine große Süß-Kirsche. Kürzlich kam ein Pfirsichbäumchen hinzu – ein Geschenk von Nachbarn, die es aus einem Stein herangezogen haben. Es trug bereits im ersten Jahr nach dem Pflanzen Früchte.

Der Garten als Biotop

Eine große Leidenschaft des Hausbesitzers ist es, Trockenmauern aus Muschelkalksteinen aufzusetzen. Davon gibt es etliche auf dem Grundstück, auch im großzügigen Vorgarten auf der Nordseite des Hauses. Diese Mauern erfüllen mehrere Funktionen: Sie fangen Niveauunterschiede im hängigen Gelände auf und ermöglichen ebene Pflanzbeete. Außerdem bieten sie Kleinsäugern und Amphibien Lebensraum.

Überhaupt die Tiere: Die finden in diesem Garten Nistmöglichkeiten, Rückzugsräume und Nahrung. Vogelkästen hängen an jedem Baum. Es gibt genügend Unterholz, Steinhaufen, Lagerplätze und wilde Ecken. Da kommen Eidechsen, Kröten, Spitzmäuse, Igel und jede Menge Vögel. Die Hausbesitzer denken auch daran, den Vögeln und Insekten Wasser anzubieten. Eine Vogeltränke steht in Sichtweite der Terrasse.

Herrliche Rosen bestimmen das Bild in diesem von hohen Bäumen umgebenen, geschützten Wohngarten.

Biologisch Gärtnern – die Grundlagen

Um den Boden dreht sich alles.
In diesem Kapitel finden Biogärtner das nötige Know-how, wie sie auf einem fruchtbaren Boden gesunde Pflanzen heranziehen können.
Das geschieht immer im Bewusstsein, mit der Natur zu gärtnern und nicht gegen sie.

Das Grundstück und seine Standortbedingungen

Ein Garten ist immer in die Umgebung mit ihrem speziellen Klima eingebunden. Die Gartenanlage und die Pflanzenauswahl richten sich danach.

Die wichtigsten Standortfaktoren

- Höhenlage
- Temperatur: Temperaturverlauf und Minimal- und Maximaltemperaturen
- Sonneneinstrahlung: sonnig, absonnig, halbschattig, schattig
- Niederschlag
- Wind
- Bodenart: sandig, lehmig, tonig
- Bodenfeuchtigkeit: trocken, feucht, frisch
- Boden-pH-Wert: 1–14 (sauer, neutral, alkalisch)
- Boden: Humusgehalt und Nährstoffgehalt

Ein Garten entwickelt sich schließlich aus einem Zusammenspiel von Boden und atmosphärischen Einflüssen, also von Sonneneinstrahlung, Niederschlägen und Wind – und den menschlichen Aktivitäten.

Licht und Schatten

Ohne Licht kein Pflanzenwachstum. Diese schlichte Tatsache muss die Leitschnur bei der Gartenplanung sein. Nutzpflanzen brauchen viel Licht, um wachsen und Ertrag bringen zu können. Schon leichter Schatten beeinträchtigt ihr Wachstum und ihren Ertrag. Es ist deshalb sehr sinnvoll, schon

Der Wald-Geißbart eignet sich für beschattete Pflanzplätze unter Gehölzen.

Terrassen ermöglichen die gartenbauliche Nutzung von steilem Gelände.

bei der Haus- und Gartenplanung Belichtung und Beschattung durch Gebäude und Gehölze mit zu bedenken. Wem der Nutzgarten wirklich wichtig ist, der plant das Haus zum Garten und nicht umgekehrt.

Doch Schatten ist nicht Schatten. Da gibt es den lichten Schatten unter niedrigen Gehölzen. Da gibt es absonnige Lagen beispielsweise hinter Mauern. Da gibt es wandernden Schatten. Da gibt es halbschattige Lagen und vollen Schatten unter Nadelgehölzen auf der Nordseite von Gebäuden, wo allenfalls um Mittsommer etwas Licht hinfällt. Solche Standorte lassen sich sehr reizvoll standortgerecht mit Zierpflanzen gestalten, die genau solche Verhältnisse brauchen. Zudem erobern sich Wildpflanzen solche Bereiche von selbst.

Beim Pflanzen von Bäumen und Sträuchern sollte man nicht nur an den eigenen Garten denken, sondern auch an Nachbargärten. Die sollen in späteren Jahren nicht durch Schattenwurf beeinträchtigt werden. Die nötigen Grenzabstände sind aus gutem Grund im Nachbarrecht vorgeschrieben. Wer diese einhält, vermeidet möglichen Ärger.

Geländeneigung und Terrassierung

Die Geländeneigung spielt beim Nutzpflanzenanbau ebenfalls eine Rolle. Ein Gelände kann flach oder steil geneigt sein oder auch in mehrere Richtungen eine Neigung haben. Gartenflächen lassen sich am besten bewirtschaften, wenn sie eben oder nur wenig nach Süden geneigt liegen. Auf ebener Fläche lässt sich besser arbeiten als in Steillagen.

Bei stark geneigtem Gelände ist die Gefahr groß, dass Boden abgeschwemmt wird. Da kommt es, vor allem bei Starkregen, schnell zur Erosion. Schon bei kaum wahrnehmbarer Geländeneigung kann Erde abgeschwemmt werden, beispielsweise auf Äckern, deren Bestände noch nicht geschlossen sind.

Um gut zu bearbeitende, ebene Flächen zu schaffen, hat der Ackerbau betreibende Mensch von jeher Terrassen geschaffen. Besonders verbreitet ist diese Anbauform in Gebirgslagen und an den

Immer der Sonne nach

- Gemüse, Kräuter und Obst in den Gartenbereichen anbauen, die im Tagesverlauf das meiste Licht bekommen. Bei Lichtmangel wachsen fast alle Nutzpflanzen nicht mehr gut und bringen nur wenig Ertrag bzw. blühen und fruchten schlecht.
- Gemüsebeete selbst nach der Besonnung ausrichten. Am günstigsten ist es, wenn die Gemüsereihen in Nord-Süd-Richtung verlaufen, sodass alle Reihen gleichmäßig von der Sonne beschienen werden.
- Hoch wachsende Gehölze in weitem Abstand zum Gemüsegarten pflanzen. Schon beim Pflanzen die spätere Größe (Höhe und Breite) bedenken.
- Nutzpflanzen in weitem Abstand zu Begrenzungshecken pflanzen.
- Schattenplätze mit Wildpflanzen gestalten, beispielsweise mit Efeu, Farnen und Immergrün.

Im Schutz von Mauern gedeihen empfindliche Obstgehölze und Kräuter.

Südhängen der Flusstäler, wo Wein- und Obstbau betrieben wird. In solchen Gebieten sind auch die Gärten oft terrassiert.

Geschützt vor Wind

Den Faktor Wind darf man in einem Garten nicht unterschätzen. Der kann zum Nachteil der Kulturen einwirken und beispielsweise den Anbau von Stangen-Bohnen unmöglich machen. Windige Lagen sind aber nicht von vorneherein ungünstig. Manche Feldgemüsearten wie beispielsweise Möhren gedeihen bei solchen Verhältnissen besonders gut, weil Wind den Schädling Möhrenfliege vertreibt.

Starker Wind lässt sich durch architektonische oder pflanzliche Elemente brechen: durch Mauern, Zäune und Heckenstreifen. In exponierten Lagen an Küsten oder im Gebirge praktizieren die Bauern dies von jeher, um überhaupt Ackerbau betreiben zu können.

Auf Hausgrundstücken bieten Mauern und Hausfassaden Schutz vor Wind. Dies ermöglicht den Anbau von Obstarten und Zierpflanzen, die viel Wärme brauchen, beispielsweise Weinrebe, Pfirsich oder Schwarze Maulbeere. Eine andere Herangehensweise ist das Tieferlegen von Gartenteilen, beispielsweise durch Anlage eines Kraterbeetes oder Senkbeetes.

Der Boden

Der Boden ist alles andere als bloßer „Dreck". Bei genauem Betrachten erscheint er höchst belebt. Biogärtner wissen, dass sie sorgsam mit ihm umgehen und die Bodenlebewesen pflegen müssen.

Entstehung der fruchtbaren Bodenkrume

Beim Aushub einer Baugrube erhält man immer einen guten Einblick ins Innere des Erdreichs mit dem geschichteten Untergrund. Die fruchtbare Bodenkrume, in der die Pflanzen wurzeln, ist in langen Zeiträumen durch Verwitterung des Gesteinsuntergrundes, durch Zutrag von Erde (auch durch Zuflug) und durch die Bewirtschaftung mit Zufuhr von Dünger entstanden. Pflanzen selber beeinflussen durch das Vordringen ihrer Wurzeln in den Untergrund diesen Vorgang mit. Bodenlebewesen, vor allem Mikroorganismen und Regenwürmer, sind an der Bodenbildung ebenfalls beteiligt.

Die Bodenkrume im Detail

Den Boden unter unseren Füßen muss man sich horizontal geschichtet vorstellen. Für die gartenbauliche Nutzung ist vor allem die oberste Schicht, die Bodenkrume interessant. Diese ist keine homogene Masse, sondern in sich strukturiert. Sie setzt sich aus verschiedenartigen festen Partikeln und

Hohlräumen zusammen, die mit Luft oder Wasser gefüllt sind. Die Partikel haften mehr oder weniger durch chemisch-physikalische Bindekräfte aneinander.

Die festen Partikel wiederum sind aus mineralischen und organischen Bestandteilen zusammengesetzt. Die mineralischen Bestandteile werden nach ihrer Größe unterschieden in Stein, Sand, Schluff und Ton. Je nach deren Anteil liegt eine bestimmte Bodenart vor. Die organischen Bestandteile sind Humus oder halbverrottete Pflanzenteile sowie Wurzeln, Mikroorganismen und das Heer der Bodentiere.

Mineralische Bodenbestandteile und Bodenart

Wer einen Garten bewirtschaftet, sollte wissen, mit welcher Bodenart er oder sie es zu tun hat, ob der Boden also sandig, lehmig oder tonig ist oder eine Zwischenstufe. Zur Bestimmung der Bodenart genügen einfache physikalische Tests wie Rollprobe und Reibeprobe.

Für die Rollprobe nimmt man einen kleinen Bodenklumpen und versucht, ihn auf der Handinnenfläche halbzentimeterdick auszurollen (auf halbe Bleistiftdicke). So lässt sich leicht feststellen, ob und wie der Boden formbar und bindig (zusammenhaltend) ist, ob er Sandkörner enthält und ob er glänzt. Je nachdem haben wir es mit Sand-, Schluff-, Ton- oder Lehmboden oder einer Zwischenform zu tun.

Sandboden: Die Bodenprobe haftet nicht am Finger, ist nicht bindig und nicht formbar. Sandanteil über 85 %, Korngröße 2,0–0,063 mm.

Schluffboden: Die Bodenprobe fühlt sich samtartig-mehlig an. Sie ist nicht bindig, nur schlecht formbar, haftet aber deutlich an den Fingerrillen. Sie enthält keine oder nur sehr wenige Sandkörner. Schluffanteil über 80 %. Korngröße 0,063–0,002 mm.

Tonboden: Der Boden ist bindig und klebrig. Er lässt sich wie Teig formen und ausrollen. Wenn man mit dem Finger über die Probe streicht, entstehen glänzende Reibflächen, keine Sandkörner. Tonanteil über 65 % Korngröße unter 0,002 mm.

Lehmiger Sand bis sandiger Lehm: Der Boden enthält viele Sandkörner. Die Probe ist etwas bindig, klebrig oder schmierig. Sie lässt sich formen und ausrollen. Sie zerbricht oder reißt jedoch, wenn man sie etwa bleistiftstark ausrollen möchte. Sand 55 %, Schluff 30 %, Ton 15 %.

Fruchtbarer Lösslehmboden ist oft mehrere Meter mächtig. Er besteht hauptsächlich aus Schluff.

Die Erdprobe zeigt, ob der Boden sandig oder tonig ist

Toniger Lehm bis lehmiger Ton: Die Bodenprobe ist bindig und klebrig. Sie enthält nur wenige Sandkörner und lässt sich gut formen. Beim Reiben entstehen schwach glänzende Flächen. Sand 20 %, Schluff 35 %, Ton 45 %.

Leichter oder schwerer Boden

In Anbauhinweisen ist oft von „leichtem" oder „schwerem" Boden die Rede, gelegentlich auch von „bindigem" Boden. Diese Bezeichnungen stehen in Zusammenhang mit der physikalischen Struktur der Böden. Sie sagen aus, wie leicht oder schwer sich ein Boden bearbeiten lässt. Sandböden sind leicht zu bearbeiten, Tonböden schwer, Lehmböden liegen dazwischen.

Poren mit Bodenluft und Bodenwasser

Bodenporen erfüllen eine wichtige Funktion. In ihnen zirkulieren Luft und Wasser. In den Poren müssen Luft und Wasser in einem guten Verhältnis zueinander stehen. Bei zu hohem Luftanteil ist der Boden zu trocken; bei zu vielen mit Wasser gefüllten Poren ist der Boden zu nass. Beide Extreme sind ungünstig für das Pflanzenwachstum.

Die Art und Weise der Bodenpflege muss immer darauf abzielen, ein ausgewogenes Verhältnis zu schaffen, sodass der Boden sowohl luft- als auch wassergefüllte Poren enthält.

Bodenluft

Der Luftanteil im Boden ist, je nach Bodenart, stark unterschiedlich. Er schwankt zwischen etwa 5 % in Tonböden und etwa 40 % in Sandböden. Die Bodenluft bewegt sich in den mehr als 0,01 mm großen Grobporen. Die kleineren Poren sind mit Wasser gefüllt.

Die Bodenluft nimmt das Kohlendioxid aus der Atmung des Bodenlebens, der Pflanzenwurzeln und aus der Zersetzung der organischen Stoffe des Bodens auf und leitet sie an die Erdoberfläche ab. Sie enthält deshalb ein Mehrfaches an Kohlendioxid verglichen mit dem der Atmosphäre. Kulturpflanzen brauchen aber mindestens 15 % Sauerstoff in der Bodenluft. Es ist deshalb notwendig, den Boden zu lockern, sodass ein Luftaustausch stattfinden und sauerstoffreiche Luft in den Wurzelraum einströmen kann. Weitere Gase wie Methan und Schwefelwasserstoff können sich ebenfalls in der Bodenluft befinden.

Porendurchmesser im Boden

Grobporen: über 0,01 mm
Mittlere Poren: 0,0002–0,01 mm
Feinporen: kleiner als 0,0002 mm

Bodenwasser

Bodenwasser ist zum einen das Sickerwasser, das durch Grobporen, der Schwerkraft folgend, ins Grundwasser versickert. Bodenwasser ist auch Haftwasser, das der Boden in seinen Mittel- und Feinporen gegen die Schwerkraft festhält.

Im Bodenwasser befinden sich Nährstoffe in flüssiger Form, die von den Pflanzenwurzeln aufgenommen werden. Die Pflanzenwurzeln selbst sind in der Lage, durch komplizierte chemisch-physikalische Vorgänge unter Mitwirkung von Fermenten und organischen Säuren Nährstoffe aus Mineralien und Humus herauszulösen.

Humus

Unter Humus versteht man verrottete, organische Substanz, die wieder zu Erde geworden ist. Bodenkundler unterscheiden noch zwischen Nährhumus und Dauerhumus (und Rohhumus). Man kann davon ausgehen, dass der Humusgehalt umso höher ist, je dunkler die Bodenfarbe ist.

Die Humusgehalte in Böden sind unterschiedlich; auf normalen Ackerböden und Gartenböden liegen sie bei 1,8–2,5 %; auf Grünland bei etwa 5–8 %.

Auf komplizierte Weise entsteht aus pflanzlichen und tierischen Rückständen etwas Neues. Das Heer der Bodenlebewesen zerlegt sie in ihre chemischen Bestandteile und baut auf biochemischem Wege wieder neue Verbindungen auf, eben den Humus. Besonders wertvoll sind die stabilen Ton-Humus-Komplexe, die Regenwürmer bei der Passage durch ihren Darm verkitten.

Pilzmycel durchzieht den Boden und schließt ihn auf.

Die Lebewesen im Boden

Es ist kaum vorstellbar, wie lebendig der Boden unter unseren Füßen ist. Eine parallele Welt, Stoff für Fantasygeschichten! Vor allem, wenn man weiß, wie fantastisch die Bodenlebewesen geformt sind. In stärker belebten Mineralböden beträgt der Anteil lebender Biomasse an der gesamten organischen Substanz 10–15 %, über die Hälfte davon besteht aus lebenden Pflanzenwurzeln.

Bodenorganismen bringen pro Quadratmeter ein Gesamtgewicht von bis zu etwa 2,5 kg auf die Waage. Die Bodenmikroflora , zu der man – systematisch nicht ganz korrekt – Algen und Flechten, aber auch Bakterien und Pilze zählt, hat daran einen Anteil von etwa 80 %.

Bodenmikroflora

Die nur 0,001–0,01mm großen **Bakterien** vermehren sich besonders in lockerer, gut belüfteter Erde. Die meisten Arten ernähren sich von zersetzten organischen Stoffen. Sie sind teils vom Sauerstoff abhängig (aerobe Arten), teils leben sie ohne ihn (anaerobe Arten), andere sind wahlweise aerob oder anaerob, die meisten wasserabhängig. Bakterien bewirken die sogenannte Bodengare. Dies ist der Idealzustand eines fruchtbaren Bodens, bei dem er krümelig, humos, gut durchlüftet, ausreichend feucht und leicht durchwurzelbar ist.

Pilze sind weniger als Bakterien auf Wasser angewiesen, viele Arten bilden Geflechte (Hyphen, Myzele) von mikroskopischer Feinheit und sind dadurch an der „Lebendverbauung“ im Boden, d. h. an der Krümelbildung, beteiligt. Sie leben von organischen Substanzen. **Schleimpilze** leben von Dung und anderen sich zersetzenden Stoffen, auch von Bakterien, und verändern dadurch die Bakterienflora einer Erde.

Algenpilze bauen Kohlehydrate ab, neben Zellulose auch Chitin.

Zu den **Schlauchpilzen** gehören Hefen, darunter auch Stickstoffbinder, Aspergillus (Phosphorlöser) und Penicillium (Antibiotikabildner).

Unter den **Ständerpilzen** gibt es Zellulose- und Ligninzersetzer, speziell Verwerter von Laub.

Das Heer der Bodenlebewesen, der Asseln, Hornmilben, Springschwänze und Co. zernagt und zersetzt organische Abfallstoffe.

Bodenfauna

Mikrofauna: Zur winzigen Mikrofauna (bis 0,2 mm), die nur unter dem Mikroskop erkennbar ist, zählen Einzeller, Geißeltierchen, Wurzelfüßer und Wimperntierchen. Sie leben im Bodenwasser, auch im feinsten Wasserfilm. Durch die Bildung von Dauerorganen, den Zysten, können sie Jahrzehnte überstehen. Sie leben von Bakterien, Hefen, Algen, Pilzsporen und Pilzhyphen.

Mesofauna: Die nächstgrößere Gruppe von Bodenlebewesen, die Mesofauna, ist mit einer Größe von bis zu 2 mm bereits mit der Lupe zu erkennen. Dazu zählen Rädertiere, Nematoden, Milben und Springschwänze. **Nematoden** kommen in der unvorstellbar großen Zahl von bis zu etwa 20 Millionen Exemplaren pro Quadratmeter vor. Sie ernähren sich von Bakterien, Algen, Einzellern und räuberisch von anderen Nematodenarten, auch von pflanzlicher Substanz, jedoch nicht von Zellulose. Nur wenige Nematodenarten sind schädlich (siehe Seite 116). **Springschwänze** sind große Zersetzer. Sie fressen an Blättern und skelettieren sie. Die formenreichen **Hornmilben** zerkleinern ebenfalls die organischen Stoffe.

Makrofauna: Die Arten der Makrofauna mit Schnecken, Spinnen, Asseln, Vielfüßern und Insekten schließlich sind mit bloßem Auge zu erkennen. Die **Kellerassel** zerkleinert mit ihren kräftigen Mundwerkzeugen das Pflanzenmaterial und schließt es so für die weitere Zersetzung auf. Der auffallende gelbe bis rotbraune **Erdläufer** mit flachem etwa 6 cm langem Körper ist ein Räuber und frisst Würmer und Enchyträen. Der braune bis schwarze **Schnurfüßer** mit typischen zwei Beinpaaren pro Körpersegment rollt sich bei Gefahr schneckenförmig zusammen. Er ernährt sich von verrottendem Pflanzenmaterial. Die weißlichen **Enchyträen** leben von Schleimüberzügen, Pollen und Kotresten. Sie verzehren auch nichtparasitäre Nematoden. Deshalb findet man sie auf Blättern, skelettierten Blättern und Nadeln. Sie folgen bei der Laubzersetzung den Springschwänzen und Hornmilben.

Megafauna: Dazu zählen Regenwürmer und Wirbeltiere. **Regenwürmer** stellen bei den Bodentieren mit 40–400 g/m^2 den größten Biomasseanteil. Sie leben nur in neutralem bis alkalischem Substrat, nicht in Rohhumus. Bis zu etwa 1000 Tiere pro Quadratmeter Boden wurden gezählt. **Der Tauwurm** (*Lumbricus terrestris*) ist mit bis zu 30 cm Länge die größte Art und wird landläufig als „Regenwurm" bezeichnet. Er kann bis zu acht Jahre alt werden. Der Tauwurm entwickelt sich am besten im Temperaturbereich zwischen 12 und 16 °C; wenn die Temperatur über 28 °C steigt, stirbt er. (Er lebt also nicht im Kompost.) Er gräbt bis zu 7 m tiefe Gänge und lebt unterirdisch in

Was Regenwürmer im Boden bewirken

- Sie durchwühlen und durchmischen den Boden. Innerhalb von 12 bis 15 Jahren haben sie auf Grünland die obersten 10 cm durchwühlt.
- Durch ihre Verdauungstätigkeit bilden sie Dauerhumus; beim Durchgang durch den Darm entstehen sehr stabile Ton-Humus-Komplexe, die als Kothäufchen ausgeschieden werden. Ein Teil davon ist an der Erdoberfläche zu sehen (siehe Foto unten).
- Sie verwerten die organische Substanz und schließen die darin enthaltenen Nährstoffe auf. Regenwurmkot besitzt eine höhere Konzentration an Nährstoffen als der umgebende Boden: fünfmal mehr Nitrat, siebenmal mehr Phosphor, elfmal mehr Kalium, zweieinhalbmal mehr Magnesium, zweimal mehr Kalzium.
- Regenwürmer zerkleinern organische Substanz und schließen sie auf; so werden die Pflanzenteile für Mikroben zugänglich.
- Regenwurmgänge ermöglichen Pflanzenwurzeln, leichter in den Boden einzudringen. Regenwurmgänge sind an den Seitenwänden mit einem kittartigen Material verfestigt und sehr stabil. So können Pflanzenwurzeln durch die senkrechten Röhren tief in den Boden eindringen, bis in 3 m Tiefe.
- Durch die Wühlarbeit und die Auflockerung entstehen Gänge und Höhlungen, die einen guten Wasser- und Lufthaushalt begünstigen.

Wiesen, Gärten und Obstkulturen. Der Tauwurm ist der einzige einheimische Regenwurm, der an der Erdoberfläche erscheint – nicht nur nachts, sondern auch tagsüber. Man kann ihn dabei beobachten, wie er mit seiner Mundöffnung Blätter an der Spitze packt und in seine Röhre zieht. (Ich lege mich da manchmal auf die Lauer, um das zu beobachten.) Der Namensbestandteil „Tau" rührt übrigens daher, dass die Tiere bei Feuchtigkeit besonders zahlreich an die Erdoberfläche kommen.

Der pH-Wert des Bodens

Das Kürzel pH steht für „potentia hydrogenii" (= „Konzentration des Wasserstoffs"). Gemessen wird dabei die Wasserstoff (H)-Ionen-Konzentration in der Bodenlösung. Der pH-Wert zeigt die Reaktion auf einer Skala von 1 bis 14 an.

Am günstigsten ist es, wenn der pH-Wert um den Wert 7 oder etwas darunter im schwach sauren Bereich zwischen 6 und 7 liegt. Auf solchen Böden gedeihen fast alle Kulturpflanzen. Bei pH-Werten unter 6 spricht man von saurem Boden. Hier gedeihen Wald-Heidelbeeren und Rhododendren gut. Bei pH-Werten von über 7 (in Mitteleuropa haben Kulturböden maximal etwa pH 8,5) spricht man von alkalischem Boden.

Der pH-Wert des Bodens beeinflusst die biologische Verfügbarkeit von Nährsalzen. pH-Werte über und unter dem Optimum sind nicht günstig, da dann Nährstoffe wie Phosphate, Calcium, Magnesium, Eisen und andere festgelegt werden, den Pflanzen also nicht mehr zur Verfügung stehen.

Den Boden untersuchen

Der pH-Wert lässt sich mit Hilfe eines einfachen Bodentests anhand einer Färbereaktion schnell und einfach selbst ermitteln. Bodentest-Sets mit Röhrchen und den nötigen Reagenzien gibt es im Handel zu kaufen. Dabei füllt man eine kleine Bodenprobe in ein Teströhrchen, gibt eine Bodentest-Tablette (das Reagenzmittel) und destilliertes Wasser hinzu und schüttelt. Die Lösung verfärbt sich: Beim Vergleich mit der Farbskala kann man sofort den pH-Wert der Probe ablesen.

Das Ergebnis: Die allermeisten Böden dürften einen pH-Wert zwischen 6 und 7,2 haben. Dann muss nichts unternommen werden. Zu niedrige

Der pH-Wert des Bodens lässt sich leicht selbst testen.

ph-Werte lassen sich mit Hilfe von Kalkdüngemitteln wie kohlensaurem Kalk oder Algenkalk ausgleichen.

Eine Bodenuntersuchung im Labor ist umfangreicher: Dabei werden vor allem die Nährstoffgehalte im Boden untersucht und daraus Düngeempfehlungen abgeleitet. Günstiger Zeitpunkt dafür ist zwischen Herbst und Frühjahr, unbedingt vor einer Düngung und vor Kompostgaben. Dazu entnimmt man an verschiedenen Stellen eines Ackers oder einer Wiese Bodenproben (pro 100 m² fünf Proben), mischt diese und füllt von dieser Mischung eine bestimmte Menge (meist 500 g) in einen Beutel ab. Dieser Beutel wird dann an ein Bodenuntersuchungslabor eingeschickt. Dies ist eine chemische Untersuchung (im Unterschied zur physikalischen Untersuchung auf Seite 55). Bei einer Standarduntersuchung wird auf Phosphor, Kalium und Magnesium untersucht. Eine solche Bodenuntersuchung ist anfangs etwa alle zwei Jahre nötig, später in größeren Abständen. Einige Labors untersuchen auch auf Calcium, Kupfer, Nitrat, Zink, Bor und Eisen. Zusätzliche Untersuchungen zum Gehalt an Stickstoff, Nitrat (nur sinnvoll im Frühjahr), Humus (dieser zeigt Bodenfruchtbarkeit an) und Spurennährstoffe sind möglich.

Die Pflanze

Wenn man weiß, wie eine Pflanze grundsätzlich aufgebaut ist und wie sie wächst, werden viele Regeln um den Kulturpflanzenanbau verständlicher und nachvollziehbar.

Aufbau einer Tomatenpflanze mit aufrechtem Spross.

Die Gestalt der Pflanze

Pflanzen sind gegliedert in oberirdischen Spross mit Blättern (und Blüten sowie Früchten) und unterirdische Teile mit Wurzeln, Speicherorganen und Ausläufern. Die Sprossachse mit ihrem meist aufrechten Wuchs (als Stängel, Halm, Schaft oder Stamm ausgebildet) bringt die Blätter in eine günstige Position zum Sonnenlicht. Die Blätter sind in der Regel flächig ausgestaltet, sodass sie vom Licht beschienen werden und so assimilieren können. In der Sprossachse verlaufen die Leitungsbahnen, die Wasser und Nährstoffe aus dem Wurzelbereich zu den Blättern befördern.

Die Sprossachse

Manche Pflanzenarten bilden von der Sprossachse ausgehend Ausläufer (Stolonen). Auch die Kartoffel tut das; am Ende der Stolonen bilden sich die Knollen.

Bei anderen Arten verdicken sich die Sprossachsen im unteren Teil zu sogenannten Sprossknollen, das ist beispielsweise bei Kohlrabi und Radieschen der Fall.

Die Wurzel

Wurzeln besitzen keine Blattanlagen und kein Blattgrün. Pflanzen dringen mit ihren Wurzeln mechanisch in den Boden ein, sie durchbohren ihn und verankern die Pflanze im Bodenkörper.

Wurzeln und Bodensubstanz sind eng miteinander verzahnt. Die Wurzel wiederum ist in Hauptwurzeln mit Seitenwurzeln und Millionen von Wurzelhaaren gegliedert. Die Wurzelspitzen schieben sich ins Bodensubstrat vor, wobei man sich leicht vorstellen kann, dass sie in lockeren Boden besser eindringen können.

Unterhalb der vordringenden Wurzelspitze mit der Wurzelhaube stülpen sich die mehrere Millimeter langen Wurzelhaare aus. Unmittelbar hinter

Der Kriechende Hahnenfuß pflanzt sich durch oberirdische Ausläufer fort.

der Wurzelhaube teilen sich die Zellen sehr schnell. Diese Zone wird aus diesem Grund als Wachstumszone bezeichnet.

Die Wurzeln der verschiedenen Pflanzenarten dringen auf unterschiedliche Weise und unterschiedlich tief in den Boden ein; manche bilden eine Pfahlwurzel aus; andere breiten sich tellerförmig unter der Bodenoberfläche aus; andere dringen metertief in den Boden ein. Getreide und Leguminosen wurzeln intensiv und tief.

Dieses Eindringen in den Boden ist weit mehr als eine Verankerung. Die Pflanzen erschließen sich so tiefere Bodenschichten, um sich dort mit Wasser und Nährstoffen versorgen zu können und so ihr Überleben auch unter widrigen Umständen zu sichern. Bei der Luzerne, dieser überaus wichtigen Futterpflanze, ist dies deutlich zu sehen. Sie übersteht dank ihres feinen und bis etwa 6 m tief reichenden Wurzelsystems lange Trockenphasen. Die Luzerne ist eine der Pflanzen, die den Boden gut „aufschließt" und deshalb gerne als Zwischenfrucht in die Fruchtfolge eingebaut wird.

Auf der anderen Seite hält ein gut ausgebildetes Wurzelwerk selbst den Boden fest und kann vor Abschwemmung bei Regen schützen. In geneigtem Gelände mit Erosionsgefahr ist diese Eigenschaft

Die höchst belebte Zone um die Pflanzenwurzel

Die Rhizosphäre ist der Bereich um die lebende Pflanzenwurzel. Hier spielen sich eine Unzahl von physikalischen, chemischen und biologischen Vorgängen ab. In dieser Zone bis etwa 40 mm um die Wurzel leben viel mehr höhere Organismen (fünf- bis fünfzigmal so viel) als in größerer Entfernung. Man bezeichnet dieses Phänomen als Rhizosphäreneffekt. Bioanbauer messen ihm große Bedeutung zu. Dies kommt häufig der Pflanze zugute, denn im Zusammenspiel von Pflanzenausscheidungen mit Mikroorganismen werden Nährstoffe freigesetzt und so für die Pflanze verfügbar gemacht.

Freigelegtes Wurzelwerk der Brennnessel mit dichtem Wurzelgeflecht und unterirdischen Ausläufern.

von großer Bedeutung, wie sich auf landwirtschaftlich genutzten Flächen immer wieder zeigt.

Das Wurzeln der Pflanzen wirkt sich noch auf andere Weise aus: Die Pflanzenwurzeln schaffen durch ihr Vordringen im Boden Röhren mit verfestigten Wandungen. Nach dem Absterben der Wurzeln bewegen sich in ihnen die Bodenorganismen; Regenwürmer nutzen sie wie ein feines Röhrensystem.

Was wird geerntet?

Beim Kulturpflanzenanbau wird meistens nur ein Teil (Blattwerk, Wurzel, Spross, Früchte) für die menschliche Ernährung genutzt. Diesen Teil gilt es zu fördern. Dies geschieht durch Züchtung und durch die Anbautechnik. Bei den Getreidearten und bei Fruchtgemüse sind Samen und Früchte das Erntegut; bei Kartoffel, Zwiebel und Kohlrabi ist es ein Teil der Sprossachse; bei Salat, Spinat, Mangold sind es die Blätter; bei Möhren und Rüben sind es die Wurzeln.

Wachstum und Fotosynthese

Pflanzen benötigen Licht, Luft, Wasser und Nährstoffe fürs Wachstum. Die Pflanze ist eingebunden in das Ökosystem Boden-Pflanze-Atmosphäre. Die Wurzeln entnehmen dem Boden Wasser und Nährstoffe sowie Sauerstoff zur Wurzelatmung. Sprosse und Blätter nehmen aus der Atmosphäre Lichtenergie und Kohlendioxid auf.

Ohne Licht gäbe es kein Pflanzenwachstum. In grünen Blättern findet der biochemische Grundprozess der Fotosynthese statt. Dabei wird mit Hilfe des Chlorophylls Lichtenergie in chemische Energie umgewandelt. Aus den energiearmen Stoffen Kohlendioxid und Wasser werden mit Kohlenstoff und Wasserstoff die energiereichen Kohlenhydrate wie Glucose bzw. Fructose aufgebaut. Der vermittelnde „Apparat“ bei dem Prozess ist das Chlorophyll, das den Blättern ihre grüne Farbe gibt.

Wie intensiv die Fotosynthese vonstattengeht, hängt vom Alter der Pflanze, von der Nährstoffversorgung, der Licht- bzw. Beleuchtungsstärke, der Temperatur und insbesondere der Wasserversorgung ab. Die Kulturpflanzenarten haben da unterschiedliche Eigenschaften; Möhren und Rote Bete beispielsweise assimilieren noch bei niedrigen Temperaturen und bilden so im Spätherbst noch Zucker und Trockenmasse. In geringerem Umfang nehmen auch Blätter Nährstoffe auf. Dies wird bei der Blattdüngung ausgenutzt.

Pflanzenzüchtung

Das Bestreben der Züchtung ist es – unabhängig von den Methoden –, Erbanlagen so zu ändern bzw. neu zu kombinieren, dass die Erträge steigen. Über lange Zeiträume haben Bauern und Gärtner durch die sogenannte Auslese von besonders schön gewachsenen Exemplaren mit ausgeprägten Ernteorganen für gutes Saat- und Pflanzgut gesorgt. So kann man auch heute noch im Hausgarten Saatgut von Pflanzen mit besonders ausgeprägten Eigenschaften gewinnen.

Samenechte Sorten

Eine systematische Zuchtarbeit gibt es erst seit etwa 150 Jahren. Dies geschieht durch Kreuzung besonders ausgewählter Elternpflanzen mit erwünschten Einzeleigenschaften. Anschließend erfolgt wiederum Auslese und Vermehrung der Pflanzen auf die gewünschten Eigenschaften.

Wer selbst Saatgut gewinnen und erneut aussäen möchte, muss samenechte Sorten wählen. Samenechte Sorten fallen bei der erneuten Aussaat, dem „Nachbau“, rein. Das heißt sie spalten nicht auf wie Nachsaaten von Hybridsorten. Die genetisch festgelegten Eigenschaften, die in einem Saatkorn stecken, bleiben erhalten. Das betrifft beispielsweise die Gestalt der Pflanze und die besondere Zusammensetzung der Inhaltsstoffe.

Hybridsorten

Bei der Hybridzüchtung werden sogenannte Inzuchtlinien (mit reinerbigen Nachkommen) miteinander gekreuzt. Die auf diese Weise erzeugte neue Sorte ist wüchsiger als die Ausgangssorten, sie wächst gleichmäßiger und bringt in der Regel höhere Erträge. Bei Blumen sind die Blüten oft größer und farbintensiver. Aus diesem Grund setzen professionelle Anbauer fast ausschließlich auf den Anbau von Hybridsorten. Allerdings ist es kaum möglich, diese weiterzuvermehren, denn die Nachkommen der Hybridpflanzen zeigen wieder Eigenschaften aus den vorher zusammengebrachten Zuchtlinien, sie „spalten auf“.

Das auf diese Weise erzeugte Saatgut von Tomaten, Paprika oder Kohl wird unter der Bezeichnung F1-Hybride in den Handel gebracht. Dabei steht das Kürzel „F1“ für „1. Filial-Generation“ (= 1. Tochter-Generation).

Gentechnische Züchtungsverfahren kommen für den biologischen Anbau nicht infrage. Bei den kleinen Saatgutmengen, die an Hobbygärtner verkauft werden, braucht man nach meiner Einschätzung kaum befürchten, ungewollt gentechnisch verändertes Saatgut zu bekommen.

Saatgut aus ökologischem Anbau

Gartenbesitzer, die biologisch anbauen, wählen häufig konsequenterweise Saatgut aus ökologischem bzw. biologischem Anbau. Solches Saatgut ist seit einigen Jahren auch im üblichen Saatguthandel in Portionspackungen erhältlich. (In Bio-Erwerbsbetrieben ist es vorgeschrieben, nach

Die Bedeutung der samenechten Sorten

Bei dem allgemeinen Züchtungsfortschritt sind die samenechten Sorten in Gefahr, weil sie für die großen Züchterfirmen nur noch eine geringe Bedeutung haben. So werden nach und nach die alten, samenechten Sorten aus der Zucht und aus dem Handel verdrängt. Gerade samenechte Sorten sind oft Lokalsorten (beispielsweise der 'Bamberger Rettich') und wegen ihres Geschmacks und anderer Qualitäten interessant. Abgesehen davon sind sie mit ihrem genetischen Potenzial sehr wichtig für die zukünftige Pflanzenzüchtung. Wer samenechte alte bzw. seltene Sorten anbauen möchte, die nicht mehr im Handel sind, muss sie entweder selbst vermehren oder sie bei alternativen Saatgutanbietern und Saatgutinitiativen beziehen (siehe Service Seite 281).

Von Schwarzkümmel beziehungsweise Jungfer im Grünen kann man leicht selbst Samenkörner ernten.

Garten-Salbei lässt sich leicht über Kopfstecklinge vermehren.

EU-Richtlinie zertifiziertes Bio-Saatgut zu verwenden.) Saatgut aus biologisch-dynamischem Demeter-Anbau gibt es auch im Handel. Demeter-Anbauer lehnen Hybridsorten ab.

Was ist eine Pflanzenart? Was eine Sorte?

Pflanzen einer Art unterscheiden sich in mehreren Merkmalen von Pflanzen einer anderen Art; meist gibt es eine Kreuzungsbarriere zwischen Pflanzen verschiedener Arten. Eine Pflanzenart wird mit anderen verwandten Pflanzenarten zu einer Gattung zusammengefasst.
Der schwedische Botaniker Carl von Linné hat ein geniales System zur Gliederung und Benennung der Pflanzenarten entwickelt. Ein botanischer Name ist immer mindestens zweiteilig und setzt sich aus dem Gattungsnamen und dem Beinamen zusammen, die den Artbegriff bilden. Beispielsweise die Küchen-Zwiebel *Allium cepa*; sie ist eine Art der Gattung *Allium*. Eine andere *Allium*-Art ist Schnittlauch mit dem botanischen Namen *Allium schoenoprasum*.
Sorten werden oft fantasievoll benannt und lassen Rückschlüsse auf den Züchter zu oder auf die Region, aus der sie stammen. Bei der Küchen-Zwiebel gibt es beispielsweise die Sorte 'Stuttgarter Riesen'.

Die Fortpflanzungsstrategien der Pflanzen

Generell betrachtet können sich die Pflanzen geschlechtlich (generativ) über Samen bzw. Früchte oder ungeschlechtlich (vegetativ) fortpflanzen.

Einjährige und zweijährige Pflanzen (die ihren Entwicklungszyklus von der Aussaat bis zum Absterben in einem oder im zweiten Jahr vollenden) vermehren sich in aller Regel nur generativ über Samen. Nach der Befruchtung der Eizellen mit Pollen bilden sich Früchte aus, je nach Pflanzenart in ganz charakteristischer Form. Die Früchte sind jeweils ein wichtiges Bestimmungsmerkmal. Es können Kapseln, Schoten, Hülsen etc. sein. Eingeschlossen in der Frucht sitzen die Samen in arttypischer Anordnung und Zahl.

Ausdauernde Pflanzen, also Stauden und Gehölze, haben neben der generativen Vermehrung noch andere Vermehrungsstrategien: Sie bilden Ausläufer oder Tochterknollen oder sogar Brutknöllchen, wie es bei der Feuer-Lilie oder dem Scharbockskraut der Fall ist – das nennt man ungeschlechtliche oder vegetative Vermehrung.

Pflanzen selbst vermehren

Je nach Pflanzenart wird man die beste Vermehrungsmethode wählen. Zu wissen, wie man Pflanzen vermehrt, ist wesentlicher Teil des Gärtnerberufs – ob im Gemüsebau, im Zierpflanzenbau, in der Staudengärtnerei oder in der Baumschule und ist auch beim privaten biologischen Anbau ganz nützlich.

Aussaat

Das Vermehren durch Aussaat ist die übliche Methode bei Gemüse, bei Sommerblumen, bei zweijährigen Blumen und bei einjährigen Würzkräutern wie Dill und Kerbel.

Die meisten Stauden und viele Gehölze lassen sich ebenfalls aus Samen anziehen, was jedoch langwierig sein kann. Bei einigen wie dem Leberblümchen muss Kälte oder Frost aufs Saatgut einwirken (Kaltkeimer); andere wie der Baldrian keimen nur am Licht (Lichtkeimer). Bis aus den Sämlingen gut entwickelte Pflanzen herangewachsen sind, vergeht viel Zeit. Wenn man jeweils nur einige Exemplare braucht, ist es sinnvoller, sich Ableger zu besorgen, die Pflanzen also vegetativ zu vermehren oder sie in einer Gärtnerei oder Baumschule zu kaufen.

Teilen

Das Teilen ist die gängige Vermehrungsmethode für ausdauernde Stauden wie Astern, Beinwell (Comfrey) oder Minzen. Die Stauden bilden im Laufe der Jahre kurze Seitentriebe (das bezeichnet man als „bestocken“) – einige wenig, andere kräftig, oder sie treiben Ausläufer. Solche Ausläufer bildenden Stauden lassen sich, positiv betrachtet, gut vermehren, indem man Teile absticht.

Stauden teilen

Das Teilen geschieht am besten mit einem scharfen Spaten. Ich benutze für diesen Zweck einen kleinen Handspaten mit scharfem Blatt. Erfahrungsgemäß wachsen Teilstücke von kräftigen Mutterpflanzen sehr gut an und entwickeln sich weiter.

Gartenvagabunden topfen

In älteren Gärten vermehren sich viele Pflanzen „von alleine“. „Gartenvagabunden“ kann man freundlich zu solchen Gewächsen sagen. Diese wild aufgegangenen Sämlinge grabe ich oft aus und topfe sie ein. Bei vielen Pflanzen erkenne ich schon in einem frühen Entwicklungsstadium, um welche Art es sich handelt. Die Töpfchen kommen zunächst in meine Vermehrungsecke, wo ich sie immer im Blick habe und wo sich die Pflanzen gut entwickeln können.

Vermehrung durch Stecklinge

Bei Gehölzen ist die Stecklingsvermehrung sehr gebräuchlich. Aus wenigen Ästen entsteht so eine große Zahl von Nachkommen. Die Triebe schneidet man dafür in etwa 10–15 cm lange Teilstücke und streift die unteren Blätter ab. Wichtig ist ein scharfer Schnitt unmittelbar unterhalb eines Blattknotens. Die Stecklinge lässt man – je nach Art – entweder in Wasser oder in Erde (im Topf oder direkt im Freiland) Wurzeln ziehen. Schon nach wenigen Wochen können solche bewurzelten Stecklinge getopft werden.

Nach meiner Erfahrung gelingt die Stecklingsvermehrung im späten Frühjahr und Frühsommer am sichersten. Manchmal sorge ich durch Überstülpen einer Plastikfolie übers Gefäß für „gespannte Luft“ und schaffe damit ein günstiges Kleinklima für den Austrieb.

Kindel und Sprosse

Einige Gewächse haben die Eigenschaft, oberirdische Ausläufer zu bilden, die an den aufliegenden Blattknoten Wurzeln ziehen oder die wiederum Tochterrosetten oder sogenannte „Kindel“ bilden und rund um die Mutterpflanze wurzeln. Solche Tochterrosetten kann man leicht abtrennen und neu topfen. Bekannte Beispiele sind Dachwurze, Habichtskraut und Wald-Erdbeeren. Bei Fetthennen reichen sogar Sprosse für die Vermehrung aus. Viele lästige Wildkräuter wie der Giersch und der Acker-Schachtelhalm vermehren sich über unterirdische Ausläufer (siehe Seite 90).

Bodenpflege im Biogarten

Um den Boden und die Bodenpflege dreht sich im Biogarten alles – dem Grundsatz folgend, dass nur auf einem gesunden Boden gesunde Pflanzen wachsen können.

Den Boden bearbeiten

Bei der Bewirtschaftung von Äckern und Beeten spielt sich alles in der obersten fruchtbaren Krume ab. Diese etwa 20 cm hohe Bodenschicht wird mechanisch bearbeitet, gepflügt, geeggt, gefräst, gelockert, gehackt. Bei Gartenböden geht die Bearbeitung oft nicht so tief.

Die Bodenbearbeitung dient dem Zweck der Bodenlockerung, dem Mischen und Einarbeiten von Gründüngung und Mulchmaterialien sowie der Unkrautregulierung. Die Vorbereitung zum Säen und Pflanzen zählt auch dazu.

Gartengeräte

Auf dem Markt ist eine Vielzahl von Geräten. Erfahrungsgemäß kommt man mit wenigen Handgeräten aus. Mir genügen Rechen, Doppelhacke, Grabegabel und Spaten. Dabei lege ich Wert auf einen guten Holzstiel (normalerweise ist es ein Eschenstiel), der in den Händen gut läuft. Einige meiner gerne benutzten Geräte sind von meinen Großeltern an mich übergegangen. Zusätzlich benutze ich ein paar kleine Handgeräte zum punktuellen Lockern bzw. Unkrautjäten im Staudenbeet. Mit diesem kleinen Arsenal komme ich auf meinen relativ bindigen Böden zurecht.

Beete im Frühjahr vorbereiten

Bei der Bodenbearbeitung im Frühjahr kommt es darauf an, gute Bedingungen fürs Keimen der Samenkörner zu schaffen. Dazu müssen große Brocken zerkleinert und die oberste Schicht des Bodens möglichst fein gekrümelt werden. Bei leichtem Sandboden gelingt dies leicht; bei lehmigem und tonigem Boden ist Gespür, vor allem das Abwarten des richtigen Zeitpunkts gefragt, wenn der Boden ausreichend abgetrocknet ist. Bei der Bearbeitung eines zu nassen Bodens besteht die Gefahr, dass er verschmiert und sich verdichtet, sodass Pflanzen mit ihren Wurzeln nicht mehr so gut eindringen können.

Handgeräte zur Bodenbearbeitung

- Zum Wenden: Spaten, Pflug
- Zum Lockern: Grabegabel, Grubber, Hacke, Sauzahn
- Zum Einebnen: Rechen
- Zum flachen Lockern und Feinkrümeln: Fräse, Krail, Kultivator, Gartenwiesel
- Zum Einarbeiten von Kompost: Rechen, Hacke, Krail
- Zum Häufeln: Kartoffelhäufler

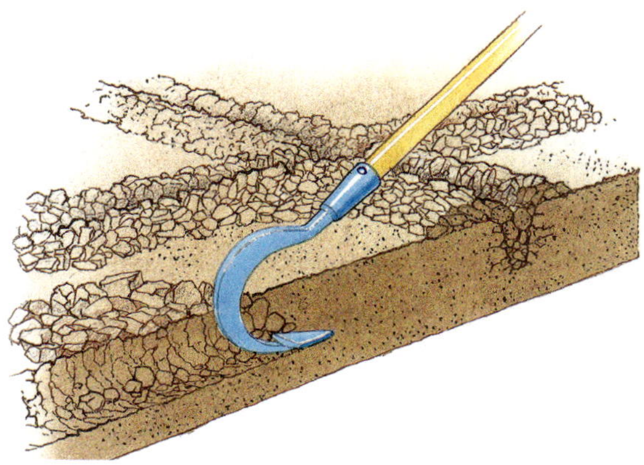

Der grubberartige Sauzahn eignet sich zum oberflächlichen Lockern leichter Böden.

Hacken ist nötig, um den Boden zu lockern und Wildkräuter zu regulieren.

Frisch gehackt: Reihenmischkultur mit Schalotten, Rote Bete, Möhren und Zwiebeln.

Dreierlei Schlaghacken – auf schweren Böden geht es kaum ohne den Einsatz solcher Handgeräte.

Bei der Saatbettbereitung soll ein günstiges physikalisches Bodengefüge geschaffen werden, das gerade das richtige Maß an Feuchtigkeit und Luft an die Samenkörner heranführt. Die Fertigkeit beim Säen besteht darin, die Samenkörner in der richtigen Tiefe und im richtigen Abstand abzulegen. Ausgesät wird fast immer in Reihen. Der optimale Abstand von Reihe zu Reihe ist je nach Kulturart unterschiedlich, ebenso der Abstand in der Reihe und die Saattiefe. Angaben dazu stehen bei den Sortenporträts in diesem Buch; sie sind auch in Saatgutkatalogen und auf den Tüten der Gemüsesämereien zu finden. Bei Radieschen reichen beispielsweise 15 cm, bei Lagermöhren sind 40–50 cm ideal.

Das Gesäte muss nach der Saat an den Untergrund angedrückt werden. Dazu nimmt man den Rechenrücken oder spezielle Särollen. Nur so lässt sich der nötige Bodenschluss erreichen, der bewirkt, dass die Samen guten Kontakt zu Wasser führenden Poren im Boden haben und gut keimen können. Danach wird die Reihe mit dem Rechen wieder locker zugezogen. Die Erde über den Saatrillen sollte locker und krümelig sein, sodass Luft an die Samenkörner gelangt. Die frische Saat vorsichtig mit feiner Brause übergießen, nie mit scharfem Strahl, weil sonst die feinen Samen verschwemmt würden.

Hacken und häufeln

Hacken und Häufeln sind im weiteren Verlauf des Wachstums die wichtigsten Aufgaben. Zumindest in der ersten Phase des Wachstums muss man alle Gemüsekulturen hacken, um Unkraut zu bekämpfen und um Luft in den Boden zu bringen. Dies geschieht mehrfach. Das dafür verwendete Gerät, die Hacke, kann viele Formen haben. Es gibt regional sehr unterschiedliche Hacken. Sie lassen sich grob in Schlaghacken und in Ziehhacken einteilen.

Einige Kulturpflanzen werden zusätzlich angehäufelt, sodass um die Gewächse herum ein Damm entsteht. Bei Kartoffeln und bei Spargel ist dies üblich, doch auch andere Gemüsepflanzen profitieren vom Anhäufeln und werden standfester, beispielsweise Lauch, Kohlgemüse und Bohnen.

Lockern und umgraben

Bei der Ernte und beim Umgraben kommen andere Geräte zum Einsatz. Das wichtigste Erntegerät ist die Grabegabel. Sie ist besonders gut zum Roden von Wurzelgemüse geeignet.

Die Grabegabel ist zudem sehr gut zur herbstlichen Grundbodenbearbeitung geeignet. Unter Umständen ist dann Umgraben nicht mehr nötig. Man sticht dabei einfach mit der Grabegabel ins Erdreich ein, bewegt sie nach vorne und nach hinten, sodass die Erde gelockert wird. So bewegt man

Umgraben? Je nach Bodenart!

Gerade beim Umgraben merkt man, wie unterschiedlich Böden sein können. Ich hatte in meinem Gartenleben mit leichten sandigen Böden und schweren lehmigen Böden zu tun. Nur auf leichten Böden kommt man auf Dauer mit der Grabegabel oder einem Sauzahn zur Lockerung aus. Auf schweren Böden ist das Umgraben oftmals nötig und sinnvoll, auch wenn es biogärtnerischen Grundsätzen widerspricht. Beim Umgraben werden die Schollen dem Frost ausgesetzt. Der dringt in die Schollen ein und sprengt die Bodenpartikel. So entsteht ein scheinbar krümeliger Boden, der sich im Frühjahr gut bearbeiten lässt. Dies wird als Scheingare oder Frostgare bezeichnet.

sich, die Grabegabel einstechend, quer über die Beetfläche. Diese Fläche wird dann über Winter nicht mehr betreten. Es ist allerdings günstig für den Boden, wenn man die Fläche im Lauf des Winters mit Ernteabfällen oder Salatblättern ein wenig mulcht, damit die Bodenlebewesen auch im Winter etwas zu fressen haben.

Beim Lockern mit der Grabegabel bleibt der Boden in seiner Schichtung mit den spezifischen Bodenlebewesen in jeder Tiefe erhalten. Anders ist es beim Umgraben mit dem Spaten. Da wird die Schichtung des Bodens gründlich durcheinandergebracht. Das Oberste kommt zuunterst. Oft wird beim Umgraben (so wie beim Pflügen auf dem Acker) Gründüngung untergearbeitet. Im Biogarten ist das eigentlich nicht so gern gesehen, weil untergegrabenes organisches Material nicht so gut verrottet und manchmal sogar fault. Ein weiterer Zweck des Umgrabens ist die Unkrautregulierung.

Pflanzen mit Nährstoffen versorgen

Damit die Kulturpflanzen im Garten gesund und kräftig heranwachsen, brauchen sie Nährstoffe. Ein Teil der Nährstoffe ist im Boden vorhanden. In der Regel reicht der natürliche Nährstoffvorrat der Böden jedoch nicht aus, um einen guten Ertrag zu bekommen. Deshalb düngen Gärtner und Landwirte.

Bei schweren Böden geht es bei der Bodenbearbeitung fast nicht ohne Spaten.

Selbst hergestellter Kompost ist der wichtigste Dünger im Biogarten.

Die wichtigsten Nährstoffquellen und Dünger im biologisch bewirtschafteten Garten sind Kompost (siehe ab Seite 72), Pflanzenjauchen, organische Dünger sowie ausgewählte mineralische Dünger aus dem Fachhandel.

Dünger und Humus

Im biologischen Anbau sagt man gerne, dass das Düngen zuerst die Bodenlebewesen fördern soll. Das Schlagwort lautet: „Düngen heißt den Boden verlebendigen." Deshalb kommt dem Kompost und den organischen Materialien so große Bedeutung zu. Durch halb verrotteten Kompost und durch Mulchmaterial werden die Regenwürmer und die vielen anderen helfenden Lebewesen im Boden gefördert. Langfristig lässt sich durch organischen Dünger der Humusgehalt im Boden erhöhen. Der Anbau von Leguminosen wie Wicken oder Erbsen und das Einbringen von Ernterückständen wirkt in die gleiche Richtung. Ein hoher Humusgehalt im Boden bedeutet meistens auch hohe Bodenfruchtbarkeit, bei der sich die Pflanzen optimal mit den nötigen Nährstoffen versorgen können.

Zunächst ein wenig Theorie zu den verschiedenen Nährstoffen: Wer einen Garten bewirtschaftet, sollte in etwa wissen, welche Nährstoffe die Pflanzen brauchen. Die wichtigsten Nährstoffe (als Hauptnährstoffe bezeichnet) sind Stickstoff, Phosphor, Kalium, Magnesium, Kalzium und Schwefel. In etwas geringerer Konzentration brauchen die Gewächse Eisen, Mangan, Zink, Kupfer, Chlor, Bor, Molybdän sowie weitere Mineralstoffe. Diese werden als Spurennährstoffe zusammengefasst.

Besonderes Augenmerk verdient die Stickstoffversorgung. Stickstoff steigert die Wuchskraft und ist unentbehrlicher Baustein für Eiweiß. Ohne Stickstoff bleiben Pflanzen klein und bringen nur einen geringen Ertrag. Stickstoff ist in Humus und in organischen Düngern – u. a. in Mist, Kompost, Gülle – enthalten. Ebenso in Ernteresten und den Resten von Gründüngung, die auf dem Acker bleiben. Dieser organisch gebundene Stickstoff wird relativ langsam freigesetzt, er treibt die Pflanzen nicht zu schnellem, allzu üppigem Wachstum.

Stickstoffmangel erkennt man an gelb werdenden älteren Blättern und mickrigem Wachstum. Ein Überangebot an Stickstoff zeigt sich an dunkelgrünen Blättern und Trieben und an mastigem Wuchs. Solche Pflanzen sind weniger standfest und anfälliger für Krankheiten und Schädlinge.

Beinwell und andere Kräuter für die Jauchebereitung grob zerschneiden.

Kaliummangel macht sich mit Blattrandnekrosen (Braunfärbungen an Blatträndern und Blattspitzen) bemerkbar. Relativ häufig tritt Eisenmangel auf, vor allem bei Kübelpflanzen oder bei Zierpflanzen wie etwa Rhododendron. Eisenmangel erkennt man an einer Aufhellung zwischen den Blattadern (Chlorose).

Generell kann man sagen, dass sandige, leichte Böden relativ nährstoffarm sind. Lehmige, schwere Böden liefern dagegen reichlich Nährstoffe. Bei sandigen Böden muss man versuchen, die Bindefähigkeit zu erhöhen und den Humusgehalt zu steigern; bei schweren Böden kommt es darauf an, die Nährstoffe in eine Form zu bringen, dass die Pflanzen sie aufnehmen können. Das geschieht indirekt durch die Förderung der Bodenlebewesen und durch die Art und Weise der Bearbeitung.

Die wichtigsten organischen Düngemittel für den Biogarten

Kompost: Er ist der wichtigste Dünger im biologischen Gartenbau. Er enthält eine relativ ausgewogene Mischung von Nährstoffen. „Kompost" ist zunächst nur ein Überbegriff: Kompost kann aus pflanzlichen Materialien oder aus tierischen Exkrementen wie zum Beispiel Mist entstehen oder aus einer Mischung der Komponenten (siehe unten). Kompost kann angerottet, halb verrottet oder reif sein. Je nach Reifegrad wird Kompost unterschiedlich eingesetzt. Angerotteter oder halb verrotteter Kompost eignet sich gut zum Mulchen, also zum Bodenbedecken, zum Beispiel bei Tomaten oder Kohl. Empfindliche Gemüse wie Möhren vertragen solchen Kompost dagegen nicht. Man gibt im Gemüsegarten pro Quadratmeter und Jahr etwa einen Eimer voll reifen Kompost (bei Starkzehrern etwas mehr, bei Schwachzehrern weniger) und arbeitet ihn mit der Hacke oberflächlich ein. Dies ist nur ein Anhaltswert, denn bei selbst hergestellten Komposten ist der genaue Nährstoffgehalt nicht bekannt. Die Mengenangabe bleibt also im Ungefähren.

Pflanzliche Jauchen: Sind ebenfalls wichtige Dünger. Aus den gut verfügbaren Brennnessel- und/oder Beinwellblättern (Comfrey) lassen sie sich leicht herstellen. Die grob zerkleinerten Pflanzen werden in Eimern oder Kübeln mit Wasser übergossen (etwa 1 kg Pflanzenmaterial auf 10 l Wasser). Bei warmem Wetter setzt der Vergärungsprozess schnell ein. In dieser Phase riecht die Jauche stark. Durch Überstäuben mit Steinmehl oder Tonmehl lässt sich der Geruch etwas abmildern. Nach ein bis zwei Wochen ist die Jauche fertig – man erkennt es daran, dass die Flüssigkeit nicht mehr schäumt. Mit diesem Flüssigdünger lässt sich Stickstoffmangel an Gemüse, Kräutern und anderen Kulturpflanzen schnell beheben. Pflanzenjauche wird immer mit Wasser 1:10 verdünnt und direkt auf den Boden gegossen.

Übrigens nutze ich den Bodensatz der Jauche, die pflanzlichen Rückstände, ebenfalls – zum Mulchen oder als Zugabe zum Kompost.

Organische Dünger aus dem Fachhandel: Für Gartenbesitzer mit kleiner Grundfläche, die (noch) keinen Kompost zur Verfügung haben, bieten sich diese gekauften Fertigdünger an. Anders als bei „Kunstdünger" werden bei organischen Düngern die Nährstoffe erst durch die mikrobielle Zersetzung den Pflanzen zur Verfügung gestellt.

Der Handel bietet speziell zusammengesetzte Dünger für Tomaten, für Rosen, für Gehölze oder für den Rasen an. Diese unterscheiden sich im Wesentlichen im Stickstoff- und im Phosphatgehalt. Stickstoff fördert das allgemeine Wachstum, Rasendünger sind zum Beispiel stickstoffbetont. Phosphat fördert die Blühfähigkeit; es ist deshalb in höherem Anteil in Rosendünger oder in manchen Zimmerpflanzendüngern enthalten.

Hornprodukte: Hornmehl, Horngries oder Hornspäne sind reich an Stickstoff. In den gröberen Produkten werden die Nährstoffe nach und nach freigesetzt. Das heißt, sie wirken nicht sofort wie die Jauchen, sondern erst mit Verzögerung, wobei auch die Temperatur eine Rolle spielt. Bei wärmerem Wetter werden die Nährstoffe schneller freigesetzt als bei kühlerem. Man gibt Hornmehl gezielt zu stark zehrenden Kulturen wie Tomaten oder Kohl.

Einige wichtige Mineraldünger

Kaliumdünger: Auf leichten Böden und im biologischen Anbau ohne tierische Düngemittel mangelt es manchmal an Kalium. Kaliummangel erkennt man an Braunfärbungen der Blattränder und Blattspitzen. Der übliche Kaliumdünger ist Kalimagnesia. Von der Verwendung von reiner Holzasche, die in früheren Biogartenzeiten als Kaliumdünger empfohlen wurde, sei wegen des möglichen erhöhten

Hornspäne, aus denen Stickstoff langsam freigesetzt wird, werden mit ins Pflanzloch geben.

Der staubfeine Algenkalk ist ein guter Spurenelementdünger.

Der Kompost als Recyclingstätte für organisches Material aus Garten und Küche.

Schwermetallgehalts abgeraten. Allenfalls geringe Mengen zu Zierpflanzen geben. Auch Beinwellblätter und daraus hergestellte Jauche enthalten relativ viel Kalium.

Kalk-Düngemittel: Zu niedrige pH-Werte lassen sich mit Kalk ausgleichen. Zum Kalken nimmt man üblicherweise Kohlensauren Kalk oder Kalkmergel ($CaC0_3$) aus vermahlenem Kalkgestein, der auch als Gartenkalk im Handel ist (man spricht auch von „mergeln"). Im biologischen Anbau wird zudem gerne aus Rotalgen gewonnener Meeresalgenkalk ausgebracht. Er enthält außer Kalk noch einen Cocktail an Spurennährstoffen und organische Substanz.

Tonmehle: Sie sind ebenfalls mineralstoffreich. Sie dienen aber eher der Bodenverbesserung als der Düngung. Tonmehl macht leichte Böden bindiger, sodass die Nährstoffe besser an den Bodenpartikeln haften bleiben.

Kompostieren und Kompost verwenden

Um ihn dreht sich im Biogarten alles: um den Kompost! Wer konsequent kompostiert und die Abläufe im Griff hat, wird mit viel humoser Erde belohnt und hat so beste Substanz zur Bodenverbesserung und zur Düngung parat.

Was ist Kompost?

Kompost ist der wichtigste organische Dünger mit einer ausgewogenen Zusammensetzung an Nährstoffen. Zudem sorgt er im Boden für eine gute Struktur. Alle Kulturpflanzen profitieren von diesem humosen Material.

„Kompost" ist zunächst nur ein Überbegriff, abgeleitet vom lateinischen Wort „componere" – zusammensetzen. Kompost kann aus pflanzlichen Materialien oder aus tierischen Exkrementen wie zum Beispiel Mist entstehen oder aus einer Mischung der Komponenten. Die nötigen festen, mineralischen Stoffe steuern Gartenerde oder Stein- bzw. Tonmehl bei. Nach dem Aufsetzen kann der Kompost verrotten – bis zur Verwendung in angerottetem, halb verrottetem, reifem oder abgelagertem Zustand.

So kann Kompost also aus unterschiedlichen Ausgangssubstanzen entstehen und von höchst unterschiedlicher Qualität sein – eine Qualität, die sich mit etwas Know-how steuern lässt.

Materialien für den Kompost

Fast alle organischen Abfälle aus dem Garten und aus dem Haus können kompostiert werden. Von Pilzen befallene Pflanzenteile oder samentragende Unkräuter sollte man jedoch besser in die Tonne für die Grüngutabfuhr geben (siehe Kasten). Wenn der Kompost sich auf über 60 °C erhitzt, werden Pilzsporen und andere Krankheitserreger mit einiger Sicherheit abgetötet. Darauf darf man sich jedoch nicht verlassen, denn Gartenkomposte erhitzen sich im Inneren ungleichmäßig und meistens nicht so hoch. In Randzonen und entlang des Behälterrandes setzt sich das Material oft nicht gut um.

Nur eines muss man unter allen Umständen vermeiden: Samentragende Wildkräuter dürfen nicht auf den Kompost! Wenn man nicht aufpasst, holt man sich mit dem Kompost jede Menge Vogelmiere, Rote Taubnessel und Einjährige Rispe auf

Mögliche Probleme und wie man sie vermeiden kann

- Ratten, wenn Speiseabfälle auf den Kompost kommen – gekochte Abfälle nicht auf den Kompost geben.
- Ameisen, wenn der Kompost zu trocken ist – bei Trockenheit gießen, vor allem die Randbereiche am Behälter benetzen.
- Wurzeln von Gehölzen, die neben dem Kompostplatz stehen, wachsen von unten ein – Wurzelschutzvlies unten in den Kompostbehälter einlegen.
- Schlechter Geruch durch faulende Pflanzenmasse – trockene Materialien untermischen und alles zum Schutz vor Regen abdecken.

Materialien für den Kompost

Das darf auf den Kompost (immer gemischt)	Das darf nicht auf den Kompost
Ernteabfälle von Salaten, Kohlgemüse, abgedrehtes Laub von Möhren und dergleichen	Speiseabfälle, auch nicht Schalen von Pellkartoffeln
Gründüngung, abgeschnittene oder verdorrte Reste	Altes Brot
Rasenschnitt in kleinen Mengen (ohne Löwenzahn- und Gänseblümchenblüten, ohne Einjährige Rispe und andere Wildkräuter und Wildgräser)	Bunt bedrucktes Papier und Karton
Abgeschnittenes von Stauden und Sommerblumen	Samentragende Wildkräuter
Strauchhäcksel in geringen Mengen	Krankes Pflanzenmaterial
Laub von Obstbäumen, Beerensträuchern und Ziergehölzen (nicht von Eiche und Walnuss) in kleinen Mengen (10–20 %)	Eichen- und Walnusslaub
Inhalt von Blumentöpfen und Containern	
Küchenabfälle, zum Beispiel Kaffeesatz, Teebeutel, Schalen von rohen Kartoffeln, Obstschalen, Orangenschalen	
Zerstoßene Eierschalen	
Zerknülltes Zeitungspapier mit Schwarz-Weiß-Druck	
Unbedruckter Karton	
Abgesiebtes vom reifen Kompost	
Tierischer Mist	
Algenkalk (4–8 kg/m^3)	
Tonmehl/Bentonit (1–2 kg/m^3) zur Bildung von Ton-Humus-Komplexen	

die Beete. Das zieht niemals endende Jätarbeit nach sich. Also besser schon beim Befüllen des Kompostbehälters aufpassen!

Wo kompostieren?

Jedes Grundstück ist anders und wird unterschiedlich genutzt; zudem geht jeder etwas anders an die Sache heran. Dementsprechend sind Kompostplatz und Kompostierpraxis von Grundstück zu Grundstück völlig verschieden. Doch das ist nebensächlich. Es kommt beim Kompostieren hauptsächlich auf das Ergebnis in Form von dunkler, duftender Humuserde an! Ein paar Grundüberlegungen dürften dennoch nützlich sein.

Ziel ist, die Kompostanlage das ganze Jahr über zu nutzen, also organische Abfälle aus dem Haushalt und vom Grundstück dort zu deponieren und verrotten zu lassen. Das klappt am besten, wenn sich der Kompostplatz in der Nähe des Hauses oder der Wohnung befindet und auch bei Regen und Schnee trockenen Fußes zu erreichen ist.

Kompostieren auf Mieten

Ob man in Mieten kompostiert oder in Behältern ist Gewohnheitssache bzw. hängt von der Größe des Gartens ab. Wenn viel organisches Material anfällt, beispielsweise bei Tierhaltung oder auf großen Grundstücken mit vielen Gehölzen, geht das nur auf Mieten, schon allein deshalb, weil man hier mit Schubkarre und Schaufel hantieren muss und dafür Platz braucht.

Eine Kompostmiete soll so breit angelegt sein, dass man noch gut von Hand mit Schaufel und Gabel an ihr arbeiten kann, also etwa 1,50 m breit und 1 m hoch. Die Länge richtet sich nach dem anfallenden Material. Im landwirtschaftlichen Bereich haben die Mieten selbstverständlich ganz andere Dimensionen.

Kompostieren in Behältern

Auf kleineren Grundstücken und im städtischen Umfeld eignen sich Behälter besser. Zwei sollten es mindestens sein: einer zum Sammeln des Materi-

In größeren Gärten ist es sinnvoll, das organische Material auf Mieten zu kompostieren. Unter dem Mantel aus Stroh bleibt der Inhalt feucht.

Geringe Mengen Laub können mit auf den Kompost.

Bewährte Behälter zum Zusammenstecken

Ich arbeite seit Jahrzehnten mit einem Modell aus zusammensteckbaren Seitenteilen aus Recyclingkunststoff. Das System ist sehr flexibel; es passt sich den anfallenden Mengen an und lässt sich schnell ab- und aufbauen. Die Höhe der Kompostummantelung wächst mit dem anfallenden Kompostiermaterial. Beim Entnehmen werden die Seitenteile einfach weggenommen.

Kein Austrocknen, kein Vernässen

Jedenfalls darf ein Kompostbehälter nicht zu klein sein. Die Außenfläche ist sonst im Verhältnis zum Inhalt zu groß, mit der Folge, dass das Material schnell austrocknet und der Kompostierprozess nicht richtig in Gang kommt. Zu groß sollten die Behälter aber auch nicht sein, weil man dann kaum hantieren kann. Eine Seitenlänge von etwa 1 m bei einem viereckigen Behälter ist ideal.
Bei Kompostlegen mit breiten Zwischenräumen zwischen den Seitenteilen oder bei Lochgitter ist es sinnvoll, die Seiten innen mit Vlies oder dergleichen auszukleiden, damit das Kompostinnere nicht austrocknet.
Damit die Rotteprozesse optimal ablaufen, ist es sinnvoll, den Kompost abzudecken, am besten mit einem Kompostvlies. Er soll einerseits durch Sonneneinstrahlung und Wind nicht austrocknen und andererseits durch Niederschläge nicht zu nass werden.

als, der andere zum Reifenlassen. Ein dritter, wenn Platz ist, zum Ablagern und als Vorratsbehälter.

Jeder Gartenbesitzer hat da so seine Gerätschaften und Vorlieben bei der Handhabung. Gebräuchlich sind Kompostbehälter aus Holz oder Kunststoff, manchmal in Kombination mit Pfosten aus Beton oder Metall.

Alles unter dem Deckel: Schnellkomposter

Bei den rundum geschlossenen Schnellkompostern ist der Inhalt – anders als bei offenen Behältern – vor Regen und Wind geschützt (siehe Kasten). Das organische Material verrottet hier im Zuge des Befüllens von unten nach oben.

Doch ganz von alleine funktioniert das Kompostieren im Schnellkomposter nicht. Auch hier muss man sich an die allgemeinen Kompostierregeln halten: Material beim Einfüllen mit Schere oder Häcksler zerkleinern, immer gut mischen, für ausgeglichene Feuchtigkeit sorgen, nasse Küchenabfälle immer gut mit trockenen Materialien mischen und umgekehrt trockenes Material mit nassem. Wenn der Kompost „in Gang“ ist und alles gut läuft, steht tatsächlich „schnell“, also nach etwa drei bis vier Monaten, nahrhafte Komposterde bereit.

Der Kompost im Jahreslauf

Ein günstiger Start fürs Kompostieren ist, wenn viel organisches Material auf einmal anfällt. Solche Phasen sind beispielsweise im Frühjahr und Frühsommer beim Rasenschnitt, im Spätsommer und Frühherbst beim Abernten der Gemüse- und Kräuterbeete und dann beim Laubfall. Doch unabhängig davon kann man den Kompost das ganze Jahr über „füttern“.

Aufsetzen – gewusst wie

Zerkleinern und Mischen ist das A und O beim Aufsetzen. Nur dann verrottet das Material schnell und es entsteht guter Kompost. Also Feuchtes mit Trockenem mischen, Weiches mit Hartem, leicht Verrottbares mit schwer Verrottbarem, Erdiges mit Organischem. Konkret heißt das: Rasenschnitt mit Strauchhäcksel, Ernteabfälle mit Laub, Küchenabfälle mit Häcksel vom Obstbaumschnitt usw.

Kleine Einfüllmengen lassen sich mit der Grabegabel vermischen und untermischen. Größere Mengen werden besser außerhalb der Miete oder des Behälters gemischt. Die Schubkarre eignet sich gut dafür. Ab und zu eine Handvoll fertige Komposterde als Träger der Kompostorganismen zwischen das Eingefüllte streuen.

Das Zerkleinern ist deshalb so wichtig, weil die Kompostorganismen (siehe ab Seite 57) bei zerfasertem Material einen besseren Zugriff fürs Nagen und Zersetzen haben. Kleine Mengen lassen sich noch gut mit einer Gartenschere zerkleinern; für größere Mengen und gröberes Material, beispielsweise für Obstbaumschnitt, braucht man einen Häcksler.

Und dann kommt es noch darauf an, dass der Inhalt stets gut belüftet und ausgeglichen feucht ist. Den Feuchtigkeitsgehalt sollte man im Sommer öfters durch Anfassen kontrollieren. Das Kompostmaterial soll sich wie ein ausgedrückter Schwamm anfühlen. Die oft austrocknenden Randzonen lassen sich mit Wasser aus der Gießkanne schnell befeuchten.

Wie es nach dem Aufsetzen weitergeht

Bei einer guten Mischung des Kompostiermaterials beginnt die mikrobielle Umsetzung schon wenige Stunden nach dem Aufsetzen des Komposts. Dabei wird Wärme freigesetzt. Die spürt man unmittelbar beim Darüberhalten der Hand über die Kompostoberfläche und erst recht, wenn man den Inhalt etwas öffnet. Unter Umständen dampft der Kompost sogar. Wer neugierig ist, wie hoch die Temperatur steigt, steckt einfach ein Kompostthermometer hinein. Auf 50 °C steigt es fast immer. Wenn alles gut aufgesetzt ist, wird sogar eine Temperatur von 60–65 °C erreicht. Höher sollte die Temperatur allerdings nicht steigen, weil dann Nährstoffe wieder verloren gehen.

Was es mit dem C/N-Verhältnis auf sich hat

Warum das Mischen des Kompostiermaterials so wichtig ist, hängt u. a. mit dem C/N-Verhältnis zusammen. Der Begriff steht für das Gewichtsverhältnis von Kohlenstoff (C) zu Stickstoff (N) und sagt etwas über die Stickstoffverfügbarkeit aus. Die beiden Stoffe müssen etwa im Verhältnis 10:1 bis 15:1 zueinander stehen, damit das Kompostieren schnell und gut abläuft. (Bei einem weiteren Verhältnis dauert das Kompostieren länger oder kommt gar nicht richtig in Gang.) Dem kommt man durch Mischen der organischen Stoffe nahe, wobei jeweils nicht zu viel schwer verrottbares kohlenstoffhaltiges Material beigemengt werden sollte. Eine gute Mischung ist zum Beispiel Rasenschnitt und Laub. Die Komponenten braucht man nicht abzuwiegen; das richtige Mischungsverhältnis bekommt man durch Erfahrung heraus. Gehäckseltes Holz oder Sägemehl sollte man nur in ganz kleinen Mengen beimischen. C/N-Verhältnisse für wichtige organische Materialien: Gemüseabfälle: 12:1 bis 15:1, Rasenschnitt 12:1, Küchenabfälle 12:1 bis 25:1, strohreicher Mist 25:1 bis 30:1, Laub 30:1 bis 60:1, Stroh 60:1 bis 100:1, Gehölzschnitt 100:1 bis 150:1, Sägemehl 100:1 bis 500:1. Zum Vergleich: Verrotteter Mistkompost hat ein C/N-Verhältnis von 10:1.

Mit Kompost impfen

Normalerweise siedeln sich Kompostwürmer nach einer gewissen Zeit wie „von alleine“ im Komposthaufen an; es ist nicht nötig, Würmer zuzusetzen. Um die Ansiedlung zu beschleunigen, genügt es, junge Kompostanlagen mit ein paar Schaufeln voll alten Komposts zu „impfen“. In dem sind sicher Würmer oder Kokons.

Schon nach ein bis zwei Tagen sinkt die Temperatur; das Material sackt schnell um 10–20 cm in sich zusammen. Nach dieser ersten Kompostierphase besiedeln Pilze den Kompost; danach folgen Asseln und Springschwänze und schließlich die Kompostwürmer.

Wie lange dauert das alles?

Wie schnell das Kompostieren abläuft, hängt außer vom Material selbst auch von der Außentemperatur ab. In der warmen Jahreszeit geht es schnell. Bei Kälte und Frost kommen die Vorgänge im Kompost fast zum Stillstand, weil Kompostorganismen da kaum noch aktiv sind.

Es ist immer wieder erstaunlich zu sehen, wie das Kompostieren „wie von alleine" abläuft. Die im Herbst aufgesetzten Ernteabfälle und Laub verwandeln sich bis zum Mai des darauffolgenden Jahres in humose, nährstoffreiche Erde. Gerade rechtzeitig, um sie aufs Gemüseland auszubringen.

Das im Frühjahr aufgesetzte Material setzt sich bis zum Hochsommer weitgehend um und taugt gut zum Mulchen oder zum oberflächlichen Einarbeiten in den Boden. In diesem jungen Zustand ist der Kompost ein Dünger und Bodenverbesserungsmittel dazu. Alter, lange gelagerter Kompost ist demgegenüber stickstoffärmer, milder und kann den Pflanzerden für Töpfe, Kästen und Container beigefügt werden.

Im Herbst anfallender reifer oder fast verrotteter Kompost lässt sich gut unter Beerensträuchern oder Obstbäumen ausbringen. Eine andere Möglichkeit ist, ihn bis zum Frühjahr zu lagern und dann erst auszubringen, wenn die Pflanzen die darin enthaltenen Nährstoffe wieder aufnehmen können.

Ein fortwährender Prozess

In einem Kompostbehälter, der laufend von oben neues „Futter" bekommt, laufen die Rotte- und Reifeprozesse von unten nach oben. Während unten schon reifer Kompost lagert und aus den Ritzen rieselt, befindet sich das zuletzt aufgelegte Material noch in frühen Stadien der Verrottung.

Um an die reife Erde unten im Kompostbehälter zu kommen, bleibt nichts anderes übrig, als den noch nicht vollständig verrotteten Teil in einen zweiten Kompostbehälter zu schaufeln. Dort geht's dann mit den Umsetzungsprozessen gleich weiter. Das ist einer der Gründe, weshalb man zwei Behälter zum Kompostieren braucht.

Kompost absieben

Gehäckseltes Kompostmaterial zersetzt sich fast vollständig zu feiner Komposterde. Bei nur grober Zerkleinerung des Ausgangsmaterials bleiben allerdings Aststücke und andere schwer zersetzbare Teile zurück, die man vor dem Verwenden aussieben sollte. Zum Sieben nimmt man für den kleinen Bedarf ein Rundsieb. Zum Sieben von Mietenkompost ist ein größeres Wurfsieb besser.

Das ausgesiebte Grobe, voll besetzt mit Mikroorganismen, ist ideales Impfmaterial für den neu aufzubauenden Kompost – ob für den Behälter oder für die Miete.

Wurmkiste

Eine Kompostiervariante ist die sogenannte Wurmkiste zum Aufstellen auf dem Balkon oder im Keller. Die Wurmkiste kann etwa die Maße 90 cm × 60 cm × 30 cm haben. Zunächst gibt man Trägermaterialien hinein, wie etwa Pappkartons, Zeitungspapier, Laub und geeignete Kompostiermaterialien aus dem Haushalt – alles Futter für die gefräßigen Kompostwürmer der Art *Eisenia foetida*. Die Würmer kann man kaufen oder – ganz umsonst – aus einem vorhandenen Kompost herauslesen.

Kompostwürmer machen aus verrottender, organischer Substanz in ihrem Verdauungskanal fruchtbare Humuserde.

Vom richtigen Mulchen

Im biologischen Gartenbau schwingt immer das Grundprinzip mit, dass kein Flecken Erde unbedeckt sein soll, sondern bedeckt – so wie auf der Wiese oder im Wald. Mit den Methoden Mulchen und Gründüngung (siehe ab Seite 83) kommen Biogärtnerinnen und Biogärtner dem Prinzip recht nahe.

Mulchen heißt den Boden bedecken. Im konsequenten Bioanbau geht es ohne Mulchen nicht – dem Boden, den Bodenlebewesen und den Pflanzen zuliebe.

Mulchen mit organischem Material ist in Kombination mit Gründüngung eine der wichtigsten Methoden zur Bodenpflege, abgeschaut den Vorgängen in der Natur. Eine Mulchdecke aus organischem Material schützt den Boden vor atmosphärischen Einflüssen und vor Austrocknen, sie nährt die Bodenlebewesen und sie unterdrückt Wildwuchs. Das sind die wesentlichen Effekte des Mulchens.

Schutz vor prasselndem Regen und Austrocknen

Zuallererst sorgt eine Mulchdecke für einen ausgeglichenen Feuchtigkeitshaushalt im Boden. Wasser verdunstet kaum und bleibt im Boden, wo es von den Pflanzenwurzeln aufgenommen werden kann. Auf gemulchten Beeten muss man deshalb weniger gießen, was gärtnernden Menschen sehr willkommen ist.

Eine Mulchdecke schützt auch vor Starkregen. Die Kraft der Regentropfen wird durch die Mulchdecke abgemildert, das Regenwasser sickert allmählich durch die Mulchschicht in den Boden ein; der Boden kann es durch seine offenen Poren, sein Kapillarsystem, wie ein Schwamm aufnehmen. In Trockenphasen bleibt der Boden unter einer

Eine flächendeckende Mulchschicht hält Feuchtigkeit im Boden.

Eine Bodenbedeckung ist den Bodenlebewesen zuliebe auch im Herbst und Winter sinnvoll.

Mulchschicht noch lange feucht und locker. Hacken ist dann unter günstigen Umständen zumindest den Sommer über nicht mehr nötig. Ohne Mulchdecke dagegen verkrustet und verschlämmt der Boden an der Oberfläche durch Regengüsse leicht. Dann sind die Bodenporen verschlossen und es ist kein Wasser- und kein Luftaustausch mehr möglich. Diese Verkrustungen lassen sich nur durch Hacken aufbrechen.

Den positiven Effekt auf die Bodenstruktur merkt man bei der Bodenbearbeitung: Ein über Wochen und Monate gemulchter Boden bleibt feuchter und lockerer als nicht gemulchter Boden.

Schutz und Nahrung für Bodenlebewesen

Ein ausgeglichener Feuchtigkeitshaushalt im Boden begünstigt zudem die Entwicklung und Ausbreitung der Bodenflora und -fauna. Vor allem aber ist das organische Mulchmaterial Futter für die Bodenlebewesen. Regenwürmer, Hornmilben und Co. ernähren sich davon. Sie ziehen es in den Boden, fressen es, verdauen es, bauen es um. Besonders gute Futterverwerter sind die Regenwürmer, die in ihrem Verdauungstrakt organische und mineralische Bodenbestandteile miteinander verkitten. Das, was sie ausscheiden, bekommen wir Menschen auf der Erdoberfläche als Regenwurmhäufchen zu sehen.

Kurzum, die Bodenlebewesen wandeln organische Substanz arbeitsteilig und allmählich in Humus um. Und einen hohen Humusgehalt streben wir im biologischen Anbau ja an. Insofern ist das Mulchen eine zentrale Methode dieser Art und Weise des Gärtnerns. Die Bodentiere betätigen sich noch auf andere Weise: Sie verbessern durch ihr Wühlen und Mischen die Bodenstruktur.

Mulchen zum Unterdrücken von Wildwuchs

Ein weiterer Effekt des Mulchens ist, dass es durch Lichtentzug Unkraut unterdrückt. Mit dem Auslegen von Mulchmaterial zwischen Gemüsereihen lassen sich einjährige Unkräuter wie Vogelmiere und Ehrenpreis ganz gut, aber nicht vollständig, unterdrücken. Den hartnäckigen Wurzelunkräutern wie Giersch oder Ackerwinde kommt man auf diese Weise jedoch kaum bei. Da sind dicke Lagen Rindenmulch und „tote“ Mulchmaterialien wie Vlies und Folie, die kein Licht durchlassen, besser geeignet. Die müssen monatelang oder eventuell sogar auf Dauer aufliegen, um die Unkräuter zurückzudrängen.

Was das Mulchen bewirkt

- Eine Mulchdecke schützt vor Verdunstung von Wasser über die Bodenoberfläche. Sie hilft also indirekt Wasser zu sparen und ist besonders nützlich bei lang anhaltender Trockenheit und Hitze.
- Sie nützt besonders auf leichten Böden. Auf schweren Böden wirkt sie ausgleichend.
- Mulch schützt vor Verschlämmung und Verkrustung des Bodens. Der Luftaustausch über offene Bodenporen ist so ungehindert möglich. Das Hacken wird dadurch unter Umständen überflüssig.
- Organisches Mulchmaterial ist Futter für Bodenlebewesen, die es in Nährhumus und stabilen Dauerhumus umwandeln. Der Boden wird so allmählich nachhaltig fruchtbar.
- Eine Mulchdecke unterdrückt Unkräuter, je dicker aufgebracht, desto besser.
- Gemulchter Boden kann auch bei Nässe betreten werden. Er wird dabei nicht verdichtet. Zudem werden dabei die Schuhe nicht schmutzig.

Materialien zum Mulchen

Gemulcht werden kann mit vielerlei Materialien. Organisches Mulchmaterial wird manchmal als „Lebendmulch“ bezeichnet. Auf Gemüsebeeten werden häufig verwendet: Rasenschnitt, Reste von der Gemüseernte, Rhabarberblätter, Brennnesseln, Beinwell und halb verrotteter Kompost. Zum Mulchen unter eingewachsenen Gehölzen kann man auch kohlenstoffreiches, schwer verrottendes Material wie Stroh, Laub, Rindenmulch und Holzhäcksel nehmen. „Totes“ Mulchmaterial sind Vlies, Folie, Pappe und Steine.

„Lebendmulch“ – organische Materialien zum Mulchen

Jede Gärtnerin, jeder Gärtner handhabt das Mulchen unterschiedlich, je nach den Kulturen, den sonstigen Verhältnissen im Garten und nach persönlichen Vorlieben. Theoretisch ist viel möglich. Aber nicht alle Mulchmaterialien sind in jedem Garten vorhanden. Und es kommt auch auf die Kulturen an: Auf Gemüsebeeten mulcht man anders als unter Obstgehölzen oder im Ziergarten, wo die Ästhetik wichtig ist. Folgende „Lebendmulch“-Materialien haben sich bewährt:

Unterdrückt Wildwuchs: Rindenmulch in Kombination mit Mulchvlies.

Unter der Mulchfolie bleibt der Boden feucht; Busch-Bohnen profitieren davon.

Abgehackte Gründüngung: Auf manchen Beeten wird vor dem Säen oder Pflanzen Gründüngung eingesät, entweder flächendeckend oder in Reihen. Liniensaaten mit Spinat oder Acker-Bohnen kennzeichnen zum Beispiel die Reihenmischkultur nach Gertrud Franck. Der Aufwuchs wird abgehackt, bevor er in Blüte geht und bleibt auf dem Boden liegen bzw. wird nur ganz leicht oberflächlich in den Boden eingearbeitet. Die Gründüngung wird dann zum Mulch. Das junge Blattwerk verrottet schnell. Schon nach kurzer Zeit ist oft nichts mehr von diesem frischen Mulchmaterial zu sehen. Besonders schnell geht es bei einem Boden, der voller Regenwürmer ist. Denn die schnappen sich die Blätter und ziehen sie in ihre Gänge in den Boden hinein.

Ernteabfälle: In die Reihen zwischen das Gemüse oder um Gemüsesetzlinge herum kann man sehr gut Blätter und Schalen ablegen, die beim Ernten und Putzen von Salat, Rettich, Kohlrabi, Möhren und anderen Gemüsearten anfallen, auch Rhabarberblätter. Gröbere Blätter braucht man nur etwas mit der Gartenschere zu zerkleinern.

Blattwerk und Triebe von Kräuterstauden: Erfahrungsgemäß ist Mulchmaterial im Gemüsegarten immer etwas knapp. Da bietet es sich an, Mulchmaterial von anderen Stellen im Garten zu holen oder Pflanzen speziell zum Mulchen anzubauen.

Staudenhäcksel: Wenn viel krautiges Material im Gemüsegarten und im Blumengarten anfällt, kann man es auch häckseln bzw. schreddern und so als ideales Futter für Regenwurm und Co. auslegen.

Rasenschnitt: Rasenschnitt fällt in vielen Gärten in großen Mengen an. Da bietet es sich an, ihn zum Mulchen zu nehmen, wo es nur geht. Er sollte allerdings frei von Wildkrautsamen und möglichst angewelkt sein. Wichtig ist auch, nur dünn damit zu mulchen, weil die zarten Blätter leicht zusammenbacken und dann eine undurchdringliche

Eine Beinwellecke – speziell fürs Mulchmaterial

Außer mit Brennnesseln mulche ich gerne mit Beinwellblättern und -trieben. Der Beinwell (*Symphytum officinale*) steht bei mir speziell zu diesem Zweck in einer Gartenecke. Die sehr wüchsigen (manche würden sagen: wuchernden) Stauden treiben nach einem Schnitt schnell wieder Blätter und Triebe nach. Die grob zerkleinerten Pflanzenteile eignen sich hervorragend zum Mulchen zwischen Gemüsereihen und besonders zum Mulchen von Tomaten oder Kohlgemüse.

Schicht bilden. Rasenschnitt kann auch mit gröberem Material gemischt werden.

Holzhäcksel: Gehäckseltes aus Strauch- und Baumschnitt eignet sich zum Ausbringen unter Gehölzen oder als Wegebelag. Im Gemüsegarten sollte man es nicht verwenden, da es schwer verrottet und das Wachstum der Gemüsekulturen beeinträchtigt.

Geschätzt wird Holzhäcksel vor allem deshalb, weil er Wildkräuter unterdrückt. Von Vorteil ist zudem, dass im Sinne einer Kreislaufwirtschaft der Gehölzschnitt im Garten bleibt und so der Stoffkreislauf einigermaßen geschlossen ist.

Rindenmulch: Rindenmulch ist als Mulchmaterial beliebt. Es handelt sich dabei um zerkleinerte, abgesiebte und nicht fermentierte Nadelholzrinde. Rindenmulch ist ideal zum Auslegen unter Gehölzen, unter Ziersträuchern und Rosen, auch als Wegbelag. Für Gemüse- und Blumenbeete eignet sich Rindenmulch allerdings nicht. Denn er enthält noch Gerbstoffe, Phenole, Harze und andere Substanzen, die Pflanzen in der Nachbarschaft schaden können. Frisches Material aus dem Wald muss man deshalb zunächst noch einige Zeit liegen lassen. Für frisch gepflanzte Stauden und Sträucher wäre es schädlich.

Das Material wird 5–10 cm hoch auf den Boden aufgetragen. Es unterdrückt das Unkraut sowohl durch den Lichtentzug als auch durch die pflanzenschädlichen Stoffe stark. (Bitte beachten: Im Handel sind noch andere, stärker aufbereitete Rindenprodukte, die auch als Pflanzerde verwendet werden.)

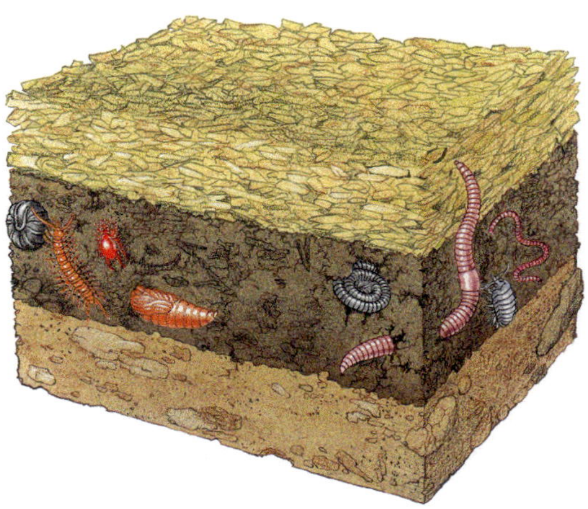

Bodenlebewesen haben unter Mulch gute Bedingungen.

Stroh: Stroh ist ebenfalls ein gutes organisches Material zum Mulchen zwischen Erdbeerpflanzen und unter Beerensträuchern. Das kohlenstoffreiche Stroh verrottet allerdings nur schwer und bindet bei diesem Vorgang Stickstoff. Zum Ausgleich brauchen die Kulturen stickstoffhaltigen Dünger. Zum Mulchen von Gemüsebeeten ist Stroh deshalb nicht geeignet, allenfalls zum Mulchen von Tomaten, die ohnehin gut mit Kompost oder anderem Dünger versorgt sind. Damit Stroh bei starkem Wind nicht verweht wird, sollte man es vor dem Ausbringen befeuchten, am besten mit verdünnter Brennnesselbrühe, die verrottungsfördernden Stickstoff enthält.

Laub: Laub eignet sich unter bestimmten Umständen auch zum Mulchen, eventuell gemischt mit weichem, schnell verrottendem Material wie Rasenschnitt – weniger auf Gemüsebeeten, vielmehr auf Baumscheiben oder Flächen, die vorübergehend nicht gebraucht werden. Am besten verschiedene Laubarten mischen, beispielsweise von Obstbäumen, Haselnusssträuchern und Ahorn. Das schwer verrottende Eichenlaub besser nicht nehmen.

Sägemehl: In manchen Haushalten fällt Sägemehl an. Das schwer verrottbare, saure Material sollte mit anderen Materialien gemischt werden. Es eignet sich allenfalls zum Ausbringen auf Wegen oder unter säureliebenden Beerensträuchern wie Heidelbeeren.

Weiterer Mulch aus dem Handel

Die Erden- und Substrathersteller bedienen den Markt mit Mulchmaterial aus anderen Quellen, das im Garten nicht zur Verfügung steht. Diese abgepackten und zum Teil von weit her transportierten Produkte sind in einem richtigen Biogarten eigentlich fehl am Platz. Gartenbesitzer, die gerne aufgeräumte Beete haben wollen, mögen vermutlich gleichmäßig aussehendes Mulchmaterial wie Schilf, Pinienrinde, Kakaoschalen oder Gartenfaser (eine Kombination aus Holzfaser, Grüngutkompost und Rindenhumus).

Anorganische („tote") Mulchmaterialien

Papier und Pappe: Mit Zeitungspapier und Pappe mulchen – warum nicht? Mit dem Auslegen von Pappe unter Beerensträuchern lassen sich durch Lichtentzug Wurzelunkräuter wie die Ackerwinde effektiv unterdrücken. Da eine solche Pappabdeckung in aufgeräumter Gartenumgebung doch etwas ungewohnt aussieht, kann man sie mit Lagen aus Stroh oder Rindenmulch kaschieren.

Mulchvlies: Schwarzes Mulchvlies aus Polyethylen gibt es in großen Bahnen im Handel. Bei der Entscheidung darüber, was man nimmt, muss man nach der Lichtdurchlässigkeit schauen. Die leichten Qualitäten lassen noch Licht hindurch. Die Unkrautunterdrückung gelingt dann nur mit einer zusätzlichen Auflage von Rindenmulch. Schwereres Dränagevlies oder Bändchengewebe lässt kein Licht hindurch und braucht deshalb nicht unbedingt eine Auflage. Aus Gründen der Ästhetik wird das Gewebe jedoch häufig mit Rindenmulch kaschiert.

Mulchfolie: Im Erwerbsgemüsebau und bei Erdbeeren ist der Einsatz von Folie schon lange üblich. Die Gemüse- oder Erdbeersetzlinge werden in die kreuzweise angebrachten Schlitze gesetzt. Dieses Verfahren bietet mehrere Vorteile: Unkrautunterdrückung, rasche Bodenerwärmung unter dem dunklen Material und ausgeglichener Feuchtigkeitshaushalt im Boden, da wenig Wasser über die Bodenoberfläche verdunstet. Mulchfolien gibt es aus dem Kunststoff Polyethylen und aus biologisch abbaubaren Biokunststoffen.

Steine und Platten: Auch das Auslegen von Steinen oder Platten erfüllt einige Funktionen des Mulchens und verhindert Austrocknen und Verschlämmen. Unter der Abdeckung bleibt der Boden feucht und locker. Mit Steinen lassen sich zum Beispiel Baumscheiben belegen.

Wie dick mulchen?

Diese Frage lässt sich nicht allgemein beantworten. Es kommt auf die Umstände an, auf den Boden, auf das Mulchmaterial, aufs Wetter und aufs Klima. Bei Sandboden kann man mehr auflegen als auf schwerem Boden.

Wie dick gemulcht wird, hängt auch von der Jahreszeit ab. Im Frühjahr auf dem noch winterfeuchten Boden genügt eine schleierdünne Mulchschicht. Im späten Frühjahr und Sommer kann zum Schutz vor Austrocknung dicker gemulcht werden. Bei Tomaten und bei Beerensträuchern darf die Mulchschicht hoch gepackt sein. Vor allem die Waldpflanze Himbeere dankt – wie auch andere Beerensträucher – das Bedecken mit gutem Ertrag. Aber das, was pflanzenbaulich sinnvoll und optimal wäre, lässt sich nicht immer verwirklichen, weil oft nicht genügend Mulchmaterial aufzutreiben ist. Zu Beginn einer Gartenbewirtschaftung und in kleinen Gärten muss man da findig sein. Dann am besten zunächst mit Gründüngung anfangen, die anschließend gemulcht werden kann.

Ein paar Nachteile gibt es auch

Sehr vieles spricht aus pflanzenbaulicher Sicht also fürs Mulchen. Aber ein paar Nachteile gibt es auch: Unter einer Mulchschicht erwärmt sich der Boden im Frühjahr langsamer. Deshalb sollte man im Frühjahr nur schleierdünn mulchen.

Beim Mulchen mit Rasenschnitt muss man aufpassen. Meistens ist es eher ein Wiesenschnitt und da werden eben auch blühende und Früchte tragende Kräuter wie beispielsweise Gänseblümchen oder Wiesen-Schaumkraut mit abgemäht. So ist die Gefahr groß, dass man ungewollt Samen vieler Wildpflanzen mit dem Mulchmaterial aufs Gemüseland verschleppt. Rasenschnitt hat noch einen weiteren Nachteil: Die dicht liegenden Halme backen leicht zusammen, sodass eine undurchdringliche Schicht entsteht, die keine Luft mehr durchlässt. Da hilft nur, Rasenschnitt mit anderem Material zu mischen oder damit weniger und stattdessen häufiger zu mulchen.

Und der wesentliche Nachteil: Mulch lockt Nacktschnecken an. Im feuchten, dunklen Milieu unter einer Mulchdecke fühlen sich Schnecken besonders wohl und machen sich von hier aus zu ihren Raubzügen auf. In schneckenreichen Gemüsegärten muss man die Situation beobachten und abwägen, ob man mulchen soll. Das Gesäte und Gepflanzte soll schließlich nicht den gefräßigen Tieren ganz zum Opfer fallen. Im Zweifelsfall mulcht man nur ganz dünn oder verzichtet eine zeitlang aufs Mulchen im Gemüsegarten. Unter Beerenobst und unter Obstbäumen ist das Mulchen aber immer möglich und tut dem Boden und den Gehölzen gut.

Was ist Flächenkompostierung?

Bei der Flächenkompostierung werden unverrottete organische Materialien flächig auf die Bodenoberfläche ausgebracht und allenfalls oberflächlich in die oberste Schicht des Bodens eingearbeitet. Ziel ist, die Bodenlebewesen zur Tätigkeit anzuregen und so den „Boden zu verlebendigen“.

Gründüngung – eine grüne Decke für den Garten

Gründüngung dient vielen Zwecken und sie macht den Garten bunt und interessant. Beete mit Phazelie, Gelb-Senf und Co. sind das Aushängeschild für einen Biogarten!

Was die Gründüngung bewirkt?

Der Begriff „Gründüngung“ ist etwas irreführend, denn es ist keine Düngung im direkten Wortsinn. Darunter versteht man vielmehr den Anbau von Pflanzen zur Begrünung und zum Bedecken des Bodens. Einen düngenden Effekt hat die Gründüngung allerdings schon, und das auf zweierlei Weise: zum einen auf indirektem Wege, indem die Gründüngungspflanzen mit ihrem Wurzelwerk den Boden aufschließen und dabei Nährstoffe freisetzen, die den Kulturpflanzen zur Verfügung stehen. Zum anderen düngen einige Gründüngungsarten aus der Familie der Schmetterlingsblütler oder Leguminosen den Boden tatsächlich. Acker-Bohnen, Erbsen, Klee, Lupinen und Wicken reichern mit Hilfe der Knöllchenbakterien Stickstoff aus der Luft im Boden an. Bis zu etwa 30–40 g pro m² steuert diese natürliche Stickstoffquelle zur Nährstoffversorgung bei. Der wichtigste Nährstoff Stickstoff steht dann wiederum den nachfolgenden Kulturen oder den Nachbarkulturen zur Verfügung. Außerdem kommt mit der Gründüngung organische Substanz in den Boden, aus der die Bodenlebewesen nach und nach Humus aufbauen können.

Zusammengefasst hier noch einmal die positiven Effekte der Gründüngung:

- Schutz des Bodens vor atmosphärischen Einflüssen, wie Starkregen (und damit der Folgen Erosion und Verschlämmung), starker Sonneneinstrahlung und Austrocknung
- Schutz und Förderung des Bodenlebens
- Dichtes Blätterdach unterdrückt unerwünschten Aufwuchs.
- Dichtes Blätterdach hält den Boden feucht und sorgt für Schattengare.
- Gründüngungspflanzen können an Tiere verfüttert oder an anderer Stelle zum Mulchen verwendet werden.
- Gründüngungspflanzen durchwurzeln den Boden und schließen ihn – je nach Art – bis in tiefe Bodenschichten auf. Dadurch verbessert sich die Bodenstruktur sowie der Austausch von Luft und Wasser, Nährstoffe werden freigesetzt.

Der schnellwachsende Gelb-Senf eignet sich zur Gründüngung im Frühjahr und Herbst.

Leguminosen speichern Stickstoff in Knöllchen im Boden.

Winter-Raps als überwinternde Gründüngung.

Buchweizen als Sommer-Gründüngung.

Welche Gründüngungspflanze für welchen Zweck?

- Flächendeckend zur Bodenvorbereitung auf Neubaugrundstücken: Öl-Rettich
- Flächendeckend zur vorübergehenden Begrünung und Unkrautunterdrückung während des Sommers: Phazelie, Persischer Klee (Perser-Klee)
- Flächendeckend als Bienenweide: Phazelie, Persischer Klee
- Flächendeckend als Nachkultur nach dem Abernten von Gemüsekulturen wie Frühkartoffeln, Salaten, Erbsen: Gelb-Senf, Feldsalat
- In der Mischkultur als Reihensaat (Liniensaat) zwischen Gemüsereihen: Spinat, Acker-Bohne
- In Streifen für Trittwege: Weiß-Klee
- Als Unterkultur auf Baumscheiben unter Obstbäumen und Beerensträuchern: Persischer Klee, Gründüngungsmischungen

Eine Tabelle der wichtigsten Gründüngungspflanzen finden Sie auf Seite 276.

- Eine überwinternde Gründüngung verhindert, dass Nährstoffe ausgewaschen werden.
- Leguminosen reichern in Symbiose mit Knöllchenbakterien Stickstoff aus der Luft an.
- Auflockerung der Fruchtfolge und Regenerierung des Bodens
- Viele Gründüngungspflanzen dienen als Bienen- und Insektenweide.

So kommt die Gründüngung aufs Beet

Gründüngung kann auf verschiedene Weise in den Garten eingebracht werden, entweder flächendeckend auf Beeten oder in Reihen oder Streifen zwischen Kulturpflanzen. Sonderformen sind Untersaaten beispielsweise im Wein- und Obstbau.

Wie man eine Gründüngung einsetzt, hängt auch von der Lebensdauer der Pflanzen ab. Einige Gründüngungspflanzen wie Gelb-Senf und Phazelie sind einjährig. Das heißt, dass sie im Winter absterben. (In milden Wintern bleiben sie grün.) Sie bedecken den Boden also nur während der Vegetationszeit – bis zum Abhacken bzw. Einarbeiten oder bis zum Erfrieren.

Andere frostverträgliche Gründüngungspflanzen wachsen überwinternd, vor allem sind dies Winter-Roggen und Zottel-Wicke. Einige Arten wie die Luzerne oder der Weiß-Klee sind Dauerkulturen.

Gründüngungspflanzen werden entweder flächendeckend ausgesät oder in Reihen. Bei flächendeckenden breitwürfigen Saaten werden sie mit dem Rechen möglichst gleichmäßig in die vorbereitete, lockere Bodenkrume eingerecht (eingeharkt). Bei Reihensaaten zieht man eine Rille und sät die Körner in möglichst gleichmäßigen Abständen. Die Samenkörner unbedingt festdrücken oder festklopfen, sodass sie Bodenschluss bekommen (siehe Seite 69). Die Saattiefe ist bei den meisten Arten 1–2 cm; großkörnige Leguminosen werden tiefer gesät: Wicken 2–5 cm, Acker-Bohnen 8–10 cm.

Gründüngung zur Flächenkompostierung und zum Mulchen

Die Reste der abgefrorenen Gründüngung zerbröseln bei der Bodenbearbeitung mit Hacke oder Krail im Frühjahr. Harte Stängelreste recht man zur Seite. Noch grüne Pflanzenteile werden abgehackt oder abgeschlegelt. Sie bleiben obenauf liegen oder werden allenfalls in der obersten Bodenschicht mit dem Krail oder mit der Fräse in die Krume eingearbeitet. Gründüngung wird nicht tief untergegraben, denn in tieferen Bodenschichten würden die Pflanzenteile nicht richtig verrotten, sondern eher verfaulen.

Nach dem Abhacken und Einarbeiten der grünen Teile muss man mit dem Einsäen oder Einpflanzen noch etwas warten. Die intensiven Verrottungsprozesse würden die keimenden Pflanzen schädigen. Die aufwachsenden Gründüngungsbestände sollten nicht zu alt werden, sonst verholzen sie und verrotten dann nicht mehr so gut.

Gründüngung in der Fruchtfolge

Die Gründüngung nimmt in der Fruchtfolge einen wichtigen Part ein; sie lockert die Fruchtfolge mit Pflanzenarten auf, die nicht mit den Kulturpflanzen verwandt sind. Diese bezeichnet man als fruchtfolgeneutral. Die Phazelie ist als Gründüngungspflanze auch deswegen so verbreitet, weil sie fruchtfolgeneutral ist. Das sind auch der Buchweizen, die Sonnenblume und die Studentenblume.

Beim Kohlanbau sollte man wegen der Befallsgefahr mit Kohlhernie mit Kreuzblütlern wie Gelb-Senf und Öl-Rettich vorsichtig sein und eher

Die Phazelie ist Gründüngungs- und Bienenweidepflanze zugleich.

Die Bitter-Lupine oder Blaue Lupine eignet sich zur Flächenbegrünung auf kalkhaltigen Böden.

Gründüngungspflanzen anderer Pflanzenfamilien einsäen. Auch bei Leguminosen ist es nötig, die Fruchtfolge einzuhalten und sie erst nach einer Anbaupause von mindestens sechs Jahren wieder auf dieselbe Fläche zu säen.

Leguminosen sind die Gründüngungspflanzen, die tatsächlich düngen. Durch ihre Symbiose mit Knöllchenbakterien (siehe Seite 122) sind sie in der Lage, Stickstoff aus der Luft zu filtern und im Boden anzureichern. Dieser Stickstoff kommt auch nachfolgenden Kulturen zugute.

Die wichtigsten Gründüngungspflanzen

Die Auswahl der Gründüngungspflanzen richtet sich nach dem jeweiligen Standort mit den spezifischen Klima- und Bodenverhältnissen und nach den Arbeitsabläufen. Die wichtigen und leicht zu kultivierenden Arten Bitter-Lupine (Blaue Lupine), Gelb-Senf, Phazelie und Spinat sind im Fachhandel in größeren Gebinden erhältlich.

Kreuzblütler

Zwei wichtige Gründüngungspflanzen sind Kreuzblütler. Wenn man viel Kohlgemüse anbaut, sollte man aus Fruchtfolgegründen auf diese Arten besser verzichten.

Gelb-Senf (*Sinapis alba*) wächst sehr schnell; er keimt und entwickelt sich auch bei niedrigen Temperaturen. Man sät ihn breitwürfig (flächendeckend) aus. Entweder im März-April und dann wieder ab August, als Vorkultur bzw. als Nachkultur zu Gemüsekulturen. Gelb-Senf friert normalerweise im Winter ab. Die abgestorbenen Pflanzenteile liegen dann wie ein dünner Schleier auf dem Boden. Im Frühjahr ist von dieser Gründüngung kaum noch etwas zu sehen. Es kann jedoch vorkommen, dass der Gelb-Senf in einem milden Winter nicht abfriert und grün bleibt. Dann arbeitet man ihn im Frühjahr unter oder räumt ihn vom Beet.

Beim Gelb-Senf ist es wichtig zu wissen, dass er eine Langtagspflanze ist, die bei länger werdenden

Tagen schnell in Blüte geht, bevor sie Blattwerk ausbildet. Deshalb wird Gelb-Senf im Frühjahr und dann erst wieder im Herbst ausgesät, aber nicht im Sommer.

Öl-Rettich (*Raphanus sativus*) ist ebenfalls ein Kreuzblütler. Das weit verzweigte Wurzelsystem mit einer tief reichenden Pfahlwurzel dringt bis 1,50 m tief in den Boden ein und schließt den Boden gut auf. Bei Garten-Neuanlagen ist die Aussaat dieser Art deshalb sehr empfehlenswert. Öl-Rettich keimt und entwickelt sich auch noch bei tiefen Temperaturen und kann deshalb noch spät in der Vegetationsperiode gesät werden. Er verträgt Frost bis etwa −12 °C.

Gänsefußgewächse

Spinat (*Spinacia oleracea*) kennt man als Blattgemüse, doch das Gänsefußgewächs ist gleichzeitig eine wichtige Gründüngungsart. Biogärtner schätzen ihn, weil sein Wurzelwerk den Boden aufschließt und durch seine Saponinausscheidungen günstig auf nachfolgende Kulturen wirkt. Im Mischkulturanbau nutzt man diese Eigenschaften und sät Spinat in Reihen zwischen den eigentlichen Gemüsearten. Die vor der Blüte abgehackten Blätter bleiben als Mulchdecke auf dem Boden liegen. Sie verrotten schnell bzw. werden von Regenwürmern und anderen Bodenorganismen in den Boden gezogen und gefressen. Für Gründüngungssaaten kauft man Saatgut in größeren Gebinden, im Handel ist meistens die Sorte 'Monnopa'.

Fruchtfolgeneutrale Arten

Buchweizen (*Fagopyrum esculentum*) fällt durch seine Zugehörigkeit zur Familie der Knöterichgewächse aus der Reihe. Er ist somit fruchtfolgeneutral und lockert die Fruchtfolge auf. Er wird flächendeckend ab Mitte Mai bis Juli ausgesät. Da er keine Temperaturen unter 3 °C verträgt, eignet er sich nur für den Sommeranbau. Buchweizensaaten entwickeln sich vor allem auf leichten Böden gut.

Phazelie oder Büschelschön (*Phacelia tanacetifolia*) aus der Familie der Wasserblattgewächse ist ebenfalls fruchtfolgeneutral. Die Gründüngungspflanze eignet sich zur flächendeckenden Saat vom Frühjahr bis zum Spätsommer (siehe Foto Seite 277). Mit ihrem dekorativen Blattwerk und ihren hübschen blaue Blüten wirkt sie wie eine Zierpflanze. Deswegen und weil sie eine sehr gute Bienenweide ist, ist sie so beliebt. Phazelie verträgt Frost bis etwa −8 °C und bleibt im Winter lange grün. Wenn sie doch abfriert, verrotten die Rückstände gut.

Winter-Roggen – ein Getreide im Garten? Ja, das ist gut möglich. Winter-Roggen (*Secale cereale*) hat den Vorteil, dass er sehr spät im Jahr – bis etwa Mitte Oktober – noch ausgesät werden kann. Das Getreide durchwurzelt den Boden sehr gut und bedeckt ihn auch gut. Wenn das Land im darauffolgenden Frühjahr nicht gleich gebraucht wird, kann man Winter-Roggen aufwachsen lassen. So bildet er viel Grünmasse aus, die verfüttert werden oder an anderer Stelle zum Mulchen genommen werden kann. Ein willkommener Nebeneffekt ist, dass Winter-Roggen Unkraut gut unterdrückt, sogar hartnäckige Wurzelunkräuter und -ungräser. Winter-Roggen wird häufig auch in Kombination mit Zottel-Wicke oder Zottiger Wicke (*Vicia villosa*) angebaut. Die Wicke nutzt die Getreidehalme als Stütze. In der Landwirtschaft ist die Gemengesaat als Wick-Roggen bekannt. Die Mischung eignet sich hauptsächlich für großflächige Saaten auf größeren Gartengrundstücken oder auf Äckern.

Inkarnat-Klee ist häufig in Gründüngungsmischungen enthalten.

Schmetterlingsblütler (Leguminosen)

Acker-Bohne oder Sau-Bohne (*Vicia faba*) reichert wie alle Schmetterlingsblütler den Boden mit Stickstoff an. Sie verträgt Kälte und kann deshalb bereits ab Februar oder März ausgesät werden. Anders als andere Gründüngungspflanzen wird die Acker-Bohne 8–10 cm tief gesät, da sie ihre Keimblätter unterirdisch entfaltet. Sie bildet eine relativ kurze Pfahlwurzel aus, von der sich das Wurzelwerk zu den Seiten hin ausbreitet; ihr Wurzelwerk reicht insgesamt nicht sehr tief, jedenfalls nicht so tief wie die Pflanze in die Höhe wächst (etwa 1 m). Beim Mischkulturanbau im Garten (günstig mit Kartoffeln) schneidet oder sichelt man die fleischigen Triebe ab, bevor sie Kulturpflanzen überwachsen und legt den Aufwuchs zum Mulchen zwischen die Reihen.

Lupine: Die blau blühende Bitter-Lupine (*Lupinus angustifolius*) wird ab April bis Mitte Juli flächendeckend ausgesät, ca. 2–3 cm tief. Am besten entwickelt sie sich auf kalkhaltigen Böden. Für leichte, sandige Böden nimmt man die Gelbe Lupine (*Lupinus luteus*).

Luzerne (*Medicago sativa*) oder der Blaue Klee, wie der ausdauernde Schmetterlingsblütler auch genannt wird, gilt als Königin der Futter- und Gründüngungspflanzen. Sie wird ab Ende März bis Anfang August etwa 1 cm tief gesät. Sie gedeiht am besten auf tiefgründigem Boden. Ihre Wurzeln reichen bis in über 2 m Tiefe und verzweigen sich stark. Dadurch hat die Luzerne Zugang zu Wasser und übersteht auch Trockenphasen gut. In sehr trockenen Sommern steht sie oft als einzige Pflanze auf einer Wiese inmitten verdorrter Gräser und Kräuter noch grün da.

Persischer Klee oder Perser-Klee (*Trifolium resupinatum*) macht zur Blütezeit durch seinen honigartigen Duft auf sich aufmerksam. Die nur etwa 30 cm hoch wachsende Leguminose ist auch eine sehr gute Bienenweide. Sie wird als Sommergründüngung ausgesät (von April bis August) und friert im Winter ab.

Weiß-Klee (*Trifolium repens*) ist eine ausdauernde Pflanze, die mit ihren kriechenden Trieben den Boden gut abdeckt. Sie ist deswegen nicht für Gemüsebeete geeignet, sondern für Dauerkulturen, beispielsweise als Unterkultur unter Beerensträuchern oder für Trittwege im Nutzgarten.

Gründüngungsmischungen

Oft sind Gründüngungsmischungen für bestimmte Bodenverhältnisse im Handel. Meist sind schön blühende Gründüngungspflanzen zusammengemischt. Ein Vorteil ist, dass sie durch die unterschiedliche Wurzelbildung der Arten den Boden sehr gut bis in die Tiefe aufschließen. Solche Mischungen werden beispielsweise als Bodenkur „Grünmix“ angeboten. In der Landwirtschaft ist das „Landsberger Gemenge“ mit Inkarnat-Klee, Zottel-Wicke und Weidelgras bekannt.

Wässern mit Bedacht

In Zeiten des Klimawandels mit oft langen Trockenphasen verlangt das Wässern auch im Garten viel Aufmerksamkeit. Doch wer es richtig macht und der Situation entsprechend gießt, kommt mit wenig Wasser aus.

Böden speichern viel und wenig Wasser

Wie man mit dem Wasser im Garten umgeht, hängt ganz wesentlich von der Bodenart (siehe Seite 55) ab. Auf Sandböden versickert das Wasser ziemlich schnell; sie können nur wenig Wasser in ihren Hohlräumen speichern. Lehmböden nehmen mehr Wasser auf und geben es dosiert wieder ab. In den feinen Poren der Tonböden bleibt das Wasser lange haften.

Die beste Wasserhaltekraft hat ein Boden, der aus verschieden großen Partikeln zusammengesetzt ist. Dann gibt es verschieden große Hohlräume, sodass einerseits überschüssiges Wasser gut abfließen kann und andererseits in den feineren Poren ausreichend Wasser zurückbleibt, das die Pflanzenwurzeln aufsaugen können. Ziel ist in jedem Fall ein ausgeglichener Feuchtigkeitshaushalt.

Hacken hilft Wasser sparen

Es gibt ein altes Gärtnersprichwort. Demnach bewirkt einmal hacken so viel wie einmal gießen. Das Hacken ist auch im biologisch bewirtschafteten Garten ungemein wichtig, vor allem dann, wenn nicht oder wenig gemulcht wird. Hacken spart tatsächlich Wasser. Nach einem Regen muss der Boden an der Oberfläche bearbeitet werden, dann werden die „Wasserleitungsbahnen“ im Boden, die sogenannten Kapillaren, unterbrochen. Das Wasser bleibt im Boden und verdunstet nicht so schnell. Nur die gelockerte oberste Schicht trocknet aus, die Schicht darunter bleibt feucht. Es ist übrigens sinnvoll, vor dem Auflegen von Mulchmaterial zu hacken.

Den Gießstrahl immer auf den Boden richten, nicht über Pflanzen gießen.

Grundregeln beim Wässern

Trotz wassersparendem Mulchen und Hacken muss in aller Regel doch gewässert werden. Beim Gießen gelten drei wichtige Grundregeln:

- Besser alle zwei bis drei Tage viel gießen – etwa eine Gießkanne voll pro Quadratmeter – als jeden Tag nur oberflächlich. Wer mit der Gießkanne gießt, kann die Wassermenge pro Quadratmeter ganz gut abschätzen; beim Spritzen mit dem Schlauch überschätzt man dagegen oft die ausgebrachte Wassermenge. Das oberflächliche Benetzen der Pflanzen schadet ihnen eher als dass es nutzt. Lediglich oberflächlich ausgebrachtes Wasser verdunstet sofort wieder.
- Nie in der Mittagshitze bei prallem Sonnenschein gießen, sondern morgens oder abends. Bei sehr großer Hitze im Hochsommer auch zweimal täglich gießen und möglichst so, dass die Feuchtigkeit bis zur Nacht wieder abtrocknet.
- Möglichst nicht über die Pflanzen gießen, sondern direkt in den Wurzelbereich. So verdunstet weniger Wasser und die Gefahr, dass sich durch das Benetzen mit Wasser Pilzkrankheiten ausbreiten, ist geringer.

Die Gießkanne nehmen

Ich selbst nehme zum Gießen immer noch die gute alte Gießkanne und schöpfe das Wasser aus einer Wassertonne, in der es sich erwärmen kann.

Bewässerungssysteme

Komfortabler sind Bewässerungssysteme. Auf die Technik dafür will ich hier nicht eingehen, nur auf das Prinzip. Wichtig ist, dass das Wasser über Tropfer oder Tropfschläuche direkt in den Wurzelbereich gelangt, sodass nur wenig Wasser oberflächlich verdunstet. Bewässerungsschläuche kann man auch waagerecht in der Erde verlegen. Im einfachsten Fall sind es gelbe Dränageschläuche mit weitem Durchmesser. Deren Ende lässt man etwas nach oben stehen, sodass man in den Hohlraum gießen kann. Das Wasser verteilt sich im Schlauch und sickert durch die Löcher in den Wurzelraum. Ein einfaches und billiges System, das sich bei Tomaten bewährt hat.

Keine Angst vor Unkräutern

„Wenn das Unkraut nur nicht wäre“, klagen viele Gärtner und greifen zur Hacke. In der Tat macht das Hacken und Jäten in vielen Gärten die Hauptarbeit aus, vor allem im Frühjahr, wenn das wilde Kraut schneller wächst als Gelbe Rüben und Salat. Gegen allzu viel Wildwuchs auf Gemüsebeeten müssen auch Biogärtner etwas unternehmen, wenn sie ernten wollen.

An die Vermehrungsstrategien der Unkräuter denken

Bei Unkräutern ist das Wissen darum, wie sie sich vermehren, wichtig. Da gibt es die Gruppe der einjährigen Unkräuter, die sich über Samen, also geschlechtlich (generativ) vermehren. Dazu zählen die auf Gemüsebeeten vorkommenden Arten wie zum Beispiel Persischer Ehrenpreis, Vogelmiere, Rote Taubnessel, Hohlzahn oder Melde. Klatsch-Mohn, Franzosenkraut oder Hirse-Arten sind ebenfalls sehr verbreitet.

Beim Unkrautjäten muss das Wetter stimmen

Ich hacke oder jäte auf Gemüsebeeten erst, wenn der Boden etwas abgetrocknet ist. Denn auf feuchtem Boden wachsen abgehackte Wildkräuter oft wieder an. Samentragende Unkräuter entferne ich so gut es geht vom Beet und deponiere sie in einer „wilden Ecke“, wo sie wie auf einem Komposthaufen verrotten. (Die Komposterde von dort bringe ich jedoch nicht aus, weil so Unmengen von Samen wieder aufs Beet gelangen würden.) Früher konnte ich samentragende Unkräuter zu einem Hühnerhof in der Nachbarschaft bringen und auf diese Weise entsorgen. Vor allem über die Vogelmiere fielen die Hühner richtiggehend her. Seither weiß ich, weshalb dieses Unkraut seinen deutschen Namen trägt.

Die andere Gruppe sind diejenigen, die sich ungeschlechtlich (vegetativ) über Ausläufer oder über Brutknollen vermehren. Viele von ihnen bereiten Gärtnern und Landwirten als Wurzelunkräuter oder -ungräser Probleme. Vor allem sind dies Giersch, Acker-Winde, Acker-Schachtelhalm und Quecke. Manchmal wird das Scharbockskraut, das sich über Brutknollen vermehrt, im Frühjahr lästig.

Gegen Samenunkräuter vorgehen

Die Samenkräuter bereiten in der gärtnerischen Praxis nicht allzu große Probleme. Durch wiederholtes und gründliches Abhacken bei trockenem Wetter lassen sie sich ganz gut zurückdrängen, wenn man ständig etwas gegen sie unternimmt. In einem biologisch bewirtschafteten Garten wird man nicht allzu konsequent gegen den Wildwuchs vorgehen. Einige Pflänzchen dürfen stehen bleiben. Sie gehören mit zum Lebensraum Garten. Und die abgehackten Stängel und Blätter sind willkommenes Futter für Regenwürmer und andere Bodenlebewesen. Aber überhandnehmen dürfen die wilden Gewächse nicht.

Konsequent gegen Wurzelunkräuter

Mit den Samenkräutern arrangieren sich die Gartenbesitzer ganz gut; Unkräuter, die sich über unterirdische und oberirdische Ausläufer vermehren, bringen jedoch manchen Gärtner fast zum Verzweifeln.

Bereichert den Lebensraum Garten: die Zaunwinde.

Der Giersch breitet sich dort aus, wo der Boden nicht regelmäßig bearbeitet wird, also im Staudenbeet, unter Hecken, Sträuchern und Bäumen. Seine Ausläufer bewegen sich in der obersten Bodenschicht bis etwa 20 cm Tiefe. Bei dichtem Bestand können sich so dicke Ausläuferstränge bilden. Wenn man den Giersch loswerden will, ist mühevolle Handarbeit nötig; jedes einzelne Wurzelstückchen muss man herauslesen, sonst entwickelt sich daraus im Nu eine Tochterpflanze. Besonders viel Mühe hat man, wenn der Giersch in das Wurzelwerk von Stauden oder ins Beerenland vorgedrungen ist. Da bleibt kaum etwas anderes übrig als die Kulturgewächse aufzunehmen und ihre Wurzelstöcke von dem Gierschgeflecht zu befreien. Der Giersch kann also in Dauerkulturen sehr lästig sein; gegenüber anderen Wurzelunkräutern hat er jedoch den Vorteil, dass er häufiges Bearbeiten nicht verträgt. Auf Gemüsebeeten kann er sich deshalb auf Dauer nicht halten. Ein „biologisches Herbizid“ auf der Basis von Pelargonsäure verspricht ebenfalls Abhilfe. Da man relativ viel von dem Präparat braucht, wird die Anwendung auf etwas größerer Fläche schnell recht teuer. Da ist es besser und auf Dauer wirksamer, die „vergierschten“ Beete lichtdicht abzudecken.

Zwischen (Beeren)-Sträuchern, an Böschungen und auf brach liegendem Gelände bereiten Acker-Winde und Zaunwinde häufig Probleme. Durch ständiges Bearbeiten lassen sie sich zwar unterdrücken, aber ganz wird man sie nie los, denn ihre Wurzeln reichen metertief in den Boden und die Wurzelausläufer dringen waagerecht vor. Deswegen kann sich dieses Kraut über weite Entfernungen ausbreiten. Genauso ist es beim Acker-Schachtelhalm. Sein Wurzelbild ist ähnlich. Nur ist er noch hartnäckiger und wuchskräftiger. Er gilt als Zeiger für einen verdichteten, vernässten Boden. Um ihn dauerhaft zum Verschwinden zu bringen, müsste man den Boden tief lockern und die Stauschicht aufbrechen. Mechanisches Entfernen hilft hier kaum.

Fast so lästig kann der Kriechende Hahnenfuß werden, der sich mit oberirdischen Ausläufern fortpflanzt. Seine Blattschöpfe wurzeln intensiv und sind nur mit spitzem Gerät zu entfernen. Dort wo der Boden feucht ist, fühlt sich diese Hahnenfußart wohl.

Kein Licht, kein Wachstum

In Daueranlagen und unter Sträuchern gibt es eine elegante Methode, die Wildkräuter zu unterdrücken: Lichtentzug durch Abdecken mit speziellem lichtdichtem Vlies oder mit Bändchengewebe. Quecke, Giersch und Winde lassen sich damit „aushungern“. Unter der Abdeckung bekommen sie kein Licht, können deshalb kein Blattgrün ausbilden und gehen so allmählich ein. Die künstlichen Materialien kann man mit Rindenmulch oder Stroh kaschieren.

Rindenmulch selbst, in dicker Lage von mindestens 5 cm ausgebracht, unterdrückt Wildkräuter ebenfalls wirkungsvoll. Der Rindenmulch deckt nicht nur ab und unterdrückt dadurch Wildkräuter; er hemmt auch durch seine Ausscheidungen den Pflanzenwuchs. Er sollte deshalb nur unter Bäumen und Sträuchern oder als Wegbelag, nicht aber im Gemüsebeet ausgebracht werden.

Die Heilpflanze Acker-Schachtelhalm ist ein äußerst schwer zu bekämpfendes Wurzelunkraut.

Biologischer Pflanzenschutz

Bioanbauer wirtschaften oft nach der Vorstellung, dass auf einem gesunden, fruchtbaren Boden gesunde Pflanzen wachsen. Demzufolge ist das wichtigste Bestreben, den Boden fruchtbar zu machen, sodass die Pflanzen gesund heranwachsen und sich selbst gegen Schädlings- und Krankheitsbefall wehren können.

Im Biogartenbau ist die wichtigste Strategie gegen Schädlinge und Krankheiten das Vorbeugen durch richtige Arten- und Sortenwahl und der standortgerechte Anbau. Dazu gehören auch weite Pflanzabstände. Aber auch äußere Einflüsse spielen eine nicht zu unterschätzende Rolle und können Kulturpflanzen schaden.

Wenn Pflanzen krank aussehen, muss man zunächst die Ursache abklären und dann entsprechend handeln. Generell haben wir es mit drei Problemgruppen zu tun:

Das Maiglöckchenhähnchen frisst in manchen Jahren Madonnen-Lilien nieder.

- Schäden durch äußere Einflüsse, zum Beispiel Wetterereignisse oder physikalische Einflüsse
- Schäden durch Tiere, auch durch Bodenschädlinge
- Schäden durch Krankheiten

Mit Schäden durch äußere Einflüsse umgehen

Nach meiner Einschätzung verursacht die erste Gruppe die meisten Probleme. Und das in immer stärkerem Maße. Seit einiger Zeit haben wir es oft mit extremen Wettersituationen zu tun, mit extremer Hitze oder Trockenheit oder zu viel Regen, lange Kälteperioden – alles Erscheinungen, die sich auf die Gesundheit der Pflanzen auswirken. Es lässt sich durch richtiges Gießen und Mulchen (siehe Seiten 78 und 88) sowie durch Abdeckungen etwas gegensteuern. Doch letztlich müssen wir mit diesen Einflüssen leben. Durch den Anbau unter Dach in Gewächshäusern oder unter schützenden Abdeckungen lässt sich manches Problem umgehen.

Mit Geduld und Geschick gegen Schädlinge

Viele Schädlinge lassen sich mit giftfreien Methoden ganz gut in den Griff bekommen. Oftmals braucht man auch nur etwas Geduld, und die Schädlinge verschwinden von selbst oder werden von Nützlingen gefressen.

Ein Kulturschutznetz hält Gemüsefliegen und Schadschmetterlinge vom Zuflug aufs Beet ab.

Schädlinge abhalten

Sie von den Kulturpflanzen abzuhalten ist die einfachste Strategie gegen Schädlinge! Das gelingt gut mit mechanischen Barrieren, die die Tiere von der Zuwanderung abhalten, beispielsweise ein Schneckenzaun oder Leimringe zum Abfangen des Frostspanners im Apfelbaum.

Als sehr wirkungsvoll erweist sich das Abdecken von Beeten mit Kulturschutznetzen. Solche sehr feinmaschigen Netze halten Gemüsefliegen und Schadschmetterlinge von Gemüsekulturen fern. Und etwas weitermaschige Vogelschutznetze hindern beispielsweise Amseln am Wegpicken von Weintrauben.

Ablesen und abduschen

So funktioniert die Blattlausregulierung auch: Die Pflanzensauger einfach mit den Fingern abstreifen. Wenn man nur wenige Pflanzen zu betreuen hat, reicht das oft schon. Blattläuse an Zimmer- oder Kübelpflanzen lassen sich ziemlich sicher durch eine kalte Dusche (in der Badewanne oder mit dem Gartenschlauch) vertreiben.

Handarbeit ist gefragt

Bei größeren Schädlingen funktioniert das Ablesen ganz gut: Ich handhabe das so beim Kartoffelkäfer, bei Kohlweißlingseiern und -raupen sowie beim Maiglöckchenhähnchen. Beim Maiglöckchenhähnchen, einem Käfer, der Madonnen-Lilien, Asiatische Lilien und Kaiserkronen befällt, muss ich allerdings sehr fix sein und ein Gefäß unter die Pflanzen halten. Die Larven des Maiglöckchenhähnchens, die wie ein Dreckhäufchen auf der Blattunterseite sitzen, lassen sich dagegen leicht ablesen.

Bewährt sich seit Jahrzehnten als Schneckenabwehr: der Schneckenzaun.

Mit Nacktschnecken umgehen

Nacktschnecken bereiten in vielen Gärten Probleme, vor allem auf schweren Böden. Oft kriechen sie von Wiesenflächen oder Dauerkulturen auf Gemüsebeete. Im Extremfall vernichten sie fast die ganze Gemüseernte. Besonders in Jahren, in denen es viel regnet, treten sie in Massen auf. Nacktschnecken sind auch im Herbst und Winter aktiv. Die kleine schwarze Acker-Wegschnecke legt ihre Eier im November-Dezember. Im Frühjahr frisst sie unterirdisch an Samen und Knollen. Die gefräßige braune Spanische Wegschnecke, die sich erst vor wenigen Jahrzehnten in Mitteleuropa ausgebreitet hat, richtet den größten Schaden an. Gegen Nacktschnecken müssen gärtnernde Menschen also alle Register ziehen:

- Zuwanderung erschweren oder verhindern. Dies gelingt durch das Einziehen eines Schneckenzauns oder durch Umrandung der Pflanzflächen mit Splitt. Schnecken kriechen nicht so gerne über eine raue Unterlage.
- Schnecken regelmäßig absammeln. Der Abend ist dafür die beste Zeit, weil die Tiere dann aus den Bodenspalten, in denen sie sich tagsüber verstecken, kriechen. Sie halten sich auch unter Blättern und Mulchdecken oder unter ausgelegten Brettern auf. Hier kann man sie leicht ablesen und vernichten. In feuchten Jahren habe ich eimerweise Schnecken abgesammelt und durch Übergießen mit kochendem Wasser getötet. Auch die Schneckengelege, die ich beim Hacken und Graben im Boden finde, lese ich ab und vernichte sie, zum Beispiel durch Zerdrücken.
- Nacktschnecken lassen sich mit Bier anlocken. Doch eine Bierfalle sollte man nur innerhalb eines von einem Schneckenzaun eingegrenzten Areals aufstellen, um nicht von rundherum die Tiere anzulocken. Um andere Tiere abzuhalten, sollte der Rand des Gefäßes aus dem Boden ragen.
- Schnecken mit biologischem Schneckenkorn auf der Basis von Eisen-III-Phosphat direkt bekämpfen. Es ist Köder und Gift für die Schnecken zugleich. Ein Duftstoff in den blauen Pellets lockt die Schnecken an, sodass sie diese fressen. Sie verziehen sich danach in Bodenritzen oder -spalten und sterben dort.
- Für einen feinkrümeligen Boden auf den Beeten sorgen. Hier finden die Kriechtiere nicht so leicht einen Unterschlupf.
- Parasitäre Nematoden einsetzen. Diese suchen die Schnecken aktiv auf, vermehren sich in deren Innerem und töten sie ab.
- Eine elegante Möglichkeit der Schneckenregulierung ist der Einsatz von Laufenten, genau gesagt von Indischen Laufenten. Die Tiere durchstöbern die Beete mit ihren Schnäbeln und fressen Schnecken sicher auf. Allerdings handelt man sich mit den Laufenten neue Arbeit ein; die brauchen einen Stall und Betreuung durch die Gärtner.
- Ein wenig dürfen wir im Biogarten auch auf natürliche Schneckenfeinde vertrauen: auf Vögel, Igel, Spitzmaus, Kröten, Laufkäfer und Co. Die holen sich die schleimigen Tiere und verspeisen sie. Allerdings verschmähen viele Schneckenfeinde gerade die schädliche Spanische Wegschnecke, weil diese einen bitteren Schleim absondert. Eine andere Nacktschnecke, der Tigerschnegel, frisst sie und ihre Gelege trotzdem und ist somit nützlich.

Anlocken und auf den Leim gehen lassen

Nach dem Prinzip der altbekannten Fliegenfalle, nur etwas verfeinert, funktionieren Gelbfallen gegen Weiße Fliegen und Trauermücken oder spezielle blaue Kirschfruchtfliegenfallen.

Fallen aufstellen

Wenn Wühlmäuse im Garten ihr Unwesen treiben, muss man versuchen, sie zu vertreiben oder in Fallen zu fangen. Die Fallen nur mit Handschuhen, nicht mit den Händen berühren, denn der menschliche Geruch warnt die Nager. In den gebräuchlichen Zangen- oder Drahtfallen und Röhrenfallen werden die Tiere meist erschlagen. Mit Kastenfallen kann man sie lebend fangen und dann an anderer Stelle aussetzen. (Es gibt auch noch die Möglichkeit, die Nager mit Buttersäure zu vertreiben.)

Sanfte Methoden und Pflanzenpflegemittel

Das Zubereiten und Verspritzen von pflanzlichen Tees zur Schädlingsregulierung hat im Biogarten eine lange Tradition. Biogärtner erhoffen sich, dass die Ansätze durch stark duftende Inhaltsstoffe Schädlinge vertreiben (Repellent-Wirkung). Dieses Wirkprinzip steht auch hinter Mischkulturen. Da ist es naheliegend, mit einem Sud aus den stark riechenden Pflanzen Rainfarn und Wermut gegen Blattläuse, Ameisen und Raupen vorzugehen. (Der Ansatz ist jeweils 300 g frisches Kraut auf 10 l Wasser. Hierfür Kräuter in heißes Wasser geben und einen Tag lang stehen lassen.) Am bekanntesten und am einfachsten zuzubereiten ist der kalt angesetzte eintägige Brennnesselauszug gegen Blattläuse (siehe nebenstehender Kasten).

Pflanzenpflege und Pflanzenschutz aus dem Handel

Im Handel gibt es zahlreiche für den biologischen Anbau zugelassene Pflanzenpflegemittel. Die kann man alle ausprobieren, eine durchschlagende Wirkung darf man sich von ihnen aber nicht erwarten. Die Zulassung sagt nichts darüber aus, ob die Mittel auch wirken.

Wer intensiv biologischen Anbau betreibt, will Schädlinge effektiv bekämpfen. Das gelingt am sichersten mit ausgewiesenen Pflanzenschutzmitteln. Die für den Bioanbau zugelassenen Präparate müssen hohe Anforderungen erfüllen; sie dürfen für Mensch und Tier nicht giftig sein, sie dürfen Bienen nicht schädigen, sie müssen schnell abbaubar sein und sie dürfen keine Rückstände hinterlassen – welche das sind, finden Sie in einer Übersicht im Serviceteil auf Seite 280. Beim Einkaufen von Pflanzenschutzmitteln muss man aufpassen und die Deklaration auf den Verpackungen genau lesen.

Bevor man Präparate kauft und ausbringt, sollte man sich aber im Klaren darüber sein, ob man es überhaupt mit saugenden oder beißenden Insekten oder mit Schmetterlingen zu tun hat oder ob es andere Ursachen für Schäden gibt.

Brennnesselauszug gegen Blattläuse

Grob zerkleinerte Brennnesseltriebe in einem Gefäß mit kaltem Wasser übergießen (etwa 500 g Kraut auf 10 l Wasser). Diesen Ansatz nach etwa einem Tag durch ein Sieb abgießen – entweder in die Gießkanne, doch besser in ein Spritzgerät oder einen Pflanzensprüher. Befallene Pflanzen damit unverdünnt tropfnass spritzen, dabei vor allem die Blattachseln und die Blattunterseiten treffen. Bei Bedarf die Behandlung wiederholen. Dabei erhofft man sich, dass die Blattläuse durch den Cocktail an Inhaltsstoffen aus den Brennhaaren – Ameisensäure, Histamin, Acetylcholin – absterben.
Wenn der eben beschriebene Kräuterauszug stehen bleibt, fängt er an zu gären und wird zur Brennnesseljauche. 1:10 mit Wasser verdünnt ist sie ein schnell wirkender Dünger, mit dem man Kulturpflanzen nach der Ernte oder nach einer Kälteperiode wieder einen Wachstumsschub geben kann.

Insektenhotel bauen

Fantasievoll gebaute Behausungen bieten Wildbienen und anderen Insekten Unterschlupf. Man kann sie leicht selbst aus Restholz und Stängel- und Aststücken verschiedener Pflanzenarten herstellen, beispielsweise aus Stroh, Schilfstängeln, Holunder- und Forsythienaststücken und angebohrtem Hartholz – eine nette Bastelei mit Kindern und Jugendlichen mit pädagogischem Effekt. Ein etwas wilder Garten, in dem nicht jedes Aststück, jedes tote Hölzchen und jedes Blatt weggeräumt wird, bietet den Insekten ganz natürlich einen Lebensraum mit reichlich Nistmöglichkeiten.

Nützlinge im Freiland fördern

Dies ist ein ganz natürlicher Weg der Schädlingsregulierung, der in vielen Gärten oft schon ausreicht. Als Nützlinge gelten solche Tiere, die für Kulturpflanzen schädliche Tiere vertilgen. Marienkäfer und deren Larven sowie Schwebfliegenlarven (und noch ein paar andere) fressen Blattläuse und gelten deswegen als Nützlinge. Wer auf die Mithilfe der Nützlinge setzt, braucht oft gar nichts gegen Blattläuse zu unternehmen. Das Wichtigste ist, Geduld aufzubringen und darauf zu vertrauen, dass sich Nützlingspopulationen aufbauen. Die Nützlinge finden sich in einer vielfältigen Gartenumgebung mit Nahrungs- und Rückzugsmöglichkeiten von alleine ein.

Jeder mit einem Stück Land kann noch etwas nachhelfen und Nützlingen gezielt Nahrungspflanzen anbieten. Doldenblütler und einige Korbblütler beispielsweise locken Schwebfliegen an. Die doldig aufgebauten Blütenstände von Dill, Petersilie, Gewürz-Fenchel, Pastinake und Wilder Möhre sind in den Sommerwochen von Schwebfliegen belagert, ebenso Goldruten. Die wespenähnlichen Fliegen mit den großen Augen umschwirren die Blüten; zwischendurch bleiben sie in der Luft stehen wie Hubschrauber beim Landeanflug. Dann setzen sie sich kurz auf die Blüten nieder und nehmen Blütenstaub auf. Auf diese Weise gestärkt und gefördert vermehren sie sich rasch. Sie legen ihre länglichen, weißen Eier einzeln in die Blattlauskolonien, und die daraus schlüpfenden, egelartigen Larven (Maden) saugen die Blattläuse aus. Während ihrer etwa zweiwöchigen Entwicklungsdauer vertilgen sie so die unglaubliche Menge von bis zu 900 Blattläusen pro Schwebfliegenlarve.

Der Schwalbenschwanz legt seine Eier an die Blätter von Möhren, Dill und anderen Doldenblütlern. Daraus schlüpfen die auffällig grün, gelb oder orange und schwarz gemusterten Raupen, die das Laub fressen.

Mit dem Anbau von Doldenblütlern, von Petersilie, Dill und Gewürz-Fenchel und anderen, lockt man Schwebfliegen in den Garten.

Marienkäfer sind ebenfalls gefräßige Räuber. Der bekannte einheimische Siebenpunkt-Marienkäfer (*Coccinella septempunctata*) vertilgt am Tag etwa 50 Blattläuse, während seiner Lebenszeit sogar bis zu 4000 Blattläuse. Und die auffallende längliche blauschwarze, gelb gefleckte Larve frisst während ihrer etwa zweiwöchigen Entwicklungsdauer bis zur Verpuppung etwa 800 Blattläuse. Den Marienkäfer braucht man nicht extra zu fördern. Er vermehrt sich, wenn er sich im Frühjahr von Blattläusen ernähren kann.

Doch seit einigen Jahren breitet sich der Asiatische Marienkäfer stark aus, der einst als Nützling für den biologischen Pflanzenschutz nach Europa importiert worden ist. Diese variantenreiche Art hat oft auch gelbe oder schwarze Flügeldecken mit schwarzen oder hellen Punkten. Er heißt deswegen auch Harlekin-Marienkäfer. Er ist deutlich gefräßiger als die einheimischen Arten; ein Käfer vertilgt am Tag bis zu 270 Blattläuse. Und es sieht so aus, als ob der die einheimischen Arten verdrängt. So ist diese Entwicklung, die einst im Sinne des biologischen Pflanzenschutzes erwünscht war, aus Naturschutzsicht problematisch.

Nützlinge ins Gewächshaus bringen

Der gezielte Nützlingseinsatz ist eine elegante Methode der Schädlingsregulierung, sowohl für den privaten als auch den professionellen Anbau. Nützlinge werden vor allem im Gewächshaus oder Wintergarten ausgebracht, da die Nützlinge eine Mindesttemperatur zur Entwicklung brauchen und sich in einem geschlossenen Raum gut ausbreiten können.

Schlupfwespen (*Encarsia formosa*) sind sehr effektiv gegen die Weiße Fliege an Gewächshauskulturen. Die Schlupfwespe parasitiert die Eier der Weißen Fliege.

Raubmilben (*Phytoseiulus persimilis*) werden zur Regulierung von Spinnmilben eingesetzt, die an Gewächshausgurken Schaden anrichten.

Florfliegen (*Chrysopa carnea*) und **Räuberische Gallmücken** (*Aphidoletes aphidimyza*) regulieren Blattläuse.

Parasitäre Nematoden (winzige Fadenwürmer) fallen über Trauermücken und Dickmaulrüssler her.

Wer Nützlinge einsetzen möchte, bestellt die benötigte Menge für eine bestimmte Gewächshausfläche beim Nützlingszüchter. Bei Schlupfwespen beispielsweise werden auf Karton aufgeklebte Eier geliefert. Die Kartonstreifen hängt man nach einem bestimmten Verteilungsschlüssel im Gewächshaus auf. Bereits nach kurzer Zeit schlüpfen aus den Eiern die Larven, die sich über die Schädlinge hermachen.

Kenntnisreich vor Krankheiten schützen

Gegen bakterielle und pilzliche Krankheiten kann man im Bioanbau ebenfalls ganz gut vorbeugen. Das Wichtigste: Generell den Pflanzen durch weite Pflanzabstände beste Wachstumsbedingungen geben und für guten Luftdurchzug sorgen, sodass sie nach Regen immer schnell abtrocknen können, denn Nässe begünstigt den Befall mit Pilzen. Das gilt auch bei Pflanzen im Gewächshaus.

Zur Vorbeugung: Pflanzen stärken

Zusätzlich zu weiten Pflanzabständen verfolgen Bioanbauer noch eine andere Strategie. Sie wollen die Pflanzen stärken, indem sie ihnen zu einer starken Epidermis verhelfen. Dann, so ist die Vorstellung, können sich die Pflanzen selbst am besten vor Pilzbefall schützen. Da bietet sich der kieselsäurehaltige Acker-Schachtelhalm (*Equisetum arvense*) an. Die daraus hergestellte Brühe wird zur Vorbeugung vor Pilzbefall mehrmals über die Pflanzen gespritzt. Hierfür klein geschnittenes Kraut in einem Kochtopf mit Wasser übergießen (1 kg frisches Kraut auf 10 l Wasser) und etwa eine halbe Stunde lang sanft köcheln lassen. Den Sud abkühlen lassen und 1:5 verdünnt über Boden und/oder Pflanzen spritzen.

Erfahrungsgemäß hat diese Behandlung ihre Grenzen. Bei manchen Wetterlagen breiten sich Krankheiten so rasant aus, dass man mit Schachtelhalmbrühe gar nichts ausrichten kann. Da bleibt nichts anderes übrig, als die Krankheit gezielt mit direkt wirksamen Mitteln zu bekämpfen oder eben Schäden und Ausfälle in Kauf nehmen.

Der Marienkäfer ist als Blattlausfeind ein wichtiger Helfer im Biogarten.

Bei Befall: Krankheiten bekämpfen

Viele Biogärtner sehen Krankheitsbefall eher gelassen, unternehmen gar nichts und begnügen sich mit dem, was eben übrig bleibt. Für intensiv wirtschaftende Biogärtner gibt es gut wirksame biologische Handelspräparate, einige auf Kupferbasis. Die neueste Generation der Kupferspritzmittel Kupferoxychlorid ermöglicht wesentlich geringere Aufwandmengen des wirksamen Kupfers. Da Kupfer sich im Boden anreichert, was äußerst kritisch gesehen wird, muss der Kupfereinsatz minimiert werden. Gegen Echten Mehltau erweist sich das harmlose Kaliumhydrogencarbonat als recht wirksam. Dabei handelt es sich einfach um Backpulver. Eine Übersicht über die für den Biogarten zugelassenen Pflanzenschutzmittel gegen pilzliche Erreger finden Sie im Serviceteil auf Seite 280.

Studentenblume als „Feindpflanze" bei Bodenmüdigkeit

Für kleinere Flächen seien auch Gründüngungssaaten mit Studentenblume empfohlen. Studentenblumen (*Tagetes*) gelten als Feindpflanzen für Wurzelnematoden. Im günstigen Fall lässt sich der Befall durch den Anbau von Tagetes um 90 % verringern. Die Wirkung beruht auf dem stark nematiziden Stoff Terthiophene in der Wurzelhaut. Nematoden, die in die Wurzeln eindringen oder sie anstechen, werden dadurch abgetötet.

Bewährt hat sich eine Mischung von *Tagetes patula* und *T. erecta:* Die niedrige *Tagetes patula* wirkt stärker gegen Nematoden, die höhere *Tagetes erecta* ist wüchsiger und bedeckt den Boden rascher. Studentenblume wird um Mitte Mai direkt aufs Beet gesät – nicht früher, da die Pflanze keinen Frost verträgt.

Spezielle Methoden und Anschauungen

Biologisch-dynamischer Gartenbau

Im biologisch-dynamischen Gartenbau arbeitet man mit den auf den vorigen Seiten beschriebenen biologischen Anbaumethoden, wobei dem Kompost und dem Kompostieren eine besondere Bedeutung zukommt. Mit dem Kompostieren lässt sich die Forderung nach einer Kreislaufwirtschaft auf einem Hof und – eingeschränkt – auch im Garten annähernd verwirklichen. Darüber hinaus hat der biologisch-dynamische Anbau einige Eigenarten. Eine davon ist das Ausbringen der sogenannten „Spritzpräparate“ und der „Kompostpräparate“.

Spritzpräparate zur Reifeförderung

Bio-Dynamiker gehen davon aus, dass das Hornmistpräparat, das als „Präparat 500“ bezeichnet wird, besonders das Wurzel- und erste Sprosswachstum fördere. Das Hornkieselpräparat, bezeichnet als „Präparat 501“, soll dagegen die Fähigkeit der Pflanzen fördern, in der richtigen Weise mit „Lichtkräften“ umzugehen. Das Hornkieselpräparat soll demzufolge Reife, Geschmack und Haltbarkeit der Früchte unterstützen.

Manche Demeter-Anbauer stellen die Präparate selbst her. Dabei stopfen sie für das Hornmistpräparat Kuhmist und für das Hornkieselpräparat

Im biologisch-dynamischen Anbau wird die Brennnessel als Präparatepflanze geschätzt.

Die Wiesen-Schafgarbe dient ebenfalls der Präparateherstellung.

Aus Baldrianblüten gepresster Saft fördert die Blütenbildung.

Sand in Kuhhörner. Die Hörner graben sie in Komposthaufen ein und lassen diese dort über Winter liegen. Im Frühjahr holen sie die Kuhhörner wieder heraus, kratzen den Mist aus und geben ihn in ein spezielles Rührfass. Dann beginnt das einstündige Rühren.

Ich habe das selbst während meines Landwirtschaftspraktikums auf einem biologisch-dynamischen Betrieb gemacht, ohne damals die Prozedur zu hinterfragen. Naturwissenschaftlich lässt sich eine Wirkung der Spritzpräparate nicht erklären. Es ist reine Glaubenssache der Anhänger von Rudolf Steiner, des Begründers der Anthroposophie.

Kompostpräparate aus Heilpflanzen

Die ebenfalls im biologisch-dynamischen Anbau verwendeten sogenannten Kompostpräparate (fortlaufend als Präparat 502 bis 507 bezeichnet), werden aus bekannten Heilpflanzen – Schafgarbe, Kamille, Brennnessel, Eichenrinde, Löwenzahn sowie Baldrian – ebenfalls nach alchemistisch anmutenden Verfahren hergestellt. Die fertigen „Präparate" erscheinen als trockene bis feucht-krümelige Substanzen, die je nach Pflanzenart etwas unterschiedlich gefärbt sind. Die Präparatehersteller füllen die pflanzlichen Drogen in Tierorgane: Für das Schafgarbenpräparat werden die Blüten in die Blase des männlichen Rotwildes gefüllt; Kamillenblüten kommen in einen Rinderdarm; Brennnessel wird in Stoffsäcken oder in einer Obstkiste eingegraben; Eichenrinde braucht einen Haustierschädel als Hülle; getrocknete Löwenzahnblüten kommen in das Gekröse eines Rindes. So vorbereitet kommen die Hüllen im Sommer oder Frühherbst in den Boden und werden im Frühjahr wieder herausgeholt. Rudolf Steiner, der Begründer der Anthroposophie, hat in seinem „Landwirtschaftlichen Kursus" die Hinweise zur Herstellung gegeben.

Eine Ausnahme ist das Baldrianblütenpräparat, das durch Auspressen der Blüten gewonnen wird. Baldrianblütensaft wird auf verschiedene Weise genutzt: zum „Präparieren" von Kompost und außerdem zur Verhütung von Spät- und Frühfrostschäden. Die Bio-Dynamiker nehmen an, dass das Präparat eine schützende Wärmehülle um die Pflanzen legt und sprühen deshalb das Präparat am Abend zum Schutz vor erwartetem Frost über die Kulturen.

Biologisch-dynamische Landwirte und Gärtner bewahren diese sechs Präparate in Blumentöpfen bzw. in Glas-, Steingut- oder Porzellangefäßen auf, die wiederum in eine Kiste eingestellt und rundum mindestens 7 cm dick von Torf umhüllt sind. Mit den genannten Präparaten wird der Kompost in genau vorgeschriebener Weise „präpariert". Dazu bohrt man in einem bestimmten Abstand mit einem Stab Löcher in den Komposthaufen und füllt jeweils eine Prise von dem krümeligen Präparat hinein.

Bio-Dynamiker erwarten von den Präparaten eine „organisierende Wirkung" auf den Kompostiervorgang bei allen Kompostarten, eine kürzere Rottezeit und eine reichere Besiedlung mit Kompostwürmern.

Fladenpräparat für bessere Rotte

Das Fladenpräparat ist ebenfalls eine spezielle Zubereitung im biologisch-dynamischen Anbau. Es soll die Rotte bei allen Mist- und Kompostarten fördern. Für den geringen Bedarf im Garten kann man das Präparat kaufen. Hergestellt wird es aus strohlosem Kuhdung, der in einer Erdgrube, präpariert mit den Kompostpräparaten, verrottet. Aus dem Dung entsteht eine dunkle, lockere und bröselige Substanz. Das Fladenpräparat wird entweder in kleinen Portionen dem Komposthaufen zugesetzt oder verdünnt mit Wasser im Verhältnis 1:7 auf Mulchmaterial auf den Beeten oder direkt aufs Gartenland gespritzt.

Gärtnern nach Mondkalendern

Viele Menschen gärtnern nach Aussaattagen und Monddaten und halten die dort vorgegebenen „Regeln“ ein. Der Aussaatkalender von Maria Thun, einer biologisch-dynamisch orientierten Gärtnerin, ist sehr bekannt und wird auf der ganzen Welt viel verwendet, und das nicht nur in Demeter-Kreisen. Das Arbeiten nach dem Kalender ist aber nicht Teil der Demeter-Anbaurichtlinien.

Was steht dahinter? Das ist gar nicht so einfach zu beantworten, denn es ist eine komplizierte Materie, bei der man sich mit Astronomie befassen muss. Der Mond kann als Lichtquelle oder über Gravitation auf Lebewesen auf der Erde einwirken und hat da allenfalls einen ganz minimalen Einfluss. Die Angaben und „Regeln“ in den Kalendern beziehen sich jedoch kaum auf diese physikalisch messbaren Größen, sondern gehen von einem naturwissenschaftlich nicht zu erklärenden Kräftewirken des Mondes und der anderen Himmelkörper aus.

Dies zeigt sich besonders deutlich beim siderischen, auf die Sterne bezogenen, Mondrhythmus und dem vermeintlichen Einfluss auf Pflanzen. Diese sogenannte Mond-Tierkreis-Beziehung mit Einteilung in Blatt-, Wurzel-, Blüte- und Fruchttagen wird in allen Mond- und Aussaatkalendern durch grafische Hervorhebungen besonders in den Vordergrund gestellt.

Die Autoren oder Herausgeber solcher Kalender stellen sich vor, dass beim scheinbaren Vorbeiziehen des Mondes vor den zwölf Sternbildern bestimmte Kräfte auf die Erde und auf die Lebewesen gespiegelt würden. Wenn der Mond, so sagen sie, vor den Sternbildern Stier, Jungfrau und Steinbock steht, begünstige dies die Wurzelbildung. Diese Kalendertage gelten dann als sogenannte „Wurzeltage“. An „Blatttagen“, an denen der Mond vor den Sternzeichen Krebs, Skorpion oder Fische steht, wird dann angeblich die Blattbildung gefördert. Als „Blütentage“ gelten die Tage, an denen der Mond vor Zwilling, Waage und Wassermann steht. Auf die Fruchtbildung wirken sich angeblich die „Fruchttage“ mit dem Mond vor Widder, Löwe und Schütze günstig aus. Diese Kalender arbeiten also mit denselben Entsprechungen, wie sie in Horoskopen angewandt werden. So haben wir es bei den Mondkalendern mit einer Art Horoskop für Pflanzen zu tun.

Um die Sonne geht es

Mein Rat an Gärtnerinnen und Gärtner ist, sich bei den Arbeiten nach dem Wetter, dem Boden und der zur Verfügung stehenden Zeit zu richten und nicht nach dem Mond und den Sternen zu schauen. Die Sonne ist es, von der das Pflanzenwachstum auf unserem Planeten abhängt. Sie gibt den Rhythmus bei den Gartenarbeiten vor.

Die Sonne ist es, die das Pflanzenwachstum auf der Erde ermöglicht. Die Blütenkörbe der Sonnenblumen richten sich nach dem Sonnenstand aus.

Gärtnern mit gutem Gewissen

Nachhaltig gärtnern heißt die Ressourcen schonen und möglichst wenig Wasser, Rohstoffe und Energie verbrauchen. Das ökologische Gewissen der Gartenmenschen muss sich immer zu Wort melden.

Wasser sparen

Es beginnt mit dem Wasser. Wegen der hohen Wasser- und Abwasserpreise der Kommunen sind alle Grundstücksbesitzer darauf erpicht, möglichst wenig Wasser zu verbrauchen. Wasser aus dem Hahn für Gartenpflanzen zu nehmen, ist da schon fast die Ausnahme. Das Bestreben ist, möglichst viel Regenwasser von Dächern aufzufangen und zu speichern, um es später in Trockenphasen zum Gießen verwenden zu können. Da gibt es genügend technische Lösungen und Behälter, die das möglich machen.

Üblicherweise wird Regenwasser über die Fallrohre an Gebäuden in Behälter geleitet. Dabei können mehrere Behälter miteinander verbunden sein, sodass Wasser überlaufen kann. Die Luxuslösung sind unterirdische Wasserzisternen. Der Einbau kann sich bei Neubauten lohnen. Um an das Wasser heranzukommen, braucht man dann allerdings eine Pumpe.

Auch durch das Verlegen von Bewässerungsschläuchen im Freiland oder Gewächshaus lässt sich Wasser sparen. Durch Poren oder Tropfer gelangt Wasser gezielt in den Wurzelbereich der Pflanzen, ohne die Bodenoberfläche oder die Pflan-

Ein Handrasenmäher hilft Energie zu sparen.

zen selbst zu benetzen. Auf diese Weise verdunstet kaum Wasser. In Trockenregionen der Welt ist dies schon lange eine probate Methode, Wasser zu sparen. Im professionellen Gewächshausanbau geschieht die Bewässerung ebenfalls auf diese Weise. Solche technischen Innovationen passen auch in den Biogarten, weil sie die Ressource Wasser schonen.

Material und Energie sparen

Bei allen Gegenständen des Garteninventars und Gerätearsenals sollte man sich bewusst machen, woher die Produkte kommen, aus welchen Rohstoffen sie bestehen und unter welchen Umständen diese gewonnen worden sind. Dabei sind die Transportwege und der dafür notwendigen Energiebedarf mit zu bedenken. Gartenmöbel aus Tropenholz sind in einem Biogarten fehl am Platz, und nicht nur dort.

Dieselben Fragen, die kritische Verbraucher zur Herkunft und zu den Umständen der Herstellung bei Kleidungsstücken oder Nahrungsmitteln stellen, sind ebenfalls bei den so harmlos und scheinbar „grün" daherkommenden Gartengeräten und anderen Ausstattungsgegenständen in Gärten angebracht. Auch beim Bewirtschaften und Bewohnen eines Gartens hinterlassen wir durch unseren Energie- und Materialverbrauch einen „ökologischen Fußabdruck". Wie stark der sein darf, müssen wir mit unserem ökologischen Gewissen aushandeln.

Da muss man sich fragen, ob man Rasentraktor, Rasentrimmer, Vertikutierer oder Laubsauger braucht. Im Biogarten sollte man anstreben, mit einem Minimum an Strom verbrauchenden Maschinen und Geräten auszukommen.

In kleinen Gärten lässt sich alles von Hand erledigen. Ein paar Sträucher oder niedrige Einfassungshecken lassen sich von Hand stutzen. Und für eine kleine Rasenfläche genügt ein Handmäher. Die Bodenbearbeitung geschieht ebenfalls mit Handgeräten.

In größeren Gärten muss man Kompromisse schließen. Wer nicht mit der Sense mähen will oder kann, wird einen Motor- oder Elektro-Mäher brauchen. Es sei denn, die Gartenfläche besteht ganz aus Beeten. Ein Häcksler zum Zerkleinern von holzigem und staudigem Material ist ebenfalls sinnvoll, wenn man kompostiert.

In einem Topflager findet sich immer das richtige Gefäß zum Umtopfen oder für die Pflanzenvermehrung.

Erden und Substrate

Bei der Kultur in Töpfen und Kästen stellt sich immer auch die Frage nach dem Kultursubstrat. Normale Gartenerde kann man nicht pur zum Befüllen der Gefäße nehmen. Das gilt auch für Kompost. Mit viel Fingerspitzengefühl und unter

Selbst vermehren spart Material

Ich vermehre viele meiner Gartengewächse selbst durch Aussaat, Teilen und Stecklinge. Die dafür nötigen Töpfe und anderen Gefäße nehme ich aus meinem Topflager. In meinem über die Jahre angesammelten Sortiment an Ton- und Plastiktöpfen finde ich immer den richtigen Topf.

Die Zwickmühle mit dem Torf

Torf stammt aus Hochmooren. Bei der Torfgewinnung werden Hochmoore unwiederbringlich zerstört. Ja, man kann sagen, wer Torf verbraucht, schadet damit den Mooren. Jeder Käufer von torfhaltiger Pflanzerde trägt deshalb zur Zerstörung dieser höchst wertvollen, im Laufe von Tausenden Jahren entstandenen Biotope bei – in Deutschland und anderswo.

Von den 10 Millionen m³ Torf, die in Deutschlands Hochmooren jährlich „abgebaut" werden, verbrauchen Freizeitgärtner mindestens ein Viertel zur vermeintlichen Bodenverbesserung in ihrem Garten und zum Füllen ihrer Pflanzgefäße und Hochbeete. Mit den Importen liegt der Verbrauch insgesamt noch höher.

Gartenbesitzer verbrauchen Torf nicht nur direkt, sondern indirekt auch in Form von zugekauften Topfpflanzen fürs Zimmer, für den Balkon oder fürs Freiland. Denn die Profigärtner nehmen zum Topfen ihrer Pflanzen ebenfalls torfhaltige Substrate. Dass sie diese verwenden, kann man den Profis nicht verdenken, denn diese sind zugegebenermaßen aus rein ökonomischer und pflanzenbaulicher Sicht unübertroffen. Torfhaltige Substrate sind leicht, sie halten die Feuchtigkeit gut, binden Nährstoffe und geben beides allmählich wieder ab, zudem sorgen sie für gute Belüftung im Wurzelraum der Pflanzen. Und die Substrate laufen in den Topfmaschinen problemlos durch. Ökologisch korrekt aus diversen Komposten hergestellte Alternativprodukte sind für die Profis bedauerlicherweise kein gleichwertiger Ersatz. Doch im Hobbyanbau kann man statt der üblichen Blumenerden die torffreien Erden nutzen und eben möglichst viel selbst im Freiland anbauen.

Beigabe von Sand lässt sich aus Gartenerde und Kompost zwar Pflanzerde mischen. Die muss das Wasser halten und es allmählich wieder abgeben. Das gelingt beim Selbermischen aber nicht immer gut. Torf dagegen hat die herausragende Eigenschaft, Wasser zu speichern und es allmählich wieder abzugeben. Deswegen ist Torf aus gartenbaulicher Sicht optimal; aber aus Naturschutzgründen soll er heute nicht mehr oder nur noch sehr sparsam verwendet werden. Die Erdenwerke ersetzen Torf deshalb zunehmend durch Ersatzprodukte aus organischen Abfallstoffen wie Rindenhumus oder Grüngutkompost. Beim Einkauf von Pflanzerde sollten Biogärtner also genau aufs Etikett schauen und torffreie Erde oder solche mit hohem Anteil an Rindenhumus oder Grüngutkompost kaufen.

Das beruhigt das ökologische Gewissen aber nicht ganz. Denn selbst torffreie Erde ist in einem Erdenwerk hergestellt, in Plastikfolie abgesackt und über weite Strecken transportiert worden – ziemlich viel Aufwand für ein paar Salatköpfe auf dem Balkon. Die Energiebilanz beim Anbau von Gemüse in Pflanzgefäßen dürfte so eher negativ ausfallen.

Wer dagegen Gartenbeete bewirtschaftet, braucht keinen Torf und keine aufbereiteten Erden. Der Boden auf den Freilandbeeten lässt sich nachhaltig durch Gaben von Kompost, durch konsequentes Mulchen und Gründüngung sowie durch Zugabe von Steinmehl, Tonmehl oder Sand verbessern. Gerade die Praktiken des biologischen Gartenbaus machen dies möglich. Allenfalls bei Aussaaten und der Jungpflanzenanzucht wird man unter Umständen auf kleine Mengen torfhaltigen Substrats kaum verzichten können.

Langlebige ausdauernde Pflanzen

Nachhaltiges Gärtnern betrifft auch die Pflanzen selbst. Auf Nachhaltigkeit bedachte Gartenbesitzer pflegen ihre Gehölze und Stauden möglichst lange Zeit und sinnen nicht ständig auf Um- und Neugestaltung. Nach dem Pflanzen entwickeln sich die ausdauernden Gewächse über Jahre und Jahrzehnte und geben einem Garten allmählich den ureigenen Charakter. So lange, bis Schädlinge und Krankheiten oder atmosphärische Einflüsse die Pfleglinge zum Absterben bringen oder deren Lebensdauer abläuft. Voraussetzung für eine stete Entwicklung ist allerdings, dass die Gehölze und

Die langlebige Bauern-Pfingstrose begleitet Generationen von Gärtnerinnen und Gärtnern.

Stauden standortgerecht für die jeweiligen Boden-, Belichtungs- und groß- und kleinklimatischen Voraussetzungen ausgewählt worden sind. Viele modische Pflanzen, die Blumenfreunde spontan auf Gartenmärkten kaufen, kommen mit den Verhältnissen an dem für sie ausersehenen Ort nicht zurecht und gehen nach Wochen, Monaten oder wenigen Jahren bereits ein, weil der Standort nicht passt oder weil die Käufer sich nicht richtig um sie kümmern oder weil die Gärtner sie von vorneherein auf Kurzlebigkeit getrimmt haben.

Weniger ist mehr

Die gärtnernden Menschen haben es in der Hand. Nachhaltig gärtnern bedeutet, selbst etwas mit den Händen zu tun und die im Garten oder in der Region vorhandenen Ressourcen zu nutzen. In China produzierte Akku-Rasentrimmer, aus Tropenholz gefertigte Gartenmöbel und andere von weither transportierte oder unter fragwürdigen Umständen hergestellte Produkte sind für nachhaltig denkende Gartenmenschen tabu. Wenn Sie schon etwas anschaffen müssen, kaufen sie Gartengeräte in allerbester Qualität, die von Hand zu bedienen sind. Die halten oft ein Leben lang und halten die Benutzer selbst lange fit.

Der Garten als Fitness-Studio

Betrachten Sie wie ich die Gartenarbeit auch als Möglichkeit, sich sportlich zu betätigen und die Muskeln zu trainieren. Warum das tägliche Fitnessprogramm nicht im Garten statt auf Trainingsgeräten absolvieren?

Gemüse und Kräuter anbauen

Der Gemüseanbau gehört zum Biogärtnern wie kaum etwas anderes. Gemüse und Kräuter sind die Basis für eine gesunde Ernährungsweise und für die Selbstversorgung. Und das Gemüse selbst soll ebenfalls gesund heranwachsen – ohne Pestizide und ein Übermaß an Dünger. Davon profitieren Boden, Pflanze, Tier und Mensch.

Die richtigen Arten und Sorten auswählen

Der Anbau von Gemüse sollte gut geplant werden – vor allem durch die Wahl des richtigen Standorts. Wichtig ist es auch, die Aussaat- und Pflanzzeiten einzuhalten und ausreichend, aber nicht zu viel zu wässern und zu düngen.

Kleine Kulturgeschichte der Gemüsearten

Wir leben in einer reichen Zeit. Reich im Hinblick auch auf die Vielfalt beim Gemüse. Wir partizipieren heute wie selbstverständlich daran. Doch es schadet nicht, wenn wir uns dessen bewusst sind, wie es zu dieser Vielfalt kam.
Vor der Entdeckung Amerikas vor etwa 500 Jahren gab es in den Gärten Mitteleuropas nur wenige Arten, die aus einheimischen Wildpflanzen gezüchtet worden waren, sowie Arten aus dem Mittelmeerraum und aus Asien.
Sehr alte Kulturpflanzen, die bereits im Mittelalter bekannt waren, sind Erbsen, Puff-Bohnen, Rettich, Spinat, Zwiebeln und Knoblauch. Erst mit der Entdeckung des amerikanischen Kontinents erweiterte sich das Artenspektrum stark. Garten-Bohnen und Feuer-Bohnen, Tomaten, Paprika und Kartoffeln traten von nun an, teils mit Verzögerung, ihren Siegeszug an.
Die Gärtner verbesserten nach und nach die einheimischen Gemüsearten. Bei dieser einfachen Form der Züchtung werden besonders schöne, große und wohlschmeckende Sämlinge „ausgelesen“ und weiter vermehrt. Erfurter Gärtner bezogen um das Jahr 1660 herum erstmals Blumenkohlsamen aus Zypern. Der erwerbsmäßige Anbau von Tomaten startete erst um 1880. Und der Kultur-Rhabarber, der um 1770 in England aus wilden Rhabarberarten, die in Asien beheimatet sind, gezüchtet worden war, breitete sich erst danach in Europa aus. Unsere derzeitige Kulturpflanzenvielfalt ist in Beziehung zur Weltgeschichte also ein sehr junges Phänomen. Wir haben das große Privileg, daran teilhaben zu dürfen!

Optimal mit Wasser und Nährstoffen versorgte Pflanzen sind auch widerstandsfähig gegen Schädlinge und Krankheiten. Bei solchen robusten Pflanzen ist der Einsatz von Präparaten zum Pflanzenschutz gar nicht oder nur in Ausnahmefällen nötig.

Gesunde Ernährung und Selbstversorgung ist die eine Zielrichtung des Biogärtnerns. Außerdem wollen wir im Biogarten eine große Vielzahl an Pflanzen ansiedeln, hauptsächlich Arten und Sorten von Kulturpflanzen, aber durchaus auch einige Wildkräuter zum Nutzen für die Umwelt. Dahinter wiederum steckt die Idee, dass die große pflanzliche Vielfalt Tiere – Insekten, Schmetterlinge, Vögel – in den Garten lockt und fördert. So ist es immer auch die Zielvorstellung des Biogärtnerns, ein kleines Biotop zu schaffen, eine kleine Biodiversitätsinsel in oft ausgeräumter, an Flora und Fauna verarmter Umwelt.

Ältere und neue Sorten

Bei den Beschreibungen der Gemüse- und Kräuterarten und -sorten (ab Seite 120) stelle ich ältere Sorten und Neuzüchtungen gleichberechtigt vor. So sehr ich alte Sorten mit ihren speziellen Geschmacks- und Konsistenzeigenschaften schätze, so sehr befürworte ich in manchen Fällen auch die Neuzüchtungen mit ihren Widerstandsfähigkeiten und Resistenzen, durchaus auch die Hybriden (siehe Seite 62), die bei der Kultur doch auch große Vorteile haben und oftmals gesünder heranwachsen und mehr Ertrag bringen als die vermeintlich besseren „alten“ Sorten. Ich handle da nach der Devise, dass das eine das andere nicht ausschließen muss.

Beim Kopfsalat die Sorte entsprechend der Kulturzeit auswählen, sodass er nicht schießt.

Nach Standortverhältnissen auswählen

Wer Freude an den Gartenkulturen haben möchte, sollte nur Gemüsearten wählen, die am Standort – unter den gegebenen Klimaverhältnissen und auf dem anstehenden Boden – gut gedeihen. Es ist ein Unterschied, ob man in warmen Regionen wie im Rheintal oder am Bodensee oder in eher kühlen Gebieten wie im Allgäu oder im Thüringer Wald gärtnert. In kühlen Klimaregionen wird man mit wärmebedürftigen Kulturen wie Tomaten, Paprika oder Basilikum im Freiland keine Freude haben. Auf einem sandigen, durchlässigen und tiefgründigen Boden gedeihen Möhren und Schwarzwurzeln hervorragend, weil sie ungehindert mit ihren Wurzeln tief in den Boden eindringen können. Auf einem sandigen Acker in der Oberpfalz erntete ich die schönsten Möhren. Für Kohlgemüse sind Standorte mit viel Niederschlag und sehr guten, humusreichen Böden ideal, zum Beispiel die Filderebene südlich von Stuttgart oder Dithmarschen in Schleswig-Holstein. Bei Wasser- und Nährstoffmangel wird Kohl anfällig für Krankheiten und Schädlinge.

Wer viel über die Pflanzen und ihre Bedürfnisse weiß, kann sich bei der Gartenplanung und bei der Auswahl der Nutzpflanzen darauf einstellen. Das bedeutet dann unter Umständen auch, dass man besser auf eine Kulturpflanzenart verzichtet, wenn der Standort ungünstig ist.

Sorten mit unterschiedlicher Entwicklungsdauer

Erfahrene Gemüsegärtner achten sehr auf bestimmte Sorteneigenschaften wie zum Beispiel die Entwicklungsdauer der Gemüse von der Aussaat bis zur Ernte. Für Höhenlagen mit kurzer Vegetationszeit wählen sie „frühe“ Sorten, die eine – für die jeweilige Pflanzenart – relativ kurze Entwicklungszeit bis zur Ernte brauchen. „Mittelfrühe“ und „späte“ Sorten brauchen länger bis zur Ernte. In guten Samenkatalogen sind solche Angaben vermerkt. „Frühe“ Sorten sind zum Beispiel die Busch-Bohne ‘Speedy’ oder die Tomate ‘Frühzauber’. Spät reift dagegen die Baumtomate ‘De Berao’.

Bei diesen Salatpflanzen ist das „Schießen“ erwünscht. Denn hier geht es um die Samenernte.

Die Sorte 'Philovita F1' ist hochtolerant gegen Kraut- und Braunfäule.

Sorten für (fast) jede Jahreszeit

Bei einigen Gemüsearten wie Salaten, Radieschen, Rettich und Spinat wird zwischen Sorten für Frühjahrs-, Frühsommer-, Sommer- und Herbstanbau unterschieden. Diese Einteilung beruht auf der Reaktion der Sorten auf die Tageslänge. Frühjahrssorten sind für den Anbau im Frühjahr und im Herbst geeignet; bei Aussaat und Kultur im Sommer mit langen Tagen bilden sie kaum Köpfe aus und blühen bald – sie „schießen“. Die Sommersorten verhalten sich dagegen neutral gegenüber der Tageslänge. Eine bekannte Salatsorte für den Frühjahrsanbau ist zum Beispiel 'Maikönig'. Die Sorten 'Kagraner Sommer' oder 'Attraktion' eignen sich für den Anbau im Sommer. In manchen Katalogen oder direkt auf den Samentüten wird auf diese Eigenschaft hingewiesen.

Widerstandsfähiges, tolerantes oder resistentes Saatgut auswählen

Neben den genannten mehr allgemeinen Eigenschaften ist die Widerstandsfähigkeit gegen Schädlinge und Krankheiten ein wichtiges Entscheidungskriterium. Die Pflanzenzüchter unterscheiden dabei **widerstandsfähige, tolerante** oder **resistente** Sorten. Für den Erwerbsgemüsebau ist die Züchtung widerstandsfähiger Sorten Voraussetzung für wirtschaftlichen Anbau. Im privaten Bereich lohnt es sich ebenfalls, auf diese Eigenschaft zu achten.

Widerstandsfähige Sorten werden weniger stark von einer Krankheit befallen als Vergleichssorten, zum Beispiel, weil sie ein festeres und härteres Pflanzengewebe besitzen.

Tolerante Sorten werden in der Regel kaum befallen, sind aber nicht im eigentlichen Sinne resistent. Einige Tomatensorten wie die Hybridsorten (F1) 'Vitella', 'Myrto' oder 'Philovita' sind hochtolerant gegen die Kraut- und Braunfäule.

Resistente Sorten sind immun gegen Krankheitserreger oder Schädlinge. Vollständige Resistenzen sind allerdings sehr selten. Ein Beispiel ist die Resistenz gegen die Grüne Salatblattlaus bei Salaten, die in langwieriger Züchtungsarbeit durch Einkreuzen einer wilden Lattichart gelungen ist. Einige Tomatensorten sind resistent gegen die Samtfleckenkrankheit. Es gibt jedoch bisher keine einzige Sorte, die vollständig resistent gegen die Kraut- und Braunfäule ist.

Saatgut selbst vermehren

Wer es mit der Biodiversitätsförderung ernst meint, baut Gemüsearten und -sorten selbst nach. Das heißt, er oder sie nimmt jedes Jahr neu Saatgut ab und sät es im folgenden Jahr wieder aus. So bleibt die Sorte am Standort erhalten. (Diesen Vorgang nennt man „vermehren". Es ist kein „züchten", wie es oft umgangssprachlich bezeichnet wird.)

Das Vermehren gelingt nur bei samenfesten Sorten. Hybridsorten bilden zwar häufig auch keimfähige Samen aus; die daraus herangezogenen Pflanzen „spalten" jedoch auf (siehe auch Seite 62). Das heißt, sie haben andere Eigenschaften als die Mutterpflanzen, von denen die Samen abgenommen worden sind; sie können im Wuchs größer oder kleiner sein und anders geformte oder gefärbte Früchte hervorbringen oder auch nur kümmerlich wachsen. Es birgt deshalb manche Überraschung, wenn aus Unkenntnis Saatgut von solchen Hybridsorten verwendet wird. Am besten lässt man es ganz sein.

Keimfähigkeit: So lange bleiben Gemüsesamen bei guter Lagerung keimfähig

Gemüse	Lagerdauer der Samen
Bohne	4–5 Jahre
Erbse	4–5 Jahre
Feldsalat	2–3 Jahre
Gurke	6–8 Jahre
Kohlgewächse	4–5 Jahre
Kopf-Salat	4–5 Jahre
Kürbis	6–8 Jahre
Lauch/Porree	2–3 Jahre
Mangold	6–8 Jahre
Möhre	3–4 Jahre
Paprika	3–4 Jahre
Pastinak	1–(2) Jahre
Petersilie	2–3 Jahre
Radieschen, Rettich	4–5 Jahre
Rote Bete	5–6 Jahre
Schwarzwurzel	2–3 Jahre
Sellerie	3–6 Jahre
Spinat	4–5 Jahre
Tomate	6–8 Jahre
Zichoriensalate	5–6 Jahre
Zucchini	6–8 Jahre
Zwiebel	2–3 Jahre

Die Keimfähigkeit bleibt unterschiedlich lange erhalten

Bei Gurken, Kürbis und Tomaten bleibt die Keimfähigkeit jahrelang gut. Deren Samen lassen sich bei guten Lagerbedingungen (kühl, trocken und dunkel) einige Jahre lang aufbewahren. Das Saatgut im Handel wird sehr oft in Keimschutzpackungen angeboten, die sinnvoll sind, weil sie die atmosphärischen Einflüsse vom Saatgut abhalten.

Bei einigen Wurzelgemüsearten wie etwa Pastinake oder Schwarzwurzel und bei Lauchgewächsen nimmt die Keimfähigkeit auch bei guter Verpackung und Lagerung schnell ab.

Die großen Samenkörner der Bohnen sitzen in wie mit Pergament ausgekleideten Hülsen.

Der äußere Rahmen: Beetformen

Auch über die Form und den Aufbau der Anbaufläche sollte man sich Gedanken machen. Ziel sollte sein, dass sich auf den Beeten mit geringem Arbeitsaufwand wirtschaften lässt und dass sie in die Gartenumgebung eingebettet sind.

Flachbeete sind gut zu bearbeiten

Üblicherweise werden Gemüse und Kräuter auf flachen, rechteckigen Beeten angebaut. Die Beetbreite variiert zwischen etwa 1 m und 1,50 m – je nach Größe und Aktionsradius der Gärtnerin oder des Gärtners. Die Faustregel besagt, dass vom Rand beziehungsweise vom Weg aus das Bearbeiten bis ins Beetinnere möglich sein muss. Die Beetlänge ist beliebig. Rechteckige Beete sind am besten zu pflegen; auf ihnen hat man die beste Übersicht beim Mischkulturanbau und kann wegen der klaren Grundform den Fruchtwechsel gut einhalten. Für die übliche Beetform spricht auch, dass die Maße der handelsüblichen Materialien zum Abdecken der Beete – also Folien, Vliese und Insektenschutznetze – darauf ausgelegt sind.

Hochbeete und Hügelbeete

Diese beiden Beetformen erfreuen sich einiger Beliebtheit. Beide bieten eine ideale Möglichkeit, Astmaterial, Laub und andere organische Abfälle zu deponieren und auch noch einen Nutzen daraus zu ziehen.

Auf dem Hochbeet lässt sich bequem in Hüfthöhe arbeiten. Für ältere und körperlich gehandicapte Menschen ist so das Gärtnern noch möglich, sogar vom Rollstuhl aus. Doch für das Hochbeet begeistern sich neuerdings auch andere Bevölkerungsgruppen, die sich noch gut bücken können. Wegen der großen Nachfrage gibt es derzeit ein großes Angebot an Hochbeeteinfassungen aus Holz, Metall oder Kunststoff auf dem Markt. (Oftmals handelt es sich bei den Produkten nur um niedrige Beeteinfassungen, die werbewirksam als „Hochbeet“ vermarktet werden.) Ob man sich diese Produkte in den Garten holen möchte, muss man mit seinem ökologischen Gewissen ausmachen. Für das biologische Gärtnern braucht man kein Hochbeet. Einerseits ist es zwar so eine Art umfunktionierter Kompostbehälter, der viel kompostierbare organische Substanz aufnimmt; andererseits stehen die Pflanzen im Hochbeet eher wie in einem Gefäß, dem man ständig Wasser zuführen muss.

Der Aufbau eines Hügelbeets ist im Prinzip gleich. Auch hier werden die einzelnen Schichten übereinander geschichtet, nur eben angehügelt – zuerst das grobe, dann das immer feinere organische Material. Durch die Hügelform vergrößert sich die Anbaufläche etwas. Das war einer der Gründe, weshalb es in früheren Zeiten bei knapper Anbaufläche propagiert wurde.

Bei frisch aufgesetzten Hügelbeeten und Hochbeeten verrottet der hügelige Kern bzw. die unteren Schichten aus holzigem und krautigem Material und setzen dabei Wärme frei. Durch die Temperaturerhöhung sind Gemüse, Kräuter und Erdbeeren vor der Umgebungskälte etwas geschützt; so haben sie im Frühjahr einen guten Start. Nach und nach erschließen sich die Pflanzenwurzeln die unteren Schichten des Aufbaus.

Da sich der Inhalt durch das Verrotten allmählich setzt, muss ein Hochbeet nach einer gewissen Zeit neu befüllt werden. Ein Hügelbeet wird immer flacher. Nach drei bis fünf Jahren ist es dem Erdboden gleich. Da baut man dann eben jedes Jahr ein neues Hügelbeet auf mit dem ja ständig neu anfallenden organischen Material.

Auch beim Hügelbeet ist der entscheidende Nachteil, dass die aufgeschüttete Erde keinen Anschluss an den Untergrund hat, sodass die Feuchtigkeit in tieferen Bodenschichten den Pflanzenwurzeln nicht (oder zumindest am Anfang nicht) zur Verfügung steht. Bei starken Regenfällen kann es geschehen, dass das Wasser oberflächlich abfließt. Aus diesem Grund muss man bei Hügel- und Hochbeeten immer mit der Gießkanne bei der Hand sein oder Bewässerungssysteme einbauen (siehe auch Seite 89).

Viele Biogärtner wirtschaften gleich mit mehreren Hoch- oder Hügelbeeten und kultivieren auf ihnen eine Vielzahl von Gemüse- und Kräuterarten inklusive Kartoffeln und Erdbeeren. So ergibt sich eher zufällig eine Art Fruchtfolge und Mischkultur, die wie ein buntes Durcheinander erscheint. Es ist sinnvoll, den Pflanzen auch auf erhöhten Beeten genügend Abstand zu geben, sodass sie sich gut entwickeln können.

Der Inhalt eines Hochbeets wird aus mehreren Schichten aufgebaut (von unten nach oben): grober und feiner Astschnitt, Laub, halb verrotteter Kompost, Gartenerde (mit Kompost gemischt). Eine Wurzelschutzmatte schützt die Holzkonstruktion. Und, ganz wichtig, zuunterst wird ein Drahtgitter ausgelegt, das Wühlmäuse abhalten soll.

Gemüse und Kräuter vor Wind und Wetter schützen

Manche wärmebedürftige Gemüsearten brauchen in unserem Klima das ganze Jahr über Schutz vor Kälte und Wind. Sie gedeihen fast nur unter dem Schutz von Folie, Vlies und Glas. Zudem ist es sinnvoll, frühe und späte Saaten und Pflanzungen zu schützen. Auf diese Weise verlängert sich der Erntezeitraum um Wochen oder sogar Monate.

Vlies- und Folienabdeckungen

Das Abdecken mit Vlies und Folie bringt vor allem im Frühjahr Vorteile. Und im Herbst lässt sich die Erntezeit noch um ein paar Wochen verlängern.

Vlies oder Folie werden gleich nach dem Säen oder Pflanzen über die jungen Kulturen gelegt. Beide Materialien lassen Luft und Niederschläge durchdringen. Vliesmaterial fügt sich nach meinem Empfinden unauffälliger in die Gartenlandschaft ein als glänzende Folie. Doch das ist Geschmackssache. Der Effekt bei beiden Materialien ist der gleiche: Die Temperatur unter der Abdeckung steigt um ein paar Grad und bleibt insgesamt ausgeglichener, sodass die ersten Radieschen und der erste Salat tatsächlich etwa ein bis zwei Wochen früher erntereif sind.

Da ich eigentlich so gut wie möglich auf Plastikmaterialien verzichte, habe ich eine Zeit lang ein Baumwollgewebe zum Abdecken genommen. Doch damit war ich in der Praxis nicht zufrieden. Im Vergleich zum leichten Vlies lag es recht schwer auf, vor allem bei Nässe. Da bin ich doch auf das aus Polypropylen hergestellte Vlies umgestiegen.

Eine Vliesabdeckung hält Wärme auf dem Beet.

Folientunnel und versetzbare Kästen

Sehr praktisch sind Folientunnel oder versetzbare Kästen. Diese Objekte sind nur zeitweise im Garten und werden weggeräumt, sobald die Gemüsearten keinen Schutz mehr benötigen. Folientunnel bestehen aus Drahtbügeln, die mit UV-beständiger Folie überspannt sind. Die Tunnel werden einfach durch Einstecken der Bügelenden ins Erdreich fixiert. Eine neue Variante sind Pop-up-Anzuchttunnel, die sich wie ein Zelt von selbst aufstellen. Nach Gebrauch werden sie einfach platzsparend wieder zusammengefaltet. Selbst aus Holz gezimmerte und mit Folie bespannte Kästen sind als mobiler Kälteschutz sehr nützlich.

Frühbeete

Das Frühbeet bietet etwas mehr Möglichkeiten. Es kann als sogenanntes „kaltes Frühbeet" angelegt sein oder als „warmes Beet" mit einer Packung aus (Pferde-)Mist. Diese Mistpackung wirkt wie eine Heizplatte und ermöglicht frühe Ernten. Das Packen ist aber recht aufwendig, und Mist steht auch nicht überall zur Verfügung, sodass diese Frühbeetform eher selten praktiziert wird (siehe auch Seite 44).

Einfacher zu handhaben ist das „kalte Frühbeet". Dabei wird der Frühbeetkasten lediglich auf die Erde gesetzt. Das Frühbeet kann stationär aufgebaut sein oder von Jahr zu Jahr an eine andere Stelle rücken. Bei selbst gebauten Frühbeetaufsätzen muss man ständig bei der Hand sein, das Fenster zu öffnen oder zu schließen. Praktisch sind da Fenster aus dem Handel mit Selbstöffnungsmechanismus (auf hydraulischer Basis). Bei Erwärmung öffnen sich die Fenster von alleine und schließen sich bei Abkühlung wieder. Auf diese Weise lässt sich ein Frühbeet auch dann nutzen, wenn tagsüber niemand zum Lüften zu Hause ist. Bei häufiger Abwesenheit ist eine Abdeckung mit luftdurchlässigem Vlies oder mit Schlitzfolie direkt auf dem Beet aber sinnvoller.

Wärmeliebende Kulturpflanzen gedeihen am besten im Kleingewächshaus.

Gewächshäuser

In kühlen Gegenden ist ein Gewächshaus nötig, um wärmebedürftige Kulturen wie Tomaten, Paprika oder Gurken überhaupt kultivieren zu können. Das Gewächshaus sollte an einer gut besonnten Stelle im Garten stehen, und zwar so, dass es andere Kulturen nicht beschattet.

Im Gewächshaus wachsen Gemüse schneller und oft auch gesünder heran als im Freiland. Allerdings gilt wie beim Frühbeet, dass man ein Gewächshaus kaum sich selbst überlassen kann. Wer im Sommer häufig unterwegs ist und keine „Urlaubsvertretung" zum Gießen und Lüften hat, sollte besser auf das Gewächshaus verzichten. Im Freiland auf gewachsenem Boden kann man die Kulturen eher einmal ein paar Tage sich selbst überlassen.

Am einfachsten aufzubauen und preisgünstig sind Folienhäuser. Stabiler sind solche aus Glas oder aus Stegdoppelplatten. Diese brauchen jedoch ein festes Fundament. Die Grundfläche sollte mindestens 6 m² betragen, eben so, dass man sich gut in dem Haus bewegen kann. Für Tomaten gibt es auch die einfacheren Tomatenhäuser, die nur zeitweise im Garten stehen.

In manchen Gartensituationen ist es möglich, die Fruchtgemüse unter einem schützenden Dachüberstand anzubauen, eventuell mit zusätzlichem Folienschutz oder Schutzhauben. In der Praxis gibt es nach meiner Beobachtung oft pfiffige, sehr individuelle Lösungen. Auf einem Bauernhof standen die Tomaten in Eimern aufgereiht auf einer Bretterkonstruktion auf Rädern. Nachts und bei Regenwetter blieb das von Hand ziehbare, etwa 10 m lange Gefährt unter dem weit auskragenden Scheunendach; tagsüber wurde es auf den am besten besonnten Teil der Hoffläche gezogen.

Fruchtfolge und Mischkultur im Gemüsebeet

Fruchtfolge (also das Nacheinander der Arten im Beet) und Mischkultur (das Nebeneinander der Gemüse- und Kräuter) sind im Gartenbau bewährte Systeme. Sie helfen, Böden und Pflanzen auf lange Sicht gesund zu erhalten.

Vielfältige Fruchtfolge planen

Aus Erfahrung wissen Landwirte und Gärtner, dass man dieselbe Pflanzenart und Arten, die derselben Pflanzenfamilie angehören nicht öfter hintereinander anbauen darf, weil sie den Boden einseitig auslaugen, Nährstoffe entziehen und schädliche Stoffe in den Boden ausscheiden. Bei mehrmaligem Nachbau vermehren sich schädliche Organismen im Boden. Häufig schaden die mikroskopisch kleinen Nematoden oder Wurzelälchen. Die Pflanzen werden dadurch stark geschwächt und kümmern. Solche Kümmerpflanzen muss man entfernen und vernichten. Andere Beispiele für Fruchtfolgeschäden sind die Rettichschwärze an Rettich und Radieschen oder die Kohlhernie an Kohlgewächsen, die auftreten, wenn diese Kulturen zu oft hintereinander angebaut werden. Ein Fruchtfolgeschaden ist auch das Gelbwerden der Petersilie, wenn sie zu oft an die gleiche Stelle kommt.

In aller Regel sollte man eine Kultur erst nach einer Anbaupause von drei bis vier Jahren auf dasselbe Beet oder in dieselbe Pflanzreihe bringen. Wenn es schon Fruchtfolgeschäden gibt, ist sogar

Studentenblume als Feindpflanze bei Bodenmüdigkeit.

Förderliches Nebeneinander von Kohlrabi und Spinat.

Nährstoffbedarf der Gemüsearten

Starkzehrer: Blumenkohl, Kopfkohl, Kürbis, Rosenkohl, Knollen-Sellerie, Tomaten, Rhabarber
Mittelzehrer: Brokkoli, Chinakohl, Grünkohl, Gurke, Kohlrabi, Knollen-Fenchel, Lauch, Mangold, Paprika, Stangen-Bohne, Zucchini, Zucker-Mais
Schwachzehrer: Busch-Bohne, Endiviensalat, Erbse, Feldsalat, Möhre, Radieschen, Rettich, Römischer Salat, Rote Bete, Salate, Schwarzwurzel, Zuckerhut, Zwiebel

eine längere Anbaupause nötig. Es gibt nur ganz wenige Pflanzen wie die Tomaten, die mit sich selbst „verträglich" sind, aber das auch nur einige Jahre lang (siehe Seite 165).

Die Fruchtfolge (und auch die Mischkultur) berücksichtigt auch den unterschiedlichen Nährstoffbedarf der Kulturpflanzen. Die Gemüsearten werden entsprechend ihrem Nährstoffbedarf in Starkzehrer, Mittelzehrer und Schwachzehrer eingeteilt. Auf den Beeten oder in den Reihen sollte jährlich immer abgewechselt werden – und zwar in der genannten Reihenfolge. Zudem ist es gut, wenn im vierten Jahr eine Gründüngung eingeschoben wird, bevor der Anbaureigen mit den Starkzehrern von vorn beginnt. Die Starkzehrer versorgt man besonders gut mit Kompost oder anderem organischem Dünger; Mittelzehrer bekommen etwas weniger und Schwachzehrer braucht man wenig oder gar nicht zu düngen.

Mischkulturen fördern sich gegenseitig

In enger Verbindung zur Fruchtfolge steht auch die Mischkultur. Sie nutzt die Beobachtung vieler Gärtner, dass sich Pflanzen gegenseitig fördern oder hemmen können. Verantwortlich dafür sind Ausscheidungen der Pflanzen in die Luft und in den Boden. Es ist schwierig, diese Wirkungen nachzuweisen; sie basieren hauptsächlich auf Erfahrungswissen. Die Biogärtnerin Gertrud Franck hat über Jahrzehnte Mischkulturen ausprobiert und ihre Beobachtungen aufgeschrieben. Daraus hat sie ihr Mischkultursystem entwickelt (siehe Seite 15). Bei ihr ist es ein ganzes System mit durchgehender Reihenkultur und Vorsaaten aus Spinat, mit Hauptkulturen und Nebenkulturen und anderen Bestandteilen. In der Mischkultur nach Gertrud Franck rücken die Gemüsereihen, die zueinander einen Abstand von 50 cm haben, von Jahr zu Jahr wie im Kreis um jeweils 25 cm weiter. Gertrud Franck bezeichnet dies als „rollierendes System". So lässt sich tatsächlich erreichen, dass die einzelnen Arten immer eine andere Vorfrucht haben, wenn man genau nach Plan arbeitet. Es ist ein durchdachtes System, das vielen Gartenbesitzern aber ein wenig kompliziert erscheint.

Heute versuchen die Gartenbesitzer eher einzelne Pflanzenarten miteinander zu kombinieren, die sich gegenseitig fördern. Dazu kursieren Mischkulturtabellen. Mein Rat ist, sich nicht zu sklavisch an diese Tabellen zu halten und nicht zu viel von einer Mischkulturwirkung zu erwarten. Viel wichtiger ist es, die Gewächse ihren Ansprüchen an den Standort entsprechend zu kultivieren und ihnen genügend Abstand zu geben. Es kann sicher nicht schaden, wenn man sich an den Erfahrungen mit positiven und negativen Kombinationen orientiert.

Gute und schlechte Nachbarn auf dem Beet

Positive Kombinationen	Negative Kombinationen
Salat/Radieschen	Erbsen/Zwiebeln
Salat/Kohlrabi (gut auch in der Reihe kombiniert gepflanzt)	Bohnen/Zwiebeln bzw. Lauch oder Knoblauch
Salat/Gurken	Kohl/Zwiebeln
Kohlgemüse/Sellerie (gut auch in der Reihe kombiniert gepflanzt)	Tomaten/Rotkohl
Kohlgemüse/Erbsen	Tomaten/Rote Bete
Kohlgemüse/Bohnen	Kartoffeln/Zwiebeln
Kohlgemüse/Rote Bete	Petersilie/Kopfsalat
Tomaten/Sellerie (gut auch in der Reihe kombiniert gepflanzt)	
Tomaten/Petersilie	
Möhren/Zwiebeln	
Möhren/Lauch	

Pflanzen anziehen und vermehren

Umsichtige Gärtner und Gärtnerinnen machen sich bereits im Winter Gedanken darüber, welche Gemüse und Kräuter sie anbauen wollen. Sie inspizieren die Samenvorräte und bestellen die gewünschten Sämereien nach Katalog.

Das ist besser und sparsamer, als sich erst vor dem Samentüten-Ständer im Gartencenter Gedanken darüber zu machen, was man eigentlich säen möchte.

Selber säen oder Jungpflanzen kaufen?

Generell kann man sagen, dass es sinnvoll ist, die Gemüse und die Kräuter, die im Haushalt viel verbraucht werden, selbst auszusäen und die Jungpflanzen heranzuziehen. Auch wer seltene Arten und Sorten ausprobieren möchte, kommt um das Selbstsäen nicht herum.

Bei Gemüsearten, von denen man nur wenige Pflanzen braucht, zum Beispiel von Brokkoli, Blumenkohl und anderem Kohlgemüse sowie Sellerie lohnt es sich kaum, selber zu säen. Da kauft man besser Setzlinge beim Gärtner – es sei denn, man möchte seltene Sorten ausprobieren oder zum Sortenerhalt beitragen.

Wurzelgemüse, wie Gelbe Rüben oder Rettiche, wird direkt gesät. Die Direktsaat gelingt auch gut bei Salat und Kohlrabi. Das Saatgut von den Standardsorten wird im Handel sehr preisgünstig angeboten. Spezielle Hochzuchtsorten mit Resistenzen oder Widerstandsfähigkeit gegen Krankheiten kosten viel mehr. Die Investition in teures Saatgut lohnt sich, wenn sich die entsprechende Sorte gegen Krankheiten wie die Kraut- und Braunfäule oder gegen Schädlinge behaupten kann.

Viele Gärtnerinnen und Gärtner vermehren ihre Kräuter und manche Gemüse selbst. Bei samenfesten Arten von Kräutern und Gemüse wie Kapuzinerkresse, Petersilie, Stangen-Bohnen und Feuer-Bohnen, Peperoni oder Tomaten ist die Verwendung von selbst gesammeltem Saatgut ohne Weiteres möglich. Bei Hybridsorten (auf den Samentüten gekennzeichnet mit dem Kürzel F1) kann es Probleme geben. Die Nachkommen solcher Sorten sehen anders aus als die aus dem Originalsaatgut oder das Saatgut keimt gar nicht erst (siehe Seite 111).

Viele Einjährige wie Bohnenkraut, Borretsch, Dill, Kerbel und Ringelblumen säen sich auch selbst aus, wenn es ihnen auf dem Beet gefällt. In schon länger angelegten Gärten kommen die Einjährigen meist von selbst, wenn man nicht zu gründlich hackt und jätet.

Gemüse und Kräuter im Haus vorziehen

Für die Anzucht der Gemüse und Kräuter genügen einfache Utensilien: flache Töpfchen oder Schalen mit Abzugslöchern, Abdeckhauben, keimfreie Aussaaterde und Etiketten zum Beschriften.

Die Aussaat beginnt etwa Mitte oder Ende Februar. Frühere Aussaaten sind wegen des fehlenden Lichts nicht sinnvoll; bei Lichtmangel schießen die Jungpflanzen schnell in die Höhe und die langen geilen Triebe fallen um. Wann man Tomaten, Andenbeeren und Paprika sät, hängt auch von den Möglichkeiten der Weiterkultur im Haus oder im Gewächshaus ab. Die Vorkultur der Jungpflanzen im Haus ist nur dann zu empfehlen, wenn man die Pikierkistchen und die Töpfe mit den Jungpflanzen sehr hell stellen kann. Schon wenige Zentimeter hinter einer Fensterscheibe nimmt die Lichtmenge sehr stark ab. (Mit speziellen Pflanzenleuchten kann man für die nötige Belichtung sorgen.)

Immer dünn säen – ist die Devise! Das Saatgut sollte gut angedrückt werden, mit feiner Brause übergossen und mit wenig Erde überdeckt werden. Wichtig ist es, in Gefäßen für „gespannte Luft“ zu sorgen; das erreicht man durch Abdecken oder Umhüllen der Saatgefäße mit durchsichtigen Plastikhauben oder Plastikfolie. Dann geht die Keimung sehr schnell vonstatten.

Sobald die Keimlinge erstarkt sind und die ersten Laubblätter ausgebildet haben, wird pikiert, also in Töpfchen vereinzelt. Dabei muss man sehr vorsichtig zu Werke gehen, um die zarten Blättchen und Würzelchen nicht zu verletzen oder abzuknicken. Viele Gemüse- und Kräuterkulturen kommen erst im späten Frühjahr nach den Eisheiligen ins Freiland, wenn keine Fröste mehr zu erwarten sind.

Saatbänder und Saatscheiben

Seit einiger Zeit bieten die Saatguthändler aufbereitetes Saatgut in Saatbändern oder in Saatscheiben an. Die Samenkörner sind dabei in optimalem Abstand in ein Papiervlies eingearbeitet. Band oder Scheibe brauchen nur leicht angedrückt, angefeuchtet und dünn mit Erde bedeckt zu werden. Der Erfolg beim Säen ist mit solchen Hilfsmitteln beinahe garantiert, aber versierte Gartenmenschen brauchen Saatbänder eigentlich nicht.

Stecklinge, Absenker und Teilung

Wenn man schon Kräuterstauden oder Kräuter-Halbsträucher im Garten hat oder jemand kennt, der sie kultiviert, kann man sie leicht selbst vegetativ vermehren: Manche gut entwickelte ausdauernde Gemüse- und Kräuterarten teilt man mit dem Spaten (Estragon, Meerrettich, Rhabarber, Sauerampfer, Zitronen-Melisse); sehr gut gelingt auch die Vermehrung aus Stecklingen (Garten-Salbei, Eberraute) oder Absenkern (Thymian). Die ausdauernden Kräuterstauden Gewürz-Fenchel und Süßdolde sät man besser direkt; wegen ihrer Pfahlwurzeln lassen sie sich schlecht verpflanzen. Gerade diese beiden Arten aus der Pflanzenfamilie der Doldenblütler versamen sich nach ein paar Standjahren reichlich selbst (siehe auch die einzelnen Kräuterporträts ab Seite 178).

Die Pflanzenanzucht gelingt in allen möglichen Anzuchtgefäßen.

Vielfalt beim Gemüse – Arten und Sorten

Gärtner können aus dem Vollen schöpfen; sie haben die Qual der Wahl unter unüberschaubar vielen Gemüsearten und -sorten. Die nachfolgenden Artporträts informieren, auf welche Eigenschaften es jeweils ankommt.

Edelgemüse Artischocke

Die Artischocke (*Cynara scolymus*) steht im Gemüse-Alphabet vorne. Das königliche Gemüse hat diese Vorrangstellung aber nicht nur wegen der Stellung im Alphabet, sondern auch wegen des besonderen Geschmacks und der wohltuenden Eigenschaften für die inneren Organe. Für den leicht bitteren Geschmack sorgen unter anderem das Cynaropikrin aus der Stoffgruppe der Sesquiterpene sowie Cynarin.

Die ausdauernde Pflanze aus dem Mittelmeerraum wird 1–2 m hoch. In großem Stil wird sie heutzutage im ausgeglichenen Klima der Bretagne angebaut. Die Kultur ist auch in Mitteleuropa möglich, allerdings lohnt sich der Anbau nur in wärmeren Lagen. Meistens ist es die Sorte ‘Große von Laon’. Im Saatguthandel ist auch die Sorte ‘Romagna’ mit violett gefärbten Stielen. Beim ähnlichen Kardy (*Cynara cardunculus*) werden die fleischigen Blattstiele geerntet.

Man kann das Gemüse sehr bald im Jahr selbst aussäen oder die Jungpflanzen kaufen. Gepflanzt wird Ende Mai im Abstand von ca. 1 × 1 m. Die Artischocke bildet zunächst eine mächtige Blattrosette, aus der dann meist im zweiten Jahr (bei manchen Sorten wie etwa ‘Imperial Star’ schon im Pflanzjahr) die Blütenstängel herauswachsen. Damit sich die Artischocke gut entwickelt, braucht sie humosen und nährstoffreichen Boden und viel Wasser. Da das Gewächs nicht sicher winterhart ist, empfiehlt es sich, es über Winter mit Erde, Stroh oder Laub abzudecken.

Pro Pflanze entwickeln sich bei besten Bedingungen höchstens sechs bis acht Knospen, oft sind es aber nur ein oder zwei. Geerntet werden die Blütenknospen; diese schneidet man mit einem scharfen Messer knapp unterhalb des Blütenbodens ab.

Bei der Artischocke Knospen abschneiden.

Blumenkohl – die Diva unter den Gemüsearten

Blumenkohl (*Brassica oleracea* var. *botrytis*) gehört zur Pflanzenfamilie der Kreuzblütler. Er stammt von wildem Kohl aus dem Mittelmeerraum ab. Das Gemüse ist sehr anspruchsvoll und will bestens mit Nährstoffen und Wasser versorgt sein – am besten durch natürliche Niederschläge oder durch Gießen bzw. Beregnung, wie es im Profi-Anbau praktiziert wird. Blumenkohl ist noch anspruchsvoller in der Kultur als Brokkoli.

Normalerweise wird Blumenkohl ab Mai bis etwa Anfang August ins Freiland gepflanzt. Da ein

Blumenkohl gut wässern und düngen.

So blüht die Busch-Bohnen-Sorte 'Golddukat'.

normaler Haushalt nur wenige Pflanzen braucht, lohnt sich die Selbstaussaat kaum – es sei denn man möchte ältere, samenfeste Sorten wie beispielsweise 'Erfurter Zwerg' oder 'Neckarperle' ausprobieren. Bildschön sehen die Romanesco-Typen aus mit pagodenförmig aufgebauten Röschen. Neuerdings gibt es auch die Blumenkohlsorte 'Multi-Head' (F1), die sich von vorneherein verzweigt und neben einer Hauptblume mehrere Seitenblumen ausbildet.

Wie bei allen Kohlgemüsearten ist es ratsam, die Pflanzen auf den Befall mit Kohlweißlingsraupen, Kohleulenraupen und Weiße Fliege zu kontrollieren (siehe Seite 139) und unter Umständen etwas dagegen zu unternehmen. Oder, und das ist auch eine Option, ganz auf den Anbau von Blumenkohl zu verzichten.

Zum Schutz der weißen Blume vor zu starker Sonneneinstrahlung eventuell die Innenblätter umknicken und auf die Blume decken. Speziell gezüchteter frostverträglicher (bis −12 °C) Winterblumenkohl wie 'Burt' (F1) kann über Winter draußen bleiben.

Blumenkohl sollte man rasch ernten, sobald sich die Blume gebildet hat. Die zarten Hüllblätter um die Blume bei der Zubereitung mitverwenden. Das Gemüse hält sich geerntet und in Plastikfolie eingehüllt ein paar Tage im Kühlschrank. Blanchiert lässt es sich auch einfrieren.

Bohnenvielfalt mit Busch-, Stangen- und Feuer-Bohnen

Was wäre ein Garten ohne Bohnen? Der Anbau lohnt sich besonders, da frische grüne Bohnen oder besondere Trockenkochbohnen nicht überall erhältlich sind. Interessant sind Sorten mit ungewöhnlich gefärbten und geformten Hülsen und Körnern.

Interessante Schmetterlingsblüten

Bohnen gehören zur Pflanzenfamilie der Leguminosen oder Hülsenfrüchtler (Fabaceae). Sojabohnen, Erbsen, Wicken und Linsen zählen auch dazu. Allen gemeinsam ist die typische Schmetterlingsblüte mit Fahne, Flügeln und Schiffchen. Busch-Bohnen und Stangen-Bohnen blühen je nach Sorte weiß, gelblich, rosa oder lila. Die Blüten der Feuer-Bohnen-Sorten sind weiß, rot oder zweifarbig rot-weiß.

Bohnen als wertvolle Eiweißnahrung

Aus den grün geernteten Bohnen, den unreifen Samen oder den trockenen Bohnenkernen lassen sich ausgesprochen schmackhafte und nahrhafte Gerichte zubereiten. Heutzutage werden vor allem grüne Bohnen gegessen, also die unreif geernteten Hülsen. Diese müssen immer gekocht werden, damit sich das giftige Glycosid Phasein abbaut.

Weltweit gesehen sind die eiweißreichen Trockenkochbohnen wichtiger und ernährungsphysiologisch wertvoller. Bei fleischarmer oder fleischfreier Ernährung sorgen sie zu einem guten Teil für die lebensnotwendige Versorgung mit Eiweiß.

Zur Ernte der Trockenkochbohnen lässt man die Hülsen ausreifen. Vollkommen trockene Hülsen lassen sich durch sanftes Drücken auf Bauch- und Rückennaht leicht öffnen, dann die Bohnenkerne herausstreifen. Manchmal öffnen sie sich an Bauch- und Rückennaht von alleine oder „springen“ bei Berührung mit einem Knackgeräusch auf.

Symbiose mit Knöllchenbakterien

Die besondere Eigenschaft der Leguminosen ist, dass sie mit Stickstoff sammelnden Bakterien eine Symbiose eingehen. Die Bakterien dringen in das Wurzelgewebe ein und lösen kleine knöllchenartige Wucherungen aus. Wenn man die Pflanzen samt der Wurzel aus dem Boden zieht, sind diese Gebilde gut zu erkennen. In den Knöllchen reichert sich Stickstoff an; dieser wird zum Teil direkt an die Wirtspflanze weitergegeben. Hauptsächlich gelangt er bei der Zersetzung der Knöllchen in den Boden und kommt so nachfolgenden Kulturen zugute. Leguminosen sind wegen der Stickstoffanreicherung sehr wertvoll in der Fruchtfolge. Allerdings ist bei Garten-Bohnen im Vergleich mit anderen Leguminosen die Symbiose mit den Knöllchenbakterien nicht sehr ausgeprägt. Es kann deshalb trotzdem nötig sein, für guten Ertrag stickstoffhaltigen Dünger zu geben.

Busch-Bohnen bringen reiche Ernten.

Bohnenkerne – klein und groß

Die Bohnenkerne bzw. -samen sind sortentypisch geformt und gefärbt: Sie können rund oder nierenförmig sein, weiß, gelblich, grünlich, rosa, rot, violett, lila, braun, schwarz, gesprenkelt oder gescheckt. Einen Teil der Ernte bewahrt man als Saatgut fürs kommende Jahr auf. Trocken und kühl sowie geschützt vor dem Bohnenkäfer muss das Saatgut lagern.

Bei Bohnen ist die eigene Saatgutvermehrung besonders leicht. Garten-Bohnen sind überwiegend Selbstbefruchter. Feuer-Bohnen dagegen sind Fremdbefruchter. Bei der Kultur von mehreren Sorten muss man damit rechnen, dass diese sich untereinander kreuzen. Wenn man die Bohnenkerne aufisst und nicht wieder aussät, spielt das jedoch keine Rolle.

Bohnen in der Fruchtfolge

Busch-Bohne und Stangen-Bohne gelten nach den klassischen Fruchtfolgeregeln als nicht mit sich selbst verträglich. Diesen Grundsatz sollte man beachten und die Gemüsearten erst nach frühes-

Keimweise bei Bohnen

Interessanterweise haben Garten- und Feuer-Bohnen eine unterschiedliche Keimweise. Feuer-Bohnen keimen unter der Erdoberfläche (hypogäische Keimung); das heißt, dass die Keimblätter unter der Erde bleiben. Bei Garten-Bohnen streckt sich der Keim mit den Keimblättern gleich über die Erdoberfläche. Der Fachausdruck dafür ist epigäische Keimung.

Interessant gefärbte Hülsen der Stangen-Bohnen-Sorte 'Blauhilde'.

tens drei Jahren wieder an der gleichen Stelle anbauen. Sonst wird der Befall mit bestimmten Krankheiten wie Sklerotinia oder mit Schädlingen wie der Bohnenfliege begünstigt.

Die Busch-Bohne gehört zu den sogenannten Schwachzehrern. Sie stellt selbst an die Vorfrucht keine Ansprüche, hinterlässt ihrerseits aber der Nachkultur Nährstoffe. Gute Vorfrüchte für Busch-Bohnen sind Salat, Blumenkohl oder Kartoffeln. Eventuell lässt sich nach der Ernte von Frühkartoffeln noch ein später Satz Busch-Bohnen aussäen. Nach einer frühen Ernte der Busch-Bohnen wiederum kann noch eine Nachkultur, beispielsweise Spinat, Endiviensalat oder Feldsalat, folgen. Da die Busch-Bohne eine kurze Entwicklungsdauer von 65 bis 80 Tagen hat, räumt sie den Platz rasch. Die Busch-Bohne ist eine gute Vorkultur für nachfolgende Gemüse, weil sie in ihren Knöllchen Stickstoff im Boden anreichert und so die Nachfolgekulturen mit diesem wichtigen Pflanzennährstoff versorgt.

Stangen-Bohne und Feuer-Bohne beanspruchen dagegen den Platz im Garten von Mai bis zum Spätherbst, sodass in der Regel keine Vor- und Nachkulturen möglich sind.

Feuer-Bohnen schlingen sich in die Höhe.

Die richtige Aussaat

Die Bohnenaussaat ist dank der großen Samenkörner kinderleicht. Die großen Bohnenkörner keimen besser, wenn sie vor der Aussaat über Nacht in Wasser eingeweicht worden sind und so anquellen konnten.

Busch-Bohnen werden entweder reihenweise oder in Horsten zu fünf bis sieben Körnern 2–3 cm tief gelegt. Bohnen brauchen zum Keimen Wärme. Der Boden sollte sich auf mindestens 10 °C erwärmt haben und die Lufttemperatur sollte bei mindestens 12 °C liegen. Es empfiehlt sich, als Kälteschutz Vlies oder Folie aufzulegen. Erster Aussaattermin im Freiland ist für Busch-Bohnen um den 10. Mai, dann folgen weitere Sätze etwa alle drei Wochen bis Mitte Juli. Sehr frühe, also schnell reifende Sorten wie 'Speedy' kann man sogar noch etwas später im Juli säen. Nach meiner Erfahrung gelingen späte Busch-Bohnen-Saaten häufig viel besser als frühe Saaten, bei denen immer die

Keimlinge von Busch-Bohnen, in Horstsaat gelegt.

Gefahr besteht, dass Kälte ihnen schadet. Frühe Saaten bleiben erfahrungsgemäß oft „hocken", die Bohnen verfaulen im Boden. Oder Nacktschnecken fallen über die Keimlinge her. In manchen Jahren gelingt erst die dritte Aussaat.

Stangen-Bohnen und Feuer-Bohnen werden meistens an Stangen gezogen. Dazu legt man die Samen horstweise aus, pro Stange sechs bis acht Korn. Die Stangen in einer Reihe sollten einen Abstand von etwa 80 cm zueinander haben. Bei Bohnen bewegt sich die Triebspitze mit kreisförmigen Wachstumsbewegungen, bis sie einen Halt findet. Erst wenn sich der Trieb fest verankert hat, bilden sich die Blätter aus.

Stangen-Bohnen sind ebenfalls wärmebedürftig und brauchen zum Keimen mindestens 12 °C. Deshalb sät man sie nicht vor dem 10. Mai 3–5 cm tief ins Freiland. Sie werden nicht satzweise angebaut, da die Kultur möglichst die ganze Vegetationszeit ausnutzen soll. In kühlen Klimalagen kann man die Stangen-Bohnen-Saat auch so handhaben: Ab Ende April/Anfang Mai im Haus vorkultivieren und auspflanzen, sobald keine Kältephase mehr zu erwarten ist. In schneckenreichen Gärten ist es ebenfalls sinnvoll, die Pflanzen im Haus vorzuziehen. Stangen-Bohnen sind ziemlich windempfindlich. Starker Wind zerschlitzt ihre Blätter. Sie brauchen deshalb einen geschützten Platz, wenn möglich im Gewächshaus.

Feuer-Bohnen vertragen tiefere Temperaturen und können schon Ende April gesät werden.

Pflanzenpflege im Sommer

Wenn die Bohnenpflanzen etwa 15 cm hoch sind, sollte man sie leicht anhäufeln, um die Standfestigkeit zu verbessern. Eventuell kann es nötig sein, die Bohnentriebe an die Stangen oder Schnüre heranzuführen, damit sie diese besser umschlingen. Dabei darauf achten, dass die Stangen-Bohne links herum windet, die Feuer-Bohne dagegen rechts herum.

Während der Blüte und Fruchtausbildung brauchen Bohnen gleichmäßig viel Wasser. Bei Trockenheit muss man unbedingt gießen, sonst blühen und fruchten sie schlecht. Zudem fördert Wärme die Blütenbildung. Aber bei Hitze über 30 °C und ebenso bei kühler Witterung unter 7 °C verzögert sich die Blütenausbildung bzw. die Blüten werden sogar abgeworfen.

Zarte Busch-Bohnen – die Sortenvielfalt entdecken

Busch-Bohnen (*Phaseolus vulgaris* var. *nanus*) sind heute die wichtigsten Bohnen in den Hausgärten – kein Wunder, denn sie lassen sich problemlos auch in kleinen Gärten kultivieren. Sie eignen sich ideal als Lückenfüller sowie für Vor- und Nachkulturen und ermöglichen so eine intensive Nutzung der Fläche. Das Gemüse kommt den Ansprüchen der modernen gärtnernden Menschen entgegen.

Züchter teilen Busch-Bohnen entsprechend ihrer Wuchsform in zwei große Gruppen ein: in solche, bei denen die Hülsen unter dem Laub versteckt sind, und in aufrecht wachsende Gluckentypen, bei denen die Hülsen über dem Laub wachsen und sich so leicht pflücken lassen. Bekannte Gluckentypen sind beispielsweise 'Maxi' und 'Purple Teepee'.

Ein weiteres Einteilungskriterium ist die Hülsenform. Da gibt es Schwertbohnen mit flachen Hülsen wie 'Antea', Flageoletbohnen mit flachovalen Hülsen und Filetbohnen mit sehr dünnen, kurzen bis mittellangen Hülsen, zum Beispiel 'Mascotte' oder 'Satelit'. Sehr jung geerntete Filetbohnen werden als Prinzessbohnen bezeichnet. Eine rare Sonderform sind die Perlbohnen, bei denen sich die Bohnenkerne wie „Perlen" in der Hülse abzeichnen wie bei 'Zucker Perl Perfektion'.

Und nicht zu vergessen die Farbe: Neben vielen grünhülsigen Sorten gibt es gelbe Wachsbohnen wie 'Golddukat' und blau-violette Sorten wie beispielsweise 'Purple Teepee'.

Ertragreiche Stangen-Bohnen und ihre Sorten

Stangen-Bohnen (*Phaseolus vulgaris* var. *vulgaris*) bringen einen höheren Ertrag als Busch-Bohnen. Das liegt daran, dass sie, solange die Temperatur ausreichend ist, immer weiter in die Höhe wachsen und laufend neue Blütentrauben ausbilden. Sie schlingen sich an Kletterunterlagen über 3 m hoch. Zum Pflücken braucht man eine Leiter.

Da Stangen-Bohnen Kälte nicht gut vertragen, ist es sinnvoll, sie im Kleingewächshaus geschützt vor klimatischen Schwankungen zu kultivieren. Zudem werden hier die empfindlichen Blätter nicht vom Wind zerschlitzt. Im geschützten Umfeld bringen Stangen-Bohnen eine deutlich bessere Ernte als im Freiland. Für den Anbau im Kleingewächshaus stehen spezielle Sorten zur Wahl, zum Beispiel 'Donna', 'Eva', 'Hilda' und 'Matilda'.

Bei den Stangen-Bohnen-Sorten unterscheiden die Züchter runde, ovale sowie flache und breite Sorten. Die breiten Sorten wie 'Donna' oder 'Hilda' werden zudem auch als Schwertbohnen bezeichnet. Rundhülsige Sorten sind 'Blauhilde', 'Neckargold', 'Neckarkönigin' und 'Matilda'. Eine ovale Form haben 'Eva' und 'Tamara'. Die runden Sorten lassen sich gut zu gekochten Salaten verarbeiten; die breiten Sorten passen eher für Eintöpfe.

Feuer-Bohne – die Bunte

Die Feuer-Bohne oder Prunk-Bohne (*Phaseolus coccineus*) gedeiht noch in kühleren Klimalagen gut. Man kann sie Ende April ins Freiland aussäen. Mit der Vorkultur im Haus kann man bereits etwas früher beginnen. Feuer-Bohnen sind in der Regel sehr wüchsig und klettern oft 4 m hoch und höher. Sie werden deshalb häufig zum Beranken von Sichtschutzgittern gepflanzt.

Feuer-Bohnen muss man immer gut durchpflücken, wenn man sie als Bohnen mit der Hülse essen möchte, da die Hülsen nur kurze Zeit zart bleiben und außen schnell rau werden. Die Innenseite der Hülsen überzieht sich schnell mit einer pergamentartigen Schicht, dann sind sie als „grüne Bohnen" kaum noch verwertbar. Die Ernte zieht sich von Anfang Juli bis Ende September und bei gutem Herbstwetter bis in den Oktober hin. Bei Feuer-Bohnen macht es nichts aus, wenn die Hülsen ausreifen; im Gegenteil, das ist sogar erwünscht, denn dann kann man die äußerst nahrhaften Bohnenkerne als Trockenbohnen gewinnen.

Brokkoli will verwöhnt werden

Gesundheit kann man essen! Der beste Beleg für diese Aussage ist der Brokkoli (*Brassica oleracea* var. *italica*). Das Kohlgemüse nimmt in der modernen gesundheitsbewussten Ernährung einen Spitzenplatz ein. Und das mit Grund: Es enthält Vitamine (Vitamin C, Folsäure) und Mineralstoffe (Kalium, Kalzium) in hoher Konzentration, zudem Senföle, denen wahre Wunderwirkungen zugesprochen werden.

Brokkoli braucht wie alle Kohlgewächse tiefgründigen, nährstoffreichen Boden und viel Feuchtigkeit. In heißen, trockenen Sommern kümmert er. Da hilft nur, viel und regelmäßig zu gießen und den Boden mit einer Mulchschicht abzudecken,

Brokkoli treibt über Monate immer wieder neue Sprossen.

Nach dem Abschneiden des Hauptsprosses geht die Brokkoliernte weiter.

sodass die Feuchtigkeit im Boden bleibt. Erst bei den herbstlichen Regengüssen erholt er sich. Brokkoli kann bis in den Dezember hinein auf dem Beet stehen bleiben, da er Frost bis etwa −5 °C verträgt.

Seitentriebe erwünscht

Für den Hausgarten sind Sorten interessant, die nach der Ernte des Hauptsprosses viele Seitentriebe bilden, beispielsweise 'Belstar' (F1). 'Marathon' (F1) entspricht mit seiner blaugrünen Knospe am ehesten dem Brokkoli-Typ aus dem Supermarkt. Im normalen Saatguthandel sind vom Brokkoli fast nur Hybridsorten erhältlich. Ältere, samenechte Sorten gibt es bei speziellen Saatgutanbietern.

Wie beim Blumenkohl pflanzt man vom Brokkoli jeweils nur wenige Pflanzen („in Sätzen") im Abstand von zwei bis drei Wochen (Pflanzabstand 40–50 cm). Späte Termine im Juni oder Juli zur Ernte im Herbst sind ebenfalls möglich.

Endiviensalat für Spätherbst und frühen Winter

Der Endiviensalat (*Cichorium endivia*) ist in Süddeutschland, in Österreich und der Schweiz beliebt. Das Zichoriengewächs stammt aus dem Mittelmeerraum und dem Nahen Osten und ist verwandt mit der einheimischen Wegewarte (*Cichorium intybus*). Es wird seit dem 17. Jahrhundert im deutschsprachigen Raum kultiviert.

Bitteres Gemüse

Endiviensalat schmeckt leicht bitter, was auf dem Gehalt an Lactucopikrin (Intybin) beruht. Unterschiede gibt es auch in der Wuchsform und in der Kälteverträglichkeit. Die Gemüsezüchter unterscheiden zwischen Frisée-Endivie (*Cichorium endivia* var. *crispum*) mit stark geschlitzten Blättern wie 'Wallonne' oder 'Très fine maraichère' und glattblättrigen Sorten (*Cichorium endivia* var. *latifolium*) wie 'Bubikopf'. Bei den Endiviensalaten sind die Blätter weit rosettenartig ausgebreitet; mit dem weiteren Wachstum füllt sich die Mitte der Rosette; bis schließlich ein dicker Kopf entsteht. Früher war es üblich, die Köpfe zusammenzubinden, sodass die inneren Blätter „bleichen". Tatsächlich sind die hellen Blätter aus dem Kopfinneren viel zarter und wohlschmeckender als die dunkelgrünen äußeren Blätter. Neuere Züchtungen bringen die Eigenschaft der „Selbstbleichung" mit.

Ab der Jahresmitte säen und pflanzen

Der Endiviensalat ist ein typisches Herbst- und Frühwintergemüse, das nach Salaten, Kohlrabi, Radieschen oder Erbsen eine zweite Ernte von einem Beet möglich macht. Häufig wird die robuste Standardsorte 'Escariol, grüner' kultiviert. (Für den Gemüse-Erwerbsanbau gibt es auch schossfeste Sorten für den Frühjahrs- und Sommeranbau, bei-

Brokkoliernte in Etappen

Beim Brokkoli muss man den richtigen Erntetermin abpassen und ihn ernten, bevor er schießt (bevor sich die Knospen gelb färben). Ich handhabe es so, dass ich zunächst den Hauptspross abschneide; dann können sich die Seitensprosse noch gut entwickeln und bringen ebenfalls guten Ertrag. Ich verwende auch die zarten Blätter und den Strunk mit. Geernteter Brokkoli hält sich in Plastikfolie eingehüllt ein paar Tage lang. Die grünen Knospen werden jedoch schnell gelb. Wenn viel Brokkoli auf einmal erntereif wird, friere ich ihn – kurz blanchiert – ein.

Großblättrige Standardsorte: Endiviensalat 'Escariol, grüner'.

Feinblättrige Spezialität: Winterendivien 'Große Pancalière'.

spielsweise 'Kalinka'.) Endiviensalat wird ab Mitte Juni bis Juli breitwürfig auf Beete ausgesät. Damit die Samen gut keimen, schattiert man das Beet mit alten Säcken oder anderen das Licht abhaltenden Materialien bis zur Keimung und hält es feucht. Wer lieber Jungpflanzen setzt: Im August werden die jungen Pflänzchen im Abstand von 30–40 cm flach gepflanzt. Endiviensalat verträgt leichten Frost bis etwa −2 °C.

Alle Tricks zum Überwintern

Meine Familie ist versiert im Überwintern von Endiviensalat: Durch Abdecken mit Tüchern oder Vlies verlängern wir in nicht allzu frostigen Wintern die Ernte bis in den Januar hinein. In Schönwetterphasen nehmen wir die Abdeckung ab, sodass die Köpfe wieder abtrocknen können und nicht faulen. In manchen Wintern haben wir Endiviensalat samt der Wurzel ausgegraben und die Köpfe aufrecht in Eimer gestellt. Geernteter Endiviensalat hält sich auch im Kühlschrank tage- und sogar wochenlang. Allerdings müssen die Köpfe bei der Ernte und beim Einschlagen trocken sein und keine fauligen Blätter aufweisen.

Erbsen – unkompliziertes feines Gemüse

Erbsen sehen dekorativ aus, sie sind leicht zu kultivieren und ihre Hülsen schmecken fein – was will man von Gemüse mehr erwarten! Bereits wenige Wochen nach der Aussaat ernten Sie süße Zucker-Erbsen zum Naschen, Mark-Erbsen fürs Risotto oder Trockenkocherbsen für den Eintopf.

Erbsen gehören wie Bohnen und Wicken zur Pflanzenfamilie der Schmetterlingsblütler oder Leguminosen mit den typischen, aus Fahne, Flügel und Schiffchen aufgebauten weiß, rosa oder lila Blüten. Schmetterlingsblütler besitzen die einzigartige Eigenschaft, in Symbiose mit Knöllchenbakterien an den Wurzeln Stickstoff aus der Luft zu holen (siehe Seite 122). Sie versorgen sich mit diesem wichtigsten Pflanzennährstoff zu einem guten Teil selbst. Erbsen, die ursprünglich aus dem Mittelmeerraum und aus Vorderasien stammen, werden bereits seit dem Mittelalter in unseren Breiten kultiviert.

Mark-Erbsen und Schal-Erbsen

Bei Mark-Erbsen (*Pisum sativum* Medullare-Gruppe) und Pal- oder Schal-Erbsen (*Pisum sativum* Sativum-Gruppe)„palt“ oder „brockelt“ man die unreifen Samen, die Erbsenkörner, aus den Hülsen, die sich

Manche Erbsensorten stützen sich selbst.

leicht durch Abziehen des Fadens entlang der Naht öffnen lassen. Die beiden Erbsengruppen haben unterschiedliche Eigenschaften: Bei den Schal-Erbsen ist das trockene Korn glatt und rund. Es ist stärkereich und eignet sich zum Kochen, beispielsweise für Erbsensuppe. Bei Mark-Erbsen ist das trockene Korn meist runzlig; es kann nicht mehr weich gekocht werden. Mark-Erbsen sind reich an Eiweiß und Zucker; sie passen zu Reis und Teigwaren oder als Beilage zu Fleisch. Schal-Erbsen gelten als kälteverträglicher als Mark-Erbsen. In günstigen Klimalagen kann man sie bereits ab Mitte März säen, Mark-Erbsen dagegen erst ab etwa Mitte April.

Rankhilfe anbieten

Bei den Erbsen sind Blätter zu dünnen Rankorganen umgewandelt, die Suchbewegungen hin zu Gegenständen machen, an denen sie sich festhalten können. Halt finden sie an dünnen Ästchen, Stäben, Drähten oder Schnüren.

Ich nehme einfach Reiser von Haselnusssträuchern oder dünne Zweige von anderen Gehölzen und stecke diese vorsichtig zu jungen Erbsenpflanzen.

Man kann auch Drahtgeflechte wie Hasendraht oder ein anderes feinmaschiges Drahtgitter nehmen, das an Pflöcken befestigt wird. Auch Ranknetze aus Kunststoff sind im Handel.

Einige niedrig wachsende Sorten brauchen keine Rankhilfe, beziehungsweise sie stützen sich durch starke Rankenbildung selbst.

Zucker-Erbsen zum Naschen

In jedem noch so kleinen Garten sollte sich ein Platz für Zucker-Erbsen (*Pisum sativum* Macrocarpon-Gruppe) finden, zumal es diese Spezialität kaum im Gemüsehandel zu kaufen gibt. Kinder (und Erwachsene) mögen die zuckersüß schmeckenden Hülsen, am liebsten frisch gepflückt aus dem Garten. Zucker-Erbsen passen als Beilage zu Reis, zu Kurzgebratenem und in Mischgemüse. Gemüsezüchter unterscheiden fein zwischen Kaiserschoten mit flachen Hülsen und dickfleischigen Knackerbsen, die als Kreuzung aus Zucker- und Mark-Erbsen entstanden sind. Im Unterschied zu den beiden anderen Gruppen bilden Zucker-Erbsen-Hülsen keine Pergamentschicht im Inneren aus, und bei ihnen ist der „Faden“, der sich entlang der „Naht“ der Hülse zieht, kaum ausgebildet; er stört beim Essen nicht.

Aussaat in Reihen

Erbsen wollen ein gut vorbereitetes Saatbett. Optimal ist ein feinkrümeliger tiefgründiger Boden, der sich schnell erwärmt und das Wasser gut hält. Schal-Erbsen werden bereits im März gesät, sobald sich der Boden auf mindestens 2–5 °C erwärmt hat. Mark-Erbsen folgen ab April (bis Ende Mai); sie brauchen eine Bodentemperatur von 5–8 °C. Die Körner im Haus über Nacht vorquellen lassen. Saatrillen ziehen und die Samenkörner mit einem Abstand von 3 cm und 3–5 cm tief ablegen. Bei kletternden Sorten bietet es sich an, in Doppelreihen links und rechts der Rankhilfe zu säen. So sind die Erbsen zum Ernten gut zugänglich. Bei niedrigen Sorten reicht ein Reihenabstand von etwa 40 cm; bei höheren Sorten sollten die Reihen 1–1,50 m auseinander sein. Es empfiehlt sich, bei Erbsen die Fruchtfolge einzuhalten und die Kultur erst nach mindestens vier Jahren wieder an dieselbe Stelle zu bringen.

Anbauen – gewusst wie

Nach dem Legen darf man Erbsen nicht aus den Augen lassen. Vor allem Vögel und Schnecken fallen über die Körner und Keimlinge her. Vor Amseln und Co. schützt man sie am besten durch Auflegen eines Vlieses. Nacktschnecken muss man ständig gründlich ablesen oder legt umweltverträgliches Schneckenkorn.

Wichtig ist es, die jungen Bestände zu hacken, um den Boden zu lockern und Unkraut zu bekämpfen. Bei diesem Arbeitsgang gleich die jungen Pflanzen mit Erde anhäufeln, um sie standfester zu machen. Während der Blütenbildung brauchen Erbsen gleichmäßig viel Wasser und müssen bei Trockenheit durchdringend gewässert werden! Erbsen blühen und fruchten übrigens besser bei kühlen Temperaturen.

Beim Einhalten all dieser Ratschläge sollte einer guten Ernte nichts mehr im Wege stehen. Elf bis 14 Wochen nach der Saat stehen Erbsenhülsen zum Pflücken bereit. Dann bleibt zu hoffen, dass beim Öffnen der Hülsen keine Raupen und deren Ausscheidungen zum Vorschein kommen. Raupen des Erbsenwicklers fressen nämlich die Körner auf.

Küchentipps zum Ernten und Lagern

Bei häufigem Durchpflücken bilden sich schnell neue Erbsenhülsen aus. Ernten Sie die Hülsen, solange sie grün sind. Zucker-Erbsen werden ganz samt der Hülse gegessen. Bei Mark-Erbsen und Schal- bzw. Pal-Erbsen palt man die unreifen Samenkörner aus der Hülse und isst sie roh oder kurz gedünstet. Wenn Sie Hülsen übersehen haben, und diese schon gelb geworden sind, lassen Sie diese einfach ausreifen. Auf diese Weise kommen Sie zu eigenem Saatgut fürs kommende Jahr. Ausgereifte Pal-Erbsen (nicht jedoch Mark-Erbsen) können Sie zudem als Trockenkocherbsen verwenden.

Die grün geernteten Hülsen von Mark-Erbsen und Zucker-Erbsen sollten nicht lange liegen, weil sie noch nachreifen und die Körner dann mehlig werden und nicht mehr schmecken. Beim Dünsten von blauhülsigen Sorten schlägt die Farbe übrigens nach Grün um. Mark- und Zucker-Erbsen eignen sich nach kurzem Blanchieren sehr gut zum Einfrieren.

Sortenvielfalt bei Erbsen

Schal- bzw. Pal-Erbsen: 'Kleine Rheinländerin' – sehr früh, 30–40 cm hoch, keine Stütze nötig; Kapuzinererbse 'Blauwschokker' – violette Blüten, blaue Hülsen, bis 1,50 m hoch; 'Proval' – ertragreicher als 'Kleine Rheinländerin'
Mark-Erbsen: 'Aldermann' – spät reifend, 1,50–2 m hoch wachsend; 'Aloha' – früh, kaum Kletterhilfe nötig; 'Flavora' – mittelfrüh; 'Grandera', mittelfrüh, keine Rankhilfe nötig; 'Karina' – früh; 'Markana' – mittelspät, stützt sich durch viele Ranken selbst; 'Purple Podded' – blauhülsig, bis 2 m hoch; 'Spring' – sehr früh, süß schmeckend, bei Aussaat im Februar/März Ernte bereits ab Mai; 'Vada' – mittelfrüh; 'Wunder von Kelvedon' – früh, niedrig
Zucker-Erbsen: Kaiserschote 'Norli' – sehr früh, ca. 50 cm hoch; 'Oregon Sugar Pod'; 'Schweizer Riesen' – starkwüchsig, bis 2 m hoch; 'Shiraz' – rosafarbene Blüten, dunkelviolette Hülsen; Knackerbse 'Zuccola' – fadenlose Hülsen

Bildschöne Zucker-Erbse 'Shiraz'.

Blattformen bei Feldsalat von löffelförmig bis spatelförmig.

Der frostharte Feldsalat überwintert auf Freilandbeeten.

Empfehlenswerte Feldsalatsorten

- 'Dunkelgrüner, vollherziger' – alte Standardsorte mit kernig-nussigem Geschmack
- 'Elan' – sehr raschwüchsig, besonders für den Anbau im Kleingewächshaus
- 'Holländischer, breitblättriger' – große, hellgrüne Blätter
- 'Medaillon' – kompakt wachsende Sorte mit dunkelgrünen, breitrunden Blättern, für nahezu ganzjährigen Anbau im Freiland
- 'Rodion' – grüne Keimblätter, dunkelgrüne Blätter
- 'Valentin' – dunkelgrün, ertragssicher
- 'Vit' – raschwüchsig, hoher Ertrag, aufrechter Blattstand, für den ganzjährigen Anbau im Gewächshaus

Feldsalat zur Winterernte

Ein winterlicher Salatteller ist ohne den Feldsalat oder Ackersalat (*Valerianella locusta*) kaum denkbar. Mit seinem milden, nussigen Geschmack muss man ihn einfach mögen. Feldsalat aus der Familie der Baldriangewächse wächst vor allem in Süddeutschland wild auf mageren Wiesen, auf Äckern, an Böschungen und in Weinbergen. Die Blattrosetten für den Salat sind früher aus Wildbeständen gesammelt worden.

Breitwürfig oder in Reihen säen

Feldsalat wird in der Regel im August/September im Freiland breitwürfig oder in Reihen ausgesät und die Samen in den Saatrillen dabei gut mit dem Rechenrücken festgeklopft. (Es gibt auch Ganzjahressorten, bei denen andere Aussaatzeiten möglich sind.) Bis zum Keimen sollten Sie das Beet mit Tüchern oder alten Säcken abdecken und das Abdeckmaterial am Rand mit Steinen oder Holzbrettern beschweren. Ganz wichtig ist auch, das Saatbeet feucht zu halten. Im professionellen Anbau wird der Feldsalat in Reihen gesät, oder es werden vorgezogene Jungpflanzen im Abstand von 10 × 10 cm maschinell ausgepflanzt.

Die Blätter des Feldsalats sind je nach Sorte rundlich, länglich oder löffelförmig. Die als Rosette angeordneten Blätter liegen je nach Sorte flach dem Boden an – so wie bei der Standardsorte 'Dunkelgrüner, vollherziger' – oder sie stehen aufrecht. Solche aufrecht wachsenden Sorten entsprechen den Anforderungen des Profi-Anbaus, weil sie gut maschinell geerntet werden können. Viele Züchtungen des Feldsalats weisen Resistenzen gegen Rassen des Falschen Mehltaus auf.

Knollen-Fenchel wie gemalt

Knollen-Fenchel oder Gemüse-Fenchel (*Foeniculum vulgare* subsp. *vulgare* var. *azoricum*) ist ein feines Gemüse. Er sieht mit seinem ebenmäßigen Aufbau und den fein gefiederten Blättern dekorativ aus – eine ästhetische Bereicherung für jeden Garten. Er ist einfach zu kultivieren, doch leider ist er nur selten in den Gärten zu sehen. Vielleicht liegt es daran, dass manche Menschen das Gemüse wegen seines leicht anisartigen Geschmacks nicht mögen.

Knollen-Fenchel kann über einen langen Zeitraum von Mitte Mai bis Anfang Juli gesät werden.

Knollen-Fenchel darf im Biogarten nicht fehlen.

Das Knollengemüse wird entweder direkt aufs Beet gesät oder auf einem Aussaatbeet vorkultiviert. Gepflanzt wird im Abstand von 15–20 cm in der Reihe und von Reihe zu Reihe 30–40 cm. Damit nicht zu viel auf einmal von dem Gemüse zum Ernten bereit steht, am besten in Sätzen säen, also im Abstand von etwa drei Wochen.

Auf den Anbauzeitraum achten

Ältere Sorten neigen im Sommer zum Schossen (zur vorzeitigen Blütenbildung); diese sät man deswegen erst nach der Sommermitte. Neuere Sorten sind dagegen schossfest und eignen sich deshalb auch für den Anbau im Frühjahr und Sommer. Die Sorte 'Finale', die schwere Knollen ausbildet, eignet sich für Frühjahrs-, Sommer- und Herbstanbau. Weitere bekannte Sorten sind 'Selma' mit schweren Knollen und 'Zefa Fino'. Botanisch betrachtet ist Knollen-Fenchel eine zweijährige Pflanze, die im zweiten Jahr in Blüte geht und dann ihren Wachstumszyklus beendet.

Das Gemüse braucht einen sonnigen Standplatz und muss gleichmäßig mit Wasser versorgt werden. Knollen-Fenchel sollte nicht zu lange auf dem Beet stehen, da die Knollen sonst verholzen und zum Platzen neigen.

Knollen-Fenchel ist vielseitig roh oder gedünstet zu verwenden – als Rohkost, als Gemüse, für italienische Vorspeisen, zum Grillen. In der italienischen Küche ist er unentbehrlich.

Laub mitnutzen

Ich verwende das fein gefiederte Blattwerk gerne zum Würzen von Fischgerichten. Das leicht nach Anis schmeckende Kraut hat jedoch bei Weitem nicht so viel Geschmack wie der ähnlich aussehende Dill.

Grünkohl für den Winter

Grünkohl heißt auch Federkohl (*Brassica oleracea* var. *sabellica*). Er wird vor allem in Norddeutschland angebaut. Das gesunde Gemüse wächst auch anderswo, passende Anbaubedingungen – nährstoffreicher, feuchter Boden – vorausgesetzt. Der große Vorzug des Grünkohls ist seine Winterhärte. Er liefert frische Blätter für die Küche, wenn sonst kaum Grünzeug da ist. Grünkohlanbau hat noch einen anderen Aspekt: Der Garten bleibt mit Grünkohl auch im Winter interessant und ist lebendig anzuschauen.

Für diesen Zweck bieten sich zum Beispiel die rotblättrigen, bäumchenartig wachsenden Sorten 'Toskanischer Palmkohl' oder 'Redbor' (F1-Hybridsorte) an. Je nach Sorte werden die Pflanzen 80–180 cm hoch. Die üblichen Sorten sind: 'Halbhoher grüner Krauser' oder 'Lerchenzungen' mit schmalen, langen Blättern. Sortensammler haben

Grünkohl entwickelt sich im Herbst noch kräftig.

ihre Freude an 'Ostfriesische Palme' oder 'Westerländer Winter'.

Üblicherweise sät man Grünkohl von Mitte Mai bis Ende Juni auf Anzuchtbeete und verpflanzt bis Anfang August im Abstand von 50 cm. Grünkohl entwickelt sich erst im Spätsommer und Herbst so richtig gut, wenn es nach der Sommertrockenheit wieder mehr regnet. Für üppigen Wuchs braucht das Gemüse reichlich Nährstoffe. Trockenheit begünstigt den Befall mit Weißer Fliege.

Rund ums Ernten und Zubereiten

Ab dem Spätherbst, nach dem ersten Frost, ist Erntezeit. Die Blätter werden von unten nach oben geerntet. Das Gemüse überwintert auf dem Beet; bei sehr tiefen, lang anhaltenden Kahlfrösten kann es Ausfälle geben. Die Sorten sind unterschiedlich frostempfindlich. Die Blätter verlieren durch das Einwirken von Frost viel von ihrer Bitterkeit und werden unter Umständen dann erst richtig genießbar.

Ich habe es eine Zeit lang so gehandhabt, dass ich den Strunk einfach im Garten stehen ließ. Das sieht zwar komisch aus, doch aus den Blattachseln des Strunkes treiben im Frühjahr neue Sprosse. Die schmecken mild und zart und bereichern Rohkostsalate. Wenn man Grünkohl auf dem Beet stehen lässt, geht er im zweiten Jahr in Blüte. Dann ist deutlich zu sehen, dass er zur Pflanzenfamilie der Kreuzblütler gehört.

Gründlich waschen

Grünkohlblätter muss man sehr gründlich waschen, um Sand aus den Kräuselungen der Blätter zu entfernen. Beim Waschen und Vorbereiten der Blätter zum Kochen muss man auf Weiße Fliege und Kohlweißlingsraupen achten und befallene Stellen wegschneiden. Sonst vergeht der Appetit auf das gesunde Blattgemüse schnell.

Grünkohl für Smoothies

Grünkohlblätter werden neuerdings gerne zu „Grünen Smoothies" verarbeitet. Grünkohl, der auf Englisch „kale" heißt, ist in den USA derzeit ein Renner!

Gurke braucht Wärme

Die aus den Tropen stammende Gurke (*Cucumis sativus*) gedeiht nur bei Wärme gut. Von dieser Gemüseart gibt es verschiedene Wuchstypen mit unterschiedlich langen und dicken Früchten. Auch die Fruchtschale ist unterschiedlich ausgebildet, mal glatt und mal warzig und leicht stachelig. Pflanzenzüchter unterscheiden hauptsächlich zwischen kurzen Einlegegurken und meist längeren Salatgurken, zu denen auch die bekannten Schlangengurken aus dem Supermarkt zählen.

Ursprünglich tragen Gurken männliche und weibliche Blüten an einer Pflanze. Das Bestreben der Züchter ist es, den Anteil der weiblichen Blüten

Die Salatgurke hält sich mit Ranken am Stab fest.

Einlegegurken gedeihen gut auf Freilandbeeten, in der Praxis häufig mit früh räumendem Salat in den Nachbarreihen kombiniert.

zu erhöhen oder sogar rein weibliche Sorten zu züchten, die nicht mehr befruchtet werden müssen. Solche Sorten eignen sich besonders für den Gewächshausanbau.

Pflanzenzüchter verbessern die empfindliche Pflanzenart immer weiter und züchten sie auf Widerstandsfähigkeit oder sogar Resistenzen gegen Echten Mehltau und Falschen Mehltau sowie gegen Gurkenmosaikvirus. Zudem ist die Zucht auf Bitterfreiheit ein wichtiges Züchtungsziel.

Salatgurken und Schlangengurken schmecken frisch im Salat, als Vesperbrotbelag oder als Reiseproviant. Einlegegurken sind vielseitiger; man kann sie roh essen, mit Essigwasser, Senfkörnern, Dill und Zwiebeln eindünsten oder größere Früchte süßsauer einlegen.

Freiland oder Gewächshaus

Bei Gurken kommt es auf das richtige Timing an. Bei Einlegegurken beginnt es ab Ende April mit der Vorkultur im Haus (in Töpfen). Nach den Eisheiligen werden sie Ende Mai/Anfang Juni ins Freiland gepflanzt. Es ist aber auch möglich, Ende Mai/Anfang Juni direkt ins Freiland zu säen (Abstand in der Reihe 5–6 cm, von Reihe zu Reihe 50–60 cm). Im Verlauf des Wachstums breiten sich Gurkenpflanzen stark aus und nehmen auch die Nachbarreihen ein. Da ist eine Mischkultur mit früh räumenden Salaten oder Rettichen in den Nachbarreihen günstig.

Salatgurken und die langen Schlangengurken werden in der Regel in einem Kleingewächshaus

Bewährte Sorten fürs Freiland

In meiner Familie säen wir die bewährte Einlegegurken-Sorte 'Vorgebirgstrauben' und die kernlose 'Delikateß' ohne Vorkultur direkt aufs Beet und haben guten Erfolg damit. 'Delikateß'-Gurken werden etwa 25 cm lang und lassen sich gut als Salat zubereiten. Bei lang anhaltender Trockenheit werden die Gurken manchmal bitter.

Schlangengurken sind typische Gewächshauskulturen.

kultiviert und an Schnüren in die Höhe geleitet. Sie gedeihen auch in einem größeren Pflanzgefäß. (Einige Sorten eignen sich auch für die Freilandkultur.) Da eine einzelne Pflanze viele Früchte ausbildet, genügen für einen Haushalt normalerweise eine oder wenige Pflanzen. Diese kauft man der Einfachheit halber beim Gärtner.

Viel Wärme für das Tropengewächs

Gurken gedeihen auf humusreichen, leicht erwärmbaren Böden am besten. Schwere, nasse und kalte, auch sandige Böden mögen sie nicht gerne. Gießen Sie die Gurken während der Blütezeit gründlich, und zwar auf den gemulchten Boden in den Wurzelbereich. Eine Mulchschicht bzw. Mulchfolie oder -vlies, die das Wasser im Boden hält, sorgt für gleichmäßige Bodenfeuchtigkeit. Bei Trockenheit werden Gurken bitter. Kältephasen im Sommer schaden dem tropischen Gewächs; es gedeiht am besten bei einer Temperatur von 22–30 °C.

Gurkensorten

Einlegegurken: 'Vorgebirgstrauben' – alte, bekannte Sorte; 'Delikateß' – feinschalig, kernlos; 'Diamant' (F1) – mehltauresistent; 'Clementine' (F1) – Früchte reifen auf einmal

Salatgurken: 'Chinese Slangen' – lange Früchte, auch fürs Freiland; 'La Diva' – rein weiblich, bitterfreie, kurze Früchte; 'Sudica' (F1) – für Gewächshaus und Folientunnel, bitterfrei; 'Bush Champion' (F1) – für Kübel

Tolle Knolle: Kartoffel

Ambitionierte Hobbygärtner und Feinschmecker entdecken derzeit die Kartoffel (*Solanum tuberosum*) mit ihrer ganzen Vielfalt neu. Sie legen Wert auf geschmackliche Feinheiten, auf Farben und Formen der Knollen und möchten beobachten, wie die Kulturen im Garten gedeihen. Zur Blütezeit könnte man die Kartoffel sogar für eine Zierpflanze halten. Hobby-Anbauer haben die Wahl unter sehr vielen Sorten mit unterschiedlichen Wuchseigenschaften und äußeren und inneren Qualitäten der Knollen. Und sie achten dabei auch auf die Kocheigenschaften und Verarbeitungsmöglichkeiten der Sorten.

Sorten von festkochend bis mehlig

Kartoffeln, aus denen man klassischen Kartoffelsalat zubereiten möchte, müssen festkochend sein und gelbes Fleisch haben. Von Vorteil ist eine glatte, feine Schale, die sich nach dem Dämpfen leicht abziehen lässt. Die festkochenden Sorten 'Bamberger Hörnchen', 'Linda', 'Nicola' oder 'Sieglinde' sind zudem als Pellkartoffeln gedämpft, nur mit Butter und Salz serviert, ein Hochgenuss!

Die Gruppe der vorwiegend festkochenden Sorten für viele Verwertungszwecke ist die größte. Einige Beispiele: 'Agria', 'Annabelle', 'Belana', 'Désirée', 'Gloria', 'Granola', 'Quarta'. Für Klöße oder Folienkartoffeln nimmt man dagegen eher mehligkochende Sorten, beispielsweise 'Aula', 'Bintje' mit großen Knollen oder 'Gunda'.

Kartoffeln legen

Ein sandiger, lockerer Boden ist für die Kartoffelkultur günstig; nasse, klumpige Böden sind nicht so gut geeignet. Am besten ist es, wenn der Boden bereits im Jahr vor dem geplanten Kartoffelanbau mit einer Gründüngung vorbereitet wird. Gründüngungspflanzen wie Lupinen, Phacelie oder Gelb-Senf schließen den Boden auf und lockern ihn (siehe auch ab Seite 83 und 279).

Sobald der Boden sich im Frühjahr auf etwa 10 °C erwärmt hat, können Kartoffeln gelegt werden. In warmen Gegenden beginnt die Pflanzzeit für Frühkartoffeln schon Ende März, in höher gelegenen Regionen unter Umständen erst im Mai. Gehen Sie vorsichtig mit den Knollen um und achten Sie darauf, dass die Keime nicht abbrechen und die Knollenseite mit den meisten Keimen nach oben gerichtet ist.

Vor dem Legen wird das Beet im Frühjahr durchgehackt und eingeebnet. Der Boden sollte bei der Bodenbearbeitung im Frühjahr gut abgetrocknet sein. Seien Sie geduldig und warten Sie bei einer langen Feuchteperiode lieber ab, bis der Boden betreten werden kann. Die Knollen in der Reihe im Abstand von 30–40 cm legen. Von Reihe zu Reihe sollte der Abstand mindestens 50 cm, besser 60–75 cm sein. Die Knollen in flache Kuhlen legen, sodass die Oberkante der Knolle mit den Augen bzw. den Keimen in einer Ebene mit der Erdoberfläche liegt.

Hacken und Anhäufeln

Nach dem Auslegen häufelt man die Knollen mit der Hacke ca. 5 cm hoch mit Erde an, sodass ein niedriger, flacher Damm entsteht. Sobald die grünen Triebe 8–10 cm hoch sind, wird erneut gehackt und angehäufelt, gerade so, dass die Triebe noch knapp aus dem Boden schauen.

Ein weiteres Mal häufelt man an, wenn die Triebe 15–20 cm hoch sind. Sobald der Bestand durch die Blätter geschlossen ist, ist keine weitere Bearbeitung nötig und auch gar nicht möglich. Beim Hacken sollte man darauf achten, dass das Laub nicht beschädigt wird. Das Anhäufeln hat den Effekt, dass der Boden gut durchlüftet wird. Außerdem dringt die Wärme besser in die Dämme ein. Und ganz nebenbei bekämpft man mit dem Durchhacken die lästigen Wildkräuter.

Wohldosiert düngen

Für einen guten Ertrag muss die Kartoffel mit stickstoff- und kaliumhaltigen Düngern versorgt werden. Kompostgaben oder organischer Handelsdünger in Kombination mit Gründüngung sind die beste Düngung für Kartoffeln. Geben Sie aber nicht zu viel, denn zu viel Stickstoff bewirkt, dass die Kartoffeln ins Kraut schießen und dann anfälliger für die Kraut- und Knollenfäule werden. Am meisten Nährstoffe braucht die Kartoffel ab dem Zeitpunkt kurz vor der Blüte, bei späten Sorten bis zum Spätsommer. Während der Blütezeit braucht die Kartoffel übrigens auch am meisten Wasser.

Die ganz junge Kartoffelpflanze versorgt sich noch aus der Mutterknolle, die dann abstirbt und zusammenschrumpelt.

Mögliche Schäden

Dann kann man nur hoffen, dass die gefürchtete Kraut- und Knollenfäule keinen allzu großen Schaden an Laub und Knollen anrichtet und keine Kartoffelkäfer einfallen. Die Pilzkrankheit lässt sich mit für den Bioanbau zugelassenen Fungiziden behandeln. Der Kartoffelkäfer tritt zum Glück nur in manchen Jahren auf. Bei meinen überschaubaren Kartoffelbeständen lese ich die Raupen mit der Hand von den Blättern ab und vernichte sie. Bei größeren Beständen lässt er sich mit *Bacillus thuringiensis* (siehe Seite 280) bekämpfen.

Ernte bei trockenem Wetter

Die Kartoffeln erntet man zwei bis drei Wochen, nachdem das Laub abgestorben ist. Man sagt dazu, dass die Kartoffeln „abgestanden" sein müssen. Zu dem Zeitpunkt ist die Stoffeinlagerung abgeschlossen. Dann lösen sich die Knollen leicht von den Stolonen und die Schale ist fest, was gut für die Lagerfähigkeit ist.

Zur Ernte wartet man trockenes Wetter ab. Auch der Boden sollte ziemlich abgetrocknet sein. Das beste Hilfsmittel zur Ernte ist die Grabegabel. Die

Kartoffelpflanzen tragen schöne Nachtschattenblüten.

Manche Jahre sind Kartoffelkäferjahre.

Die Kartoffelernte gelingt am besten mit der Grabegabel.

Knollen muss man schonend behandeln, in Körbe legen und vorsichtig umschütten. Sie sollten nicht aus großer Höhe geschüttet werden, weil sie sonst leicht blaue Flecken bekommen. Wichtig ist auch, die Knollen nie zu lange dem Licht auszusetzen, sonst vergrünen sie.

Kartoffelanbau in der Kiste

Kartoffeln lassen sich wegen ihres besonderen Wuchses gut in etwas größeren Pflanzgefäßen anbauen, in größeren Eimern, Kübeln oder Kisten. Die Knollen müssen jedoch in genügend großem Abstand gelegt werden, damit sich die unterirdischen und oberirdischen Pflanzenteile gut ausbreiten können. Für eine 80 × 100 cm große Kiste genügen sechs Knollen. Die Knollen auf eine etwa 20 cm hohe Erdschicht legen, mit einer etwa 10 cm hohen Erdschicht bedecken. Am besten ist es, Muttererde vom eigenen Grundstück zu nehmen, vermischt mit Kompost. Sobald die Kartoffelsprosse etwa 15 bis 20 cm hoch sind, noch mehr Erde auffüllen. Von den Sprossen zweigen Stolonen ab, an deren Enden sich die Kartoffelknollen bilden.

Kartoffeln lagern

Und dann kommt es darauf an, die Kartoffeln gut zu lagern. Optimal ist ein richtiger Kartoffelkeller, in dem es dunkel und kühl ist und eine hohe Luftfeuchtigkeit herrscht. Über einen solchen Kartoffelkeller verfügen aber die wenigsten Haushalte. Wer Kartoffeln bis zum Frühjahr lagern möchte, muss die Grundregeln trotzdem einhalten: dunkel lagern, Lagerraum gut belüften und durchlüften; kühl bei 3–6 °C (nie darunter, weil die Kartoffeln sonst süß werden), hohe relative Luftfeuchtigkeit bei 85–90 %. Kisten nie direkt auf den Boden stellen, sondern etwas erhöht, sodass Luft von unten durchstreichen kann.

Knoblauch bringt Gesundheit aufs Beet

Frisch, gedünstet oder gebraten in pikanten Gerichten, so mögen wir ihn. Knoblauch (*Allium sativum*) gedeiht am besten auf mittelschweren bis schweren, kalkhaltigen Böden und in windoffenen Lagen. Zum Stecken nimmt man Zehen von der eigenen, letztjährigen Ernte oder kauft speziellen Pflanzknoblauch zum Stecken, zum Beispiel die gut lagerfähige Sorte 'Blanc de Lautrec' oder die rosaschalige 'Edenrose'. Die Zehen werden im Abstand von etwa 15 cm gesteckt, etwa 5 cm tief und so, dass die Spit-

Knoblauch nach der Ernte bündeln und aufgehängt nachtrocknen lassen.

Kohlrabi und Salat ergänzen sich gut.

zen nach oben zeigen. Wie bei der Küchen-Zwiebel (siehe Seite 173) ist das Hacken die wichtigste Pflegearbeit.

Sobald die Hälfte der Blätter abgeknickt ist, kann der Knoblauch geerntet werden. Dabei zieht man die von einer Hülle umgebenen Knollen mit den an der Basis zusammenhängenden Zehen bei trockenem Wetter aus dem Boden und lässt sie auf dem Beet noch etwas nachtrocknen. Wie Zwiebeln lagert man Knoblauch trocken, kühl und dunkel.

Kohlrabi ist immer dabei

Kohlrabi (*Brassica oleracea* var. *gongylodes*) gedeiht in jedem Garten. Die ersten beim Gärtner gekauften Kohlrabipflänzchen pflanzen wir bereits ab Mitte März ins Frühbeet. Man kann sie auch unter Vlies bzw. Folie ins Freiland pflanzen.

Es ist auch möglich, Kohlrabi ab April bis Mitte Juli direkt zu säen – auf Freilandbeete, ins Frühbeet oder Kleingewächshaus. Für frühe Aussaaten eignet sich die rasch wachsende blaue Sorte ‘Azur Star’. Für den Anbau im Sommer und Herbst sind schossfeste Sorten besser, beispielsweise die blaue ‘Blaro’ oder die plattrunde Traditionssorte ‘Delikateß’ in Weiß oder Blau. Die Setzlinge werden im Reihenabstand von 40 cm und mit einem Abstand in der Reihe von 20–30 cm gepflanzt. Hübsch sieht es aus, wenn Kohlrabi abwechselnd mit Kopfsalat in der Reihe steht. So ist der Platz gut ausgenutzt.

Ernten und verbrauchen

Im Sommer muss man Kohlrabi zügig ernten und verbrauchen, da die Knollen bei Trockenheit holzig werden. Im Herbst kann er dagegen lange auf dem Beet bleiben, zumal das Gemüse ein paar Frostgrade verträgt. Durch Abdecken mit Vlies lässt sich die Erntezeit bis in den Winter verlängern. Kohlrabi am besten immer frisch aus dem Garten holen – ein mild schmeckendes Gemüse zum Knabbern zwischendurch, in Streifen geschnitten ideal zum Dippen in pikante Soßen.

Kopfkohl satt – von Weißkohl, Rotkohl, Wirsing und Rosenkohl

Weißkraut und Rotkraut bzw. Weißkohl und Rotkohl (*Brassica oleracea* var. *capitata*) werden meistens als landwirtschaftliche Kulturen auf Äckern angebaut. Die Landwirte kultivieren hier fast ausschließlich Hybridsorten. Es gibt jedoch noch eine gute Auswahl an samenfesten Sorten, die sich auch für den Anbau im Hausgarten eignen, beispielsweise ‘Premiere’ und ‘Marner Lagerweiss’ sowie ‘Marner Lagerrot’ und ‘Marner Frührotkohl’. Von den vielen Lokalsorten mit spitzkegeliger Form ist fast nur noch das Filder-Spitzkraut übrig geblieben, das nach wie vor auf der Filderebene südlich von Stuttgart auf Äckern angebaut wird.

Wirsing (*Brassica oleracea* var. *sabauda*) bildet Köpfe mit fein gekräuselten Blättern aus. Neben

Die große Kohlfamilie

Unsere heutigen kultivierten Kohlgewächse stammen von wildem Blattkohl der Meeresküsten oder aus dem Mittelmeerraum ab. Viele Generationen von Gärtnern haben sich mit der Gemüsegruppe beschäftigt und durch Auslese unzählige regionale Spielarten gezüchtet. Viele davon sind wieder verschwunden. Einige machen nach einer Phase des Vergessenseins erneut Karriere. Generell kann man zwischen Kopfkohl- und Blattkohlarten (siehe auch Blumenkohl, Brokkoli, Grünkohl, Kohlrabi) unterscheiden.

der Standardsorte 'Vorbote' gibt es auch einen Überwinterungswirsing 'Marner Grüfewi'.

Beim **Rosenkohl** (*Brassica oleracea* var. *gemmifera*) bilden sich die kleinen Kohlröschen in den Blattachseln entlang des Stammes. Genau betrachtet sehen sie aus wie kleine Kohlköpfe. Der große Vorteil des Rosenkohls ist, dass er sehr frosthart ist und draußen überwintern kann. Wer sich das ganze Jahr über mit Gemüse versorgen will, kommt am Rosenkohl nicht vorbei! Wer Setzlinge zukauft, bekommt in der Regel Hybridsorten. Wer selbst sät, kann auch Besonderes ausprobieren, beispielsweise die Sorte 'Red Ball' mit dekorativen roten Röschen, die wie Mini-Blaukraut aussehen. Diese Sorte, die beim Zubereiten nicht den typischen Kohlgeruch ausdünsten soll, steht auf meiner Liste der noch auszuprobierenden Gemüseneuheiten.

Säen und pflanzen

Die Kraut- bzw. Kohlpflanzen werden im März/April auf Saatbeeten oder im Frühbeet vorgezogen und nach etwa drei bis vier Wochen in Reihen verpflanzt. Wer wenig Kohl verbraucht, kauft praktischerweise die wenigen benötigten Setzlinge zu. Da die Kohlpflanzen viel Platz brauchen, sollten sie in weitem Abstand von mindestens 50 × 50 cm gepflanzt werden. Bei Trockenheit zusätzlich wässern. Eine dicke Mulchschicht hilft dabei, das Wasser im Boden zu halten.

Aus Spitzkraut lässt sich das beste Sauerkraut herstellen.

Wirsing sollte man schon wegen seiner schönen Form anbauen.

Kohl tief pflanzen und am bester noch anhäufeln.

Standortverhältnisse beachten

Ich rate dazu, Kopfkohl und anderes Kohlgemüse nur anzubauen, wenn die Standortverhältnisse optimal sind. Mit Kohlgemüse hat man nur auf nährstoffreichem, humosem Boden und bei regelmäßiger Wasserversorgung Freude. Ansonsten besser darauf verzichten, weil für erfolgreichen Anbau doch relativ viel Aufwand getrieben werden muss. Vor allem das Gießen im Sommer macht Arbeit.

Gieriges Gemüse

Allen Kohlarten gemeinsam ist ihr hoher Nährstoff- und Wasserbedarf. Wenn zu wenig Nährstoffe zur Verfügung stehen, bleibt Kohl klein. Er wächst flatterig, bildet keine richtigen Köpfe aus und die älteren Blätter vergilben. In Trockenphasen muss man Kohlgemüse reichlich mit Wasser versorgen. Erfahrungsgemäß wächst Kohl nach einem trockenen Sommer im Frühherbst, wenn es wieder regnet und die Feuchtigkeit tief in den Boden eindringt, erst richtig weiter. Trockenheit ist oft auch der Grund für Schädlingsbefall, der vielen Biogärtnern Probleme bereitet.

Kohlgemüse sind die Leibspeise von Schadschmetterlingen, Kohlfliegen, Mehliger Kohlblattlaus und „Weißer Fliege“ (Kohlmotten-Schildlaus). Kohlweißlingsraupen fressen Blätter bis aufs Gerippe ab. Kohleulenraupen der zweiten Generation dringen in Kohlköpfe oder in die Blume von Brokkoli und Blumenkohl ein oder sitzen zwischen den Röschen. Durch Auflegen eines feinmaschigen Kulturschutznetzes lässt sich Kohlgemüse effektiv vor den Fraßfeinden schützen (siehe Kasten Seite 140).

Rosenkohl legt im Herbst noch kräftig zu und bleibt bis zur Ernte im Lauf des Winters auf dem Beet.

Gut zu lagern

Die Kopfkohlarten werden spät im Oktober oder November geerntet, denn das Kohlgemüse legt im Herbst noch richtig zu. Trocken geerntete Krautköpfe sind sehr gut lagerfähig. Man erntet sie mit der Wurzel; wer mag kann sie kopfüber aufhängen. Die äußeren Blätter schrumpeln und vertrocknen etwas; sie bilden während der Lagerung einen schützenden Mantel um die Köpfe. Darunter bleiben die kompakt gelagerten Blätter frisch.

Gut zu verarbeiten

Weißkraut und Blaukraut lassen sich sehr gut zu Krautsalat zubereiten. Dafür die Köpfe halbieren und mit einem scharfen Messer in feinste Streifen schneiden. Noch besser gelingt dies mit dem Krauthobel. Der mit Salz und Essig zubereitete Salat hält sich mindestens eine Woche lang im Kühlschrank. Gedünstetes Kraut ist ein hervorragendes Wintergemüse. Die großen Blätter eignen sich zudem für Krautwickel. Und das Allerbeste ist Sauerkraut, das milchsauer vergorene Kraut – richtige Gesundkost, reich an Vitamin C und mit verdauungsanregender Wirkung (Rezept Seite 275).

Ein gefundenes Fressen für Raupen und Co.

Gegen die Raupen von Schadschmetterlingen, Kohlfliegen, Mehliger Kohlblattlaus und „Weißer Fliege" (Kohlmottenschildlaus) lässt sich etwas tun: Die Schädlinge lassen sich durch ein sogenanntes Kulturschutznetz abhalten. Das wird gleich nach dem Säen oder Pflanzen übers Beet gelegt und an den Seiten rundum beschwert, sodass die Insekten und Schmetterlinge keinen Zugang haben.
Bei kleinen Kohlbeständen kann man auch ganz einfach direkt gegen die Raupen vorgehen. Dazu regelmäßig die Blattunterseiten auf Eigelege absuchen und diese gegebenenfalls zerdrücken. Die gelben Eigelege des Kohlweißlings auf der Blattunterseite sind leicht zu erkennen. Gut erkennbar sind auch die grünen Raupen, die sich leicht ablesen lassen. Eine andere Möglichkeit der biologischen Schädlingsregulierung von Raupen ist die mit dem Bakterium *Bacillus thuringiensis*.

Kohlgewächse sollte man regelmäßig nach Kohlweißlingsraupen absuchen und diese ablesen oder gezielt bekämpfen.

Kürbis mit großer Formenvielfalt

Wie bei Kartoffeln und Tomaten kann man sich beim Kürbis an der großen Sortenvielfalt erfreuen – so viele Formen, so viele Farben und Größen! Da gibt es Halloweenkürbisse, Zierkürbisse und Speise-Kürbisse sowie Riesen-Kürbisse für Suppe oder Pumpkin Pie. In deutschen Küchen ist der bildschöne Hokkaido-Kürbis aus der Gruppe der Speise-Kürbisse aus gutem Grund sehr beliebt. Bei ihm sind Schale und Fruchtfleisch durchgehend orange gefärbt. Er schmeckt hervorragend roh und wird für Suppen und andere Zubereitungen mit der Schale verarbeitet. Es lohnt sich jedoch, auch die anderen Arten und Sorten – ob mit oder ohne Schale – auszuprobieren, beispielsweise die Butternut-Kürbisse. Eine Zubereitungsidee ist, dünne Scheiben im Backofen zu backen. Fertig zubereitete Suppen lassen sich gut einfrieren. Nur bittere Kürbisse sollte man nicht essen; die sind durch Cucurbitacine ungenießbar oder sogar giftig.

Hinter der geschmacklichen Vielfalt steht natürlich auch eine botanische. Kürbis ist nicht gleich Kürbis. Unsere Kürbissorten im Garten gehören zu drei *Cucurbita*-Arten, jeweils mit Untergruppierungen (siehe Kasten rechts).

Kürbis für große und für kleine Flächen

Kürbisanbau ist kinderleicht. Wichtigste Voraussetzung ist, Platz dafür zu haben. Riesen-Kürbisse und Muskat-Kürbisse bedecken mehrere Quadratmeter Fläche und bilden lange rankende Triebe aus. Kürbis ist deshalb eher eine Ackerkultur als eine gärtnerische Kultur. Aber eine einzelne Pflanze einer wenig rankenden Sorte findet sicher Platz im Garten. Neuere Züchtungen wachsen kompakter und passen auch in kleine Gärten. Gemüse-Kürbisse oder Zucchini (siehe Seite 171) brauchen weniger Platz; sie wachsen kompakt heran und bilden keine Ausläufer.

Kürbis aus Samen ziehen

Besonders interessant ist es, die Kürbisse selbst aus Samenkörnern heranzuziehen. Wenn man Kürbisse selbst vermehrt und Saatgut gewinnt, besteht immer die Gefahr, dass sich verschiedene Sorten kreuzen, denn sie sind Fremdbefruchter. Das Ergebnis bei eigener Nachzucht ist dann oft überraschend. Der richtige Zeitpunkt für die Aussaat ist bei Vorkultur im Haus Ende April. (Es ist auch möglich, ab Ende Mai direkt ins Freiland zu säen,

Kürbisarten und -sorten

Speise-Kürbis, Riesen-Kürbis (*Cucurbita maxima*)

- 'Bischofsmütze': Gewicht ca. 3–5 kg, Frucht turbanähnlich, überwiegend orange, teils mit grünen und weißen Streifen, sehr süßes Fruchtfleisch
- Hokkaido-Kürbis 'Uchiki Kuri': Gewicht etwa 1,5 kg, Früchte rund bis hochrund, kaum gerippt, orangerote Schale, Fleisch dunkelgelb, sehr wohlschmeckend, auch roh genießbar
- Riesen-Kürbis 'Rouge vif d'Etampes': Gewicht 8–20 kg, Früchte flachrund, breit gerippt, orangerot, Fruchtfleisch orange

Muskat- oder Moschus-Kürbis (*Cucurbita moschata*)

- 'Early Butternut' (F1): Früchte glockenförmig, beige-terracottafarben, feines Aroma, hoher Fruchtfleischanteil, Gewicht ca. 1–2 kg, Reifezeit 90–100 Tage (früh reifend)
- 'Muscat de Provence': Gewicht 5–25 kg, stark rankend, Reifezeit 140 Tage (spät reifend), reift von Grün nach Orangegrau
- 'Rote Warze': Gewicht 5–8 kg, dicke, orangerote Schale mit Warzen, wohlschmeckend

Lange lagerfähig: Butternut-Kürbisse.

Der Ölkürbis liefert die gesunden Kürbiskerne.

Vielseitig zu verarbeiten: Hokkaido-Kürbis.

doch die Freilandsaat ist bei der wärmebedürftigen Kultur risikoreich.) Dazu legt man die Samen einzeln in mit Aussaatsubstrat gefüllte Töpfchen, die man zum besseren Keimen mit einer Plastiktüte umhüllt. Bis zum Keimen sollten die Töpfchen sehr warm stehen; sobald die Keimblätter erscheinen, kann die Umgebungsluft etwas kühler sein.

Die Pflänzchen entwickeln sich rasch und können nach Mitte Mai ins Freiland gepflanzt werden. Kürbisse brauchen einen Platz, an dem sie nach allen Richtungen wachsen können. Am Anfang kann es nötig sein, die Pflanzen vor Schneckenfraß

Kürbis wächst gut auf einem strohbedeckten Hügel.

zu schützen, auf alle Fälle brauchen die jungen Pflänzchen genügend Wasser zum Anwachsen. Eine gute Idee ist es, Kürbisse auf den Kompost oder auf Erdhaufen zu pflanzen. An einem solchen Platz entwickeln sich die wärme- und nährstoffliebenden Kürbisse besonders gut. Allerdings entziehen sie dem Kompost Nährstoffe, sodass er kaum noch als solcher zu gebrauchen ist.

Kürbisse ausreifen lassen

Speise- und Moschus-Kürbisse sollten im September voll ausreifen. Kürbislaub und Stängel werden oft schon vorher braun. Die Kürbisse bleiben bis zum ersten Frost draußen liegen.

Nach der Ernte lässt man die Früchte an einem warmen, sonnigen Platz noch zwei bis vier Wochen nachreifen. Dabei verhärtet sich die Schale und der Stielrest. Die Kürbisse sind so ideal vor Austrocknen geschützt und werden gut lagerfähig.

Kürbisse lassen sich je nach Sorte einige Wochen oder sogar Monate lang lagern – bei einer optimalen Temperatur von 10–15 °C und trockener Luft. Also die Kürbisse nicht in den Keller zu den Kartoffeln legen, sondern eher in kühle Wohnräume oder ins Treppenhaus. Besonders gut lagerfähig – bis zu einem Jahr – sind zum Beispiel Butternut-Kürbisse oder der Moschus-Kürbis 'Muscat de Provence'.

Lauch muss sein

Lauch oder Porree (*Allium porrum*) ist unentbehrlich als Suppengemüse, aber auch für feine Lauchkuchen, für Quiches und Aufläufe. Gemüseanbauer schätzen ihn als kälteverträgliches Herbst- und Wintergemüse. Da sollte man auf die Sorte achten und entsprechend ihrer Kälteverträglichkeit auswählen. Herbstsorten vertragen zwar etwas Frost, jedoch keinen tiefen Dauerfrost. Sicher frosthart sind 'Blaugrüner Winter' oder 'Hannibal'.

Säen oder setzen

Üblicherweise kauft man Setzlinge und pflanzt sie im Lauf des späten Frühjahrs aufs Beet. Für den normalen Bedarf reicht eine kurze Reihe mit einem Abstand der Setzlinge von 10–15 cm zueinander. Gepflanzter Lauch wächst zu dicken „Stangen" heran. Wer beim Hacken etwas anhäufelt, bekommt lange, weiße Schäfte.

Die Lauchsorte 'Herbstriesen' (links) bildet dicke Stangen und kräftiges Laub aus; bei der Sommerlauch-Sorte ‚Schweizer Riesen' (rechts) sind die Blätter schmal.

Lauch direkt säen

Wir säen seit vielen Jahren den Lauch im Frühjahr zur gleichen Zeit wie Möhren direkt aufs Beet und dünnen zu dicht stehende Pflanzen nach und nach aus. Die verwenden wir gleich wie Zwiebelgrün in der Küche.

Wichtiges Überwinterungsgemüse

Das Gemüse legt im Herbst, wenn es wieder mehr regnet, noch kräftig zu. Den ganzen Winter über kann Lauch jederzeit frisch vom Beet geholt werden. Damit Sie für alle Fälle gerüstet sind, sollten Sie immer einen kleinen Vorrat an geernteten Lauchstangen in einem kühlen Raum lagern.

Mangold neu entdecken

Der Mangold (*Beta vulgaris* subsp. *cicla*) hätte es verdient, wieder mehr in den Gärten angebaut zu werden. Er wächst problemlos, braucht kaum Pflege und bringt bei guter Nährstoffversorgung enorme Erträge. Zusätzlich sieht das Gänsefußgewächs mit seiner interessanten Gestalt und Färbung auch noch dekorativ aus. Beim Mangold unterscheidet man Sorten mit breiten Stielen („Stielmangold"), zum Beispiel 'Walliser' oder 'White Silver', Sorten mit höherem Blattanteil wie beispielsweise 'Bright Lights' mit Stielen in Regenbogenfarben, die schnellwüchsige 'Lukullus' oder die rotstielige 'Rhubarb Chard' sowie Schnittmangold. Die Sorte 'Grüner Schnitt' ähnelt dem Spinat.

Die eigenartigen knäueligen Mangoldsamen werden entweder in Töpfe oder direkt aufs Beet (Ende März bis Juli) gesät. Für gute Entwicklung braucht Stielmangold ausreichend Platz, von Pflanze zu Pflanze etwa 30–40 cm.

Ernte über lange Zeit

Mangold ist robust. In nicht allzu kalten Wintern überwintert die Pflanze und schiebt im darauffolgenden Frühjahr zunächst Blätter und treibt dann stattliche Blütentriebe. Da ist dann deutlich die Zugehörigkeit zu den Gänsefußgewächsen zu sehen. Wer genügend Platz im Garten hat und selbst Saatgut gewinnen will, lässt an einer Pflanze die Samen ausreifen. Die restlichen Pflanzen, die im Frühjahr schießen, kommen auf den Kompost.

Mangold für kreative Zubereitungen

Schnittmangold oder das Grüne des Stielmangolds werden wie Spinat zubereitet und verwendet. Die grünen Teile eignen sich gut für Füllungen von Gemüsetaschen oder Pfannkuchen oder zum Einwickeln von herzhaften Füllungen aus Getreide und Eiern. Wer ein Faible für die mediterrane Küche hat, dünstet Mangoldblätter kurz an und richtet sie mit ein paar Spritzern sehr gutem Olivenöl, frisch gemahlenem Pfeffer und etwas Salz an. Die breiten Blattstiele dagegen muss man etwas länger dünsten; ich reiche sie mit einer hellen Sauce.

Mangold treibt üppig Blätter, auch noch in kühlen Klimalagen.

Meerrettich ist eine ausdauernde Pflanze; man erntet die Wurzeln im Winter.

Meerrettich – gesundes Gemüse für den Winter

Der ursprünglich aus Russland stammende Gewöhnliche Meerrettich (*Armoracia rusticana*) wird in Mitteleuropa seit dem Mittelalter kultiviert. Von Äckern und Gärten aus ist er verwildert. Er hat sich vor allem an feuchten Standorten mit nährstoffreichem Boden, vorzugsweise in Flusstälern, ausgebreitet. Kulturformen vermehren sich nur vegetativ, nicht generativ über Samen.

Meerrettich ist im Garten eine Dauerkultur, sie kann über Jahre am selben Platz stehen. Sandige, feuchte Böden bieten ideale Bedingungen. Im Erwerbsanbau wird Meerrettich dagegen ziemlich aufwendig einjährig kultiviert. Die Profis in Mittel- und Oberfranken, Thüringen und der Steiermark machen es so: Sie pflanzen bleistiftstarke Seitenwurzeln, die sogenannten „Fechser" schräg oder waagerecht in den Boden. Diese verdicken sich im Lauf des Sommers. Damit sich die Stangen gleichmäßig entwickeln, werden sie freigelegt und etwas herausgezogen und dabei Wurzelknospen und dickere Seitenwurzeln entfernt. Geerntet wird ab Spätherbst und im Winter. Ich mache mir bei der Kultur nicht diese Mühe, denn ich will ja keine makellosen Meerrettichstangen auf den Markt bringen. Zum Freilegen des häufig mehrköpfigen Wurzelstocks nehme ich einen scharfen Spaten und breche oder steche einfach dicke Teilstücke ab. Der Rest der Staude bleibt an Ort und Stelle und wächst weiter. Sie neigt ohnehin zum Verwildern und sollte eher am Rand stehen.

Ernten, gewusst wann

Meerrettich ist ein typisches Wintergemüse. Die Wurzeln, die sogenannten Stangen, werden nur im Winter, in den Monaten mit „r" geerntet, also von September bis April.

Meerrettich verarbeiten

Die oft etwas krummen und verwachsenen Meerrettichwurzeln aus eigenem Anbau werden gebürstet und geschält und kurz vor dem Zubereiten auf einer feinen Küchenreibe gerieben. Beim Reiben werden die scharfen Senföle frei gesetzt, die zu Tränen rühren können. Das Wurzelgemüse riecht deshalb scharf und schmeckt auch so. Der geriebene Meerrettich sollte gleich mit Zitronensaft beträufelt oder weiter verarbeitet werden, damit er nicht braun wird. Eine Meerrettichstange, die man nicht gleich verbrauchen kann, stellt man in ein Glas mit Wasser. Dann hält sie sich im Kühlschrank noch einige Zeit lang frisch.

Der geriebene Meerrettich dient als scharfe Würze für Suppen und Saucen, für Sahnemeerrettich, für Brotaufstriche und zum Einmachen von Gemüse.

Meerrettich als Medizin

Meerrettich schmeckt nicht nur gut, sondern ist auch ausgesprochen gesund. Die Senföle wirken als eine Art pflanzliches Antibiotikum effektiv gegen Bakterien, speziell bei Erkältungskrankheiten und bei Blasenkatarrh. Außerdem regt Meerrettich die Ausscheidungsorgane an: Nach Meerrettichgenuss steigt die Harnmenge! Von dem hoch wirksamen Gemüse sollte man also nicht zu viel zu sich nehmen und nicht mehr als 20 g der frischen Wurzel am Tag verzehren.

Samenechte Lagersorten zur Selbstversorgung

Ich persönlich bevorzuge die samenechten Lagersorten 'Lange Rote Stumpfe ohne Herz', 'Rote Riesen' oder 'Rothild', die sehr lange und dicke Rüben ausbilden. Diese Lagersorten brauchen lange für ihre Entwicklung, bringen dafür aber einen sehr hohen Ertrag. In guten Erntejahren können wir uns so über Winter weitgehend selbst mit Möhren versorgen.

Möhre – unentbehrlich in der Gemüseküche

Für alle, die sich das ganze Jahr über mit frischem Gemüse versorgen wollen, ist das Wurzelgemüse aus der Familie der Doldenblütler ideal. Kulinarisch haben Möhren viel zu bieten: Ihr intensives Aroma kommt in rohen oder gekochten Salaten, in Suppen und Aufläufen oder einfach in gedünsteten Gemüsegerichten zur Geltung. Und gesund sind sie dank ihrer sekundären Inhaltsstoffe wie Karotin und Anthocyan dazu.

Möhrensorten für jeden Geschmack

Die Gemüse-Möhre oder Karotte (*Daucus carota* subsp. *sativus*) bildet die Grundlage der Gemüseküche. Ohne sie geht es in der gesunden Ernährung nicht! Dieses äußerst beliebte Gemüse hat viele Namen: Die Norddeutschen sagen „Wurzel“, in Süddeutschland heißt sie „Gelbe Rübe“.

Gemüsezüchter gehen davon aus, dass die heute hauptsächlich angebauten orangefarbenen Möhren ihren Ursprung in Holland haben. Die einheimische Wilde Möhre (*Daucus carota* subsp. *carota*) dürfte

Lauch steht gut in Mischkultur mit Möhren.

Möhren sind die Basis der Gemüseküche.

Möhrensorten, schön zum Anschauen und gesund dazu.

bei der komplizierten Entwicklungsgeschichte dagegen keine Rolle gespielt haben.

Die heutigen Zuchtformen unterscheiden sich – neben der Färbung – hauptsächlich in Rübenform und -länge. Die Gärtner kultivieren zylindrisch stumpfe Nantaise-Typen, sehr lange, dünne, spitz zulaufende Imperator-Typen oder kugelige Typen wie 'Pariser Markt'. Derzeitige Züchtungsziele sind süße, karotinreiche und intensiv gefärbte Möhren. Oder solche mit kurzen Rüben wie 'Caracas', die sich auch im Balkonkasten kultivieren lassen.

Farbige Sorten derzeit gefragt

Farbige Möhren, also Sorten mit ungewöhnlicher Färbung der Rübe, liegen derzeit im Trend. Es sind teils tatsächlich alte Sorten und teils Neuzüchtungen mit dem Charakter alter Sorten. Sie erinnern an Jahrhunderte zurückliegende Zeiten, als es die heute übliche, orangerote Möhre noch nicht gab und die Möhren gelb oder weiß aussahen. Eine alte cremeweiße Sorte ist beispielsweise 'Crème de Lite'.

Die violettblaue Sorte mit orangefarbenem Herz 'Purple Haze' (F1) wird als „Urmöhre" sehr propagiert. Dieser anheimelnde Begriff täuscht über die Tatsache hinweg, dass dies eine Hybridsorte ist und keine samenechte Sorte. Dies trifft auch auf die innen violett durchgefärbte Sorte 'Purple Sun' (F1) zu. Violette Sorten enthalten viel Anthocyan, aber kaum Karotin. Geschmacklich überzeugen diese Sorten nicht immer.

Anbau auf leichten Böden

Für den Anbau von Möhren eignen sich sandige, tiefgründige Böden am besten. Hier können die Rübenkörper ungehindert von Steinen und Klumpen in den Boden eindringen. Anderswo (mit Ausnahme von sehr steinigen und flachgründigen Böden) klappt der Möhrenanbau auch, nur sind die Rüben dann oft etwas krumm und nicht so wohlgeformt wie die Möhren von besseren Standorten.

Von der Aussaat bis zur Ernte

Möhren werden ab März bis Mitte Juli in Sätzen gesät. In kühlen Lagen oder in einem kalten Frühjahr sollte man nicht zu früh säen. Spätere Saaten laufen erfahrungsgemäß viel besser auf. Die feinen Möhrensamen möglichst dünn etwa 1–2 cm tief in gerade verlaufende Saatrillen (Saatschnur spannen!) legen. Damit sich die Möhren gut entwickeln können, sollte der Reihenabstand 40–50 cm

Möhren möglichst dünn säen und später vereinzeln.

betragen, so wie es in Mischkulturen üblich ist. Ein genügend großer Reihenabstand ist vor allem bei den Lagersorten wichtig. Die Samen mit dem Rechenrücken in den Rillen festklopfen und mit feiner Erde flach zuziehen.

Mischkultur und Schädlingsabwehr

Biogärtner erhoffen sich von der Mischkultur der Möhre mit Lauchgewächsen wie Zwiebeln, Lauch oder Knoblauch, dass diese durch Duftausscheidungen die schädlichen Möhrenfliegen vertreiben. Ein wirkungsvollerer Schutz ist das Abdecken mit einem gut anliegenden Kulturschutznetz, das die Fliegen abhält. Noch besser als der Anbau in geschütztem Gartenland ist der Anbau auf freiem Acker. Dann hat man das Problem mit der Möhrenfliege meist gar nicht. Der Wind, der über die Kulturen streift, vertreibt die Fliegen und verhindert so die Eiablage. Eine weitere Möglichkeit ist der Anbau widerstandsfähiger Sorten wie 'Flyaway' (F1) oder 'Resistofly' (F1). Das Saatgut ist allerdings teurer als das der normalen Sorten. Die Widerstandsfähigkeit dieser Sorten beruht darauf, dass sie durch einen sehr geringen Chlorogensäuregehalt Möhrenfliegen nicht so stark anziehen.

Beständiges Hacken und Ausdünnen

Nach dem Auflaufen sollte man Möhren möglichst bald und wiederholt hacken, sodass Luft in den Boden kommt. Beim Hacken werden gleichzeitig Unkräuter entfernt. Zu dicht stehende Sämlinge dünnt man aus, sonst bekommt man nur dünne, kurze Möhrchen.

Ernte mit der Grabegabel

Lagermöhren sollten möglichst lange in der Erde bleiben. Sie legen im Spätherbst noch kräftig zu. Die Ernte sollte an einem trockenen Tag stattfinden. Die Grabegabel ist zur Ernte unentbehrlich. Dazu seitlich der Möhrenreihen mit der Grabegabel senkrecht einstechen und durch Vor- und Zurückbewegen der Gabel die tief reichenden Möhrenwurzeln lockern. Das gelingt am besten bei leicht feuchtem Boden.

Erst einige Stunden nach dem Lockern die Möhren herausziehen. Währenddessen baut sich noch Nitrat ab. Das Laub abdrehen oder ein paar Zentimeter über dem Rübenansatz abschneiden. Der Rübenkörper darf dabei nicht verletzt werden. Erdreste können an den Möhren haften bleiben.

Möhren lagern

Frühe Möhrensorten muss man bald verbrauchen oder blanchieren und einfrieren. Spät geerntete Lagermöhren halten sich in einem kühlen Keller mit hoher Luftfeuchtigkeit monatelang bis ins Frühjahr hinein knackig frisch. Früher hat man Möhren in Kisten mit Sand eingeschlagen und in den Keller gestellt. Das macht heute vermutlich kaum noch jemand. Die einfachere Variante ist, die Möhren in große Eimer oder Tontöpfe zu schichten und die locker abgedeckten Eimer in den kühlen Keller zu stellen. (So machen wir es in meiner Familie.)

Solange kein tiefer Frost herrscht, können die Eimer auch in einem Schuppen oder auf schattigen, überdachten Terrassen oder Balkonen stehen. Sie sollen aber nicht wechselnden Temperaturen und Sonneneinstrahlung ausgesetzt sein. Die Lagerung in mäusesicheren Erdmieten oder Erdkellern im Freien ist ebenfalls gut möglich. Beim Lagern im Freien muss man immer damit rechnen, dass Mäuse die Möhren entdecken.

Markiersaat mit Radieschen

Möhren haben eine sehr lange Keimdauer und sind auch nach dem Auflaufen wegen ihrer schmalen Keimblätter schwer zu erkennen. Da säe ich als Markiersaat Radieschen mit in die Reihe, um früh den Reihenverlauf zu erkennen. Das ist wichtig, weil man entlang der Möhrenreihen früh hacken sollte, um Bodenverkrustungen aufzubrechen.

Möhren überwintern unter einer Strohdecke auf dem Beet.

Überwinterungsversuche im Freiland

Manche Gärtner lassen die Möhren an Ort und Stelle im Boden und decken zum Schutz vor tiefem Frost gut mit Stroh, Vlies und Tüchern ab. So lässt sich die Ernte frisch aus dem Boden zumindest bis tief in den Winter hinein verlängern. Wer Saatgut von der Gemüse-Möhre gewinnen will, geht ohnehin so vor und lässt ein paar Exemplare im Garten stehen. Die Möhre gehört zu den zweijährigen Pflanzen, die im zweiten Jahr Blüten bilden und fruchten. Es ist also leicht möglich, selbst Saatgut von Möhren zu gewinnen.

Paprika für Freiland und Gewächshaus

Welche Paprika soll's denn sein? Im Gemüsehandel werden hauptsächlich Paprikafrüchte in Blockform in den Farben Rot, Gelb und Grün angeboten. Viel interessanter zum selbst Anbauen sind jedoch Spitz-Paprika. Der mild schmeckende Spitz-Paprika ist erst vor wenigen Jahrzehnten durch Mutation aus scharfem Paprika entstanden. Die Sorten bilden etwa 20 cm lange Schoten aus, von Grün oder Hellgelb nach Orangerot oder Rot abreifend.

Sicherer Ertrag im Gewächshaus

Paprika (*Capsicum annuum*) brauchen lange zur Entwicklung und müssen im Haus vorkultiviert werden. Deshalb sät man ab Ende Februar bis März einzeln in mit Aussaatsubstrat gefüllte Töpfchen und stellt diese im Haus bis zur Keimung warm. Der beste Pflanztermin für selbst gezogene und gekaufte Jungpflanzen ist, wenn die ersten Blütenknospen sichtbar sind. Da Paprika erst bei einer Temperatur über 14 °C gut wachsen, gelingt die Kultur am sichersten im Gewächshaus. Bei der Kultur im Gewächshaus muss man besonders auf Schädlinge achten. Blattläuse, Weiße Fliegen und Spinnmilben gefährden die Paprikakulturen.

In einer warmen Gegend gelingt auch die Freilandkultur. Am besten wachsen Paprika zwischen 18 und 22 °C mit Schwankungen zwischen Tag- und Nachttemperaturen. Bei einer Temperatur von 30 °C und darüber werfen Paprikapflanzen Knospen, Blüten und junge Früchte ab.

Gepflanzt wird ab Mitte/Ende Mai an einem warmen, bedeckten und windstillen Tag. Damit die Pflanzen buschig wachsen, brauchen sie reichlich Platz mit einem Abstand von 40 × 40 cm oder 50 × 50 cm. Paprikapflanzen brauchen Sie nicht auszugeizen.

Zur Paprikaverwandtschaft gehören auch Peperoni mit langen Schoten.

Niedrig wachsende Paprikasorten eignen sich sehr gut für die Kultur in Töpfen, die am besten an einer warmen, geschützten Stelle auf der Terrasse oder dem Balkon stehen.

Auf gute Wasserversorgung achten

Paprika gehören wie Tomaten zu den Starkzehrern und sind auf gute Nährstoffversorgung angewiesen. Die bekommen sie mit Kompost und/oder organischem Handelsdünger. Während des Wachstums ab der Blütenbildung tut ihnen Flüssigdünger gut. Für einen guten Ertrag brauchen Paprika ausreichend Feuchtigkeit. Die Pflanzen bilden wenig Wurzelwerk aus; sie können sich also nicht aus tieferen Bodenschichten mit Wasser versorgen. Umso wichtiger ist deshalb das Mulchen, wodurch mehr Wasser im Boden gespeichert bleibt.

Für Standfestigkeit sorgen

Sehr große, kräftige Pflanzen sollte man mit einem Stab stützen und bei starkem Fruchtbehang weitere Stäbe dazustecken. Durch Anhäufeln einige Wochen nach dem Pflanzen werden Paprikapflanzen standfester. Die Triebe brechen leicht ab; beim Arbeiten um die Pflanzen muss man deshalb immer vorsichtig sein.

Mir tut es immer ein wenig leid, wenn ich den ersten Fruchtansatz, die sogenannte Königsblüte, ausbreche; doch das ist nötig, damit sich die Pflanze verzweigt und mehr Früchte ausbildet.

Farbenfroher und gesunder Genuss

- Paprika (und auch Peperoni, siehe Seite 151) unterscheiden sich in Form, Größe und Schärfe. Unreife Früchte können orange, grün, gelb, rot oder violett, ja sogar weiß gefärbt sein. Die meisten werden beim Reifen rot. Es gibt jedoch auch Sorten, die von Grün nach Gelb, Orange oder Violett abreifen.
- Paprikafrüchte möglichst frisch verbrauchen; sie halten sich im Kühlschrank bei 8–10 °C etwa eine Woche lang.
- Die Vitamin-C-reichen Schoten schmecken roh, gedünstet oder gegrillt, gefüllt mit Reis oder mariniert als italienische Vorspeise.
- Gemüse-Paprika enthält sehr viel Vitamin C, weit mehr als Zitronen.

Wärmebedürftige Paprikapflanzen wachsen am besten im Kleingewächshaus.

Bei vielen Paprikasorten reifen die Schoten von grün nach rot ab.

Ernte nach Farben

Die ersten Früchte reifen ungefähr sechs bis acht Wochen nach dem Pflanzen heran. Zunächst sind die Früchte grün oder je nach Sorte auch gelb oder violett-schwarz. Mit zunehmender Reife schlägt die Farbe in Rot um. Ernten kann man sie in jeder Färbung. Halbreife Früchte sollten jedoch nicht zu lange an der Pflanze hängen, sonst lassen die Blütenbildung und der weitere Fruchtansatz deutlich nach. Erst ab Spätsommer, wenn sich die Paprikasaison zum Ende neigt, lässt man die Früchte an den Pflanzen ausreifen. Der Ertrag pro Pflanze hängt stark von der Sorte und dem Klima im jeweiligen Jahr ab.

Die Wildform des Pastinaks wächst an Straßenrändern und auf trockenen Wiesen.

Pastinak für die feine Küche

Der Gemüse-Pastinak (*Pastinaca sativa*) gehört wie die Möhre zur Familie der Doldenblütler. Diese alte Kulturpflanze wird bereits seit dem 15. Jahrhundert angebaut. Die Wildform ist in Mitteleuropa heimisch. Sie kommt in vielen Gegenden Deutschlands auf Wiesen, an Weg- und Straßenrändern, auf Bahndämmen und auf Steinbruchgelände vor.

Möhre und Kartoffel haben den Gemüse-Pastinak fast ganz von den Speisezetteln verdrängt. In der heutigen Küchenpraxis spielt er kaum eine Rolle, allenfalls als Suppengemüse und in der Gourmetszene. Das ist schade, denn das Gemüse nährt nicht nur, es heilt auch mit einem ganzen Cocktail von sekundären Pflanzeninhaltsstoffen; es wirkt verdauungsfördernd und harntreibend und ist deswegen Heilkost bei Nieren- und Blasenbeschwerden.

Wildform und Kulturform

Falls Sie auf die Idee kommen sollten, die Wurzeln des Wilden Pastinaks auszugraben, wären Sie enttäuscht. Mit den dünnen, verwachsenen Rüben könnten Sie kaum etwas anfangen. Die Kulturform jedoch bringt auf bearbeitetem, tiefgründigem, nährstoffreichem Boden sehr gute Ernten! Die Samenhändler haben meistens die Sorten 'Halblange Weiße' oder 'Aromata' im Sortiment. In England ist die Pastinake viel bekannter als bei uns und wird häufig kultiviert; dementsprechend gibt es viel mehr Sorten, beispielsweise 'Hollow Crown' oder 'Tender and True'. Diese sind auch bei uns bei speziellen Anbietern erhältlich. Das Saatgut ist nicht lange lagerfähig; deswegen den Inhalt eines Samentütchens möglichst gleich aufbrauchen.

Lange Entwicklungsdauer

Gemüse-Pastinak wird wie Möhren von März bis Mai (spätestens Anfang Juni) in Reihen mit einem Abstand von 40–60 cm zu den Nachbarreihen gesät. In der Reihe später auf 10–15 cm vereinzeln. Das Wurzelgemüse gedeiht am besten auf lockerem, humosem und nährstoffreichem Lehmboden. Während der langen Entwicklungsphase bis zum Spätherbst sollte man die Kultur wiederholt durchhacken, vor allem nach Regengüssen, um Verkrustungen des Bodens aufzubrechen.

Der Gemüse-Pastinak bildet schön gefiederte Laubblätter aus. Die Wurzel ähnelt der der Petersilienwurzel; sie ist jedoch eher cremefarben, wird größer und länger (bis ca. 30 cm lang) und am Kopf dicker. Eine einzelne Wurzel kann 1 kg und mehr auf die Waage bringen.

Am besten ist es, die Wurzeln bis zum Verbrauchen an Ort und Stelle im Boden zu lassen, denn an trockener Luft schrumpeln sie schnell. Die Gemüsereihen sollten zum Schutz vor tiefem Frost mit Vlies oder Säcken abgedeckt werden. Alternativ können Pastinaken auch gut in Erdmieten draußen lagern. Schutz vor Mäusen ist auch bei ihnen wichtig.

Pastinaken ernten und genießen

Das auf dem Gartenbeet überwinternde Gemüse kommt im zweiten Jahr zur Blüte. Die gelblichen Blütendolden erscheinen im Sommer. Lassen Sie wenigstens an einer Pflanze die Früchte ausreifen. So können Sie selbst Saatgut fürs kommende Jahr und ein hervorragendes Würzmittel ernten. Die aromatisch schmeckenden Körnerfrüchte geben Suppen und Soßen oder eingemachten Gurken einen würzig-aromatischen Geschmack.

In der Küche wird die Pastinake so wie die Möhre und die Petersilienwurzel verarbeitet: roh oder gedünstet, in Scheiben geschnitten, geraffelt oder gestiftelt. Das geschmackvolle Gemüse passt in Rohkostsalate, in Suppen und Aufläufe, und es lässt sich halbweich gegart in Bierteig ausbacken. Der Geschmack liegt zwischen Möhren und Sellerie mit süßlichem Beiklang.

Pastinaken bilden einen kurzen, gedrungenen oder einen langen, kegeligen Rübenkörper aus.

Peperoni lassen sich gut in Töpfen kultivieren.

Peperoni und Chili für alle, die es scharf mögen

Rot, schlank und scharf – so müssen Peperoni oder Chili (*Capsicum frutescens* und *Capsicum annuum* Longum-Gruppe) sein. Ein typischer Vertreter ist die Sorte 'De Cayenne', deren Schoten von Dunkelgrün nach Rot abreifen. Peperoni lassen sich im Freiland und genausogut in Töpfen oder im Gewächshaus kultivieren. Bei warmem Sommerwetter sowie guter Nährstoff- und Wasserversorgung entwickeln sie sich gut und bringen

Dunkel lagern

Peperoni- bzw. Chilischoten kann man unreif, noch grün, ernten oder ausreifen lassen, bis sie richtig rot sind. Sie lassen sich gut trocknen. Lagern Sie diese dunkel und kühl in Gläsern. Die Schoten lassen sich auch gut in Essig oder Öl einlegen – zum fein dosierten Würzen.

oft erstaunlich viele Früchte hervor. Peperoni oder Chili gibt es in einer erstaunlichen Vielfalt an Formen und Farben mit Früchten in Grün, Gelb, Orange, Rot, Tiefrot, Dunkelviolett bis fast Schwarz. Besonders scharf sind die Habanero-Chilis.

Mild und höllisch scharf

Mild und höllisch scharf – so unterschiedlich schmecken Peperoni (Chilis), je nach Sorte, Wachstumsbedingungen und individuellem Geschmacksempfinden. Chilifans teilen die Sorten nach Schärfegrad ein, auf einer Skala von 1 bis 10. Mildscharfe Sorten wie Chili 'Anaheim' weisen demnach einen Schärfegrad von 2 bis 3 auf; 'Jalapeno' liegt mit 5,5 im Mittelfeld; Thai-Chili hat eine Schärfe von 7 bis 8. Habanero-Chilis gelten mit dem Schärfegrad von 10 als die schärfsten der Welt – für mitteleuropäische Gaumen kaum zu ertragen. Für extrem scharfe Sorten wie Chili 'Naga Jolokia' gibt's auf der Schärfe-Skala noch zwei Extrapunkte.

Der Scharfstoff Capsaicin sitzt in den Samen und Scheidewänden. Wer scharfe Peperoni nicht verträgt, entfernt die scharfen Teile beim Putzen.

Bei der Chilisorte 'Bolivian Purple' verfärben sich die Schoten bei der Reife von gelb über violett nach rot.

Petersilienwurzel – nicht nur für Suppen

Die Petersilienwurzel oder Knollen- bzw. Wurzel-Petersilie (*Petroselinum crispum* var. *tuberosum*) kennt man hauptsächlich als Bestandteil von Suppengrün-Mischungen. Doch dieses sehr schmackhafte Gemüse hat es verdient, eigenständig wahrgenommen und ganz für sich zubereitet zu werden. Die Standardsorte ist 'Halblange'.

Die Pflanzen bilden Blattschöpfe aus petersilienartigen Blättern aus. Die weißen Rüben ähneln von der Form her Möhren, sind etwas breitschultriger als diese und laufen in einer langen Wurzelspitze aus. Insgesamt reichen die Wurzeln etwa 50 cm in den Boden. Die Wurzelpetersilie ist also nichts für Balkonkästen, sondern für das Freiland mit tiefgründigem Boden.

Einfache Kultur

Die Kultur der Petersilienwurzel ist unkompliziert. Sie wird wie Möhre und Pastinake im April oder Mai in Reihen aufs Beet gesät und später in der Reihe vereinzelt. Ein normaler, tiefgründiger Gartenboden ist gerade recht. Das Gemüse keimt langsam und läuft unregelmäßig auf. Während des Wachstums im Sommer braucht die Petersilienwurzel wenig Pflege. Es genügt, ab und zu durchzuhacken und die Beikräuter zu regulieren. Die Petersilienwurzel braucht lange, bis sich der Rübenkörper ausgebildet hat und sich die Ernte lohnt; erst im Spätherbst ist es so weit. Unter einer Abdeckung und bei milden Temperaturen stehen die Wurzeln bis weit in den Winter zur Ernte bereit.

Eine einzige Wurzel verleiht Gemüsegerichten und Suppen so viel Geschmack, dass man kaum noch salzen und pfeffern muss. Das Gemüse ist deshalb für die Diätküche sehr wertvoll. Das aromatische Laub lässt sich wie Blatt-Petersilie zum Würzen verwenden.

Petersilienwurzeln bleiben von der Aussaat im April oder Mai bis zur Ernte im Spätherbst oder Winter lange auf dem Beet.

Radieschen passen immer

Radieschen mögen alle – frisch zum Vespern oder als essbare Tischdekoration. Radieschen sind nicht immer rund und rot. Rettichartig spitz zeigt sich die weiße Sorte 'Eiszapfen' (für Frühjahrs- und Herbstanbau). Rot-weiß gefärbt und walzenförmig sind 'French Breakfast' und 'Bamba'. Und violette, gelbe und weiße Sorten gibt es auch, sinnigerweise als 'Ostereiermischung' angeboten. Doch damit der Vielfalt noch nicht genug. Bei Radieschen (*Raphanus sativus* var. *sativus*) kommt es wie beim Salat auf die richtige Sortenwahl entsprechend dem Anbauzeitraum an. Frühjahrssorten wie 'Cherry Belle' würden bei Anbau im Sommer schießen. Sommersorten wie 'Parat', 'Raxe', 'Rudi' sind dagegen schossfest und können während der ganzen Saison gesät werden.

Radieschen fast das ganze Jahr

Mit Radieschen können Biogärtner die gesamte Anbausaison von März bis Oktober sehr gut ausnutzen, bei sehr früher Saat im Frühbeet oder Gewächshaus sogar bereits ab Ende Februar. Die ersten Freilandsaaten sind möglich, sobald der

Zum Lagern Blätter abdrehen

Ernten Sie Radieschen jung, bevor sie pelzig oder holzig werden und schließlich schießen und in Blüte gehen. Drehen Sie am besten das Laub von den Radieschen ab und schneiden sie die Wurzel ab. Denn mit Blättern werden Radieschen schnell lasch. Ohne Blätter halten sie sich dagegen in Plastikfolie eingehüllt ein paar Tage im Kühlschrank. Radieschenblätter sind übrigens essbar und geben grünen Blattsalaten eine angenehme Schärfe.

Lückenfüller: schnellwüchsige Radieschen.

Boden betreten werden kann. Unter einer Abdeckung mit Vlies und Folie wachsen sie schnell heran. Im Frühbeet oder Kleingewächshaus geht es noch schneller. Damit nicht zu viele Radieschen auf einmal erntereif werden, sät man sie immer in Sätzen, also etwa alle zwei Wochen eine kurze Reihe (Abstand in der Reihe 2–3 cm, von Reihe zu Reihe 10–15 cm). Wichtig ist ein gutes Saatbett mit feinkrümeligem Boden. Erfahrene Anbauer klopfen die Samen mit dem Rechenrücken gut fest, denn sie müssen guten Bodenschluss haben. Dann ist es nur noch nötig, Radieschen entlang der Reihen zu hacken, um den Boden zu lockern sowie Wildkräuter abzuhacken und zu verschütten. Zu dicht stehende Pflänzchen zupft man heraus.

Ideale Lückenfüller

Radieschen brauchen von der Aussaat bis zur Ernte nur wenige Wochen und sind deshalb ideale Lückenfüller. Sie brauchen kein Extra-Beet. Ihres kompakten Wuchses wegen gedeihen sie auch in nicht allzu tiefen Kästen auf dem Balkon. Saatbänder und Saatscheiben machen die Aussaat kinderleicht. Wer geübt im Säen ist, braucht diese Hilfe jedoch nicht.

Radieschen brauchen viel Feuchtigkeit. Bei Trockenheit muss man sie gießen, sonst werden sie unangenehm scharf oder bekommen im Inneren eine pelzige Konsistenz. Genügend Feuchtigkeit schützt zudem vor dem Befall mit Erdflöhen. Der Erdfloh ist der wichtigste Schädling an Radieschen, er frisst Löcher in Blätter. Radieschen brauchen noch aus einem anderen Grund gleichmäßig viel Feuchtigkeit: Weil die Knolle bei Wechsel von Trockenheit und Feuchte aufplatzt.

Wilde Rauke

Neben der einjährigen Salat-Rauke (Rucola, siehe Seite 159) empfehle ich die ausdauernd wachsende Wilde Rauke (*Diplotaxis tenuifolia*), die schmalere, stark gezahnte Blätter besitzt. Die Blätter mit ihrem angenehmen, leicht scharfen und nussigen Geschmack bereichern jeden Salatteller. Die aus dem Mittelmeerraum stammende Wildpflanze hat sich in weiten Teilen Deutschlands eingebürgert. In Berlin und Umland kommt sie überall am Straßenrand vor.

Die Wilde Rauke wächst buschig und bildet laufend neue beblätterte Triebe, aus denen sich

Schmalblättrige Wilde Rauke vor Schnittmangold.

Bewährte Rettichsorte ‘Sepp’.

ab Ende Mai und den Sommer hindurch die Blütenstände mit gelben Kreuzblüten entwickeln. Im Juni/Juli schneidet man die Triebe zurück. Die Pflanze treibt bald wieder neue mit jungen, zarten Blättern nach. Einziger Nachteil des Salatgemüses ist der hohe Aufwand fürs Ernten, Putzen und Waschen.

Für den Bedarf einer Familie reichen übrigens wenige Pflanzen aus. Die Art lässt sich auch in Töpfen oder Kästen ziehen.

Scharfer Rettich zum Vespern

Scharfer Rettich zur Bretzel und zum Bier, das schmeckt – nicht nur in bayerischen Biergärten. Traditionell kommen in süddeutschen Haushalten Rettiche zum Vespern auf den Tisch. Der Rettich (*Raphanus sativus* var. *niger*) ist eine sehr alte, bereits in der Antike bekannte Kulturpflanze aus der Familie der Kreuzblütler. Die Römer brachten sie über die Alpen in den mitteleuropäischen Raum. Der Rettich wird nicht nur als Nahrung, sondern auch als Medizin geschätzt, speziell bei Husten. Seine Heilwirkung beruht auf seinem hohen Gehalt an Senfölglykosiden.

Rettichgenuss im ganzen Jahr

Mit den richtigen Sorten gelingt die Selbstversorgung mit frischem Rettich fast übers ganze Jahr. Die Gemüseart wird ab April in Sätzen gesät, also etwa alle drei Wochen in kleinen Partien, so viel

Neue Sorten ausprobieren

Neben den bekannten Sorten verdienen auch Neuzüchtungen Beachtung. Seit ein paar Jahren kultiviere ich die Rettichsorte ‘Sepp’. Die Versprechungen auf der Samentüte bewahrheiteten sich: Die Rettiche konnten nach der Aussaat im April über sehr lange Zeit von Juni bis zum Spätherbst geerntet werden. Sie wurden nicht pelzig und strunkig, sondern blieben bis zum Schluss im Inneren sehr zart bei leicht scharfem Geschmack. Und die Rettiche blieben von der Rettichschwärze verschont! Wir waren begeistert und haben so oft Rettichsalat gegessen wie noch nie. Die vielen pfundschweren Rettiche mussten schließlich irgendwie verbraucht werden.

wie absehbar verbraucht wird. Also nicht eine ganze Samentüte auf einmal aussäen.

Die Saison beginnt im Frühbeet und Kleingewächshaus mit frühen, halblangen Sorten wie 'Ostergruß' oder der raschwüchsigen 'Rex'. Im Sommer wachsen 'Münchner Bier' oder 'Neckarruhm' auf dem Gartenbeet. Die lagerfähigen Herbst- und Winterrettiche wie zum Beispiel 'Runder schwarzer Winter' werden im Juni/Juli gesät und bleiben bis zur Ernte im Spätherbst auf dem Beet stehen.

Die Sorten unterscheiden sich äußerlich in Form und Farbe. Die den Rettichkörper umschließende Korkschicht kann schwarz, grau, braun, rot oder auch gelb sein. 'Brauner Fridolin' beispielsweise ist außen braun.

Was Rettiche brauchen

Rettiche mögen feuchten Boden und gleichmäßige Wasserversorgung, sonst verändert sich das Innere. Die Rettiche werden strunkig, holzig, pelzig und zudem unangenehm scharf. Kurzum, sie sind nicht mehr genießbar. Ungenießbar werden sie auch, wenn sie zu lange auf dem Beet stehen bleiben und anfangen zu schießen, also in Blüte gehen.

Und noch etwas: Beim Rettich sollte man unbedingt die Fruchtfolge einhalten. Sonst besteht die Gefahr, dass die Rettichschwärze auftritt, bei der sich das Innere des Rettichs blauschwarz verfärbt. Säen Sie deshalb das Gemüse jedes Jahr an einer anderen Stelle aus. Eine Anbaupause von drei Jahren sollte eingehalten werden. Weiße Rettiche sind anfälliger für die Rettichschwärze, die zudem eher auf Böden mit hohem pH-Wert auftritt. Die im Kasten Seite 155 beschriebene weiße Sorte 'Sepp' ist da eine Ausnahme.

Ein potenzieller Schädling ist die Kohlfliege. Deren Maden bohren sich Gänge in den Rettichkörper. Durch das Abdecken mit speziellen Kulturschutznetzen unmittelbar nach der Saat kann man das Gemüse vor dem Schädling schützen.

Rettiche ernten und lagern

Am besten schmecken Rettiche frisch aus dem Garten. Ein paar Tage lang lassen sich Sommerrettiche eingehüllt in Plastik im Kühlschrank lagern. Damit die Rüben knackig frisch bleiben, sollten Sie vorher das Laub abdrehen. Herbst- und Winterrettiche halten sich an einem kühlen Ort und in Eimern aufbewahrt bis zum Frühjahr.

Rhabarber für Kompott und Kuchen

Rhabarber (*Rheum rhabarbarum*) hat viele Fans, die den säuerlichen Geschmack schätzen. Der Gemüse-Rhabarber aus der Familie der Knöterichgewächse wird in Europa erst seit dem 18. Jahrhundert angebaut.

Rhabarber ist eine ausdauernde Pflanze, die jahrzehntelang an einer Stelle stehen kann. Der Standplatz will also von Anfang an gut überlegt sein, zumal die Pflanze groß wird und viel Platz einnimmt. Am besten wählt man eine gut zugängliche, zeitweise leicht beschattete Gartenecke aus.

Beim Blattaustrieb und bei der Laubentfaltung sieht das Gewächs ausgesprochen dekorativ aus. Besonders die rotstieligen Sorten sind ein ästhetischer Gewinn für jeden Garten. Wer nur gelegentlich einmal ein Kompott oder einen Kuchen aus Rhabarberstängeln zubereitet, kommt mit einer Pflanze aus und muss sich zwischen einer grünstieligen (zum Beispiel 'Gigant'), rotstieligen ('Frambozen Rood') und rotfleischigen Sorte ('Holstein Blut', 'Vierländer Blut') entscheiden.

Eine Rhabarberstaude ziert jeden Garten.

Stiele zum Kochen, Blätter zum Mulchen

Rhabarberstiele vorsichtig an der Basis abdrehen, nicht abschneiden und nicht zu viel auf einmal ernten. In der Küche verwendet man nur die Blattstiele. Dabei ist es nicht nötig, die Haut von den Stielen abzuziehen; sie zerfällt beim Kochen. Die grünen Blätter, die nicht zum Verzehr geeignet sind, nehme ich gerne zum Mulchen auf den Gemüsebeeten. Erntezeit ist nur von Ende April bis etwa Ende Juni. Danach vergilben die Blätter nach und nach und sterben schließlich ab.

Gut zu verwerten: Rote-Bete-Sorte 'Forono'.

Rhabarber ist ein Nährstoffräuber. Auf Kompostgaben im Herbst oder im Frühjahr reagiert er mit kräftigem Wuchs. Blütentriebe bricht man möglichst aus, da das Blühen auf Kosten der Blattbildung geht.

Rote Bete – nicht nur rund und rot

Selbst angebaute Rote Bete haben mehr zu bieten als die vorgekochten, in Folie eingeschweißten kugeligen Gebilde von der Gemüsetheke. Die Gemüseart Rote Bete (*Beta vulgaris* var. *vulgaris*) hat viele Namen. Im süddeutschen Sprachraum heißt sie Rote Rübe. Die Schweizer sagen Randen zu dem Gänsefußgewächs. Und die Österreicher bezeichnen sie als Rohnen. Rote Bete zieren mit ihren dunkelgrün-purpurvioletten Blattschöpfen den ganzen Sommer lang das Beet.

Sorten für jeden Geschmack

Rote Bete bilden einen runden oder einen walzenförmigen Rübenkörper aus. Genau genommen ist er eine Knollenrübe. Bekannt sind runde und plattrunde Sorten wie 'Ägyptische Plattrunde', 'Moulin Rouge' oder 'Rote Kugel' (gut als „Babybeets") und walzenförmige wie 'Forono'. Walzenförmige Rüben lassen sich gut in Scheiben schneiden; sie sind deshalb ideal fürs Zubereiten gekochter Salate oder zum milchsauren Einlegen.

Weniger bekannt sind Sorten mit gelbem Rübenkörper wie etwa 'Burpees Golden' oder weißer Rübe wie etwa 'Avalanche'. Die alte italienische Sorte 'Tonda di Chioggia' ist rot mit weißen Ringen im Rübenkörper. Die Ausfärbung kommt durch die unterschiedliche Pigmenteinlagerung in Bast- und Holzschicht der Rübe zustande.

Ich selbst bin begeistert von der Gelben Bete 'Boldor' (F1) mit orangegelbem Fleisch. Sie ist im Geschmack milder, weniger erdig als die bekannten Sorten, ja geradezu süß. Ich esse sie auch gerne roh, in Scheiben oder in Stifte geschnitten wie Möhren.

Rote Bete als Gesundkost

Rote Bete bekommen mit modernen Trends in der Esskultur wieder mehr Bedeutung: Sie lassen sich hervorragend entsaften oder mixen und so zu gesunden, vitamin- und mineralstoffreichen Drinks und Smoothies zubereiten. Zum Neutralisieren des erdigen Geschmacks, der auf einem hohen Gehalt

Rote Bete brauchen wenig Platz auf dem Beet.

Ungewöhnlich: Die wohlschmeckende Gelbe Bete.

eines Saponins beruht, gibt man einfach Äpfel oder Apfelsaft dazu. Die rote Farbe kommt durch das Glykosid Betanin zustande. Dieser Farbstoff wird auch extrahiert und anderen Nahrungsmitteln als Naturfarbstoff hinzugefügt. Der Farbstoff wirkt sich günstig auf den menschlichen Stoffwechsel aus, insbesondere auf Leber und Galle. Viele gesundheitsbewusste Menschen schwören auf die Rote Bete als heilsame Kost.

Rote Bete aussäen und ausdünnen

Rote Bete sät man ab etwa Mitte April bis Mitte Juli. In kühler Klimalage empfiehlt es sich, erst im Mai zu säen, wenn keine tiefen Temperaturen mehr zu erwarten sind. Sonst neigen die Pflanzen später zum Schossen, also dazu, zu früh in Blüte zu gehen. Der Reihenabstand sollte 25–40 cm betragen, bei einem Abstand in der Reihe von 5–15 cm und einer Saattiefe von 2–3 cm. Rote Bete sind verträgliche Partner in der Mischkultur.

Das Saatgut von Rote Bete hat eine spezielle Eigenschaft. Es ist aus bis zu fünf Fruchtkapseln zu sogenannten Knäueln zusammengesetzt. So erscheinen aus einem „Saatkorn“ meist mehrere Keimlinge eng nebeneinander. Keimlinge und Jungpflanzen stehen also immer zu dicht, es sei denn man sät einkeimiges Saatgut, wie es im Profianbau üblich ist. Einkeimiges Saatgut ist beispielsweise von der Sorte 'Moulin Rouge' auch für den Kleinanbau im Handel.

Babybeets ernten

Um gleichmäßig große Rüben zu bekommen, sollte man zu dichte Bestände ausdünnen und zu dicht stehende Pflänzchen herauszupfen. Die braucht man nicht zu verwerfen, sondern kann deren Blätter gleich roh als Salat essen. Ich handhabe es so, dass ich im Lauf des Sommers aus dem Pulk dicht stehender Rote Bete nach und nach die größten herausziehe. Diese jungen Rote Bete esse ich wegen ihres milden Geschmacks gerne auch roh und ungeschält. Ich schneide nur das Laub ab und bürste sie mit der Gemüsebürste ab. Die verbliebenen Pflanzen füllen den frei werdenden Platz in der Reihe aus und wachsen bis zum Herbst zu großen Rüben heran.

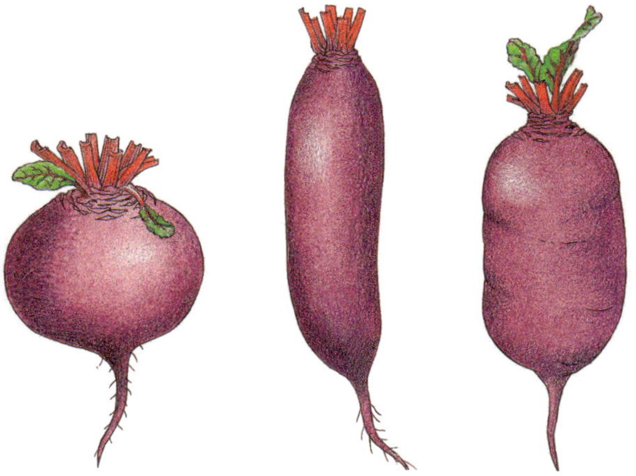

Mal dick, mal schlank: Rübenformen von Rote Bete.

Für gekochte Salate

Oft lässt es sich nicht vermeiden, dass die gelagerten Roten Bete einschrumpeln. Solche Rüben lassen sich immer noch gut in gekochter Form verwerten: entweder Borschtsch oder gekochten Rote-Bete-Salat daraus zubereiten. Beide Varianten schmecken köstlich mit saurer Sahne!

Unkomplizierte Kultur

Rote Bete mögen einen sonnigen Platz und gedeihen am besten auf humosem, tiefgründigem Boden. Nicht zu viel stickstoffhaltigen Dünger geben, damit das Gemüse nicht zu viel Nitrat aufnimmt. Zu viel Nitrat ist der menschlichen Gesundheit nicht zuträglich, außerdem beeinträchtigt ein Übermaß Geschmack und Haltbarkeit der Rüben.

Während des Sommers hat man außer gelegentlichem Hacken nicht viel Arbeit mit der Gemüsekultur. Manchmal fressen Erdflöhe kleine Löcher in die Blätter oder Erdraupen machen sich am Rübenkörper zu schaffen. Gegen diese Schädlinge muss man aber nichts unternehmen, auch nicht gegen Blattkrankheiten.

Es empfiehlt sich, die Fruchtfolge einzuhalten und Rote Bete nicht nacheinander anzubauen, auch nicht nach den verwandten Gänsefußarten Spinat und Mangold.

Rote Bete ernten und lagern

Rote Bete, die zum Einlagern bestimmt sind, bleiben bis zum Spätherbst auf dem Beet stehen. Sie werden vor dem ersten Frost am besten bei trockenem Wetter an einem sonnigen Tag abends geerntet; dann ist der Nitratgehalt in den Rüben relativ niedrig und sie halten sich im Lager besser. Zum Einlagern werden die Blattschöpfe einige Zentimeter oberhalb des Rübenkörpers abgeschnitten oder abgedreht. Die Rüben dürfen nicht verletzt werden, dürfen nicht „bluten".

Rote Bete halten sich bei sehr kühler Lagerung und hoher Luftfeuchtigkeit im Keller oder Erdkeller bis zum Frühsommer. Sie lassen sich auch gut durch Einkochen (Eindünsten) oder milchsauer Einlegen konservieren.

Rucola, die Schnelle

Die einjährige Salat-Rauke oder Rucola (*Eruca sativa*) ist ideal für Aussaaten im zeitigen Frühjahr und im Herbst, da sie bei niedrigen Temperaturen keimt und sehr schnell wächst. Nach drei oder längstens sechs Wochen ist sie bereits schnittreif. Wenn die Tage zum Sommer hin länger werden, schießt Rucola allerdings rasch. Wegen dieser Abhängigkeit von der Tageslänge wird Rucola nur von März bis Mai und von September bis Oktober gesät, nicht aber im Sommer.

Rucola lässt sich auch während des Winters in Töpfen auf dem Fensterbrett, im Wintergarten oder im warmen Gewächshaus ziehen.

Die Salat-Rauke schießt schnell.

Salat – immer frisch

Mit etwas Planung kann man sich das ganze Jahr über mit frischem Salat versorgen. Die Salatsaison beginnt im März mit der Aussaat von Schnitt-Salat. Etwas später folgen Pflück-Salat und Kopf-Salat, Eis-Salat und Romana-Salat. Für die ersten Pflanzungen im Frühbeet, Gewächshaus oder auf geschützten Freilandbeeten kauft man die Setzlinge am besten beim Gärtner. Ab dem späteren Frühjahr kann man Salat auch direkt ins Freiland säen. Die Aussaat in Töpfe, Saatkisten oder ins Frühbeet ist ebenfalls möglich, aber immer nur wenig von einer Sorte, damit nicht zu viele Köpfe auf einmal erntereif werden.

Salate im Sortenüberblick

Kopf-Salat (*Lactuca sativa* var. *capitata*): 'Maikönig' – für sehr frühe Kultur; 'Attraktion' – Frühsommersorte; 'Dynamite' – resistent gegen die Grüne Salatblattlaus; Eis-Salat 'Fortunas' – schossfest; 'Batavia' – rot und grün
Blatt-Salat, Pflück-Salat (*Lactuca sativa* var. *crispa*): 'Lollo rossa', 'Lollo bionda' – gekrauste Blätter; Eichblattsalat – rot und grün
Romana-Salat, Binde-Salat (*Lactuca sativa* var. *longifolia*) – 'Forellenschluss' – aufrechte Form, gesprenkelte Blätter, 'Ovired' – rote Blätter, ähnelt Feldsalat

Ein Folientunnel verlängert die Kulturdauer im Frühjahr und im Herbst.

Von Schnitt- und Pflück-Salat am besten kurze Reihen zum schnellen Verbrauch säen.

Eis-Salat ist wegen seiner Schossfestigkeit ideal für den Sommeranbau. Er hält sich im Kühlschrank in Folie eingehüllt ein paar Tage.

Der „Drahtwurm", die Larve des Schnellkäfers, frisst sich durch den Wurzelstrunk einer Salatpflanze, sodass diese welkt und abstirbt.

Früher ernten unter Vlies und Folie

Früh im März oder April gesäter oder gepflanzter Salat wird unter dem Schutz von Vlies und Folie etwa ein bis zwei Wochen früher erntereif. Die Abdeckung schützt genauso vor kühlen Temperaturen im Herbst und verlängert die Erntephase. Ein Folientunnel erfüllt denselben Zweck. Ich behelfe mich in kalten Nächten mit dem Überstülpen von Ton- oder Plastiktöpfen über die Salatköpfe. Beste Bedingungen für die Salatkultur bieten Frühbeet oder Kleingewächshaus mit einer Vorrichtung zum automatischen Lüften.

Gut in Mischkultur

Alle Salate sind gute Mischkulturpartner. Gute Nachbarn sind Radieschen, Gurken, Busch-Bohnen, Kohlrabi, Rote Bete oder Mangold – entweder in der Reihe gemischt oder in Reihen nebeneinander. Eine Platz sparende Kombination ist zum Beispiel die von Pflück-Salat oder Kopf-Salat mit Zucchini, Kürbis und Gurken. Die schnell wachsenden Salate räumen den Platz, bevor die Fruchtgemüse sich ausbreiten.

Salat für Frühjahr, Sommer, Herbst und Winter

Beim Salatanbau kommt es nicht nur auf die Salatgruppe an, sondern auch auf die passende Sorte für den jeweiligen Anbauzeitraum im Frühjahr, Frühsommer, Sommer, Herbst oder über Winter. Frühjahrssorten vom Kopf-Salat beispielsweise würden bei Anbau im Sommer keine Köpfe bilden und schnell schießen. Für frühe Aussaaten im Frühbeet oder Kleingewächshaus sind zum Beispiel ‘Larissa’ oder ‘Maikönig’ passend. Diese Sorten eignen sich genauso für den Überwinterungsanbau mit Aussaat im September. Es folgen die Sommersorten ‘Kagraner Sommer’, ‘Attraktion’ oder ‘Merveille de Quatre Saison’. Neuere Züchtungen sind oft schossfest und können deshalb auch im Sommer angebaut werden. Wer Probleme mit Blattläusen an Salat hat, kann Sorten anbauen, die gegen die Grüne Salatblattlaus resistent sind, wie etwa ‘Dynamite’ und ‘Susana’.

Kopf-Salat hoch pflanzen

Vom Kopf-Salat und anderen Salaten sollte man nie zu viel auf einmal säen oder pflanzen, nur so viel, wie man in ein bis zwei Wochen verbrauchen kann. Das feine Saatgut möglichst dünn säen, was nicht ganz einfach ist, und gut festdrücken. Mit feiner Erde dünn übersieben. Saatbänder erleichtern die Aussaat.

Anders als Kohl-Setzlinge werden Setzlinge von Kopf-Salat hoch gepflanzt, sodass sie „im Winde flattern“.

Nicht rechtzeitig geernteter Salat schießt in die Höhe und blüht. Dann ist er kaum noch verwertbar, es sei denn, man möchte ihn zur Fruchtreife kommen lassen und Samen gewinnen.

Romana-Salat für den Sommer

Romana-Salat oder Römischer Salat (*Lactuca sativa* var. *longifolia*) gehört unbedingt ins Anbauprogramm eines Biogartens. Bei diesem Sommersalat mit knackigen Blättern stehen die locker aufgebauten Köpfe aufrecht. Sie behalten wochenlang ihre Form und schießen erst spät, sodass man sich die Ernte gut einteilen kann. Ein weiterer Vorzug ist, dass Romana-Salate weitgehend von Schneckenfraß verschont bleiben, weil ihr Blattwerk etwas fester als das der anderen Salate ist.

Mein Favorit im Sommer: der Romana-Salat ‘Forellenschluß’.

Mein Lieblings-Romana-Salat

Vor einigen Jahren bin ich auf die österreichische Sorte 'Forellenschluß' gestoßen. Diesen Salat möchte ich nicht mehr missen. Er bildet große, walzenförmige Köpfe aus. Davon nehme ich von einem auf dem Beet stehenden Kopf manchmal nur die äußeren Blätter ab, wenn ich wenig Bedarf habe. Neu entdeckt habe ich die Sorte 'Ovired'. Dieser Romana-Salat sieht wegen seiner Blattrosette aus wie ein groß geratener Feldsalat und heißt deswegen auch „Roter Feldsalat".

Zurückhaltend düngen

Salate mögen humusreiche, durchlässige Böden und ausgeglichene Bodenfeuchtigkeit. Das erreicht man durch Auflegen eines Mulchvlieses, das den Boden vor dem Austrocknen schützt. Bei Salaten ist das Mulchen mit organischem Material ausnahmsweise nicht so günstig, denn faulende Pflanzenreste können dem empfindlichen Gemüse schaden.

Kopf-Salat und Pflück-Salat kommen mit wenig Nährstoffen aus. Zu viel Stickstoff macht die Pflanzen anfällig für Krankheiten; bei Lichtmangel kann der Stickstoff nicht vollständig in Pflanzeneiweiß umgewandelt werden und es bildet sich Nitrat. Ein Übermaß davon schadet der Gesundheit. Zum Düngen deshalb nur reifen, sehr gut verrotteten Kompost oder organischen Fertigdünger nehmen. Vorsichtig in den Wurzelraum gießen, für ausgeglichene Feuchtigkeit sorgen.

Schön schnittig

Bei der Salaternte kommt es sehr auf den Schnittzeitpunkt an: Kopf- und Pflück-Salate morgens ernten, vor allem bei Sommerwärme. Dann lassen sie sich, in Folie gehüllt, noch ein bis zwei Tage im Kühlschrank aufbewahren. Salate verderben schnell. Sie faulen oder schrumpeln. Man kann sie nicht trocknen und auch nicht einfrieren. Wenn zu viel Salat herangewachsen ist, bleibt nur, das zarte Blattgrün zum Mulchen im Garten zu verwenden oder es an Hühner oder andere Kleintiere zu verfüttern.

Knollen-Sellerie für deftige Suppen

Knollen-Sellerie (*Apium graveolens* var. *rapaceum*) ist ein bildschönes Gemüse mit cremeweißer Knolle und einem Schopf dunkelgrüner, gefiederter Blätter. Die mächtigen Pflanzen sitzen stabil auf dem Beet. Da erstaunt es nicht, dass die Sorten königliche Namen tragen und 'Monarch', 'Prinz', 'Rex' oder 'Mars' heißen.

Für den Bedarf im Haushalt genügen meist wenige Pflanzen. Um sich die Arbeit im Gemüsegarten ein wenig zu erleichtern, kauft man Sellerie-Setzlinge am besten in der Gärtnerei und pflanzt Sie ab Mitte Mai im weiten Abstand von 40 cm zueinander. Gute Nachbarn sind Tomaten und Kohl. Eine gute Nährstoff- und Wasserversorgung ist bei dem räuberischen Gemüse wichtig. Das Knollengemüse bevorzugt wie Möhren einen luftigen Ort und bleibt dann weitgehend von der Septoria-Blattfleckenkrankheit verschont.

Bei der Ernte die Sellerieknollen mit der Grabegabel aus dem Erdreich heben, dabei die Knolle nicht verletzen. Sellerie ist ein Herbst- und Winter-

Braucht reichlich Nährstoffe und Wasser: Knollen-Sellerie.

gemüse, dessen Knollen bis zum Frühjahr lagern können. Das würzige Gemüse gibt Suppen und Salaten einen besonderen, kräftigen Geschmack. Sellerie lässt sich auch gut entsaften oder in kleiner Menge ins Smoothie geben. Die würzkräftigen Blätter lassen sich wie Petersilie trocknen. (Beim Verzehr von Sellerie ist Vorsicht geboten: Manche Menschen reagieren allergisch auf das Gemüse aus der Familie der Doldenblütler.)

Vielerlei „Spinat“

„Spinat“ kann vielerlei Gemüse sein. Neben dem „richtigen“ Spinat *Spinacia oleracea* gibt es etliche Gemüsearten, die ähnlich aussehen und ähnlich verwendet werden. Vor allem sind es Gänsefußgewächse wie Garten-Melde (*Atriplex hortensis*) oder Guter Heinrich (*Chenopodium bonus-henricus*). Auch Kulturgemüse wie Baumspinat (*Chenopodium giganteum*), Mangold (*Beta vulgaris* subsp. *cicla*) und Erdbeerspinat (*Chenopodium foliosum*) fallen unter die Kategorie „Spinat“. Der sogenannte Kubaspinat (*Claytonia perfoliata*), der auch als Winterpostelein bekannt ist, wird frisch als Salatdreingabe gegessen. Der Malabarspinat (*Basella alba*) ist vor allem als Zierpflanze bekannt.

Spinat als Gemüse und Gründüngung

Spinat ist alles andere als ein langweiliges Gemüse. Mit neuen Sorten wird er für kreative und gesunde Zubereitungen interessant – frisch als Blattsalat und gemixt als Smoothie. Für viele Biogärtner ist Spinat nicht nur ein Gemüse, sondern auch eine Gründüngungspflanze.

Spinat auch zur Gründüngung säen

Spinatsaaten als Gründüngung sind wichtiger Bestandteil der Mischkultur nach Gertrud Franck (siehe Seite 15). Die bekannte Mischkulturgärtnerin hat Spinat reihenweise als sogenannte Vorsaat oder Liniensaat auf allen Gemüsebeeten ausgesät – weniger um ihn zu ernten, als vielmehr zur Grün-

Spinat wird in der Küche immer gebraucht.

Neuseeländer Spinat schießt nicht wie normaler Spinat und eignet sich deshalb bestens für den Sommeranbau.

Spinat über Winter kultivieren

Spinat eignet sich auch hervorragend für den Überwinterungsanbau. Wir machen das schon seit langer Zeit und säen dafür im September oder Oktober zum Beispiel auf abgeerntete Kartoffelbeete. Der Spinat wächst – je nach Wettersituation – noch im Herbst heran oder sehr bald im Frühjahr, wenn es wieder wärmer wird. Auf jeden Fall sind die Blätter einige Wochen früher erntereif als erst im Frühjahr gesäter Spinat.

düngung und zur Bodenbedeckung und als wertvolles Futter für die Bodenlebewesen, allen voran für den Regenwurm.

Der Spinat wird, sobald die Beete im März betreten werden können, großzügig in Reihen ausgesät. In der Mischkultur geschieht dies exakt nach Gartenplan mit einem Abstand der Spinatreihen von 50 cm zueinander. In die Reihen dazwischen werden nach und nach die anderen Gartengemüse entweder gesät oder gepflanzt. Der Spinat wächst im Idealfall üppig heran und wird vor der Blüte abgehackt. Die Blätter bleiben an Ort und Stelle als Mulchdecke liegen. Schon nach etwa zwei Wochen ist außer dürrem Blattgerippe kaum noch etwas von der Gründecke zu sehen.

Der Spinat ist in der Mischkultur also zunächst Gründüngung und dann Mulchmaterial. Wichtig ist, dass beim Abhacken die Wurzeln im Boden bleiben. Die absterbenden Wurzeln und die abgehackten Blätter liefern Futter für die Bodenorganismen, die sich so gut vermehren können. Die dabei freigesetzten Nährstoffe kommen nachfolgenden Gewächsen zugute. Zudem sind die Blätter ein willkommenes Futter für Regenwürmer, die sie in ihre Gänge ziehen, fressen, verdauen und in Form von Kotkrümeln wieder ausscheiden. Ein praktisches System, das dem Boden sehr gut tut.

Spinat für die Küche

Natürlich ist Spinat (*Spinacia oleracea*) auch ein hervorragendes Blattgemüse. Die weichen Spinatblätter machen sich als Bestandteil in grünen Blattsalaten gut. Profigärtner bauen spezielle kleinblättrige Spinatsorten für die Frischvermarktung als sogenannte „Babyleafs“ an. Neben dem üblichen grünblättrigen Spinat gibt es neue, fürs Auge interessante Sorten wie die rotstielige Sorte 'Reddy'.

Spinat hat die Eigenschaft, sehr schnell in Blüte zu gehen. In der Fachsprache heißt das schossen, es ist eine Reaktion, die von der Dauer der Lichteinwirkung am Tag abhängt. Bei länger werdenden Tagen im späten Frühjahr wird die Schossneigung angeregt. Dabei gibt es jedoch große Unterschiede. Neuere Hybridsorten wie 'Emilia' (F1), 'Monza' (F1) oder 'Toscane' (F1) schossen spät und eignen sich so sogar für den Sommeranbau. Die samenechte Sorte 'Matador', die Standardsorte für den Hobbyanbau, schosst dagegen früh; man sollte sie deshalb nur im Frühjahr und ab Spätsommer, frühestens ab Ende August, anbauen. Bei Sommeraussaat würde sie kaum Blattmasse ausbilden und schnell in Blüte gehen.

Einige Profi-Sorten wie 'Lazio' (F1) oder 'Emilia' (F1) sind resistent gegen den weit verbreiteten Falschen Mehltau. Die Samenhändler weisen auf die Resistenzeigenschaften hin. Speziell als Salat-Spinat wird die Sorte 'Sardinia' (F1) angeboten. Diese wird sehr dicht gesät und früh geschnitten, solange die Blätter noch klein und zart sind.

Beim Saatgut nicht sparen

Für Spinatsaaten in der Mischkultur kauft man gleich größere Mengen Saatgut (100 g oder mehr) einer preisgünstigen samenfesten Sorte (zum Beispiel 'Matador').

Die unentbehrliche Tomate

Bei Tomaten (*Lycopersicon esculentum*) hat man die Qual der Wahl zwischen Hunderten, ja Tausenden Sorten in vielen Wuchsformen, Fruchtgrößen und -farben und vielfältigen Geschmacksnuancen. Am besten pflanzt man von jeder Tomatengruppe etwas, um für alle Verwertungszwecke Früchte ernten zu können: also Cocktail- und Cherry-Tomaten, normale Stabtomaten, Fleischtomaten und Roma-Tomaten. Ein paar Sortenraritäten dürfen auch dabei sein.

Überlegungen zur Sortenwahl

Doch damit der Vorüberlegungen noch nicht genug: Bei der Sortenwahl spielt die Reifezeit ebenfalls eine Rolle. Bei kurzer Vegetationsperiode in höheren Lagen wählt man „frühe" Sorten, die früh blühen und verhältnismäßig schnell Früchte tragen, zum Beispiel 'Matina', 'Diplom' (F1), 'Harzfeuer' (F1), 'Hildares' und 'Frühzauber'. Dagegen reifen Fleischtomaten langsam und spät. Sie bringen deshalb nur in mildem Klima oder im Gewächshaus einen zufriedenstellenden Ertrag. Für Weinbauklima empfehlenswert ist die sehr widerstandsfähige spät reifende Baumtomate 'De Berao' mit flaschenförmigen Früchten.

Im Gewächshaus kommt es dagegen auf Sorten mit einer Widerstandsfähigkeit gegen die Samtfleckenkrankheit (Cladosporium) an. Hier lohnt sich auch der Anbau von veredelten Tomaten, bei denen die Edelsorte auf eine Wildtomatenunterlage gepfropft ist. Veredelte Tomaten sind in Gewächshäusern nach wiederholtem Tomatenanbau deutlich wüchsiger und bringen mehr Ertrag als auf ihren eigenen Wurzeln wachsende Pflanzen.

Für die Topfkultur sind Buschtomaten oder Balkontomaten ideal. Diese Sortentypen brauchen – im Gegensatz zu den anderen Sorten – nicht ausgegeizt zu werden. Bei ihnen ist Verzweigung erwünscht. Bei den etwas höher wachsenden Sorten stecke ich einfach Stäbe dazu und binde die Triebe fest.

Und schließlich bestimmt die Sortenwahl, ob man selbst Saatgut gewinnen möchte. Da kommt dann nur eine samenechte Sorte in Frage und keine Hybridsorte.

Faszinierende Sortenvielfalt der Tomate.

Trotzt der Kraut- und Braunfäule: Tomatensorte 'Phantasia'.

Sortenüberblick

Kirsch- und Cocktail-Tomaten: 'Philovita' (F1) – widerstandsfähig gegen Kraut- und Braunfäule; 'Picolino' (F1) – lange Trauben, platzfest; 'Yellow Pearshaped' – gelbe birnenförmige Früchte
Stabtomaten: 'Berner Rosen' – schöne rosenrote Farbe; 'Grünes Zebra', gelb-grün geflammt, weiche Frucht; 'Harzfeuer' (F1) – früh; 'Matina' – sehr früh reifende Kartoffelblättrige Tomate; 'Vitella' (F1) – sehr widerstandsfähig gegen Kraut- und Braunfäule
Fleischtomaten: 'Ananastomate' pfundschwere Früchte; 'Myrto' (F1) – widerstandsfähig gegen Kraut- und Braunfäule; 'Ochsenherz' – vielgestaltig
Flaschentomaten, Eiertomaten: 'Baumtomate' – spät reifend; 'Roma' – meist niedriger Wuchs; 'San Marzano' – längliche Fruchtform mit festem Fleisch und wenig Saft
Balkon- und Buschtomaten: 'Balkonstar'; 'Hoffmanns Rentita'; 'Tumbling Tom Red' und viele andere
Wildtomaten: Johannisbeer-Tomate

Von der Pike auf

Wer Tomaten selbst ernten will, hat entweder die Möglichkeit, im März selbst zu säen und im Haus oder in der Wohnung weiterzukultivieren oder im Mai Tomatenjungpflanzen zu kaufen.

Die optimale Aussaatzeit ist ab Ende Februar bis ca. 20. März. Bei späteren Aussaaten entwickeln sich die Pflanzen nicht mehr so gut, zumindest bringen sie keinen vollen Ertrag mehr. Bei früheren Aussaaten vergeilen die Pflanzen leicht, wenn sie nicht genügend Licht bekommen. Ich säe Samenkörner einzeln oder zu mehreren in mit spezieller Aussaaterde gefüllte Töpfchen und hülle sie mit Plastikfolie ein, sodass „gespannte Luft" entsteht. Bei Zimmertemperatur keimen die Pflanzen schnell. Sobald an den Keimlingen die ersten Laubblätter zu sehen sind, ist Zeit zum Pikieren in nährstoffreichere Pikiererde, die man selbst aus Aussaaterde und Kultursubstrat etwa im Verhältnis 1:1 mischen kann. Ab jetzt brauchen die Jungpflänzchen sehr viel Licht. Die vorderste Reihe auf dem Fensterbrett oder ein Platz im hellen Wintergarten ist gerade recht für sie. Die Jungpflanzen sollten jetzt etwas kühler, bei 16–18 °C, stehen. Bis zum Auspflanzen im Mai sollen kompakte Pflanzen heranwachsen, die im Idealfall schon Blüten tragen. Aus diesen Blüten werden sich später auch die ersten Früchte entwickeln.

Meine Lieblingssorten

Auf meiner Gartenwunschliste habe ich immer die fruchtig-säuerlich schmeckende Sorte 'Grünes Zebra' mit gelb-orange-grüner Flammung, die sehr süße, schnittfeste 'Braunrote Russische' und die großfrüchtige 'Ananastomate' mit festem Fruchtfleisch, die vorzüglich als Salat schmeckt. Ich baue aber auch neue Züchungen an, die widerstandsfähig gegen die Kraut- und Braunfäule sind; beispielsweise 'Vitella' (F1) oder 'Philovita' (F1).

Hinaus ins Freie

Die Tomate verträgt keine Kälte. Es ist deshalb ratsam, das Nachtschattengewächs erst nach den Eisheiligen Mitte Mai ins Freie zu pflanzen. (Wenn Kälte auf die Setzlinge einwirkt, wirft sie das in der Wuchskraft stark zurück.) Beim Pflanztermin muss auch das Wetter mitspielen – an einem warmen, windstillen Tag bei bedecktem Himmel ist es ideal.

In die Höhe leiten und ausgeizen

Gleichzeitig mit dem Pflanzen setze ich den etwa 1,5 m langen Stab, Spiralstab oder Pflock, um daran die Tomaten anbinden oder in die Höhe leiten zu können. Spiralstäbe aus Metall sind äußerst praktisch, weil man da mit dem Aufleiten wenig Arbeit hat.

Meistens lasse ich nur einen Trieb in die Höhe wachsen, bei wüchsigen Sorten auch zwei. Ansonsten ist es wichtig, alle Achseltriebe mit den Fingern abzubrechen. Man sagt dazu „ausgeizen“. Ziel ist, dass Licht und Luft in die Pflanzen gelangt. Im Lauf des Septembers kappe (entgipfele) ich die Spitzentriebe der Tomaten, weil sich hier mit einiger Wahrscheinlichkeit keine Früchte mehr ausbilden würden. Tomaten im Gewächshaus kann man noch länger in die Höhe wachsen lassen. Niedrige Buschtomaten und Balkontomaten muss man weder ausgeizen noch entgipfeln.

Viel Raum geben

Damit sich die Pflanzen gut entwickeln können und hohen Ertrag bringen, sollten sie viel Platz um sich haben. Ich pflanze Tomaten in weitem Abstand von etwa 80 cm oder noch weiter in der Reihe. Tomaten wurzeln tief und ziehen noch am Stängel Wurzeln. Sie sind Nährstoffräuber, die organischen Dünger wie Kompost sehr gut verwerten. Sie profitieren zudem vom Mulchen mit Blättern, Rasenschnitt und anderem organischen Material. Unter der Mulchschicht bleibt der Boden gleichmäßig feucht.

Guter Start für Tomatenpflanzen

Das Pflanzloch hebe ich mindestens eine Spatenlänge tief aus, sodass die Pflanzen tief in die Erde versenkt werden können. Das ist besonders wichtig bei lang aufgeschossenen „geilen“ Exemplaren. Den Wurzelballen drücke ich gut mit beiden Händen fest und fülle das Pflanzloch mit der ausgegrabenen lockeren Gartenerde, vermischt mit reichlich Kompost. Manchmal mache ich mir die Mühe und lege klein geschnittene Brennnesseln als eine Art Langzeit-Zusatzdünger mit ins Pflanzloch. Die Setzlinge gieße ich gleich in den Wurzelbereich hinein an, sodass die Erde im Pflanzloch in die Hohlräume nachrutscht.

Gefürchtete Kraut- und Braunfäule

Das weite Pflanzen ist auch deshalb wichtig, weil dann der Wind besser durch die Bestände streichen kann und die Blätter nach Regen oder Tau schnell wieder abtrocknen. Dies bietet einen gewissen Schutz vor der Kraut- und Braunfäule. Diese gefürchtete Pilzkrankheit, die Blätter, Stängel und Früchte befällt und im Extremfall die Pflanzen zum Absterben bringt, kann sich nur bei Nässe

Eine Überdachung schützt Tomaten vor Befall mit der Kraut- und Braunfäule.

Die Kraut- und Braunfäule schädigt Blätter, Triebe und Früchte und macht ganze Bestände zunichte.

ausbreiten. Damit dies nicht geschieht, baut man Tomaten unter Dach an – in nach Süden offenen Tomatenhäusern oder in einem Kleingewächshaus. Pflanzen, die in Töpfen oder Containern direkt an der Hauswand oder unter einem Dachvorsprung stehen, sind ebenfalls geschützt.

Vorbeugen lässt sich außerdem durch die Wahl der richtigen Sorte. Cherry- und Cocktail-Tomaten sowie Baumtomaten sind relativ widerstandsfähig. Durch das Einkreuzen von Resistenzgenen aus Wildtomaten ist es gelungen, hoch widerstandsfähige neue Sorten zu züchten.

Wenn sich die Krankheit doch ausbreitet, gelingt es manchmal, durch Abbrechen der befallenen Blätter und der bodennahen Blätter die weitere Ausbreitung zu unterbinden. Mischkulturanbau und biologische Pflanzenpflege reichen zur Regulierung der Krankheit leider meistens nicht aus.

Sicherheitshalber: Wässern von Tomaten über einen Tontopf.

Grüne Tomaten nachreifen lassen

Ich lasse grün geerntete, gesunde Tomaten im Haus nachreifen. (Unausgereifte, grüne Tomaten sollte man wegen des giftigen Inhaltsstoffs Solanin nicht in größeren Mengen essen.) Dazu lege ich die Früchte einzeln nebeneinander auf ein Tablett oder in eine Schachtel und stelle sie dunkel und bei kühler Zimmertemperatur auf.

Ich lagere reife Früchte nie im Kühlschrank, vielmehr bei Zimmertemperatur oder etwas darunter bei 13–18 °C. Nur dann entfalten sie ihr volles Aroma.

Viel Wasser und viele Nährstoffe

Tomatenpflanzen brauchen für üppigen Wuchs und guten Ertrag viel Wasser. Beim Gießen sind Tomaten etwas heikel: Ich gieße sie mit angewärmtem Wasser aus der Tonne direkt in den Wurzelbereich. Eine Grundregel beim Tomatengießen ist, dass man nie Wasser über die Pflanzen spritzt und zu vermeiden versucht, dass Wasser vom Aufprall auf den Boden hochspritzt, weil das den Befall mit Kraut- und Braunfäule begünstigt.

Eine gleichmäßige Wasserversorgung ist bei Tomaten auch deshalb nötig, weil die Früchte leicht platzen, wenn es nach einer langen Trockenphase wieder kräftig regnet. Dem lässt sich mit gutem Mulchen vorbeugen.

Tomaten müssen gut mit Nährstoffen versorgt werden. Im Hausgarten ist Kompost die wichtigste Nährstoff- und Humusquelle. Gerade bei Tomaten reicht das jedoch oft nicht aus. Ergänzend muss man häufig organische Handelsdünger oder Hornmehl bzw. Hornspäne geben. Kräuterjauche aus Brennnesseln oder Beinwell ist ebenfalls ein guter und schnell wirksamer Dünger.

Tomatenanbau im Kleingewächshaus

Tomaten gedeihen in unserem Klima am besten im Kleingewächshaus. Hier bereitet die Kraut- und Braunfäule weit weniger Probleme als im Freiland. Doch man muss anderes beachten: immer für guten Luftdurchzug sorgen und an blühenden Pflanzen rütteln, um eine gute Befruchtung zu ermöglichen. Durch die längere Kulturdauer fällt die Ernte im Gewächshaus wesentlich höher aus als im Freiland. Im Gewächshaus werden die Pflanzen an Schnüren in die Höhe geleitet und mit Clipsen befestigt.

Topinambur für die Gartenecke

Mit dem Topinambur (*Helianthus tuberosus*) steht für die Gemüseküche ein nahrhaftes, mineralstoffreiches Gemüse zur Verfügung. Es ist eigentlich schade, dass dieses Gemüse so wenig genutzt wird, denn es schmeckt gut und lässt sich ebenso vielseitig wie Möhren roh oder gedünstet zubereiten. Zudem lassen sich die Knollen entsaften. Im Badischen stellt man einen Schnaps daraus her.

Das Gemüse ist nach dem Indianerstamm Topinambo benannt. Anfang des 17. Jahrhunderts gelangte es aus Amerika nach Europa. Seine Karriere verlief jedoch nicht so spektakulär wie die von Tomate und Kartoffel, die ebenfalls aus Amerika stammen. Als Gemüsepflanze konnte sich Topinambur nie so recht durchsetzen, obwohl er sich sehr leicht anbauen lässt. Dagegen hat er Bedeutung als Wildfutterpflanze: Förster und Jäger bauen das Knollengewächs gezielt auf Wildäsungsflächen als Futter für Wildschweine und Rehe an.

Starker Ausbreitungsdrang

Wer Topinambur in den Garten holen möchte, braucht nur die unregelmäßig geformten Knollen ins Erdreich zu legen. Die Knollen treiben im späten Frühjahr aus. Die Pflanzen sehen den eng verwandten Stauden-Sonnenblumen zum Verwechseln ähnlich (siehe Foto Seite 24). Da Topinambur im Laufe der Jahre wuchert, sollte er weit entfernt vom Gemüse in einer Gartenecke alleine für sich stehen.

Topinambur bringt Massenerträge. Die Knollen bleiben im Winter im Boden und können jederzeit geerntet werden. Ausgraben und lagern sollte man die Knollen nicht, denn sie schrumpeln an der Luft sehr schnell und sind dann kaum noch zu gebrauchen.

Einige empfehlenswerte Sorten im Handel

Spezialgärtnereien bieten mehrere Sorten an, die sich durch die Größe der Knollen und die Farbe der Haut unterscheiden. Da gibt es solche mit bräunlicher oder gelblicher Schale und – besonders interessant – blauviolett gefärbte. 'Bianca' – weiße, glatte Knollen; 'Gföhler Rote' – sehr kleine, rotschalige Knollen, 'Schönenbuch' – rotschalig.

Vielseitig zu verwerten

Die hauchdünne Schale kann an der Knolle belassen oder abgeschält werden. Beim Essen stört sie nicht. Das Schälen bereitet bei den Knollen mit den vielen Auswüchsen, mit Eindellungen und Ausstülpungen einige Mühe; es genügt auch, die Knollen gründlich abzubürsten.

Ihren vollen nussigen Geschmack entfalten die Knollen roh. Allerdings sei davor gewarnt, dass empfindliche Menschen Blähungen bekommen. Gängige Zubereitungsarten sind das Raffeln wie bei Möhren für Salat, in Scheiben geschnitten für Aufläufe oder das leichte Dünsten. Und mixen lässt sich die stärkereiche Knolle auch – für Smoothies.

Zichoriensalate bereichern den Salatteller im Winter

Zuckerhut und Radicchio sind Zichoriensalate und verwandt mit dem Chicorée. Sie alle sind aus dem Wildgewächs Wegewarte hervorgegangen und tragen den botanischen Namen *Cichorium intybus* var. *foliosum*. Ihnen allen eigen ist der bittere Geschmack, für den der Bitterstoff Intybin verantwortlich ist.

Zuckerhut: Mitten im Sommer säen

In Süddeutschland, in der Schweiz und in Österreich ist der Zuckerhut beliebt. In anderen Regionen Deutschlands kennt man ihn kaum, was aber nicht heißt, dass er dort nicht gedeihen würde. Der Name „Zuckerhut“ deutet auf die Wuchsform hin; das Salatgemüse bildet tatsächlich spitz zulaufende Köpfe aus, die dem Zuckerhut für die Bowle ähneln. Es gibt auch Sorten mit mehr zylindrischem Wuchs. Die geschlossenen Köpfe mit den breiten Blättern, die sich tütenförmig umschließen, werden bis etwa 50 cm hoch.

Zuckerhut ist ein wichtiges Gemüse für den Spätherbst und frühen Winter und sogar für den Überwinterungsanbau geeignet. Er wird ab Mitte Juni bis Mitte Juli breitwürfig auf Beete im Garten gesät und bis zum Keimen feucht gehalten. Die Pflanze bildet eine Pfahlwurzel aus und verträgt das Verpflanzen nicht so gut. Am besten ist es, wenn man zu eng stehende Pflänzchen bereits auf dem Saatbeet vereinzelt und sie an eine andere Stelle setzt. Es kann ein paar Tage dauern, bis die Pflänzchen einwurzeln und die jungen Blätter sich

Zuckerhutsalat hält sich abgedeckt mit Vlies oft bis nach Weihnachten auf dem Beet.

Bildschön auf dem Beet und gesund auf dem Teller: der frostharte Radicchio aus der Verwandtschaft der Zichoriengewächse.

aufrichten. Nach dieser Jungpflanzenphase wächst Zuckerhut problemlos weiter, wenn er genügend Feuchtigkeit hat.

Geerntet wird ab Ende September. Die Salatköpfe können lange draußen auf dem Beet bleiben, denn sie vertragen ein paar Grade Frost (bis ca. −4 °C). Zuckerhut ist somit frosthärter als Endiviensalat, der nur etwa −2 °C verträgt. Wenn man die Pflanzen im Garten bei tieferem Frost abdeckt, können sie sogar bis in den Januar hinein (in nicht allzu kalten Winter sogar bis zum Frühjahr) draußen stehen bleiben und geerntet werden.

Mit Tricks bis zum Frühjahr ernten

Wir ernten nach einem milden Winter noch im April Zuckerhut vom Beet. Wenn längere Frostphasen angekündigt sind, ernten wir ihn auf Vorrat und stellen die festen Köpfe samt Strunk – fest in Zeitungspapier eingewickelt – in Eimern in die kalte Garage.

Radicchioblätter zum Dekorieren

Die knackigen Radicchioblätter sind unentbehrlich für bunte, winterliche Blattsalate, auch deshalb, weil sie Farbe auf den Teller bringen. Die dicht gepackten Blätter muss man vorsichtig vom Kopf ablösen und für die Salatschüssel in mundgroße Stücke rupfen. Ich lasse manche Blätter ganz und nehme sie als Unterlage zum Anrichten von Vorspeisen und Salaten.

Radicchio bringt Farbe in den Salat

Radicchio oder Salat-Zichorie (*Cichorium intybus* var. *foliosum*) wird in Italien und der Schweiz häufig angebaut und gerne gegessen. Grünblättrige oder gesprenkelte Sorten werden für unsere mitteleuropäische Küche jetzt erst entdeckt.

Radicchio ist vielgestaltig, mit lockeren Rosetten oder kompakten Köpfchen. Es gibt viele purpurfarbene Sorten mit breiten weißen Blattrippen bzw. Blattadern. Bekannt sind die dunkelgrüne, kaum bittere Sorte 'Grumolo' mit kleinen Köpfen sowie 'Palla Rossa' mit roten, weiß geaderten Blättern. Etwas Besonderes ist die cremeweiße, rot und grün gesprenkelte Sorte 'Variegata di Castelfranco' mit mildem Geschmack. In Italien werden weitere Sorten kultiviert, die teils nur lockere Rosetten bilden.

Diese Sorten eignen sich jedoch nur bedingt für mitteleuropäisches Klima.

Wählen Sie zwischen Sorten für die Ernte im Sommer und Herbst oder für die Ernte über Winter bis zum Frühjahr. Sommersorten aus dem Profianbau wie 'Indigo' werden im April/Mai in Reihen direkt aufs Gartenbeet gesät und später bei zu dichtem Stand vereinzelt; sie werden im Lauf des Sommers und Herbstes geerntet. Wintersorten wie 'Palla Rossa' sät man zur gleichen Zeit wie Endiviensalat nach der Sommersonnenwende im Juni/Juli. Damit sich die Köpfchen gut entwickeln können, sollten sie im Juli/August in weitem Abstand von 30–40 cm gepflanzt werden. Bei den Wintersorten bilden sich die Köpfchen erst im Spätherbst oder sogar erst im Frühjahr. Radicchio ist nicht immer winterhart.

Zucchini für die schnelle Küche

Zucchini (*Cucurbita pepo*) sind aus der modernen Küche nicht wegzudenken. Dabei ist es hierzulande ein „junges" Gemüse, das erst vor wenigen Jahrzehnten seinen Siegeszug angetreten hat. Die kalorienarmen Zucchini haben wenig Eigengeschmack. Da kommt es auf Raffinesse bei der Zubereitung an: roh, gedünstet, mariniert, gebraten, überbacken oder gefüllt – so flexibel ist dieses Gemüse. Die neutral schmeckenden Früchte sind unentbehrlich für Mischgemüse, für italienische Vorspeisen, für Aufläufe und Lasagne.

Interessant geformte Früchte

Die Zucchini werden auch als Gemüse-Kürbisse oder Sommer-Kürbisse bezeichnet. Sie werden vorzugsweise unreif geerntet und sind nicht so lange lagerfähig wie Speise-Kürbisse (siehe Seite 142). Sie haben die Wahl zwischen Sorten mit keulenförmigen, rundlichen oder ufoförmigen Früchten und solchen mit grüner oder gelber Schale. 'Diamant' (F1) ist eine grüne Standardsorte; 'Gold Rush' (F1) trägt gelbe Früchte; 'Black Forest' (F1) klettert; die Ufoförmige Sorte 'Sunburst' (F1) ist gelb mit grün am Ansatz gefärbt. Die samenechte Urzucchino 'Striato d'Italia' ist längs gestreift.

Unkompliziert anzubauen

Zucchini sind ideal für kleine Gärten, da sie kompakt wachsen und keine Ausläufer treiben, so wie es die verwandten Speise-Kürbisse tun. Für einen Haushalt reichen normalerweise ein oder zwei Pflanzen.

Auf einer kleinen Fläche lässt sich der anfänglich freie Platz um Zucchinipflanzen mit schnell wachsenden Schnitt- und Pflück-Salaten, Spinat oder Radieschen füllen. Die sind bereits geerntet, wenn die Zucchini den Platz beanspruchen.

Zucchini werden ab Ende April bis Anfang Mai in Töpfen im Haus ausgesät. Das Kürbisgewächs braucht guten, nahrhaften Boden und reichlich Wasser, dann entwickeln sich viele Früchte. Bei Wassermangel werden die Früchte bitter. Kälte schadet dem wärmebedürftigen Gewächs. Im Spätsommer werden die Pflanzen fast immer von Echtem Mehltau befallen, der mal mehr, mal weniger schadet. Mit der Auswahl widerstandsfähiger oder resistenter Sorten lässt sich dem Schaden vorbeugen.

Zucchinipflanzen ab Ende April im Haus in Töpfchen vorziehen und erst nach Mitte Mai ins Freiland pflanzen.

Eine Zucchinipflanze trägt reichlich Früchte.

Nicht zu groß werden lassen

Zucchini brauchen nur zwei bis drei Monate vom Säen bis zur Reife der ersten Früchte. Ernten Sie die Früchte jung mit einer Länge von 12–20 cm, solange sie noch zart und kernlos sind und lassen Sie an den Früchten einen etwa 10 cm langen Stielansatz stehen. Bei fortlaufender Ernte setzen die Pflanzen immer neue Früchte an. Pro Pflanze ist mit einem Ertrag von 3–4 kg zu rechnen. Zu groß gewordene, keulenförmige Früchte lassen sich mit ihrer harten Schale und dem schwammigen Fruchtfleisch kaum noch verwerten. Junge, „unreife" Zucchini halten sich im Kühlschrank nur etwa eine Woche; dann schrumpeln und faulen sie. Ausgereifte Exemplare können länger in der Küche oder an einem anderen trockenen Platz liegen.

Zucker-Mais zum Naschen

Zucker-Mais (*Zea mays*) aus der Familie der Süßgräser wird in Europa noch nicht lange kultiviert. Das wärmeliebende Gewächs stammt wahrscheinlich aus Mexiko und Zentralamerika. Die meisten Sorten im Handel sind Hybridsorten ('Challenger' (F1), 'Early Extra Sweet' (F1), 'Tasty Gold' (F1)), es gibt jedoch auch samenechte Sorten wie 'Golden Beauty'.

Die Pflanzen werden entweder ab April im Haus vorkultiviert oder – besser – direkt ins Freiland gesät, wenn der Boden sich auf 10 °C erwärmt hat. Die Pflanzen sollten in der Reihe einen Abstand von 20–40 cm zueinander haben. Zu Nachbarreihen sollte der Abstand wegen des hohen Wuchses der Maispflanzen etwa 80–100 cm sein. Eine Reihe mit Mais ergibt auch einen guten Sichtschutz. Man kann ihn wie auf dem Acker ebenfalls in Reihen nebeneinander anbauen; auf diese Weise ist für eine noch bessere Befruchtung gesorgt.

Pro Pflanze entwickeln sich zwei bis drei Maiskolben. Die erntet man in der Milchreife, wenn die Samenkörner noch weich sind. Zum Gewinnen von Saatgut müssen sie ausreifen.

Die frischen Maiskolben schmecken vorzüglich roh oder in Salzwasser gedünstet und als Beilage zu Gegrilltem.

Zucker-Mais braucht viel Platz. Deshalb andere Gemüsekulturen in weitem Abstand dazu pflanzen.

Die Küchen-Zwiebel und ihre Verwandten

Ein Garten ohne Küchen-Zwiebel und Co. ist kaum vorstellbar. Und auch in der Küche geht ohne die Küchen-Zwiebel gar nichts. Ihre süßliche Würze gibt Soßen, salzigen Kuchen, Braten und Chutneys den besonderen Geschmack.

Die Küchen-Zwiebel (*Allium cepa*) wird üblicherweise im Frühjahr gesteckt, nur die großen Gemüse-Zwiebeln werden sehr zeitig gesät. Bekannte und bewährte Lagersorten sind 'Stuttgarter Riesen' und 'Sturon'. Daneben gibt es weiß- und rotschalige sowie rosafleischige Sorten und die längliche 'Birnenförmige'. Die Schalotte (*Allium cepa* Aggregatum-Gruppe), bei der sich mehrere Zehen bilden, wird wie die Küchen-Zwiebel kultiviert. Frühlings- und Lauch-Zwiebeln werden gesät.

Schosser vermeiden

Erfahrungsgemäß sollte man mit dem Zwiebelstecken abwarten, bis die Kältephase vorbei ist und Boden und Luft sich erwärmt haben. (Bei zu frühem Stecken besteht die Gefahr, dass die Zwiebeln schossen, das heißt vorzeitig in Blüte gehen.) Auch der Boden sollte abgetrocknet sein, sodass er betreten werden kann. Der Pflanzabstand von Reihe zu Reihe beträgt 25–30 cm, in der Reihe etwa 8–10 cm. (Eventuell auch in Doppelreihen versetzt stecken.) Die Steckzwiebeln mit den Fingern gut festdrücken, sodass die Spitzen der Zwiebeln gerade bis zur Erdoberfläche reichen.

Durch Hacken pflegen

Halten Sie den Boden um die Zwiebeln immer offen. Vor allem nach Regengüssen, wenn der Boden oberflächlich verkrustet ist, muss entlang der Reihen mit der Hacke gelockert werden. Dabei vorsichtig zu Werke gehen und das Laub nicht beschädigen. Das Hacken hat auch den Nebeneffekt, dass dabei Unkräuter abgehackt werden.

Gut abreifen lassen

Zwiebeln sollen immer gut abreifen. Im Juli oder August lockere ich an einem sonnigen, trockenen Tag zuerst mit der Grabegabel den Boden, später ziehe ich sie an den weitgehend vertrockneten Schlotten heraus und lasse sie einige Stunden lang zum Abtrocknen auf dem Beet liegen. Dann lege ich sie in flache Kisten zum weiteren Trocknen und stelle sie unter Dach.

Wenn man dekorative Zwiebelzöpfe flechten will, darf man die Schlotten nicht völlig abtrocknen lassen. Das Flechten gelingt nur gut, wenn sie noch etwas grün und geschmeidig sind. Bei den restlichen Zwiebeln lasse ich das Laub eintrocknen und entferne es später im Jahr, wenn einmal nicht so viel zu tun ist. Die Zwiebeln lagere ich trocken, kühl und luftig in flachen Kisten, in Spankörben oder die Zöpfe hängend. Gut ausgereifte und trocken geerntete Zwiebeln bleiben bis zum darauffolgenden Frühjahr frisch.

Küchen-Zwiebeln auf dem Beet nachtrocknen lassen.

Schalotten brauchen genügend Abstand zum Nachbarn.

Seltenes und Wildes

Das normale Gemüsesortiment ist schon sehr groß. Doch es gibt noch mehr eher seltene oder regionale Besonderheiten auszuprobieren.

Fast jeder Landstrich hat eine oder mehrere Gemüsespezialitäten und entwickelt darum herum eine besondere Küchen- und Rezeptkultur. Häufig hängt dies mit bestimmten Boden- oder Klimaverhältnissen zusammen. Bleichspargel gedeiht eben am besten auf leichten, sandigen Böden. Regionale Besonderheiten sind zum Beispiel das Teltower Rübchen, das in Brandenburg und Berlin bekannt ist, oder die Dicke Bohne, eine Spezialität im Rheinland. Das heißt aber nicht, dass die Gemüsearten nur in den genannten Regionen gedeihen würden. Testweise anbauen kann man sie auch anderswo und so vielleicht eine neue, schmackhafte Gemüseart für sich entdecken.

Der Anbau der Haferwurzel ist auf tiefgründigem Boden einen Versuch wert.

Weitere Gemüsearten

Art	Botanischer Name	Genutzter Pflanzenteil	Besonderheiten beim Anbau
Andenkirsche (Kapstachelbeere)	*Physalis peruviana*	Frucht	Für Gewächshaus und Freiland
Aubergine, Eierfrucht	*Solanum melongena*	Frucht	Für warmes Klima oder Gewächshauskultur, auch als Kübelpflanze
Dicke Bohne	*Vicia faba*	Unreife Samenkörner	Für sehr frühe Aussaaten
Chinakohl	*Brassica rapa* subsp. *chinensis*	Blattschöpfe	Anspruchsvoll, für nährstoffreiche Böden
Kardy	*Cynara cardunculus*	Blattstiele	Ein- oder mehrjährige Kultur
Kohl-Rübe, Steck-Rübe	*Brassica napus* subsp. *rapifera*	Rübe	Zum Einlagern
Mai-Rübe und Herbst-Rübe, zum Beispiel Teltower Rübchen	*Brassica rapa* subsp. *rapa*	Knolle	Für lockeren, sandigen Boden
Neuseeländer Spinat, Sommerspinat	*Tetragonia tetragonioides*	Junge Blätter und Triebspitzen	Für Sommeranbau
Portulak, Sommer-Portulak	*Portulaca oleracea* subsp. *sativa*	Blätter und Blatttriebe	Für Sommeranbau
Schwarzwurzel	*Scorzonera hispanica*	Wurzel	Für lockeren, tiefgründigen Boden
Spargel	*Asparagus officinalis*	Weiße, grüne und violette Sprosse	Dauerkultur; Ernte erst ab dem dritten Standjahr
Winterpostelein, Winterportulak	*Claytonia perfoliata*	Blätter mit Stiel	Ideal zur Winternutzung von Gewächshäusern

Wildgemüse aus dem Garten

Die im Garten allgegenwärtige Vogelmiere schmeckt fein im Salat.

Immer mehr kochende Gärtnerinnen und Gärtner begeistern sich für Wildgemüse. Es geht dabei um essbare, wild wachsende Pflanzen. Genau genommen sind es Arten der wild wachsenden Flora und verwilderte Kulturpflanzen. Übergänge zur Gruppe der alten Gemüsearten und -sorten sind fließend. Gebräuchliche Wildgemüsearten wie die Brennnessel oder die Schafgarbe sind oft gleichzeitig Heilpflanzen.

Des besseren Verständnisses halber sollte man noch fein zwischen Wildgemüse und Wildkräutern unterscheiden. Aus Wildgemüsepflanzen lassen sich wie mit Kulturgemüsearten eigenständige Gerichte oder Getränke zubereiten, Wildkräuter wie der Echte Kümmel dienen eher als Würze oder für Teeaufgüsse.

Von den meisten Wildgemüsearten wird das Blattwerk verwendet, von einigen auch die Wurzeln beziehungsweise die unterirdischen Speicherorgane. Blüten und Früchte dieser Arten sind meist ebenfalls essbar. Sie geben jedoch nicht viel her und dienen eher als Dekoration.

Wo ist Wildgemüse zu finden?

Ein wichtiger Fundort und Sammelplatz für Wildgemüse ist der Garten. Welche Arten im einzelnen Garten natürlicherweise vorkommen, hängt vom Standort ab, also von Bodenart, Klima, Belichtung usw., aber auch von der Bewirtschaftung der Gartenteile. Auf der Wiese bzw. im Rasen gedeihen Löwenzahn, Spitz-Wegerich, Schafgarbe, Gänseblümchen, Wiesen-Schaumkraut und viele mehr.

Auf regelmäßig gründlich bearbeiteten Gemüse- und Blumenbeeten sind hauptsächlich einjährige Kräuter wie Behaartes Schaumkraut, Vogelmiere und Meldearten, um nur ein paar gebräuchliche Wildgemüsearten zu nennen, zu finden. Im Staudenbeet und am Gehölzrand breiten sich zudem ausdauernde Arten wie Gefleckte Taubnessel, Brennnessel, Knoblauchrauke, Gundermann und Giersch aus.

Das Behaarte Schaumkraut erscheint als eines der ersten Wildkräuter im Frühjahr auf den Gartenbeeten.

Heil- und Küchenkräuter mit vielen Facetten

Kräuter gehören in meinen Gärten einfach dazu. Sie wachsen in irgendeiner Form überall mit – auf den Gemüsebeeten, bei den Rosen, im Steingarten. Für mich sind sie Nutz- und Zierpflanzen zugleich.

Innerhalb der Gruppe der Kräuter gibt es viele feine Unterschiede – nach den Inhaltsstoffen, nach dem Verwendungszweck, nach der botanischen Systematik und nach der Lebensform. Die Lebensform zu kennen – also zu wissen, ob die Kräuter einjährig, zweijährig oder ausdauernd sind – ist für den Anbau im Garten entscheidend.

Einjährige Kräuter vollenden ihren Lebenszyklus vom Keimen übers Blühen und Fruchten bis zum Absterben (oder der Ernte) in einem Jahr. Zweijährige Kräuter bilden erst im zweiten Jahr Blüten und Früchte und sterben dann ab. Ausdauernde Kräuter haben eine längere Lebensdauer und kommen bei guter Pflege jedes Jahr wieder. Von ihnen braucht man nur einzelne Exemplare, daher kauft man sie am besten in der Gärtnerei.

Ausdauernde Kräuter bekommen einen festen Platz im Beet.

Lebensformen der Kräuter und ihre Vermehrung

Einjährige Kräuter: Basilikum, Bohnenkraut, Borretsch, Dill, Kapuzinerkresse, Kerbel, Koriander (Blatt- und Körnerkoriander) , Majoran, Ringelblume – Vermehrung durch Aussaat mit Vorkultur oder direkt aufs Beet

Zweijährige Kräuter: Petersilie, Kümmel – Vermehrung durch Aussaat mit Vorkultur oder direkt aufs Beet

Ausdauernde Kräuter – Stauden und Halbsträucher: Bärlauch, Berg-Bohnenkraut, Dost/Wilder Majoran, Eberraute, Estragon, Garten-Salbei, Garten-Thymian, Gewürz-Fenchel, Lavendel, Liebstöckel/Maggikraut, Minze, Sauerampfer, Schnittlauch, Süßdolde, Kleiner Wiesenknopf (Pimpinelle), Winterhecken- bzw. Winter-Zwiebel, Ysop, Zitronen-Melisse – Vermehrung durch Aussaat meist möglich, besser ist aber die vegetative Vermehrung durch Teilen, aus Stecklingen oder Absenkern

Allesamt ausdrucksstarke Gestalten mit speziellen Eigenschaften, denen ich den ihnen gebührenden Raum geben möchte und die ich gerne betrachte. Zum Kräuterbestand im Garten gehören für mich auch die Wildkräuter, die ohne menschliches Zutun aufwachsen.

Die Gartenkräuter sind nach meiner Anschauung nicht nur für die Menschen da, sondern auch für die Tiere, die hier Nahrung finden. Und noch ein Grund, weshalb gewisse Kräuter unbedingt in den Biogarten gehören: Sie sind gut zum Mulchen und für düngende und pflegende Tees und Jauchen; vor allem Brennnessel und Beinwell (Comfrey) sind da wichtig.

Heilkräuter bringen auch dem Garten Gesundheit

Heilkräuter bringen Vielfalt in den Garten und erfüllen eine wichtige ökologische Funktion – als Bienenweidepflanzen, als Mischkulturpartner oder als Grundlage für einen sanften Pflanzenschutz und eine gute Bodenpflege.

Heilpflanzen als Bienenweide

Durch das Aussäen oder Anpflanzen einer Vielzahl von Kräutern kann jeder Gartenbesitzer etwas für die Natur tun. Besonders wertvoll sind Pflanzen aus den großen Gruppen der Doldenblütler und der Lippenblütler. Lippenblütler wie Dost, Lavendel, Ysop und Zitronen-Melisse entfalten ihre Blüten etwa von Ende Juni bis September. Diese Sommerblüher sind besonders wertvoll für die Insektenwelt, weil es zu dieser Zeit in den Gärten oft wenig Blühendes gibt. Sie werden an warmen Sommertagen von Bienen und Schmetterlingen belagert. Pflanzen Sie also möglichst viele dieser Sommerblüher um die Gemüsebeete, in die Nähe der Rosen oder ins Staudenbeet, wo sie eine gute Figur machen.

Solche Partnerschaften können ebenso den Pflanzennachbarn helfen. Garten-Salbei und Lavendel sollen Ameisen vertreiben. Und der Kapuzinerkresse wird nachgesagt, dass sie Blattläuse fernhält.

Kräutertees als sanfter Pflanzenschutz

Die gesundheitsfördernde Wirkung der Kräuter können Gartenbesitzer noch auf andere Weise nutzen: in Form von Kaltwasserauszug, Teeaufguss, Brühe oder Jauche. So soll ein Kaltwasserauszug aus Brennnesseln Blattläuse vertreiben. Beinwelljauche ist ein guter Kaliumdünger. Rainfarntee hilft gegen Insekten, Ameisen, Erdraupen, Blatt- und Wurzelläuse. Von Knoblauchtee und -auszug erhofft man sich eine Wirkung gegen Erdbeermilben, Blattläuse und Pilzkrankheiten. Und Meerrettichtee, zur Kirschblütenzeit gespritzt, soll gegen Monilia helfen. Dieser „sanfte" Pflanzenschutz kann bei wiederholtem Ausbringen wirken. Die Rezepte zum Ansetzen der Mittel finden Sie auf Seite 95.

Kräuter zum Mulchen

Brennnessel- und Beinwellblätter lassen sich gut zum Mulchen verwenden, etwa unter Tomatenpflanzen oder unter Kohl. Beide Arten treiben nach einem Rückschnitt schnell wieder aus, sodass im Lauf des Sommers mehrmals Mulchmaterial gewonnen werden kann. Es ist immer wieder erstaunlich zu sehen, wie selbst von einer dicken Mulchschicht nach ein paar Wochen kaum noch etwas übrig ist. Neben der Bodenpflege und dem Verdunstungsschutz hat das Mulchen mit den mineralstoffhaltigen Kräutern auch einen düngenden Effekt.

Landeplatz für Honigbienen und Hummeln: die Heilpflanze Comfrey.

Lust auf Kräuter – Arten und Sorten

Aromatisch, zitronig, anisartig, scharf oder bitter – so bringen uns Küchen- und Heilkräuter auf den Geschmack. Wir nehmen sie für süße und pikante Zubereitungen, für heilkräftige Tees und erfrischende Drinks.

Würzkräftiges Basilikum

Basilikum (*Ocimum basilicum*) ist das Kraut für Entdecker. Da gibt es klein- und großblättrige Sorten, solche mit grünen und mit roten Blättern, glattrandige und krausblättrige. Neben dem bekannten Genoveser Basilikum 'Genovese' mit kräftigem Geschmack sind Sorten mit zitronigem oder mit anisartigem Geruch und Geschmack zu entdecken. Am sichersten gelingt die Basilikumkultur in Töpfen und Kästen; in den Gefäßen sind die zarten Pflänzchen vor Schneckenfraß einigermaßen geschützt. Außerdem lassen sich die Töpfe, wenn nötig, leicht an warme Stellen im Garten oder auf dem Balkon rücken.

Basilikum wird am besten ab April im Haus auf dem Fensterbrett vorkultiviert. Die winzigen Sämlinge kann man zunächst büschelweise pikieren. Später sollten die Pflänzchen jedoch einzeln stehen, sodass sie sich gut entwickeln können. Ins Freie sollten die kälteempfindlichen Jungpflänzchen erst, wenn keine tiefen Temperaturen mehr zu erwarten sind. Sicherheitshalber pflanze ich nicht gleich nach den Eisheiligen, sondern erst nach der Schafskälte im Juni. Die einjährige Würzpflanze gedeiht am besten bei Temperaturen über 20 °C. Bei Herbstkühle geht das Kraut schnell ein. Dem muss man zuvorkommen und es entweder gleich verbrauchen oder vorsichtig trocknen. Basilikum bekommt beim Trocknen leider leicht schwarze Flecken.

Ernte mit der Schere

Vom Basilikum vor der Blüte ganze Triebe abschneiden, nicht Blättchen abzupfen; dann treiben die Pflänzchen wieder buschig nach und gehen nicht so schnell in Blüte. Blühender Basilikum lockt zwar Insekten an, hat dann aber nur noch wenig Aroma und bildet kaum noch neue Blätter aus.

Beim Basilikum die Triebspitze abknipsen.

Ein Biogarten ohne Borretsch ist kaum denkbar.

Aromareiches Bohnenkraut

Das einjährige Bohnenkraut (*Satureja hortensis*) hat wie alle Lippenblütler ein intensives Aroma. Es sät sich leicht selbst aus. Einige neuere Sorten ('Aromata', 'Saturn') enthalten besonders viel ätherisches Öl und schmecken deshalb aromatischer als die gängige Handelssorte.

Berg-Bohnenkraut – auch zur Zierde

Das ausdauernde Berg-Bohnenkraut (*Satureja montana*) sieht dekorativ aus. Es macht sich außer auf dem Kräuterbeet auch gut im Staudenbeet oder in der Nachbarschaft von Rosen. Mit der Zeit bildet das Gewächs große „Büsche" aus, die man durch Rückschnitt etwas im Zaum halten kann. Berg-Bohnenkraut passt wie das einjährige Bohnenkraut zu pikanten Gerichten mit Grünen Bohnen oder zu Suppen.

Borretsch oft mit dabei

Borretsch oder Gurkenkraut (*Borago officinalis*) sät sich ebenfalls selbst aus. Die einjährige Art wird aber nicht lästig; aufkommende Pflanzen lassen sich leicht jäten. An seinen behaarten Blättern ist Borretsch schon ganz jung gut erkennbar. Die fein geschnittenen jungen Blätter würzen Salate und Quarkzubereitungen. Auch wenn man das Kraut gar nicht verwendet, sollte es im Garten mit wachsen, den Bienen und Hummeln zuliebe.

Dill markiert die Reihen

Der einjährige Dill (*Anethum graveolens*) nimmt mit seinem feinfiedrigen Laub im Garten nur wenig Platz ein. Er wächst so schmal in die Höhe, dass ich ihn direkt zum Gemüse säe – nach einer Mischkulturregel direkt zu den Möhren in die Saatreihe. Ob Dill tatsächlich das Keimen der Möhren fördert – wovon Mischkulturgärtner ausgehen –, sei dahingestellt. Auf jeden Fall ist durch die Beisaat des früh keimenden Dills der Verlauf der langsam keimenden Möhren gut zu sehen. Auf diese Weise kann ich früh mit dem Hacken beginnen, ohne die auflaufende Saat zu schädigen.

An Orten, die ihm zusagen, versamt sich der Dill und kommt jedes Jahr „von alleine" wieder. So gedeiht er am besten. Auf jeden Fall sollte er „an Ort und Stelle" gesät werden. Verpflanzen lässt er sich wegen seiner Pfahlwurzel nämlich schlecht.

Dost oder Wilder Majoran für Naturgärten

Dost oder Wilder Majoran (*Origanum vulgare*) mit seinem würzigen Aroma scheint beim Essen die Sommerwärme weiterzugeben. Ein Anklang an Thymian – nicht verwunderlich bei diesem eng verwandten Lippenblütler. Wie am Naturstandort gedeiht die ausdauernde Wildpflanze gut an sonnigen, trockenen Stellen im Garten und vermehrt sich an passenden Plätzen von alleine. Sie blüht erst im Hochsommer; dafür ausdauernd bis zum ersten Frost. Die Blüten ziehen Schmetterlinge und Bienen geradezu magisch an.

Nach der Hauptblüte schneide ich die Triebe zurück. Die Pflanze treibt dann im Herbst frisches Blattgrün nach. Die jungen Blätter ergeben, fein gewiegt, eine aromatische Würze für Kräuterquark, für Gemüse und für Pizza. Die Blüten und das blühende Kraut eignen sich besser für Teeaufgüsse. Zudem lässt sich das Kraut gut trocknen.

Neben der Wildart *Origanum vulgare* mit violetten Blüten bieten die Kräutergärtner noch intensiver violett und sogar weiß blühende Sorten an, dazu solche mit kompaktem Wuchs ('Compactum').

Eberraute gibt Struktur

Für mich ist die Eberraute (*Artemisia abrotanum*) der Star in meinem Kräuter- und Rosengärtchen. Ich kann gar nicht genug davon haben. Der mehrjährige Strauch sieht mit seinen fein gefiederten, grüngrauen Blättchen sehr dekorativ aus. Die Pflanze ist unten verholzt. Die Stöcke lassen sich sehr gut beschneiden (ähnlich wie Buchs oder Lavendel). Ich schneide sie im Frühjahr, wenn die strengen Fröste vorüber sind, bis ins Holz zurück. Die Eberraute ist eine Paradepflanze für die Stecklingsvermehrung. Kreative Gärtner legen mit der Eberraute niedrige geschnittene Kräuterhecken an. Mit seiner herb-bitter-würzigen Geschmacksnote darf man das Blattwerk nur sehr sparsam in der Küche verwenden.

Estragon für Kenner

Das fein gefiederte Laub des Estragon (*Artemisia dracunculus*) ist traditionelle Würze für Essig und Salatsoßen und passt gut zu Fisch. Traditionell ist Estragon würzende Zutat für die Sauce Bearnaise.

Blühender Wilder Majoran lockt im Hochsommer Bienen und Schmetterlinge an.

Die Eberraute gefällt mit ihrem graugrünen, fein gefiederten Laub.

Eine Gewürz-Fenchel-Staude wächst oft über zwei Meter hoch und braucht Abstand zu den Nachbarpflanzen.

Die Kapuziner-Kresse liefert scharfe Würze von allen Pflanzenteilen: von Blättern, Blüten und Samen.

Estragon wächst ausdauernd als Staude. Er neigt etwas zum Wuchern. Positiv ausgedrückt kann man sagen, dass er sich durch Teilung oder über Stecklinge gut vermehren lässt. Kenner bevorzugen den Französischen oder den Deutschen Estragon mit ihrem feinen Aroma gegenüber dem Russischen Estragon mit seinem herberen Geschmack.

Vielseitiger Gewürz-Fenchel

Neben der Gemüseart Knollen-Fenchel (siehe Seite 130) gibt es den Gewürz-Fenchel (*Foeniculum vulgare* var. *dulce*), der viel höher und üppiger wächst. Die Exemplare in meinem Garten werden weit über 2 m hoch. Besonders hübsch sieht der Bronze-Fenchel (*Foeniculum vulgare* 'Rubrum') mit rötlichem Laub aus. Mit ihrem aufrechten Wuchs bilden die mehrjährigen Pflanzen den Mittelpunkt in jedem Kräuter- oder Staudenbeet.

Beim Gewürz-Fenchel kommt es nicht auf das Blattwerk an (obwohl man das auch essen kann), sondern auf die Früchte, die Fenchelkörner, die sich an den doldigen Blütenständen heranbilden und zum Würzen oder als Tee verwendet werden.

Der Gewürz-Fenchel ist nicht nur nützlich für den Menschen, sondern auch für die Tierwelt. Er ist eine Lockpflanze für Insekten, vor allem für Schwebfliegen, die an sonnigen Tagen dicht an dicht auf den Doldenblüten sitzen. Schon allein deswegen muss in jedem Biogarten mindestens ein Gewürz-Fenchel stehen. Allerdings kann es auch schnell zu viel werden. Wenn man nicht aufpasst, erscheinen überall im Garten die Sämlinge.

Kapuzinerkresse gegen Läuse

Die Kapuzinerkresse (*Tropaeolum majus*) ist Zierpflanze, Würzpflanze und Heilpflanze zugleich. Die scharfen Blüten, Blätter und Samen kann man essen. Wegen ihrer Blütenform, die der Kapuze der Kapuzinermönche ähnelt, erhielt sie ihren Namen. Das Blattwerk der einjährigen Pflanze entwickelt sich im Spätsommer und Herbst bei feuchtem Wetter besonders üppig. Eine einzige Pflanze kann mit ihren großen Blättern mehrere Quadratmeter bedecken. Beim ersten leichten Frost fällt die Pracht jedoch in sich zusammen.

Kerbel will es feucht

Der Kerbel (*Anthriscus cerefolium*) gehört zur Familie der Doldenblütler. Er braucht wie der Dill wenig Platz. An feuchten, humosen Plätzen, die ihm zusagen, sät er sich selbst aus und kommt „von alleine“ immer wieder. Das gelingt jedoch nicht in jedem Garten. An heißen, sonnigen Plätzen und im Sommer wird man mit der Kerbelaussaat wenig Glück haben. Im Sommer geht der einjährige Kerbel schnell in Blüte. Am besten keimen die Herbstaussaaten.

Koriander zur Blatt- und Körnerernte

Ein weiterer einjähriger Doldenblütler ist der Koriander (*Coriandrum sativum*). Die Samenkörner sind ein alt bekanntes Brotgewürz. Dieser Gewürz-Koriander lässt sich problemlos im Garten kultivieren. Die Kultur hat allerdings einen Nachteil: Das Laub stinkt! Sehr gefragt sind seit einiger Zeit die Blatt-Koriander-Sorten für die asiatische Küche. Saatgut gibt es zum Beispiel unter dem Sortennamen 'Cilantro'.

Kümmel fürs Brot

Ein weiteres Mitglied der Doldenblütlerfamilie ist der Echte Kümmel (*Carum carvi*). Eigentlich wächst die einheimische Wiesenpflanze zweijährig, das heißt sie kommt im Jahr nach der Aussaat zur Blüte und bildet Früchte aus. Neue ertragreiche Züchtungen lassen sich jedoch auch einjährig kultivieren. Der Kümmel ist eines der ganz wenigen einheimischen Würzkräuter und verdient deshalb besondere Aufmerksamkeit. In der Küche verwendet man hauptsächlich die Körner als Brotgewürz oder zu Kohl.

Vom Echten Kümmel verwendet man die reifen Samenkörner.

Lavendel gehört in jeden Garten

Wenigstens ein Lavendelstock (*Lavandula angustifolia*) gehört in jeden Garten. Es schadet aber gewiss nicht, wenn viele Exemplare den Garten zieren. Lavendel passt zu Rosen und ins Kräuterbeet und er lässt sich sogar zu niedrigen Hecken schneiden. Lavendel wirkt allein durch seinen Duft schon ausgleichend und beruhigend und erst recht in Form von ätherischem Lavendelöl.

Botanisch betrachtet ist Lavendel ein Halbstrauch. Das heißt, er ist unten verholzt und treibt daraus jedes Jahr neu krautige Triebe. Damit der Lavendel kompakt wächst, sollte man ihn jedes Jahr zurückschneiden, sodass eine flache Halbkugel entsteht. Am besten geschieht das nach der Hauptblüte im August. Erfahrene Gärtner scheuen sich nicht davor, bis ins Holz zurückzuschneiden. Der Halbstrauch treibt dann vor dem Winter noch einmal aus und geht gestärkt in den Winter. Der Rückschnitt ist auch am Ende des Winters vor dem Austrieb möglich. Keinesfalls sollte man Lavendel im Spätherbst zurückschneiden. Er ist sonst ungeschützt Frost und wechselnden Temperaturen ausgesetzt und wintert dann oft aus.

Die Topfkultur ist möglich bei Überwinterung an einem geschützten Ort, und zwar so, dass der Wurzelballen möglichst nicht durchfriert.

Kräuter- und Staudengärtnereien bieten Sorten mit besonderen Eigenschaften und besonderen Blütenfarben an. Häufig im Sortiment ist die Sorte 'Hidcote Blue' mit dunkelvioletten Blüten. Aus Stecklingen von dieser Sorte kann man schöne, niedrige Hecken aufbauen. Intensiv blau blüht 'Munstead'. 'Rosea' steuert rosa Töne bei. Besonders elegant sieht weiß blühender Lavendel aus, beispielsweise neben rosafarbenen Rosen.

Liebstöckel braucht Platz

Das hoch und üppig wachsende Liebstöckel (*Levisticum officinale*) gehört meistens zum Grundbestand eines Kräutergartens. Im Unterschied zu vielen anderen Kräutern liebt die Staude feuchten, nährstoffreichen Boden und gedeiht auch noch im Halbschatten. Für gute Entwicklung braucht Liebstöckel reichliche Kompostgaben.

Die frischen Blätter geben Salatsaucen und Suppen ein feines Aroma, das wie die Suppenwürze „Maggi“ riecht und schmeckt – daher stammt auch sein ebenfalls bekannter Name Maggikraut. Die Blätter lassen sich für den Wintervorrat gut trocknen oder zerkleinert und mit Wasser aufgefüllt als Eiswürfel einfrieren.

Deftiger Majoran als Würze

Zur Pflanzenfamilie der Lippenblütler gehört der Majoran (*Origanum majorana*), ein Kraut aus der Mittelmeerregion, das bei uns einjährig kultiviert wird. Mit seinem deftigen Aroma passt er zu Suppen und Eintöpfen und ist als Wurstgewürz unentbehrlich. Für zarte Blattsalate taugt er nicht. Der echte Majoran schmeckt ganz anders und viel intensiver als der ausdauernde Wilde Majoran oder Dost (siehe Seite 180), der als einheimische Wildpflanze auf trockenen Wiesen und an Wegrändern wächst.

Minze für den Tee

Minzen sind mehrjährige Gartenbewohner und eigentlich pflegeleicht. Anders als die meisten anderen Heil- und Würzkräuter vertragen sie auch leichten Schatten, etwa unter Beerensträuchern oder Obstbäumen. Minzen haben den einzigen Nachteil, dass sie sich unterirdisch durch Wurzelausläufer, durch sogenannte Stolonen, ausbreiten. Wenn man also verschiedene Minzen ausprobieren möchte, sollte man sie besser an weit auseinander liegenden Plätzen kultivieren oder neben natürlichen Barrieren, etwa am Sockel von Gebäuden oder Mauern. Eine Zeitlang lassen sich Minzen auch in größeren Töpfen oder Kübeln kultivieren.

Als beste Sorte für heilkräftigen und gleichzeitig erfrischenden Tee empfehle ich die Mitcham-Minze (*Mentha × piperita* 'Mitcham'). Kinder (und Erwachsene) mögen die Spearmint (Grüne Minze, *Mentha spicata*), weil sie wie Kaugummi riecht und schmeckt. Wer ein ganzes Sortiment Minzen mit feinen Aromen im Garten hat, der wird des Teetrinkens nie überdrüssig.

Turbotrocknung

Bei Minzen streife ich immer die Blätter von den vierkantigen Stängeln ab und trockne sie separat. Dann trocknen sie viel schneller.

Minze verbrauchen Sie am besten frisch oder trocknen sie. Bei der Ernte zum Trocknen ist der günstigste Erntetermin unmittelbar vor oder bei beginnender Blüte. Da die Minze eine Langtagspflanze ist, blüht sie erst ab Juli.

Zweijährige Petersilie

Die Petersilie (*Petroselinum crispum*) gehört zur Gruppe der zweijährigen Pflanzen. In der Praxis wird sie oft einjährig kultiviert, Frühjahrsaussaaten laufen jedoch oft nicht gut auf. Erfahrungsgemäß kommt Petersilie viel besser auf, wenn man direkt nach der Samenreife im August an Ort und Stelle sät. Am bekanntesten ist die Sorte 'Mooskrause' mit stark gekrausten Blättern, die in Süddeutschland sehr verbreitet ist. In Norddeutschland kultiviert man eher glattblättrige Petersilie.

Bei der Petersilienkultur ist es wichtig, dass man den Fruchtwechsel einhält und die Kultur nur alle sechs bis sieben Jahre an die gleiche Stelle bringt. In älteren Gärten, in denen über lange Zeit immer wieder Petersilie angebaut worden ist, verfärben sich die Blätter oft gelb als typisches Merkmal einer Fruchtfolgekrankheit.

Rosmarin für den Topfgarten

Schon im Altertum schätzten die Menschen den Rosmarin (*Rosmarinus officinalis*) als Heilkraut. Der immergrüne Strauch wächst in seiner Heimat rund ums Mittelmeer etwa 2 m hoch. In unserem Klima ist er allerdings nicht sicher winterhart; deswegen wird er normalerweise in Töpfen oder Kübeln kultiviert und im Haus überwintert. Einige Sorten ('Arp', 'Veitshöchheim') überstehen tiefe Temperaturen bis etwa −20 °C. Eine besonders gezüchtete Form, der Hänge-Rosmarin, sieht in Töpfen dekorativ aus.

Große Blätter und wenige Blütenstände, so zeigt sich der Garten-Salbei 'Berggarten'.

Garten-Salbei bereichert immer

Der Garten-Salbei (*Salvia officinalis*) ist eine alte Klostergartenheilpflanze. Wegen seiner starken Heilkraft wird er oft als „Königin der Heilpflanzen" bezeichnet. Der Halbstrauch trägt weiß-filzige Blätter und hellviolette Blüten. Bienen und Hummeln besuchen die Blüten gern.

Die Vermehrung gelingt gut über Stecklinge: 10–15 cm lange Triebe in mit Erde gefüllte Töpfchen oder einfach direkt ins Erdreich stecken und feucht halten. Mit etwas Glück ziehen die Stecklinge Wurzeln und entwickeln sich bald zu kräftigen Büschen.

Erfahrungen mit verschiedenen Sorten

Vom Garten-Salbei gibt es dekorative Sorten mit interessant gefärbten Blättern, beispielsweise die violette 'Purpurascens', die gelb-grüne 'Icterina' oder die dreifarbige 'Tricolor'. Doch nach meiner Erfahrung sind diese alle leider nicht sehr langlebig. Dagegen erweist sich bei mir die großblättrige Sorte 'Berggarten' als sehr robust. Sie hat viele eisig kalte Winter überstanden.

Sauerampfer als Basis der Würzküche

Sauerampfer (*Rumex acetosa*) wächst hierzulande wild auf der Wiese. Er bevorzugt etwas feuchteren Boden, gedeiht aber auch noch auf trockenen Standorten und kommt jedes Jahr wieder. Für den Garten gibt es großblättrige Züchtungen.

Ich kultiviere seit Langem die Sorte 'Profusion' aus Kanada. Der große Vorteil dieser Sorte ist, dass sie nicht blüht und ihre ganze Wuchskraft in die Blätter steckt. Die Blätter schmecken feiner als die der Wildform und sie lassen sich gut für Salatsoßen, für Kräuterquark oder für Suppen verwerten.

Eine andere dekorative Art ist der Blut-Ampfer (*Rumex sanguineus*) mit roten Blattadern. Seine Blätter sind für mein Empfinden etwas hart. Er sieht zwar interessant aus, ich halte ihn für den Kräutergarten jedoch für entbehrlich, zumal er etwas zum Wuchern neigt.

Schnittlauch und Winterhecken-Zwiebel

Neben Petersilie ist Schnittlauch (*Allium schoenoprasum*) wohl das am häufigsten kultivierte Küchenkraut. Die Staude mag einen eher feuchten und nährstoffreichen Boden. Die Schnittlauchstöcke sollten immer an einer gut zugänglichen Stelle im Garten stehen. Hübsch sieht es aus, wenn eine ganze Reihe davon blüht. Wie von anderen Küchenkräutern auch gibt es vom Schnittlauch Sorten, zum Beispiel die nicht blühende Sorte 'Profusion' oder eine weiß blühende Variante.

Empfehlenswerte andere Zwiebelgewächse sind Winterhecken-Zwiebel oder einfach Winter-Zwie-

Thymian gedeiht am besten an mageren, trockenen und steinigen Standorten.

bel (*Allium fistulosum*) mit großen Röhrchen und hübschen weißen Blütenköpfchen und die Etagen-Zwiebel (*Allium × prolifera*). Von diesen Arten wird das Zwiebelgrün, also die Röhrchen der Lauchgewächse, verwendet. Bei der Etagenzwiebel sind es auch die Brutzwiebelchen am Ende des Stängels.

Senföle (Allicin) geben den Lauchgewächsen die feine Schärfe. Die (Schnitt-)Lauch-Röhrchen sind unentbehrlich in der Salatsauce und passen hervorragend in salzige Kuchen, in Pfannkuchen und in Maultaschen.

Mit ihrem gefiederten Blattwerk erinnert die Süßdolde an einen Farn.

Süßdolde mit Lakritzaroma

Die Süßdolde (*Myrrhis odorata*) ist ein echter Gewinn fürs Kräuterbeet und für die Küche. Ihr weiches, behaartes Laub erinnert an den Wiesen-Kerbel, mit dem sie auch eng verwandt ist. Wegen des speziellen Geruchs und Geschmacks der Blätter und der Samen heißt das Gewächs auch Myrrhen-Kerbel. Die Staude neigt durch Selbstaussaat zum Verwildern. Sie sucht sich ihren Platz hauptsächlich in halbschattigen Gartenbereichen.

Von der Süßdolde lässt sich alles verwenden: Blätter, Blüten und Samen. Mit ihrem ausgeprägten Lakritzaroma passen die Pflanzenteile zu Süßspeisen, zu Pudding und Kuchen – vorausgesetzt man mag Lakritz. Die Samenkörner sind der Clou an dieser Pflanze. Im unreifen Zustand geknabbert sind sie eine Delikatesse. Auch mit den kerbelartigen Blättern kann man in der Küche etwas anfangen und sie zum Dekorieren nehmen.

Garten-Thymian als starke Würze

Wenn von der Heilpflanze Thymian die Rede ist, ist der Garten-Thymian (*Thymus vulgaris*) gemeint. Die Art stammt aus dem westlichen Mittelmeergebiet. Der Lippenblütler gedeiht gut und dauerhaft an einem sonnigen, trockenen Platz, zum Beispiel im Steingarten. An solchen Plätzen ist das stark würzige Aroma in den Zweigen besonders ausgeprägt. Ähnliche Ansprüche und ähnliche Wirkung hat der Feld-Thymian oder Quendel mit teppichartigem Wuchs. Andere fruchtig schmeckende Thymianarten und -sorten wie etwa der Zitronen-Thymian (*Thymus × citriodorus*) sind eher Teekräuter.

Kleiner Wiesenknopf für Grüne Sauce

Der Kleine Wiesenknopf (*Sanguisorba minor*), besser bekannt als Pimpinelle, gehört zum Standardrepertoire eines Kräutergärtchens. Die Art ist eine echte Wildpflanze, die in manchen Regionen Deutschlands an trockenen Böschungen, auf trockenen Wiesen und Weiden vorkommt. Die gefiederten Blätter besitzen ein ausgeprägtes Gurkenaroma. Der Kleine Wiesenknopf blüht bereits im April oder Mai. Nach der Blüte ist ein Rückschnitt fällig. Doch schon bald treibt die Staude wieder zartes Blattwerk aus.

Pimpinelle für die Grüne Sauce

Pimpinelle ist eines der sieben Würzkräuter für die Grüne Sauce. Es schmeckt aus einem Kräutergemisch deutlich heraus, deshalb eher sparsam verwenden. Wer die Blätter mit dem Messer zerkleinert, sollte die feinen Fiederblätter zuvor von der etwas harten Mittelrippe abstreifen.

Ysop bei Schmetterlingen beliebt

Mönche brachten den Ysop (*Hyssopus officinalis*) im Mittelalter über die Alpen. Seither wird der niedrige, intensiv blau blühende Halbstrauch in Gärten kultiviert. Er gedeiht gut an warmen, sonnigen Plätzen. Die würzigen Blätter passen gut zu Tomatengerichten. Ysop ist auch ein Teekraut, das bei fest sitzendem Husten hilft. Für diesen Zweck erntet man das blühende Kraut. Ysop blüht erst im Hochsommer und lockt Insekten und Schmetterlinge wie ein Magnet an. Allein deswegen gehört er in jeden naturnahen Garten. Kräutergärtnereien bieten neben der normalen blau blühenden Art auch Sorten mit rosafarbenen und weißen Blüten an.

Zitronen-Melisse für Tee

Die Zitronen-Melisse wächst als ausdauernde Staude in vielen Hausgärten. Die Pflanze kam aus dem Mittelmeerraum in unsere Gärten und fühlt sich hier so wohl, dass sie sich durch Selbstaussaat vermehrt. Die gelblichen Lippenblüten locken Bienen und Hummeln an. Frische junge Blätter und beblätterte Triebe ergeben einen sehr wohlschmeckenden Kräutertee für jeden Tag, dessen feines, zitroniges Aroma andere Teekräuter geschmacklich aufwertet.

Ysop ist durch seine Blüte im Hochsommer als Bienenweide sehr wertvoll.

Die wichtigsten ausdauernden Heil- und Duftkräuter

Pflanze	Wuchshöhe (kann je nach Standort und Sorte variieren)	Verwendung im Garten
Alant (*Inula helenium*)	bis ca. 2 m	Solitär, braucht Platz
Dost, Wilder Majoran (*Origanum vulgare*)	ca. 50 cm	einzeln, auch fürs Stauden- oder Rosenbeet
Eberraute (*Artemisia abrotanum*)	ca. 1 m, ungeschnitten	einzeln und für niedrige Kräuterhecken
Eibisch (*Althaea officinalis*)	bis ca. 2 m	Solitär, braucht Platz
Gewürz-Fenchel (*Foeniculum vulgare*)	bis über 2 m	Solitär, braucht Platz, lockt Schwebfliegen an
Herzgespann (*Leonurus cardiaca*)	bis ca. 2 m	Solitär, braucht Platz, lockt Hummeln und Bienen an
Lavendel (*Lavandula angustifolia*)	ca. 30–80 cm, je nach Sorte	einzeln und für niedrige Kräuterhecken
Minzen (*Mentha*), verschiedene Arten und Sorten	ca. 30–100 cm, je nach Art und Sorte	manche Sorten breiten sich stark aus, nicht ins Kräuter- oder Staudenbeet pflanzen
Rosmarin (*Rosmarinus officinalis*)	ca. 30–100 cm, je nach Sorte	in Töpfe pflanzen, nur frostharte Sorten ins Freiland
Garten-Salbei (*Salvia officinalis*)	ca. 60–80 cm, je nach Sorte	Solitär, evtl. verschiedenfarbige Sorten nebeneinander
Muskateller-Salbei (*Salvia sclarea*)	bis ca. 150 cm	Solitär, braucht Platz
Garten-Thymian (*Thymus vulgaris*)	bis ca. 30 cm	einzeln oder für Einfassungen
Zitronen-Thymian (*Thymus × citriodorus*)	ca. 20–30 cm	einzeln, für Einfassungen oder als Bodendecker
Weinraute (*Ruta graveolens*)	bis ca. 80 cm	einzeln
Ysop (*Hyssopus officinalis*)	bis ca. 90 cm	einzeln oder in Reihe als Kräuterhecke, lockt Bienen an
Zitronen-Melisse (*Melissa officinalis*)	ca. 50–80 cm, je nach Sorte	einzeln oder in Reihe, versamt sich

Die Blüten der Zitronen-Melisse geben Honigbienen und Schmetterlingen wie dem Bläuling reichlich Nahrung.

Obst im Biogarten

Was wäre ein Garten ohne Obst? Beerensträucher, Obst- und Nussbäume liefern Selbstversorgern das ganze Jahr über Frisches und Konserviertes. Mit einer guten Auswahl an robusten, angepassten Arten und Sorten gelingt der Bioanbau auch ohne großen Aufwand.

Obstanbau für Generationen

Anders als beim Gemüse- und Kräuteranbau sind Obstkulturen auf längere Zeit angelegt, für Jahrzehnte oder sogar noch länger. Da will alles gut überlegt sein, weil einen jede Entscheidung für längere Zeit festlegt.

Das weiß ich aus eigener Erfahrung, denn auf unseren Streuobstbergen ernten wir noch das Obst von Apfelbäumen, die mein Urgroßvater gepflanzt hat.

Es ist auch eine Kostenfrage. Das Pflanzgut von Obstgehölzen ist relativ teuer; da dauert es eine Weile, bis die Ausgaben durch Obsterträge wieder hereingewirtschaftet sind. Bei falscher Sortenwahl kann man da schnell viel Lehrgeld bezahlen – und unter Umständen dann die Freude am Obstanbau verlieren.

Im Biogarten bauen wir Obst nicht nur der Früchte wegen an, sondern auch, um damit die Artenvielfalt im Garten zu bereichern. Wir pflanzen alte Streuobstsorten, aber durchaus auch neue, widerstandsfähige Züchtungen. Damit leisten wir einen kleinen Beitrag zur Biodiversität in unserem Lebensumfeld. Ganz nebenbei schaffen wir so Lebensräume für Tiere – Nist- und Rückzugsmöglichkeiten für Vögel, Kleinsäuger, Insekten, Schmetterlinge und andere mehr.

Der Standort ist das A und O

Damit die Obstbäume und Beerensträucher gesund heranwachsen und guten Ertrag bringen, ist das Allerwichtigste, die richtigen Arten und Sorten für den Standort auszuwählen. Das ist das A und O für eine gute Ernte. Nicht umsonst gibt es in Deutschland Regionen, in denen vorzugsweise Äpfel, Kirschen oder Wein angebaut werden, dort eben, wo die jeweilige Obstart besonders gut gedeiht.

Gartenbauvereine, Landratsämter, Beratungsdienste und andere offizielle und halboffizielle Stellen geben für die jeweiligen Regionen Sortenlisten heraus. Baumschulen vor Ort beraten ebenfalls in Sortenfragen. Neuere Obstzüchtungen sind zum Beispiel widerstandsfähig oder sogar resistent gegen Schorf und Echten Mehltau. Einem möglichen Schaden lässt sich so gut vorbeugen.

Schäden an Obstgehölzen

Wer gut beobachtet und daraus die richtigen Schlüsse zieht, hat schon viel gewonnen. Wenn man Schäden benennen kann und deren Ursachen auf die Spur kommt, zeichnet sich oft schon die Lösung ab. Viele Phänomene haben ganz einfache Ursachen, die sich oft leicht beheben lassen oder gegen die man sich eben nicht schützen kann.

Fehler bei der Pflege

Wenn Obstgehölze schlecht wachsen, liegt es oft an einem unpassenden Standort, an verdichteten Böden, an falscher Pflanztiefe und falschem Pflanzschnitt. Oft macht Wassermangel Gehölzen zu schaffen. Vor allem frisch gepflanzte Gehölze und Gehölze in Containern brauchen Wassergüsse. Während längerer Trockenphasen muss man frisch gepflanzte Obstbäume und Sträucher (und noch Jahre danach) durchdringend wässern, sodass das Wasser tief in den Wurzelraum gelangt. Gut mit Wasser versorgte (aber nicht überversorgte) Gehölze können sich in aller Regel besser gegen Krankheiten und Schädlinge wehren.

Dagegen sollte man mit dem Düngen eher zurückhaltend sein. Obstgehölze brauchen nicht so viel Stickstoff, eher Phosphor für die Blütenbildung und Kalium für die Festigkeit. Ein Übermaß an Stickstoff macht Gewächse anfällig für Krankheits- und Schädlingsbefall. Dann kommen Blattläuse und Co. Also besser vorsichtig düngen; dies ist ohnehin ein Grundprinzip im Bioanbau.

Vogelschutz ist schon der halbe Pflanzenschutz im Obstgarten.

Gegen atmosphärische Einflüsse wie Frosteinbrüche, die Blüten schädigen, oder extreme Hitze oder Niederschläge ist man leider nicht gefeit. Bei Kirschen verursacht Hagelschlag manchmal erheblichen Schaden. Beschädigte Kirschen verderben schnell. Äpfel können die Einschlaglöcher auf der Schale eher schließen.

Damit Bäume die Last tragen können

Wenn Obstbäume zu viele Früchte angesetzt haben und Äste unter ihrer Last zusammenzubrechen drohen, muss man abstützen. Das kann mit Stecken oder Bretterkonstruktionen geschehen oder mit speziellen Stützen, jedenfalls so, dass die Äste gut aufliegen und die Rinde nicht beschädigt wird. Nach dem Abernten werden die Stützen wieder entfernt.

Gegen tierische Schädlinge wappnen

Trotz bester Standortwahl gibt es am Obst Probleme mit Schädlingen und Krankheiten. Ob man dagegen etwas unternehmen will, sei jedem selbst überlassen. Es kommt auf die Intensität des Anbaus an. Bei Obstgehölzen kann Tierfraß ein Problem sein, sowohl über der Erde als auch unter der Erde. Wühlmäuse fressen Wurzeln an, manchmal so stark, dass Gehölze absterben. Einen gewissen Schutz bieten Drahtkörbe, die bereits beim Pflanzen in den Boden gegraben werden. In Flusstälern machen sich manchmal Biber über die Obstbäume her. Sie fressen die Rinde und nagen sogar den Stamm ab. Da hilft nur ein stabiles Drahtgitter um den Stamm.

Mehr noch als Blatt- und Schildläuse (siehe ab Seite 95) und die speziellen Schädlinge an den Obstarten sind es die Ernteschädlinge, die dem Menschen die Ernte streitig machen. Amseln und Stare fallen über reife Kirschen und Weintrauben her. Wespen fressen das reife, zuckerreiche Fruchtfleisch von Birnen, Weintrauben und Äpfeln.

Oft ist jedoch so viel Obst da, dass es kaum etwas ausmacht, wenn Tiere sich mitbedienen. Amseln lassen sich womöglich durch Netze vom Picken an reifen Kirschen abhalten. Auch klappernde Geräusche vertreiben Vögel.

Bei der Schädlingsregulierung kann man auch Schädiger mit farbigen Fallen oder durch Sexuallockstoffe (Pheromone) anlocken und dann abfangen. Eine bewährte Methode ist es, spezielle im Handel erhältliche Kirschfruchtfliegenfallen in den Bäumen aufzuhängen. Diese locken mit ihrer gelben Farbe die Fliegen auf die klebrige Falle. Seit ein paar Jahren bereitet die Kirschessigfliege an Kirschen, Brombeeren, Erdbeeren, Himbeeren, Johannisbeeren und Weintrauben teils erhebliche Probleme. Eine wichtige Gegenstrategie im Hausgarten ist die Nützlingsförderung und regelmäßiges Durchernten.

Bei Blattlausbefall hilft ein scharfer Wasserstrahl oft schon Wunder. Nach einer gewissen Zeit kommen die Nützlinge, die Marienkäfer, die Florfliegen und die Schwebfliegen und fressen die lästigen Pflanzensauger. Dann ist der Blattlausspuk oft fast über Nacht vorbei.

Krankheiten durch Schneiden und Pflegen in den Griff bekommen

Das beste Mittel gegen Krankheiten ist die Gartenschere. Mit radikalem Schnitt lässt sich oft das weitere Ausbreiten von Pilzkrankheiten stoppen. Das ist das Mittel der Wahl bei Monilia-Spitzendürre oder beim Feuerbrand, der viele Obstarten befällt.

Bei manchen Krankheiten sind Hausmittel wie selbst angesetzte Tees, Brühen und Jauchen einen Versuch wert (siehe Seite 95). Pflanzenpflegemittel sollen die Pflanzen stärken, zum Beispiel indem sie die Zellwände stärken, sodass sie von sich aus widerstandsfähiger gegen einen Befall werden. Im intensiven Bioanbau wird man eher gleich zu Pflanzenschutzmitteln greifen, die nachweislich eine Wirkung haben.

Unkompliziertes Beerenobst

Beerenobststräucher wie Brombeeren, Johannisbeeren oder Stachelbeeren tragen bei geringem Aufwand viele Früchte.

Wie bei allen Kulturpflanzen gilt auch beim Beerenobst, dass die Sträucher gesund heranwachsen, wenn ihre Lebensansprüche erfüllt werden. Das bedeutet, dass man vor dem Pflanzen nach Belichtung und eventuellem Schattenwurf am ausgewählten Standort schauen sollte. Sinnvoll ist es auch, den pH-Wert des Bodens zu prüfen.

Das Pflanzen in gewachsenen Boden ist immer am besten. Doch Beerenobst wächst ganz gut in Kübeln oder anderen Pflanzgefäßen, wenn diese den Wurzeln genügend Raum bieten und wenn die Sträucher immer ausreichend Wasser bekommen (und gleichzeitig überschüssiges Wasser abfließen kann).

Für eine Rote Johannisbeere ist auch noch im kleinsten Garten Platz.

Beerensträucher können es in Gefäßen lange aushalten, wenn es mit dem Überwintern klappt. Die Gefäße sollten im Winter nicht auf der Sonnenseite eines Gebäudes stehen, sondern eher im Schatten von höheren Gehölzen oder auf der Rückseite eines Gebäudes, damit sie nicht stark wechselnden Temperaturen ausgesetzt sind. Die Gefahr bei der Topfkultur ist immer, dass die Wurzelballen durchfrieren und dann bei Sonneneinstrahlung tagsüber wieder auftauen. Der Wechsel von Frost und Auftauen schadet den Gehölzen und bringt sie schnell zum Absterben. Sicherheitshalber sollte man vor Wintereinbruch die Pflanzgefäße mit hellen Textilien umkleiden, mit Matten, Säcken oder Vlies. Dunkles Material absorbiert die Sonnenstrahlen, sodass sich der Topfinhalt erhitzt. Das schadet den Gehölzen im Winter und genauso im Sommer.

Ausdauernde Wildkräuter unter Beerenobststräuchern

In älteren Beerenobstpflanzungen hat man es oft mit ausdauernden Wildkräutern zu tun. Speziell Zaunwinde und Acker-Winde bereiten Probleme, ebenso der Giersch. Die Zaunwinde schlingt sich an den Ästen in die Höhe. Die kletternde Wildpflanze sieht mit ihren pfeilförmigen Blättern und den weißen Trichterblüten zwar hübsch aus. Doch sollte man es nicht so weit kommen lassen, dass die Triebe alles überwachsen und dem Beerenstrauch das Licht wegnehmen. Dann lässt unweigerlich die Vitalität des Strauches und der Fruchtertrag nach; unter Umständen stirbt der Strauch unter dem dichten Blätterdach der Zaunwinde durch Lichtentzug sogar ab. Die Acker-Winde schlingt sich ebenfalls in die Beerensträucher hinein, bleibt aber eher am Fuß der Sträucher.
Wenn sich die Wurzelunkräuter schon einmal im Garten ausgebreitet haben, braucht man Geduld und auch etwas Fantasie, um sie einigermaßen einzudämmen, denn mit einmaligem Ausreißen ist es nicht getan. Die Kletterpflanzen treiben aus ihren unterirdischen Organen beständig wieder aus. Die wichtigste Gegenstrategie ist das Abdecken mit lichtundurchlässigen Materialien. Bekämpfen durch Lichtentzug ist die Devise. Zum Abdecken kann man spezielles Unkrautschutzvlies aus dem Handel nehmen und dieses noch mit Rindenmulch abdecken (siehe Seite 80).

Obstbäume mit Kernen und Steinen

Baumschulen bieten für alle Grundstücksgrößen und alle Vorlieben Obstbäume in passenden Wuchshöhen und Erziehungsformen an.

Obstbäume haben im Gegensatz zum Strauchobst einen Stamm. An dem setzt die Krone in unterschiedlicher Höhe an. Obstanbauer unterscheiden dabei nach der Fruchtausbildung zwischen Obstarten mit Kernen, also dem Kernobst mit den wichtigen Arten Apfel, Birne und Quitte, und Obstarten mit Steinfrüchten, dem Steinobst mit den wichtigen Arten Kirsche, Pflaume und Pfirsich sowie dem Schalenobst mit u. a. Haselnuss, Mandel und Walnuss.

Ernteerträge mal so, mal so

Der Ertrag setzt bei den Obstarten und -sorten unterschiedlich schnell ein. Manchmal muss man ein paar Jahre lang Geduld haben, bis die ersten Früchte reifen. Etwas größere Bäume liefern in guten Jahren reichlich Obst für den eigenen Bedarf und noch zum Verschenken. Die Erträge können jedoch von Jahr zu Jahr stark schwanken. In einem Jahr tragen Kirschen überreich, im darauffolgenden Jahr fast gar nichts. Oft macht Frost während der Blütezeit alle Hoffnungen auf eine gute Ernte zunichte und der Baum trägt gar nichts. Dann gibt es in dem betreffenden Jahr keine Kirschen oder keine Zwetschgen. In manchen Jahren dezimieren zudem Schädlinge die Ernte stark.

Unterschiedliche Wuchshöhen

Die Obstgehölzarten wachsen von Natur aus verschieden hoch: Der Unterschied zwischen einem kleinen Sauer-Kirsch-Bäumchen und einem ausgewachsenen Walnussbaum mit ausladender

Für kleine Gärten wählt man kleinwüchsige Erziehungsformen von Obstgehölzen aus.

Baumformen mit unterschiedlichen Stammhöhen vom Halbstamm ganz links bis zum Spindelbusch ganz rechts.

Krone ist schon sehr groß. Große Variationsbreiten innerhalb einer Art gibt es bei Apfel, Kirsche und Pflaume. Zudem gibt es noch die verschiedenen Baumformen, die letztendlich bestimmen, wie viel Grundfläche und wie viel Raum ein Baum im Garten einnimmt.

Baumformen

Wer Obstbäume kaufen will, sollte gut vorbereitet in die Baumschule gehen. Es gibt nicht „den" Apfelbaum oder „den" Kirschbaum. Abgesehen von der Sorte bieten die Baumschulen nämlich verschiedene Baumformen und Erziehungsformen – Hochstamm, Halbstamm, Niederstamm, Buschbaum, Spindelbusch, Spalier, Säule und Minis – mit unterschiedlicher Stammhöhe (Kronenansatzhöhe) und Kronenform. Idealerweise wählt man die Baumform abgestimmt auf die Grundstücksgröße und die geplante Nutzung aus.

Es kommt auf die Unterlage an

Apfelbäume aus der Baumschule sind normalerweise aus zwei Teilen zusammengesetzt: aus der sogenannten „Unterlage" oder „Wurzel" (genau betrachtet ist es das Wurzelwerk mit einem kurzen Stück vom Stamm eines separat herangezogenen Baumes) und darauf aufgepfropft ein Reis der Edelsorte, nach der der Baum benannt ist. Die Unterlage bestimmt dabei wesentlich mit, wie stark der Obstbaum wächst. Bei schwach wachsender Unterlage bleibt der Baum insgesamt klein, deshalb bleiben Buschbäume und Spindelbüsche niedrig; durch die stärker wachsende Unterlage wachsen Halbstämme und Hochstämme zu großen Bäumen heran.

Obstbäume veredeln

Unterlage und Edelreis werden beim Veredeln eng zusammengefügt und umbunden, sodass beide Teile zusammenwachsen. Dies ist eine ungeschlechtliche (vegetative) Vermehrungstechnik, ausgeführt wird sie mit unterschiedlichen Veredelungsmethoden: Okulation, Kopulation, Pfropfen hinter die Rinde oder Geißfußpfropfen. Die Veredelungsstelle bei einem Obstbaum ist deutlich an der Verwulstung unten am Stamm zu erkennen.
Es gibt auch die Möglichkeit, einen älteren Apfelbaum umzuveredeln. Das heißt, in die Krone das Reis einer anderen Sorte aufzupfropfen. Obstbauer praktizieren dies manchmal, um eine gute Befruchtersorte in den Baum einzubringen.

Hochstamm für Streuobstwiese und Weide

Hochstämme mit einer Stammhöhe von 1,60–2 m tragen etwa ab dem vierten Standjahr. Die groß wachsenden Bäume mit ausladender Krone können über 100 Jahre alt werden. Ein einzelner Hochstammobstbaum kann einen sehr schönen Hausbaum in größeren Gärten abgeben, als Schattenspender und für Baumhäuser der Kinder. Der Hochstamm ist auch die Baumform für Streuobstwiesen, die beweidet werden; unter der hoch angesetzten Krone können sich Rinder, Pferde und Schafe frei bewegen.

Damit die Bäume gerade anwachsen, brauchen sie anfangs eine stabile Stützkonstruktion mit zwei oder drei Pfählen (als Dreibock-Konstruktion). Auf der Weide sollten die Stämme zumindest anfangs mit einer Manschette vor Tierfraß und Abwetzen geschützt werden.

Pflanzabstand: ca. 8–10 m, mindestens 60 m² freie Pflanzfläche pro Baum

Halbstamm für Wiese und Garten

Halbstamm-Obstbäume mit einer Stammhöhe von 1–1,40 m tragen ebenfalls ab dem vierten Standjahr Früchte. Bei guter Pflege erreicht diese starkwachsende, standfeste Baumform ein Alter zwischen 60 und 100 Jahren.

Pflanzabstand: ca. 6–8 m, ca. 40 m² freie Pflanzfläche pro Baum

Buschbaum für Garten und Plantage

Buschbäume mit einer Stammhöhe von ungefähr 40–60 cm tragen bereits im zweiten Jahr und werden bis etwa 30 Jahre alt. Die auf mittelstark wachsender Unterlage veredelten Büsche werden maximal 3,50–4 m hoch. Sie sollten anfangs durch einen Pfahl gestützt werden.

Pflanzabstand: 3–4 m, ca. 10–20 m² freie Pflanzfläche pro Baum

Spindelbusch immer mit Pfahl

Ein Spindelbusch, verkürzt auch einfach nur „Spindel“ genannt, (Stammhöhe wie beim Buschbaum) trägt schon im ersten Standjahr meist sehr große Früchte. Er erreicht ein Alter zwischen 15 und 25 Jahre. Spindelbüsche sind Veredelungen auf sehr schwachwüchsigen Unterlagen. Diese Baumform wird bis zu 2,50–3 m hoch, sie braucht zur sicheren Standfestigkeit einen Pfahl, der während der gesamten Lebenszeit des Baumes bleibt.

Pflanzabstand: 1–2 m, ca. 10 m² freie Pflanzfläche pro Baum

Hochstamm-Obstbäume brauchen in den ersten Standjahren ein stabiles Stützgerüst.

Tipps zum Anlegen einer Streuobstwiese

1. Landschaftstypische, robuste Sorten aus den Empfehlungslisten der Landkreise oder Gemeinden bzw. der Naturschutzverbände wählen.
2. Sorten nach gewünschten Frucht-Eigenschaften aussuchen: Sorten für den Frischverzehr, für bestimmte Verarbeitungszwecke und – ganz wichtig für die Selbstversorgung – nach Lagerfähigkeit!
3. Sich nach Förderprogrammen fürs Pflanzen von Streuobst-Hochstämmen erkundigen.
4. Bäume in Baumschulen der Region einkaufen, dort bekommt man auch eine Beratung.
5. Möglichst Hochstämme pflanzen. Pflanzabstand in der Reihe 8 m.
6. In kleineren Hausgärten Buschbäume pflanzen.

Säulenobst für Rabatten und Kübel

Die schlanke Baumform Säulenobst ist wegen des geringen Platzbedarfs derzeit sehr gefragt. Dabei muss man zwischen genetisch bedingter Säulenform und durch Selektion und Schnitt hervorgerufener Säulenform unterscheiden. Nur beim Apfel gibt es die genetisch bedingte Säulenform, bei der das kurze Fruchtholz direkt am Stamm sitzt. Echte Säulenäpfel brauchen deshalb kaum Schnitt; Seitentriebe lassen sich leicht entfernen. Säulenformen anderer Obstarten müssen durch fortlaufenden Schnitt in Form gehalten werden.

Pflanzabstand: ca. 60 cm, ca. 1 m² Pflanzfläche pro Baum

Spaliere für Wände und Hecken

Spalierbäume tragen bereits ab dem zweiten Jahr; sie können 30 bis 40 Jahre alt werden. Spaliere gibt es als „Schrägspalier“ oder als U-förmig aufgebautes Spalier (mit über einem kurzen Stamm

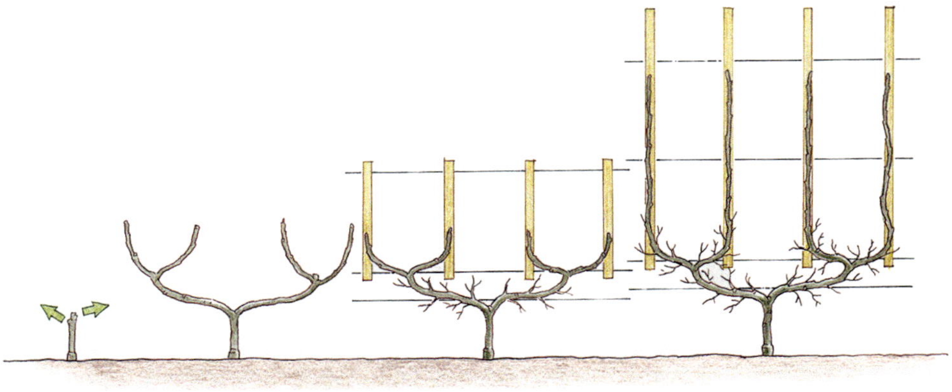

U-förmig aufgebautes Spalier von der Pflanzung bis zum dritten Standjahr.

zunächst waagerecht und dann senkrecht formierten Ästen). Die Spalierformen erreichen eine Höhe von bis zu 3,50 m.

Pflanzabstand: 3–4 m, für Obsthecken enger

Miniobstbäume für Balkon und Terrasse

Dies sind sehr kleinwüchsige Formen, die normal große Äpfel tragen. Die Bäumchen werden maximal 1,50–2 m hoch und brauchen kaum Schnitt. Da sie selbstfruchtbar sind, reicht ein Baum.

Obstbäume pflanzen

Für einen guten Start von Apfelbaum, Kirschbaum und Co. sollte man das Pflanzloch mindestens doppelt so groß wie das Wurzelvolumen ausheben. Dabei gräbt man zunächst die oberste feine Erdschicht ab (oder die Grassoden auf einer Wiese) und legt sie auf einen separaten Haufen. Den Grund des Pflanzlochs lockern oder mit lockerer Erde oder einem Erde-Kompost-Gemisch auffüllen. Dann gleich den Stützpfahl ins offene Pflanzloch schlagen. Wenn nötig, zum Schutz vor Wühlmäusen das Pflanzloch mit engmaschigem Drahtgeflecht auskleiden. Dann den Baum so ins Pflanzloch stellen, dass die Veredelungsstelle mindestens 10 cm (eine Handbreit) über der Bodenoberfläche liegt. Dabei mit einkalkulieren, dass sich das aufgelockerte Erdreich unten im Pflanzloch noch etwas

Pflanztipps

- Baumschulen verkaufen Obstbäume drahtballiert, wurzelnackt oder im Container.
- Bester Pflanzzeitpunkt für ballierte und wurzelnackte Bäume ist Ende Oktober bis Mitte November und März.
- Herbstpflanzungen wachsen besser an; in Lagen mit starken Winterfrösten ist Frühjahrspflanzung besser.
- Wurzelnackte Obstbäume vor dem Pflanzen einige Stunden in Wasser stellen. Wenn dies nicht möglich ist, in feuchte Erde einschlagen und während der Zeit des Einschlags feucht halten.
- Ballierte Bäume werden einfach ins Pflanzloch gestellt.
- Bäume im Container sind ganzjährig pflanzbar. Den Ballen lockern und Wurzeln, die im Kreis herumwachsen, abschneiden.

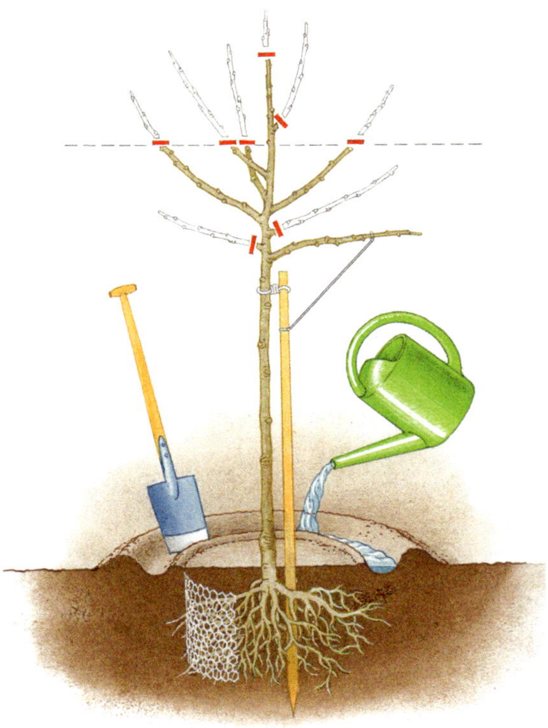

Bei frisch gepflanzten Bäumen einen Gießrand aufschütten.

setzt. Der Ansatz der Wurzel sollte deshalb über dem Niveau der Erdoberfläche liegen. Bei Pflanzware aus dem Container das Wurzelwerk zuvor etwas auflockern. Bei wurzelnackten Bäumen beschädigte Wurzeln anschneiden.

Gut einschlämmen

Zum eigentlichen Pflanzen sollte man möglichst zu zweit sein. Eine Person hält den Stamm, die andere füllt um den Ballen oder um den Wurzelstock herum mit der feinen, separat gelagerten Muttererde, die mit gut verrottetem Kompost vermischt sein kann, auf. Während des Einfüllens wird der Baum kräftig gerüttelt (dabei aber kaum angehoben), sodass die möglichst feine Erde in die Zwischenräume des Wurzelwerks rieselt. Das aufgefüllte Pflanzloch kräftig mit Wasser einschlämmen, sodass die Erde weiter in die Zwischenräume rutscht. Dann die aufgefüllte Erde mit beiden Füßen leicht festtreten. Weitere Erde ins Pflanzloch nachfüllen und Wasser nachschütten.

Ganz wichtig: Beim Aufschütten der Erde sollte eine Gießmulde um den Stamm gebildet werden, sodass das Gießwasser im Pflanzjahr und danach hier gut versickern kann und nicht zu den Seiten hin abfließt. Die Gießmulde ist besonders wichtig, wenn Bäume am Hang gepflanzt werden.

Die Baumscheibe offen halten

Zumindest in den ersten Jahren nach dem Pflanzen der Obstbäume sollte eine kreisförmige Fläche (Durchmesser 1–1,20 m) um den Stamm offen von Bewuchs gehalten werden. Wiesengräser würden mit dem Baum um Wasser und Nährstoffe konkurrieren. Stattdessen bekommt die Baumscheibe eine Mulchdecke, beispielsweise aus einer dünnen Lage Rasenschnitt. Dabei das Gras nie am Baumstamm aufhäufen, denn durch die Verrottungswärme könnte die Rinde geschädigt werden. Die Mulchschicht hält das Wasser im Boden und unterdrückt gleichzeitig Wildkräuter. Es spricht aber nichts dagegen, Sommerblumen wie Ringelblumen oder Kapuzinerkresse zu Füßen des jungen Obstbaumes zu säen oder zu pflanzen.

Was tun mit dem Laub?

Obstbäume werfen im Herbst ihr Laub ab. Für die Obstbaumbesitzer oft Last und Nutzen zugleich, denn ihr Laub ist organisches Material, das sich gut kompostieren lässt. Obstbaumlaub verrottet im Vergleich zu dem der anderen Laubgehölze ziemlich gut. Es enthält nicht so viel Kohlenstoff wie diese. Zusammen mit anderen organischen Abfällen aus dem Gemüsegarten und aus dem Haushalt ist die Kompostierung kein Problem, wenn der Mischungsanteil nicht zu hoch ist. So entsteht aus Laub herrlich humose Erde.

Auf Streuobstwiesen bleibt das Laub einfach liegen und verrottet an Ort und Stelle, oder der Wind weht es fort. Regenwürmer ziehen die Blätter in den Boden und verdauen sie. Das Heer der Zersetzer tut auf der Bodenoberfläche und im Boden sein Werk.

Baumschnitt versorgen

Das Schneiden der Obstbäume ist eine typische Winterarbeit, die ich an frostfreien, milden Tagen im Januar und Februar erledige. Ich tue das gerne, weil ich dann an die frische Luft komme und dabei noch etwas Nützliches mache. Ende Februar muss der Baumschnitt beendet sein, rechtzeitig bevor die Vögel zu brüten beginnen.

Beim Obstbaumschnitt im Winter fällt viel Astmaterial an. Was tun damit? Dicke Hölzer säge ich für den Kaminofen zurecht. Bei den dünneren Ästen wäge ich zwischen den beiden Möglichkeiten ab: Zum Häckselplatz fahren, der einige Kilometer entfernt liegt, oder selbst häckseln und kompostieren oder deponieren. Es gibt natürlich noch mehr kreative Möglichkeiten, mit dem Astmaterial umzugehen, beispielsweise es zum Bauen von Zäunen zu verwenden.

Von Beerensträuchern und Obstbäumen – Arten und Sorten

Beim Obst ist für jeden Geschmack und für jeden Garten etwas dabei. An den Obstgehölzen lässt sich beim Blühen und Fruchten der Ablauf der Jahreszeiten gut beobachten. Vor allem die Obstbäume geben Nutzgärten ihren Charakter.

Apfelbaum muss sein

Der Apfelbaum (*Malus domestica*) ist die wichtigste Obstbaumart. Im Garten sollten besser mehrere Bäume verschiedener Sorten stehen, damit sie sich gegenseitig sicher befruchten. Wer sich mit den Früchten selbst versorgen will, wird ohnehin mehrere Sorten mit abgestufter Reife- und Genusszeit anbauen wollen.

Wo Äpfel wachsen

Apfelbäume haben ihre Vorlieben. Sie wachsen am besten in mildem Klima an einem sonnigen Standort, an dem keine Spätfröste zu erwarten sind, der die Blüte schädigen könnte. Der Boden sollte nährstoffreich, humushaltig und tiefgründig sein und das Wasser gut nachliefern. Auch eine hohe Luftfeuchtigkeit ist günstig, aber nicht Bedingung. Aus diesem Grund sind das Alte Land westlich von Hamburg und die Bodenseeregion, wo solche Bedingungen herrschen, die wichtigsten deutschen Obstanbaugebiete. Aber mit angepassten, robusten Sorten kann man fast überall, auch an weniger günstigen Standorten, Äpfel anbauen.

Äpfel sitzen am Fruchtholz.

Auf gute Befruchtersorten achten

Apfelbäume sind normalerweise selbstunfruchtbar. Das heißt, dass immer passende Pollenspender in der Nähe stehen müssen, die zur selben Zeit blühen. Gute Befruchtersorten sind zum Beispiel die früh blühende Sorte 'James Grieve', der mittelfrüh blühende 'Cox Orange' oder die mittelspät blühende 'Goldparmäne'. Honigbienen sorgen dafür, dass der Pollen einer Befruchtersorte auf die Narben der zu befruchtenden Sorte gelangt. Ohne Honigbienen gibt es weniger Früchte! In Gebieten mit viel Obstbau kann man davon ausgehen, dass gute Befruchtersorten im Flugradius der Honigbienen stehen.

Auf die Baumform kommt es an

Baumschulen bieten vom Apfel etliche Erziehungsformen an: Hoch- und Halbstämme für Obstwiesen oder größere Hausgärten. Daneben gibt es Niederstämme, Buschbäume und Spindeln für kleinere Gärten. Säulenbäume wachsen säulenförmig in die Höhe und bilden kaum Seitentriebe. Sie brauchen so gut wie keinen Schnitt und lassen sich gut beernten Deshalb sind sie so beliebt. Das anheimelnde Gefühl eines richtigen Obstgartens vermitteln jedoch nur Halbstamm- und Hochstammbäume.

Apfelbäume zieren auch durch ihre Blüten, die je nach Sorte weiß oder rosa in vielen Schattierungen gefärbt sind.

Krankheiten vorbeugen

- Gegen Pilzbefall resistente Sorten wählen.
- Immer auf gute Wasserversorgung achten, vor allem in den Anfangsjahren und bei Bäumen im Kübel.
- Singvögel und Nützlinge als die besten Schädlingsregulatoren fördern.
- Falllaub wegräumen und entsorgen, um Schorfbefall und Maden in Äpfeln vorzubeugen.
- Bäume regelmäßig beschneiden, sodass Licht und Luft in die Krone kommt und Laub und Früchte schnell abtrocknen.

Die Pflege des jungen Apfelbaums

Nach dem Pflanzen sollte man den Boden um den Stamm offen halten, also eine Baumscheibe anlegen (siehe Seite 197). In den ersten Standjahren sollen die Obstbäume zügig heranwachsen, blühen und fruchten. Dazu ist fachgerechter Schnitt notwendig. Man sollte sich also die nötigen Schnitttechniken aneignen (beispielsweise bei Kursen der Gartenbauvereine oder Volkshochschulen) oder den Baum von einem Profi schneiden lassen.

Apfelbäume brauchen nicht jedes Jahr gedüngt zu werden, im Pflanzjahr gar nicht. Auf guten Böden können sie sich selbst reichlich aus dem Bodenvorrat mit Nährstoffen versorgen, es sei denn, sie stehen auf sandigem oder ausgelaugtem Boden. Eine ausgewogene, phosphor- und kaliumbetonte Düngung alle zwei Jahre im Frühjahr genügt. Bester Dünger ist reifer Kompost, auch Mistkompost. Organischer Fertigdünger wird nach Angaben auf der Verpackung dosiert. Der Dünger soll direkt an die Saugwurzeln gelangen, die Wasser und Nährstoffe aufnehmen. Diese sitzen im Bereich des äußeren Kronenrandes. Bei frisch gepflanzten Bäumen befindet sich die Zone noch im Bereich der Baumscheibe, bei älteren Bäumen, bei denen sich das Wurzelwerk ausgebreitet hat, unter der Grasnarbe.

Apfelbäume im Container sind dagegen auf regelmäßige und ausgewogene Düngung angewiesen, am besten mit speziellem organischem Obstbaumdünger.

Krankheiten am Apfel

In den ersten Standjahren nach dem Pflanzen sollte man das Gehölz im Sommer gut wässern und die Baumscheibe mulchen (nicht zu hoch und nicht direkt am Stamm, siehe auch Seite 197), damit wenig Wasser verdunstet. Trotz guter Pflege hat man es beim Apfelbaum häufig mit Krankheiten und Schädlingen zu tun. Doch man muss beim privaten Anbau, bei dem es nicht auf gleichmäßige und hohe Erträge ankommt, nicht unbedingt gegen jeden Schädling und jede Krankheit etwas unternehmen – es sei denn, man hat Spaß daran und die Zeit dafür, die Obstbäume perfekt zu pflegen. Um dem Schädlingsbefall vorzubeugen, kann man zum Beispiel im November den Stamm mit einem hellen Anstrich versehen, der auch Frostrissbildung vorbeugt.

Schorf tritt an Äpfeln häufig auf, besonders bei feuchter Witterung – es sei denn, man hat eine schorfresistente Sorte gewählt. Auf den Früchten zeigen sich dann schwarze oder grünlich braune Flecken, die zuweilen rissig werden und verkorken. Die Früchte sind trotzdem essbar, sehen aber nicht so schön aus. Zur Vorbeugung vor der Pilzinfektion entfernt und entsorgt man im Herbst das Falllaub,

Pilzresistente Neuzüchtungen

Wer Äpfel für die Selbstversorgung anbaut, will damit möglichst wenig Arbeit haben. Die Bäume sollen gesund heranwachsen und die Früchte möglichst nicht von Krankheiten und Schädlingen befallen werden. Da bieten sich schorfresistente Neuzüchtungen an, die oft gleichzeitig widerstandsfähig gegen Mehltau sind. Die gibt es! Es sind beispielsweise die Sorten 'Gerlinde', 'Florina', 'Rebella', 'Resista', 'Rubinola' und 'Topaz'. Die bekannten Handelssorten 'Golden Delicious', 'Gala', 'Gloster', 'Jonagold', 'Elstar' und 'Braeburn' sind dagegen empfindlich; die Bäume gesund zu halten ist aufwendig. Viele Streuobstsorten sind anfällig für Schorf. Doch da braucht man in der Regel nichts zu unternehmen, da es bei ihnen nicht aufs Äußere ankommt. Sie müssen nicht die Normen der Handelsklassenverordnung erfüllen. Essbar sind sie trotzdem und oft werden sie ohnehin vermostet.

auf dem der Pilz überwintert. Wichtig ist auch, die Bäume regelmäßig zu beschneiden, sodass Licht und Luft in die Krone kommt. Wer intensiv biologisch gärtnert, kann dem Schorf mit Kupfermitteln beikommen (siehe Seite 280). Die sind in entsprechender Dosierung wirksam, jedoch im Bioanbau umstritten, weil sie sich im Boden anreichern.

Hier war die Larve des Apfelwicklers am Werk und verdirbt einem den Appetit.

Bei Neupflanzungen mit schorfresistenten Züchtungen (siehe Kasten links) tritt das Schorfproblem gar nicht erst auf.

Auch Echter Mehltau tritt gelegentlich an Apfelbäumen auf, an manchen Sorten mehr, an anderen weniger. Er überzieht Blätter und Triebe mit einem weißen, mehligen Pilzbelag. Die Blätter rollen sich schmal ein und sterben unter Verbräunung ab. Befallene Triebspitzen einfach herausschneiden oder abbrechen und über die braune Tonne entsorgen oder zum Häckselplatz bringen.

Schädlinge – von Würmern und Spannern

Wer in einen „verwurmten" Apfel beißt, hat es mit der Larve des Apfelwicklers (Obstmade) zu tun, die im Inneren der Frucht frisst. Bräunliche Kothaufen um ein Bohrloch in der Schale deuten auf den Schädling hin. Befallene Äpfel werden oft notreif und fallen vorzeitig ab. Man kann sie unter Umständen trotzdem essen; man muss nur die Befallsstellen ausschneiden. Doch sie faulen leicht von innen her und lassen sich nicht lange lagern.

Vorbeugend kann man ab Ende Juni Fanggürtel aus Wellpappe um den Stamm legen (etwa in

Was tun mit krankem Laub und kranken Früchten?

Diese Frage stellt sich beim Obst häufig. Einerseits wäre es im Sinne des biologischen Anbaus, alle organische Substanz aus dem Garten zu kompostieren und wieder in den Kreislauf zurückzuführen. In diesem Sinne würde man auch krankes Laub und von Schorf und Obstmaden befallene Früchte kompostieren. Allerdings darf der Anteil nach einer allgemeinen Kompostierregel nicht zu hoch sein. In einem Kompost, der sich hoch erhitzt, würden schädliche Pilzsporen und Eier oder Larven von Schädlingen auch abgetötet. Doch ein Gartenkompost wird meistens nicht an allen Stellen und nicht lange genug ausreichend heiß – zum Abtöten von Schorf und Mehltau müssten schon 50 °C erreicht werden –, sodass Krankheitserreger nicht sicher abgetötet werden. So rate ich doch eher dazu, das kranke Material über die Grüngutabfuhr zu entsorgen. Bei bakteriellen Erkrankungen wie dem Feuerbrand muss man ohnehin alle abgeschnittenen Teile entsorgen.

20 cm Höhe), um so auf dem Stamm entlangkriechende Raupen abzufangen. Die Gürtel werden im Spätherbst abgenommen und verbrannt. Im Garten sind jedoch ein paar madige Äpfel verkraftbar, zumal befallene Äpfel – gut ausgeschnitten – durchaus essbar sind.

Vor dem Befall des Frostspanners, eines weiteren Schadschmetterlings, schützen einfache Klebefallen, die sogenannten Leimringe, die ab Ende September eng um den Stamm der Apfelbäume gelegt werden. An denen bleiben die flugunfähigen Weibchen beim Hinaufkriechen am Stamm kleben.

Grüne Apfelblattlaus und Mehlige Apfelblattlaus treten an Apfelbäumen ebenfalls oft auf. Meistens finden sich rasch Nützlinge als Gegenspieler der Blattläuse ein, sodass man als Hobbyanbauer nichts zu unternehmen braucht. Florfliegenlarven und Marienkäfer fressen die Pflanzensauger auf.

Fallobst der Streuobstsorte 'Öhringer Blutstreifling' wird meistens vermostet.

Wann Äpfel reif sind

Je nach Standort und Sorte reifen Äpfel von August bis Oktober. Auch im Baum selber reifen die Früchte unterschiedlich. Oftmals muss man deshalb einen Baum mehrmals durchpflücken. Äpfel, die auf der besonnten Seite der Krone hängen, reifen früher und färben schöner und sortentypischer aus. Günstig für die Ausreife und Färbung der Äpfel sind sonnige Tage und kühle Nächte.

Reife Früchte lassen sich leicht vom Ast abdrehen. Früchte zum Einlagern sollten knapp reif geerntet werden. Die Früchte reifen auf dem Lager noch etwas nach. (Unreif soll man sie aber auch nicht ernten.) Doch Vorsicht! Die reifen Äpfel könnten sauer schmecken. Das liegt daran, dass Erntereife nicht gleichbedeutend mit der Genussreife ist.

Fruchtansätze an Apfelbäumen und Birnbäumen ausdünnen

Nach dem Abblühen bleiben je Blütenbüschel drei bis fünf Fruchtansätze übrig. Da sie nicht alle vom Laub desselben Triebes ernährt werden und zu voller Größe heranwachsen können, stößt der Baum einige davon im sogenannten „Junifall" selbst ab. Zusätzlich sollten Obstanbauer überzählige Fruchtansätze abknipsen, sodass von einem „Büschel" nur eine Frucht stehen bleibt. Dies ist in der Regel die mittlere Blüte.
Das Ausdünnen wirkt auch der Alternanz entgegen – einem Phänomen bei Obstbäumen, wobei nach einem Jahr mit viel Ertrag im Folgejahr kaum Früchte gebildet werden.

Sonderbehandlung für Tafelobst

Äpfel, die als Tafelobst und zum Lagern bestimmt sind, muss man immer vom Baum pflücken und vorsichtig in die Erntekiste legen. Bei unvorsichtigem Schütten bekommen sie leicht Druckstellen, von denen aus sie faulen.

Buschbäume und Säulenobst kann man meist vom Boden aus beernten. Bei hohen und großkronigen Apfelbäumen braucht man eine standfeste Leiter, oder man nimmt den „Apfelbrecher" oder „Apfelernter" zu Hilfe. Dabei handelt es sich um eine lange Stange mit einem am Ende angebrachten Ring, an dem ein kleiner Stoffsack befestigt ist.

Fallobst verwerten

Auf Streuobstwiesen und in Gärten fällt immer auch Fallobst an. Zu Beginn der Erntezeit sind es häufig „wurmige" Äpfel, die vorzeitig reif werden. Später schüttelt kräftiger Wind Früchte vom Baum, und am Ende fallen die nicht geernteten Äpfel von alleine von den Zweigen.

Frisch heruntergefallenes Obst lässt sich meist noch gut im Haushalt zum Entsaften, für Mus und zum Backen verwerten. Überschüssiges Fallobst bringt man in eine Mosterei. Es wäre schade um die guten Früchte! Es sind oft die aromatischsten, die hoch oben in der gut besonnten Krone hängen.

Richtig lagern

- Äpfel nach Sorten sortiert in einem dunklen, kühlen, gut belüfteten Kellerraum flach ausgebreitet in Holzkisten oder auf Holzregalen lagern.
- Faulige Äpfel regelmäßig aussortieren.
- Kartoffeln und Gemüse nicht im selben Raum mit Äpfeln lagern.

Wespen und Vögel fressen sie oft an. Am Boden liegend faulen die Früchte allerdings schnell und werden häufig von Mäusen angefressen. Später holen sich Regenwürmer und andere Bodenlebewesen Äpfel als Futter. Im Streuobstbau ist dies ganz im Sinne der Ökologie; so bleiben die Nährstoffe an Ort und Stelle und kommen wieder dem Obstbaum zugute. In kleinen Gärten wird man eher dazu neigen, fauliges Obst zusammenzulesen und über die Grüngutabfuhr zu entsorgen. Dies ist auch sinnvoll, um keine Wespen anzulocken. Nicht allzu große Mengen kann man auch zusammen mit anderem organischem Material kompostieren.

Sommer-, Herbst- und Wintersorten

Sommersorten reifen früh und sind gleich genießbar, aber sie sind nur wenige Wochen lagerfähig: 'Gerlinde', 'Jakob Fischer', 'James Grieve', 'Weißer Klarapfel', 'Piros', 'Reglindis' 'Retina'.
Herbstsorten reifen mittelfrüh und halten etwa bis Weihnachten. Bei ihnen liegen Reife am Baum und Genussreife dicht beieinander: 'Alkmene', 'Cox Orange', 'Elstar', 'Florina', 'Geheimrat Dr. Oldenburg', 'Goldparmäne, 'Gravensteiner', 'Resi', 'Roter James Grieve', 'Rote Sternrenette', 'Rubinette', 'Rubinola'. Säulenäpfel sind nur etwa bis Weihnachten lagerfähig.
Wintersorten sind gleich nach der späten Ernte noch zu sauer oder zu fest und kaum genießbar. Sie werden je nach Sorte erst ab Dezember oder Januar genussreif und sind oft bis zum Frühjahr lagerfähig: 'Brettacher' (oft bis Juni), 'Goldrenette von Blenheim', 'Jonagold', 'Jonathan', 'Kaiser Wilhelm', 'Ontario', 'Pilot', 'Pinova', 'Rewena', 'Roter Boskoop', 'Santana', 'Schöner von Boskoop', 'Topaz', 'Schweizer Orangenapfel', 'Winterglockenapfel'.

Apfelsorte 'Transparent' mit feinem Aroma.

Sorten und ihre Lagerfähigkeit

Apfelsorten werden zu unterschiedlichen Zeiten erntereif und genussreif. Zudem lassen sie sich unterschiedlich lange lagern. Wer die Sorten für die Obstwiese aus den Reifegruppen und nach Lagerfähigkeit gut auswählt, kann sich so leicht selbst fast das ganze Jahr über mit Äpfeln versorgen. Die nebenstehend genannten Sorten sind bundesweit bekannt; zusätzlich gibt es regionale Empfehlungen und Hunderte von Streuobstsorten.

Der ideale Lagerkeller für Äpfel

Äpfel sollen möglichst dunkel, kühl und gut belüftet lagern. Kühle Keller (optimal 2–6 °C, bis maximal 8 °C) mit Lehmboden (ohne Heizungsrohre und Gefriertruhe) sind ideal. Die Luftfeuchtigkeit sollte bei etwa 80 % liegen. Schuppen, leer stehende Garagen und trockene Kellerschächte eignen sich ebenfalls, wenn die Kisten vor Mäusen gesichert werden.

In isolierten Kisten lassen sich Äpfel auch auf schattigen Terrassen und Balkonen lagern. Kurzfristig vertragen Äpfel sogar Frost bis −4 °C; sie dürfen danach aber nur langsam auftauen. Bei ansteigender Temperatur zum Sommer hin kann man Äpfel noch eine Zeit lang im Kühlschrank lagern.

Streuobstsorten mit besonderem Geschmack

Mir persönlich schmecken eigentlich nur die Äpfel von unseren Streuobstwiesen. Tafeläpfel aus dem Handel sind mir alle zu süßlich. Meine Favoriten sind im Herbst als erste Sorte der 'Jakob Fischer' (die beste Sorte für Apfelmus), wenig später die Sorte 'Transparent' (feinsüße Sorte zum Frischessen). Dann als mein absoluter Lieblingsapfel zum Frischessen, der 'Winterrambur', der sich im kühlen Lagerkeller bis etwa März hält. Und die allerletzten, von denen oft im Juni noch Früchte da sind, sind die 'Brettacher'-Äpfel, eine Lokalsorte aus meiner Region, die auch bundesweit bekannt und erhältlich ist.

Apfelbeere mit starker Färbekraft

Die Apfelbeere (*Aronia melanocarpa*) ist noch ziemlich jung in unserem Obstsortiment. Doch sie steht mittlerweile in vielen Gärten. Beliebt ist sie vermutlich auch deshalb, weil sie nur 2–3 m hoch wird und keinen Schnitt braucht. Frosthärte und Robustheit zeichnet die Apfelbeere aus. Das Gehölz, das aus dem östlichen Nordamerika stammt, gedeiht am bestem auf saurem, etwas feuchtem Boden. Die Sträucher sind wurzelecht oder auf Ebereschen-Unterlage veredelt. Veredelte Exemplare sind wüchsiger. Baumschulen führen meistens die Sorte 'Nero' mit großen Dolden oder die großfruchtige Sorte 'Viking'.

Im August/September reifen die violettschwarzen, wachsartig bereiften Beeren, die innen rotfleischig sind. Bei der Ernte muss man den Vögeln zuvorkommen. Die herben Beeren schmecken frisch vom Strauch; sie lassen sich auch gut durch Entsaften verwerten und zu Gelee oder Likör weiterverarbeiten. Die Früchte enthalten viel gesundes Anthocyan und färben sehr stark.

Birne für süßen Genuss

Speisebirnen schmecken einfach köstlich. Wer sie im Garten anpflanzen will, hat die Qual der Wahl zwischen 'Guter Luise', 'Gräfin von Paris', 'Williams Christ' und anderen zu unterschiedlichen Zeiten reifenden Sorten. Die etwas wärmebedürftigen Birnbäume gedeihen am besten vor einer warmen Südwand.

Mostbirnenbäume imponieren in der freien Landschaft mit ihrer mächtigen Gestalt. Deren Früchte sind wegen ihres herben Geschmacks frisch nicht genießbar; ihre Qualitäten entfalten sie nach dem Mosten in Form von Birnenmost.

Unkompliziertes Obstgehölz: die Apfelbeere.

Birnenspalier vor einem Bauernhaus in den Alpen.

Birnen sind anspruchvoller als Äpfel

Birnen (*Pyrus communis*) brauchen einen tiefgründigen, lockeren Boden, damit ihre Pfahlwurzel gut ins Erdreich eindringen kann. Bevor man einen Birnbaum pflanzt, sollte man in Erfahrung bringen, wie der Untergrund beschaffen ist. Bei felsigem Untergrund tun sich Birnen schwer; sie wachsen dann nur kümmerlich und bringen wenig Ertrag.

Baumschulen bieten Birnen häufig als Buschbaum oder als Spindelbaum an. Diese sind jeweils auf schwach wachsenden Unterlagen veredelt. Außerdem gibt es speziell gezogene Spalierbirnen. Wie Apfelbäume muss man Birnbäume am Ende des Winters (bis Ende Februar) auslichten. Am Spalier sind laufend Wasserschosse zu entfernen.

Säulenbirnen sind besondere Züchtungen, bei denen das Fruchtholz direkt am senkrecht in die Höhe strebenden Stamm (ca. 2,50–3 m hoch) sitzt.

Frostbrand und Birnengitterrost

Birnen sind nicht ganz so anfällig für Krankheiten wie Äpfel; gefährlich kann allerdings der Feuerbrand werden, eine bakterielle Erkrankung, bei der im Frühling nach der Blüte plötzlich Fruchtbüschel, Zweige und ganze Äste absterben. Blätter und Früchte scheinen wie verbrannt, bleiben am Baum hängen. Befallene Pflanzenteile müssen sofort entfernt und entsorgt werden; Rindenpartien muss man ausschneiden. Bei Verdacht auf Feuerbrandbefall sollte man sich mit den jeweils zuständigen Behörden in Verbindung setzen. Diese geben auch Merkblätter speziell zur komplexen Feuerbrandthematik heraus

Relativ häufig verunstaltet der Birnengitterrost die Blätter. Dabei bilden sich auf der Unterseite der Blätter rostrote Pusteln und auf der Oberseite rundliche Verfärbungen. Die Früchte werden nicht befallen. In der Region, in der ich lebe, kann man den Befall tolerieren. In anderen Regionen in Deutschland ist der Befall jedoch offenbar so stark, dass Bäume abstarben und gefällt werden mussten. Der Birnengitterrost hält sich nur, wenn ein Wacholderbaum (*Juniperus communis*) als Zwischenwirt in der Nähe ist. Da ist die einfachste Bekämpfungsstrategie, den Wacholderbaum zu fällen. Doch für eine solche einfache Lösung müssten viele Nachbarn kooperieren, was schwer zu verwirklichen sein dürfte.

Birnen gut zum Konservieren

Je nach Standort und Sorte reifen Birnen von August bis Oktober. Die Früchte schmecken am besten frisch; sie sind – bis auf wenige Sorten – nur kurze Zeit lagerfähig. Sie lassen sich jedoch sehr gut als Schnitze in Gläsern eindünsten, sodass man überschüssige Ernten auf diese Weise gut konservieren kann. Birnen lassen sich auch gut dörren.

Verschiedene Sorten für lange Ernte

Wer bereits im August Birnen genießen will, sollte sich für 'Williams Christ' mit ihren goldgelben, leicht rotbackigen und sehr aromatischen Früchten

Einfach mitwachsen lassen

Ich lasse in der nördlichen Begrenzungshecke an meinem Grundstück wild aufgegangene Brombeeren mitwachsen. Die bringen – ohne dass ich mich darum kümmern muss – immer ein paar Handvoll köstliche Brombeerfrüchte. Doch ich muss aufpassen, dass die Pflanzen nicht in andere Gartenbereiche einwandern. Denn die überhängenden Triebe ziehen an den Stellen, an denen sie dem Boden aufliegen, sehr schnell Wurzeln.

Seitentriebe der Brombeeren immer wieder einkürzen.

entscheiden. Auch die gelblich grünen, süßsäuerlichen Früchte von 'Clapps Liebling' reifen sehr früh. Die grünlich gelbe, länglich geformte 'Conference' und die gelblich braune 'Gellerts Butterbirne' sind im September erntereif. Die spät reifenden Sorten 'Alexander Lucas' und 'Gräfin von Paris' lassen sich einige Monate lang lagern. Neue Züchtungen wie 'Harrow Sweet' sind widerstandsfähig gegen Feuerbrand.

Eine besondere Obstart ist die Nashi-Birne (*Pyrus pyrifolia*) mit Früchten in der Form eines Apfels.

Brombeere – gezähmte Wilde

Brombeersträucher (*Rubus* sect. Rubus) sind einheimische Wildgehölze, die häufig auf Kahlschlägen im Wald, an Wald- und Heckenrändern sowie auf Grundstücken, die sich selbst überlassen sind, aufkommen. Im kleinen Gartenraum sind die Wildpflanzen wegen ihres „wilden" Wuchses oft nicht erwünscht. Kultursorten wachsen gebändigter und passen auch in kleine Gartenräume.

Brombeeren tragen an zweijährigen Trieben. Deshalb heftet man im Lauf des Winters die letztjährigen Triebe an einem frei stehenden Stützgerüst oder an einem Wandspalier an. Seitentriebe werden auf zwei Augen eingekürzt. Abgetragene Ruten werden nach der Ernte entfernt. Auch während des Sommers kann es nötig sein, zu lange oder quer wachsende Ruten zurückzuschneiden.

Neuerdings gibt es bei Brombeeren manchmal Probleme mit der Kirschessigfliege. Schon länger bekannt ist das Phänomen, dass einzelne Brombeerfrüchte rot bleiben oder stellenweise rot gefärbt sind. Solche Beeren sind ungenießbar. Ursache für dieses Phänomen ist die Brombeergallmilbe.

Brombeeren müssen immer vollreif geerntet werden; nur dann entwickeln sie ihr typisches Aroma. Die Früchte möglichst sofort verbrauchen oder verarbeiten; sie lassen sich sehr gut einfrieren, entsaften und zu Marmelade verarbeiten.

Arten und Sorten

Auf kleinen Grundstücken ist es ratsam, eine stachellose Sorte zu pflanzen wie etwa 'Black Satin', 'Thornless Evergreen' oder 'Thornfree'. Wegen ihres intensiven Aromas schätze ich die ältere, sehr stark rankende Sorte 'Theodor Reimers'. 'Wilson's Frühe' wächst etwas weniger wild.

Brombeersträucher bringen oft Massenerträge an Früchten, die sich hervorragend zu Marmelade verarbeiten lassen.

Eine Strohunterlage schützt Erdbeerfrüchte vor Verschmutzung und Schimmelbefall.

Einige andere *Rubus*-Arten und -Kreuzungen verdienen ebenfalls Beachtung:

Die Japanische Weinbeere (*Rubus phoenicolasius*) ist ein attraktiver Obststrauch mit hübschen Blüten und himbeerartigen Fruchtständen im Juli/August. Sie wächst ähnlich strauchförmig wie die Brombeere, mit dem Vorzug, dass sie nur fein bestachelt ist. Frucht tragende Hecken lassen sich damit anlegen. Die Art kommt gut mit einem halbschattigen Platz zurecht.

Erdbeere: Arten und Sorten

Frühe bis mittelfrühe Sorten: 'Marianna' – sehr früh; 'Honeoye'; 'Darselect'; 'Thulana'; 'Korona'; 'Fraroma' – schmeckt wie 'Senga Sengana', resistent gegen Wurzelpilze; 'Stugarta-perfect'

Mittelspäte bis späte Sorten: 'Thuchampion' – sehr große Früchte; 'Thuchief' – Früchte schmecken wie Wald-Erdbeeren; 'Thuriga'; 'Thubella' – spät; 'Florence', 'Simida' – sehr spät

Monats-Erdbeeren: 'Mara des Bois', 'Seascape' – verträgt viel Hitze; 'Alexandria' – rankenlos; 'Evita' – immertragend

Erdbeerwiese: Mit ihren Ausläufern bildet sie eine dichte Decke. Die Erdbeerwiese kann acht Jahre und länger auf einem Beet stehen bleiben. 'Florika', 'Gento' – immertragend

Kletter-Erdbeeren: 'Hummi'; 'Mountainstar'

Die Taybeere, eine Kreuzung aus Himbeere und Brombeere, trägt im Juni/Juli sehr große Früchte mit besonderem Aroma. Ihre Triebe sind nur fein bestachelt, sodass sie sich gut in den Gartenraum integrieren lässt.

Unverzichtbare Erdbeere

Die Erdbeere gehört in jeden Nutzgarten – heiß geliebt bei Kindern und bei Erwachsenen. Wie die meisten Kulturpflanzen gibt es sie noch gar nicht so lange. Unsere heutige Garten-Erdbeere (*Fragaria × ananassa*) ist um 1750 in Holland durch die Kreuzung einer südamerikanischen Erdbeerart (*Fragaria chiloensis*) mit einer nordamerikanischen Art (*Fragaria virginiana*) entstanden. Eine Besonderheit ist die Erdbeerwiese, eine Kreuzung aus der Wald-Erdbeere (*Fragaria vesca*) mit der Garten-Erdbeere. Beliebtes Naschobst ist die Kultur-Wald-Erdbeere oder Monats-Erdbeere (*Fragaria vesca* var. *hortensis*).

Erdbeeren auf mehreren Beeten

Wer immer gleichmäßig viel Erdbeeren ernten möchte, braucht mindestens zwei, besser drei Beete, mit frisch gepflanzten, mit zweijährigen oder dreijährigen Pflanzen. Es ist auch möglich, Erdbeeren in Mischkultur neben Gemüse anzubauen. Die Mischkultur mit Lauchgewächsen gilt als günstig, weil man davon ausgeht, dass Zwiebeln, Lauch und Knoblauch die Pilzkrankheit Grauschimmel von den Früchten abhalten. Doch allzusehr sollte man sich nicht auf diese Regel verlassen.

Selbst gezogene oder zugekaufte Exemplare werden im Juli oder August in Reihen gepflanzt. Getopfte Pflanzen kann man auch später pflanzen, unter Umständen erst im Frühjahr; dann bringen sie jedoch keinen vollen Ertrag.

Damit Erdbeerpflanzen sich gut entwickeln können, brauchen sie genügend Abstand zueinander. In der Reihe rechnet man mit einem Abstand von 25–35 cm, der Reihenabstand sollte 60–90 cm betragen. Erdbeerpflanzen können zwei bis drei Jahre lang geerntet werden.

Die Reihen oder die Beete mit Erdbeeren sollten bei Neupflanzungen immer an eine andere Stelle rücken. Das Einhalten der Fruchtfolge ist bei der Kultur wichtig! Sonst ist die Gefahr groß, dass sich Fruchtfolgeschädlinge wie beispielsweise Wurzelnematoden ansiedeln und vermehren.

Quetschmethode für feine Marmelade

Beim Marmeladekochen mit großen Erntemengen zerquetsche ich die Beeren im Kochtopf mit einer Hand. So wird die Marmelade fein!

Gleichmäßige Wassergaben für gute Ernte

Erdbeeren brauchen während der Blütezeit und bei der Ausbildung der Früchte viel Wasser. Eine Mulchdecke aus Stroh oder Mulchvlies sorgt für einen ausgeglichenen Wasserhaushalt. Einige Zeit vor der Ernte legt man Stroh oder Holzwolle unter die Pflanzen, um die Früchte vor hochspritzender Erde und Verschmutzung zu schützen. Gleichzeitig beugt dies dem Befall mit Grauschimmel vor, weil die Pflanzen über dem luftigen Polster schnell wieder abtrocknen können.

Für Erdbeernachwuchs sorgen

Nach dem Abernten verlangen Erdbeeren erneut Zuwendung: dürres Blattwerk und die Ranken der Pflanzen abschneiden (sogenanntes Entranken) und großzügig Kompost um die Pflanzen verteilen. Mit der Gabe von Kompost oder organischem Dünger im August regt man die Blütenbildung im darauffolgenden Frühjahr an und schafft so günstige Voraussetzungen für einen guten Ertrag an köstlichen Früchten.

Nach der Ernte ist auch der Zeitpunkt für die Vermehrung. Erdbeeren lassen sich leicht selbst vegetativ vermehren. Das besondere Wuchsverhalten der Pflanzenart macht dies möglich. Erdbeeren bilden oberirdische Ausläufer, die sich bewurzeln. Diejenigen, die am nächsten an der Mutterpflanze erscheinen, nimmt man ab und topft sie oder leitet sie – noch mit der Mutterpflanze verbunden – zum Bewurzeln in Töpfchen.

Erdbeermonat Juni

Je nach Sorte reicht die Erntezeit von Ende Mai bis September, mit der Haupternte im Juni. Um möglichst lange Erdbeeren ernten zu können, wählt man Sorten mit verschiedenen Reifezeiten aus und nimmt noch ein paar immertragende Monats-Erdbeeren dazu. Der Erntebeginn ist von Jahr zu Jahr etwas unterschiedlich, je nach Wetterverlauf in den Wochen zuvor. Erdbeerfrüchte halten sich länger, wenn man sie mit dem Kelch pflückt. Es gibt kaum etwas Köstlicheres als frische Erdbeeren mit Sahne oder Sauermilch, leicht gezuckert ein Hochgenuss! Erdbeeren lassen sich sehr vielseitig konservieren: durch Einfrieren, Marmelade kochen, in Schnaps einlegen – solo oder zusammen mit anderen Fruchtarten als Rumtopf.

Heidelbeere für saure Böden

In manchen Regionen in Deutschland geht man traditionell „in die Heidelbeeren", also zum Heidelbeerpflücken in den Wald – im Schwarzwald, im Bayerischen Wald, in der Lüneburger Heide, allgemein in Heidegebieten und dort, wo der Boden sauer und sandig ist. In Landstrichen mit kalkhaltigem Boden kommt die Heidelbeere oder Blaubeere (*Vaccinium myrtillus*) wild gar nicht vor.

Auf den pH-Wert kommt es an

Wer in Erwägung zieht, Heidelbeeren anzubauen, sollte sich zuerst über den Boden in der Umgebung und im Garten selbst informieren und den pH-Wert testen (siehe Seite 59). Denn die Heidelbeere wächst nur in saurem Boden (pH-Wert ca. 5), dort wo auch Heidekraut und Rhododendren wachsen

Die Kultur-Heidelbeere (hier die Sorte 'Blue Crop') braucht leicht sauren Boden.

würden. Auf kalkhaltigem Boden werden die Blätter chlorotisch und vergilben, kümmern vor sich hin oder sterben sogar ab. Für die Kultur im Garten eignet sich die Wildart normalerweise nicht, es sei denn, der Garten befindet sich in einem Heidegebiet.

Doch es gibt eine Alternative: Die aus Nordamerika stammende Kultur-Heidelbeere (*Vaccinium corymbosum*) ist etwas anpassungsfähiger und gedeiht auch auf leicht saurem Boden mit einem pH-Wert von etwa 6. Der dekorative Strauch mit hübschen Blüten und interessanter Blattfärbung wird bis etwa 1,50 m hoch. Man braucht ihn normalerweise nicht zu schneiden.

Heidelbeersträucher sind nicht anfällig für Schädlinge und Krankheiten. Viel häufiger ist das Phänomen Chlorose, eine Aufhellung der Blätter, die durch zu hohen pH-Wert und demzufolge Nährstoffmangel zustande kommt. Durch Düngen mit einem eisenhaltigen Spurenelementdünger lässt sich der Chlorose entgegenwirken.

Das Obstgehölz eignet sich besonders gut für die Topfkultur. Denn in Kübeln und Kästen kann es das passende saure Substrat bekommen. Dann nur das ausreichende Wässern nicht vergessen!

Ernte und Genuss

Die Beeren der Kultur-Heidelbeeren reifen im Juli und August. Sie sind nicht ganz so aromatisch wie die der heimischen Blaubeeren, dafür größer und somit ertragreicher – und sie färben die Zähne nicht blau. Von einem Strauch kann man in guten Jahren bis zu sieben Pfund Früchte ernten!

Heidelbeeren halten sich gekühlt einige Tage lang frisch. Sie lassen sich gut einfrieren oder eindünsten und zu Süßspeisen aller Art verarbeiten. Auch Heidelbeerwein kann man zubereiten.

Heidelbeere: Arten und Sorten

Kultur-Heidelbeere (*Vaccinium corymbosum*): 'Bluecrop' – bis 2 m hoch; 'Brigitta Blue'; 'Goldtraube'; 'Patriot'; 'Top Hat' – nur 30–40 cm hoch; 'Sunshine Blue' – bis 1,20 m hoch, immergrün

Am besten Exemplare mehrerer Sorten pflanzen, um die Befruchtung zu verbessern.

Wald-Heidelbeere, Blaubeere (*Vaccinium myrtillus*) – niedriger Wuchs, erbsengroße Früchte

Himbeeren in Reih' und Glied

Himbeeren zum Naschen – die dürfen in einem Biogarten nicht fehlen. Die Himbeere (*Rubus idaeus*) ist eine einheimische Wildpflanze, die häufig entlang von Waldwegen und auf Waldlichtungen wächst.

Ernte vom Sommer bis zum Herbst

Zuchtsorten tragen viel größere und aromatischere Früchte als die Wildform, sodass das Zupfen nicht so mühsam ist. Bekannte Sorten sind 'Meeker', 'Tulameen', 'Willamette', 'Rubaca', 'Rusilva'. Neuere Züchtungen wie etwa 'Niniane' sind widerstandsfähig gegen Wurzel- und Rutenkrankheiten. Eine stachellose Sorte ist 'Glen Ample'. Auch gelbfrüchtige Sorten gibt es, beispielsweise die spät reifenden 'Fallgold' und 'Golden Bliss'.

Die üblichen Himbeersorten (Sommerhimbeeren) reifen im Juni/Juli. Bei Herbstsorten, die am diesjährigen Holz fruchten, beginnt die Ernte Ende Juli und dauert bis zum Spätherbst. Einige Sortenbeispiele für Herbsthimbeeren sind 'Alpengold', 'Autumn Bliss', 'Fallred' oder 'Rubyfall'. Neuerdings gibt es sogar kompakt und buschig wachsende Himbeersorten speziell für die Topfkultur, beispielsweise 'Ruby Beauty'.

Himbeeren am Gerüst ziehen

Die Himbeere fällt etwas aus dem Rahmen der Beerenobstgehölze. Die Sträucher werden normalerweise nicht einzeln, sondern in Reihen gepflanzt, mit einem Abstand von ca. 40 cm zueinander. Himbeertriebe sind relativ schwach und biegsam; sie brauchen deshalb ein Stützgerüst – entweder aus weitmaschigem Drahtgeflecht oder aus Holzpflöcken mit waagerecht gespannten Drähten oder einem Bandgewebe.

In den Himbeerreihen werden zu lange Ruten eingekürzt und sehr schwache Ruten bodennah abgeschnitten. Die üblichen Himbeersorten werden nach der Ernte kräftig ausgelichtet, sodass noch etwa zehn Ruten pro laufendem Meter stehen. Bei Herbsthimbeeren ist es viel einfacher: Die werden nach der Ernte oder im Lauf des Winters komplett bis auf den Boden zurückgeschnitten.

Mulchen hält Wasser im Boden

Himbeeren brauchen vor allem während der Blütezeit und Fruchtausbildung viel Wasser, deshalb muss man sie in Trockenzeiten gießen und zusätz-

Frisch vom Strauch gepflückt schmecken Himbeeren am besten.

Abgetragene Himbeerruten nach der Ernte bodennah abschneiden.

lich durch Mulchen dafür sorgen, dass wenig Wasser aus dem Boden verdunstet. Zum Mulchen nehmen Biogärtner alles, was der Garten hergibt: Rasenschnitt, Laub, Stroh oder halb verrotteten Kompost.

In manchen Jahren frisst der Himbeerkäfer an Blättern, Blüten, Knospen und unreifen Früchten. Er legt seine Eier an den Blüten ab. Die gelblichen Larven (Maden) ernähren sich vom Fruchtfleisch. Durch den Anbau von Herbsthimbeeren kann man dieses Problem weitgehend umgehen, weil diese erst nach der Hauptflugzeit des Himbeerkäfers blühen. Ein neuer Schädling ist die Kirschessigfliege.

In Himbeeren schwelgen

Wenn die Früchte anfangen sich zu röten, geht alles ganz schnell. Im Nu werden viele Früchte auf einmal reif. Da muss man auf der Hut sein und die Himbeerreihen gut durchpflücken, am besten einmal täglich morgens. Die Früchte sollten sich beim Pflücken noch etwas fest anfühlen. Überreif verlieren sie an Aroma. Zudem verderben sie schnell, sodass man sich bei der Himbeerernte und beim Verbrauchen immer beeilen sollte. Am besten schmecken Himbeeren frisch vom Strauch und ungewaschen.

Alle Konservierungsmethoden sind gefragt

Die Beerenfrüchte lassen sich auf verschiedene Art und Weise zubereiten und für den Vorrat konservieren. Am schnellsten geht das Einfrieren. Dabei die Früchte zunächst nebeneinander liegend vorgefrieren, dann erst in Behälter geben. Oder ganz klassisch entsaften, Marmelade kochen, Eis zubereiten, Fruchtsoße mixen, Sirup ansetzen, in Essig oder Alkohol einlegen (siehe auch ab Seite 269) … Da Erdbeeren und Himbeeren etwa zur selben Zeit reifen, bietet es sich an, die beiden Fruchtarten zu mischen.

Sogar die Blätter kann man frisch oder getrocknet verwenden und Tee daraus zubereiten. Eine Mischung mit Brombeerblättern und den Blättern der Schwarzen Johannisbeere ist ein beliebter Haustee.

Selbst gemachter Himbeeressig

Ich lege Himbeeren gerne in Essig ein und stelle so meinen eigenen süßsauren Himbeeressig mit dem ganz besonderen Aroma her (siehe auch Seite 275). Himbeeren in einen weiten Glasbehälter geben, mit Apfelessig übergießen, sodass die Früchte ganz bedeckt sind. Zwei bis vier Wochen lang im Dunkeln ziehen lassen, Essig durch ein Sieb abgießen und die Früchte auspressen. Den himbeerfarbenen Essig in schöne Glasflaschen füllen.

Johannisbeeren in Rot, Weiß und Schwarz

Johannisbeersträucher sind unkompliziert. Ich empfehle sie allen, die wenig Platz und wenig Zeit für ihren Bio-Nutzgarten haben und trotzdem viel ernten wollen, denn die Sträucher brauchen nur wenig Schnitt und sind meistens gesund. Außerdem wirken sie durch ihre schön geformten Blätter und ihren bunten Frucht- und Blattschmuck wie Ziersträucher. Rote und Weiße Johannisbeeren gehören zur selben Pflanzenart (*Ribes rubrum* var. *domesticum*), während Schwarze Johannisbeeren (*Ribes nigrum*) eine eigene Art darstellen.

Von Sträuchern und Hochstämmchen

Baumschulen bieten Johannisbeeren als Busch, als Halb- und Hochstämmchen und in Säulenform an. Sogar Spalierformen gibt es. Johannisbeer-Hochstämmchen, die etwas mehr Aufmerksamkeit brauchen, passen gut an den Rand des Gemüsegartens, mit Kräuterstauden oder Sommerblumen zu Füßen.

Johannisbeersträucher sollten in weitem Abstand von etwa 1,50 m zueinander stehen, sodass sie sich gut nach allen Seiten hin ausbreiten können. Johannisbeersträucher bringen meist sehr gute Ernten. Auch manche Hochstämmchen tragen viel. Doch erfahrungsgemäß entwickeln sich nicht alle Hochstämmchen gut; manche sterben schnell wieder ab. Damit die Äste sich nicht zu Boden neigen oder gar abbrechen, muss man sie abstützen: Am besten eignet sich ein selbst zusammengezimmertes Dreiecksgerüst; zur Not reicht ein sehr stabiler Pfahl, der bis in die Krone reicht.

An Johannisbeeren muss man nicht viel schneiden. Es genügt, ältere, abgetragene und schwache Triebe bodennah abzuschneiden, sodass der Strauch noch acht bis zwölf starke Äste hat. Das kann man im Spätwinter tun oder gleich nach der Ernte.

Wässern und Mulchen

Wie alle Beerenobststräucher brauchen Johannisbeeren eine gleichmäßige Wasserversorgung. Wenn es nicht ausreichend regnet, sollte man sie unbedingt wässern, und zwar tief und durchdringend gießkannenweise, sodass das Wasser in den Wurzelbereich gelangt. Bei Wassermangel neigen die Sträucher zum Verrieseln. Dabei bilden sich die Fruchttrauben nicht voll aus und es hängen nur wenige Beeren an den Trauben.

Für ausgeglichene Feuchtigkeit im Boden sorgt auch eine möglichst dicke Mulchschicht aus organischen Abfällen, beispielsweise aus Rasenschnitt, Stroh, eventuell unterlegt mit Pappe, um gleichzeitig Wurzelunkräuter zu unterdrücken. Im Spät-

Reiche Sortenauswahl

Rote und Weiße Johannisbeere: 'Telake' – früh, kein Verrieseln; 'Rolan' – mittelfrüh; 'Rovada' – bis 20 cm lange Fruchttrauben, spät; 'Rosalinn' – süße Beeren mit rosa Schimmer; 'Weiße Versailler' – goldgelbe Früchte
Schwarze Johannisbeere: 'Bona' – sehr große Beeren, sehr früh; 'Ometa' – starker Wuchs, robust; 'Titania'; 'Fertödi' – früh, alle Beeren an einer Traube reifen gleichzeitig; 'Kristin' – früh

Zierend und nützlich: die Johannisbeersorte 'Weiße Versailler'.

sommer wird Kompost auf dem Erdreich unter dem Strauch ausgebreitet und nur oberflächlich eingearbeitet. Um die Sträucher herum nie graben, da sonst das flach streichende Wurzelwerk geschädigt wird.

Ausgepflanzt ins Erdreich gedeihen Johannisbeeren am besten. Denn hier können sich die Wurzeln aus dem Bodenvorrat selbst mit Nährstoffen und Wasser versorgen. Die Kultur in Kübeln ist zwar machbar, hat aber Nachteile: Bei unregelmäßiger Wasserversorgung werden die Pflanzen anfälliger für Schädlinge und Krankheiten. Außerdem besteht immer die Gefahr des Vertrocknens, wenn man das Gießen vergisst.

Vögel fressen oft mit

Der größte „Mitesser" an Johannisbeeren ist nach meiner Erfahrung die Amsel. In manchen Jahren fallen die Vögel über die Sträucher her und richten ziemlich viel Schaden an. Da hilft nur ständiges Vertreiben oder das Einhüllen der Krone mit einem Vogelschutznetz.

Jostabeeren bringen Massenerträge an herbsäuerlichen Früchten.

Johannisbeeren ernten und verwerten

Rote Johannisbeeren reifen ab Mitte Juni, je nach Sorte beginnt die Ernte früher oder später und zieht sich einige Wochen lang hin. Seit dem Auftreten der Kirschessigfliege, die auch Johannisbeeren befällt, empfiehlt es sich, die Bestände immer gut durchzupflücken und die Früchte nicht zu lange hängen zu lassen.

Zum Frischessen schmecken Rote Johannisbeeren fast etwas zu säuerlich. Erst mit Zucker oder anderen Süßungsmitteln werden sie so richtig genießbar. „Träubleskuchen" mit Roten Johannisbeeren ist in Süddeutschland ein sehr beliebtes Gebäck. Johannisbeeren lassen sich auch gut einfrieren und entsaften. Der hellrote Saft wird zu Gelee weiterverarbeitet. Die Beeren der Weißen Johannisbeere sind etwas milder.

Schwarze Johannisbeeren reifen im Juli und August. Ich ernte die Beeren nach und nach, denn nicht alle Fruchttrauben werden gleichzeitig reif und auch an den Fruchttrauben selbst reifen nicht alle Früchte gleichzeitig. Manchmal warte ich auch ab, bis alle Beeren reif sind. (Mit der Kirschessigfliege (siehe oben) hatte ich bisher noch nicht zu tun.) Mit zunehmender Reife werden die Beeren ohnehin immer süßer und geschmacklich milder. Doch dann besteht die Gefahr, dass überreife Beeren schon beim Berühren abfallen. Die herb-würzigen Beeren der Schwarzen Johannisbeeren mit ihrem so typischen Aroma schmecken frisch, als Kuchenbelag und Marmelade, als Wein und Likör (Spezialität: Cassis-Likör).

Jostabeere bringt Erntesegen

Die Jostabeere (*Ribes × nidigrolaria*) ist eine starkwüchsige, stachellose Kreuzung aus Schwarzer Johannisbeere, Kultur-Stachelbeere und Oregon-Stachelbeere. Bei ihrem ausladenden Wuchs (2 m hoch und noch mehr in die Breite) braucht sie viel Platz. Jostabeersträucher haben dieselben Ansprüche wie Johannisbeersträucher. Sie sind für gleichmäßige Wasserversorgung und eine Düngung mit Kompost dankbar. Alte, abgetragene Triebe schneidet man im Spätwinter bodennah ab und lichtet, wenn nötig, aus. Die dunkel gefärbten Beeren, deren Größe zwischen denen der Ausgangsarten liegt, reifen nach und nach im Juli und August, deshalb mehrmals durchpflücken. Jostabeeren eignen sich vor allem für Marmelade und zum Einfrieren.

Kirschenzeit: Sauer-Kirsche für den kleinen Garten

Wer Kirschkuchen oder Schwarzwälder Kirschtorte mag, sollte einen Sauer-Kirsch-Baum (*Prunus cerasus*) pflanzen. Dieser braucht nicht viel Platz und passt auch in einen kleinen Garten. Die Sauer-Kirsche ist nicht so anspruchsvoll an den Boden und an das Klima wie die Süß-Kirsche und bringt regelmäßig guten Ertrag. 'Schattenmorelle' ist die bekannteste Sorte. 'Morellenfeuer' hat süßkirschenähnlichen Geschmack. 'Karneol' reift vor der 'Schattenmorelle'.

Baumschulen bieten die Sauer-Kirsche als veredelten Baum mit verschiedenen Stammhöhen und als Spindel an. Er wird höchstens 5 m hoch. Die dünnen Äste hängen anders als bei der Süß-Kirsche peitschenförmig nach unten. Bei der Sauer-Kirsche bilden sich die Früchte am einjährigen Holz. Abgetragene Äste kann man deshalb nach der Ernte im Juni bis Anfang Juli ohne zu zögern abschneiden.

Ein Dauerproblem bei Sauer-Kirschen ist die Moniliakrankheit, die Triebspitzen und Äste befällt. Da hilft nur radikaler Rückschnitt bis ins gesunde Holz. Die Früchte lassen sich entsteint einfrieren oder mit Stein eindünsten.

Süß-Kirsche als Hausbaum

Ein großer Süß-Kirschen-Baum (*Prunus avium*) ist allein der überbordenden Blütenfülle wegen ein Traum. Im Garten meines Elternhauses steht ein haushoch (über 10 m) gewachsenes Exemplar der Sorte 'Große Schwarze Knorpelkirsche', das fast jedes Jahr überreich Früchte trägt. Der größte Teil lässt sich nicht ernten, weil die Früchte unerreichbar weit oben hängen. Der Kirschenertrag wäre auch viel zu viel für den eigenen Bedarf. Amseln und Wespen bedienen sich an diesen Früchten.

Ein hoch und ausladend wachsender Süß-Kirschen-Baum kann ein äußerst dekorativer Hausbaum sein. Doch bei einem größer werdenden Baum ist die Ernten mit der Leiter eine Herausforderung. Und die Ernte ist auch nicht ganz ungefährlich. Da ist es verständlich, dass kleinwüchsige

Die beiden Kirschbäume im Familiengarten tragen Jahr für Jahr reich.

Sorten der Süß-Kirsche

Ein Kirschbaum allein genügt meistens nicht. Süß-Kirschen tragen besser, wenn eine gute Befruchtersorte in der Nähe ist. Es gibt jedoch auch selbstfruchtbare Neuzüchtungen. Die Sorten bitte auch nach Reifezeit auswählen. Kirschsorten kann man auch nach der Verwertungsmöglichkeit auswählen: Weichfleischige Herzkirschen für Kuchen und Gebäck, festfleischige Knorpelkirschen zum Frischessen und Eindünsten.

Früh: 'Burlat' – Herzkirsche, große, hellrote Früchte; 'Kassins Frühe' – Herzkirsche, dunkelrot bis schwarzrot

Mittelfrüh: 'Büttners Rote Knorpel' – alte, robuste Sorte; 'Sam' – Knorpelkirsche, gedeiht auch in kühlen, regenreichen Gebieten; 'Sunburst' – Knorpelkirsche, selbstfruchtbar

Spät: 'Hedelfinger' – Knorpelkirsche, anpassungsfähig; 'Kordia' – Knorpelkirsche, platzfeste, braunschwarze Früchte; 'Lapins' – Knorpelkirsche, selbstfruchtbar, kompakter Wuchs; 'Regina' – Knorpelkirsche, platzfeste, rotbraune Früchte, sehr spät reifend; 'Sylvia' – Säulenform

Die Süß-Kirschen-Sorte nach der geplanten Verwertung auswählen.

Kirschbäume gefragt sind. Die gibt es. Es sind auf schwachwüchsige Unterlage veredelte Bäume.

Süß-Kirschen gedeihen auf allen einigermaßen tiefgründigen und humosen Böden. Die Bäume wachsen bereits in den Anfangsjahren stark und brauchen kaum geschnitten zu werden. Wenn Äste stören, kann man sie gleich nach der Ernte zurückschneiden.

Spätfröste schädigen in manchen Jahren die Blüte. Hagelschlag oder Regen während der Reifezeit können die Ernte ebenfalls zunichtemachen.

Madige Früchte

Ein Schädling, die Kirschfruchtfliege, kann uns Kirschen im Wortsinne „madig" machen. Deren Maden fressen sich in die Früchte ein und machen sie ungenießbar. Der Befall lässt sich durch Aufhängen von mehreren Klebefallen stark reduzieren. Eine Gegenstrategie ist auch, frühblühende Sorten wie 'Burlat' oder 'Lapins' anzubauen. Vorbeugend hilft zudem, am Boden liegende Kirschen samt den Maden zusammenzurechen und zu entsorgen. Dann können schon keine Fliegen schlüpfen und ihre Eier ablegen. (Hinweise zum neuen Schädling Kirschessigfliege siehe Seite 191.)

Andere „Mitesser" an Kirschen sind Amseln, die oft scharenweise in Bäume einfallen und sie plündern oder die Früchte anpicken und sie so ungenießbar machen. Kleine Bäume kann man eventuell mit einem Netz vor den Vögeln schützen.

Ernte innerhalb weniger Wochen

Je nach Sorte und Standort reifen Kirschen ab Ende Mai in sehr warmer Lage (beispielsweise im Rheintal) bis etwa Mitte Juli. Der Ertrag schwankt von Jahr zu Jahr.

Kirschen werden möglichst mit Stiel gepflückt. Die Früchte halten sich in einem kühlen Lagerraum oder im Kühlschrank bis etwa eine Woche lang, manchmal auch länger. Herz-Kirschen wie beispielsweise 'Burlat' mit weichem Fruchtfleisch eignen sich gut zum Kuchenbacken und für Rumtopf. Knorpel-Kirschen mit festem Fruchtfleisch schmecken am besten frisch. Sie sind auch gute Eindünstfrüchte. So lassen sich große Erntemengen gut für den Winter konservieren.

Kiwi fürs Hausspalier

Zwei Kiwi-Arten mit unterschiedlichen Eigenschaften werden in unseren Breiten als Nutzpflanzen kultiviert: die großfrüchtige Chinesische Kiwi (*Actinidia deliciosa*) mit großen Blättern und behaarten Früchten und die ebenfalls aus China stammende Stachelbeer-Kiwi (*Actinidia arguta*), die auch Scharfzähniger Strahlengriffel heißt, mit kleinen Blättern und unbehaarten, stachelbeerartigen Früchten. Die Chinesische Kiwi trägt nur im Weinbauklima sicher Früchte; Stachelbeer-Kiwi fruchtet auch in raueren Regionen.

Die großblättrige Chinesische Kiwi gedeiht am besten im warmen Weinbauklima.

Großfrüchtige Chinesische Kiwis und kleinfrüchtige Stachelbeer-Kiwis.

Eine Kiwi-Pflanze allein der Kiwifrüchte wegen? Nicht nur! Kiwis sind auch hervorragende Bienenweidepflanzen. Die überreichlich erscheinenden männlichen Blüten werden intensiv von Bienen aufgesucht. Das beobachte ich bei meiner Stachelbeer-Kiwi seit vielen Jahren.

Kiwis sind normalerweise zweihäusig, das heißt es gibt männliche und weibliche Pflanzen, wobei nur die weiblichen Früchte tragen. Deshalb muss man zu einer weiblichen Pflanze immer eine männliche Befruchtersorte pflanzen. Es gibt jedoch auch selbstfruchtbare Sorten, bei denen männliche und weibliche Blütenorgane in einer Blüte vorhanden sind. Von denen genügt ein Exemplar.

Stabile Kletterhilfe

Die Schlingpflanze braucht ein stabiles Gerüst entweder aus Holz oder aus Drahtseilen. Nach einigen Standjahren wachsen Kiwipflanzen kräftig los und schlingen sich an einer Kletterunterlage bis zu etwa 8 m in die Höhe. Bei mir zwängten sie sich schon zwischen die Dachziegel. Da bleibt nur jährlicher Rückschnitt. Dabei ist es nur die männliche Pflanze, die kräftig wächst und schlingt. Die weibliche Pflanze ist nicht so wüchsig und wird nur etwa 2 m hoch.

Die Vitamin-C-reichen Früchte reifen im Oktober und November; sie schmecken am besten frisch und im Obstsalat. Auch köstliche Marmelade lässt sich daraus zubereiten. Bei kühler Lagerung halten sie sich einige Monate lang bis tief in den Winter.

Bekannte und beliebte Sorten

Chinesische Kiwi: 'Green Light' – reift ab Mitte September; 'Hayward' (weiblich); 'Matua' (männlich), 'Starella' (weiblich)
Stachelbeer-Kiwi: 'Weiki', grün und violett – frosthart bis ca. –20 °C; 'Issai' – selbstfruchtbar; 'Jenny' – selbstfruchtbar

Mispel – warten auf den Frost

Die Echte Mispel (*Mespilus germanica*) war im Mittelalter eine wichtige Obstart. Sie ist schon im Capitulare de Villis von Karl dem Großen erwähnt. Sie wächst zu einem schönen, nicht allzu großen Baum heran, der jeden Hausgarten bereichert. Zur Blütezeit wirkt die Mispel mit großen, quittenähnlichen Blüten. Veredelte Sorten sind dornenlos und großfrüchtig; sie tragen bereits nach vier bis sechs Jahren. Baumschulen führen die Sorten 'Nottingham', 'Holländische Großfruchtige', 'Macrocarpa', 'Bredase Reus' und 'Westerland'.

Der anspruchslose Strauch oder Baum wächst in (fast) allen Lagen, bevorzugt aber vor Wind

Die herben Mispelfrüchte werden durch Frost erst richtig genießbar.

geschützte und trockene Standorte. Ausgewachsen wird der Baum höchstens 5 m hoch und passt deshalb auch auf kleine Grundstücke. Die Mispel blüht erst spät im Mai oder Juni, sodass ihre Blüten Spätfrösten nicht mehr zum Opfer fallen. Die Mispel muss kaum geschnitten werden und braucht auch sonst wenig Pflege.

Die rotbraunen, behaarten Früchte reifen erst Ende Oktober nach dem ersten Frost und bekommen dann eine teigige Konsistenz. Für die feine Küche werden die Früchte geschält und gedünstet und kreativ zubereitet. Zum Entsaften und zur Weinherstellung eignen sie sich ebenfalls.

Wegen ihres hohen Pektin-Gehaltes und ihrer guten Gelierfähigkeit lassen sich Mispelfrüchte gut zu Marmelade und Gelee verarbeiten.

Pfirsich und Aprikose für warmes Klima

Der Pfirsich (*Prunus persica*) ist eine uralte Kulturpflanze. Der beste Platz für das wärmeliebende Fruchtgehölz ist vor einer geschützten, nach Süden oder Westen gerichteten Wand oder in einem Innenhof. So sind die empfindlichen Blüten vor Frost geschützt. Die Sorte 'Roter Ellerstädter' gedeiht auch an ungünstigen Plätzen. Die verwandte, aus Westasien stammende Aprikose oder Marille (*Prunus armeniaca*) ist noch empfindlicher. Sie fruchtet einigermaßen sicher nur im Weinbauklima.

Der Pfirsich wächst als kleiner, freiwachsender Baum oder als Wandspalier. Pfirsichbäumchen lassen sich erstaunlich gut aus Steinen heranziehen. Beste Pflanzzeit ist im Frühjahr. Mein aus einem Pfirsichkern herangezogenes Exemplar trug im ersten Standjahr neun köstlich schmeckende Früchte!

Pfirsichbäumchen brauchen während der Vegetationszeit viel Wasser, sonst bilden sich die Früchte schlecht aus. Bei reich tragenden Bäumen muss man eventuell Äste abstützen und Früchte ausdünnen. Pfirsiche reifen je nach Sorte von Juli bis September.

Etwas anfällig für Krankheiten

Eine typische Pfirsichkrankheit ist die Kräuselkrankheit, bei der sich die Blätter kräuseln und Blasen werfen. Die Blätter vertrocknen und werden abgeworfen. Danach treibt der Baum neu aus. Schaden richtet die Krankheit durch den Blattver-

Der Pfirsich: Obstart für warme Klimalagen und für geschützte, sonnige Plätze vor Mauern und Fassaden.

lust an, sodass der Baum geschwächt wird. Zur Vorbeugung am besten eine widerstandsfähige Sorte pflanzen, beispielsweise 'Revita'. Dem Befall lässt sich auch durch geschützten Anbau unter einem Dach vorbeugen.

Häufig werden Pfirsiche auch durch die Monilia-Spitzendürre befallen und geschädigt. Der Pilz dringt durch die Blüte in den Baum ein. Dabei sterben die Triebspitzen ab, Blätter und Fruchtansätze vertrocknen. Die Pilzkrankheit ist auch bei Aprikose und Sauer-Kirsche sehr häufig. Bei Befall am besten weit ins gesunde Holz zurückschneiden und das Schnittgut entsorgen. Zur Vorbeugung den Baum immer gut auslichten. Der beste Zeitpunkt für das Schneiden ist gleich nach der Ernte.

Ein Mirabellenbaum bringt reiche Ernte für die häusliche Vorratshaltung.

Pflaumen – eine formenreiche Verwandtschaft

Pflaume, Mirabelle, Reneklode und Zwetschge – alle vier sind, botanisch gesehen, Pflaumen (*Prunus domestica*) – aber doch sehr verschieden! Auf einem größeren Hausgrundstück oder auf einer Obstwiese sollte wenigstens einer dieser Bäume stehen: ein Pflaumenbaum mit eher aufrechtem Wuchs oder die ausladend wachsende 'Große grüne Reneklode' mit den grünlich gelben, saftigen Früchten. Baumschulen bieten von den *Prunus*-Arten Spindeln, Büsche sowie Hoch- und Halbstämme an. Beste Pflanzzeit ist im Herbst.

Pflaumen gedeihen am besten auf nährstoffreichem, humosem und feuchtem Boden. Der Ertrag kann von Jahr zu Jahr stark schwanken. Bei zu starkem Fruchtbehang muss man ausdünnen und eventuell Äste abstützen. Diese Gehölze brauchen wenig Schnitt. Man entfernt im Lauf des Winters zu dicht stehende und verkahlte Äste. Jungtriebe werden auf die Hälfte eingekürzt.

Die Zwetschge ist ein Muss für jeden Nutzgarten und ein Traum zur Blütezeit! Regional heißt sie auch Zwetsche. Sie ist zwar eine Pflaume, doch sie hat eine andere Fruchtform und andere Frucht- und damit Verwertungseigenschaften als die landläufig als Pflaume bezeichneten Sorten. Zwetschgenfrüchte sind länglich geformt, spitz zulaufend und mit dunkelblauer bis schwarzblauer Schale. Häufig sind sie durch eine Wachsschicht bereift. Das Fruchtfleisch löst sich gut vom Stein. Pflaumen sind dagegen rundlich geformt. Sie lösen sich meist schwer vom Stein.

Die Zwetschge trägt ziemlich regelmäßig Unmengen an Früchten, die zu verarbeiten in manchen Jahren richtig viel Arbeit macht. Alle, die auf Vorratshaltung und Selbstversorgung Wert legen, sollten einen Zwetschgenbaum im Garten haben.

Zwetschgenbäume sind nicht ganz so anspruchsvoll wie Pflaumenbäume. Günstig sind warme Plätze. Die Sorte 'Bühler Frühzwetschge' gedeiht auch noch in höheren Lagen.

Zwetschgenbäume brauchen wenig Schnitt. Bei älteren Bäumen schneidet man zu dicht stehende und verkahlte Äste ab, immer bis auf einen Ast, der nach außen weist.

Oft madige Früchte

Pflaumen und Zwetschgen werden relativ häufig vom Pflaumenwickler, einem Schadschmetterling,

Zwetschgensorten

- 'Katinka' – früh reifend, scharkatolerant
- 'Bühler Frühzwetschge' – auch für höhere Lagen
- 'Hanita' – trägt sicher, scharkatolerant
- 'Haganta' – Früchte größer als ein Ei
- 'Hauszwetschge' – bewährte Standardsorte
- 'Geisenheimer Top' – Säulenform
- 'Anja' – Säulenform, resistent gegen das Scharkavirus

Bekannte Pflaumensorten

- 'Ruth Gerstetter', – frühestreifende Pflaume
- 'Graf Althanns Reneklode' – hellviolette Frucht
- 'Mirabelle von Nancy' – goldgelb, auf Sonnenseite rötlich, gute Einmachfrucht
- 'Reineclaude d'Oullins' – große, gelbgrüne Früchte, löst schlecht vom Stein

befallen. Dessen Larven fressen in der Frucht. Solche Früchte sind kaum noch genießbar; sie fallen vorzeitig ab. Mit der Pflaumenmadenfalle, die mittels Pheromonen nur die männlichen Tiere in die Falle lockt, lässt sich der Befall schon stark reduzieren. Sie wird ab Mai in die Bäume gehängt. Auch ein Obstmaden-Fanggürtel, der ab Anfang Juli um den Stamm gelegt wird, reduziert den Befall. Befallene Früchte entsorgt man über die Bio-Tonne.

An Zwetschgen kann es bei Wärme und Trockenheit Probleme mit dem Scharka-Virus geben. Symptome sind olivgrüne Ringe auf den Blättern und Einsenkungen auf den Früchten. Durch den Anbau von toleranten oder resistenten Sorten lässt sich dem Befall vorbeugen.

Pflaumenernte über Wochen

Je nach Sorte reifen Pflaumen, Mirabellen und Renekloden Ende Juli bis Anfang September. In manchen Jahren tragen die Bäume überreich. Da ist das Verwerten und Konservieren schon eine kleine Herausforderung.

Viele Zwetschgensorten reifen etwas später. Die Ernte der verbreiteten Sorte 'Hauszwetschge' beispielsweise beginnt etwa Anfang September und dauert bis Anfang Oktober oder länger. Durch Befühlen der Früchte erkennt man, ob sie schon genießbar sind. Erst wenn sie sich etwas weich anfassen und sich samt Stiel leicht vom Ast lösen, sind sie erntereif; mit zunehmender Reife werden sie noch weicher und dabei auch süßer. Bei Überreife schrumpeln sie vom Stielansatz her etwas ein. Dann kann man sie vom Baum schütteln. Diese überreifen Früchte taugen nicht mehr für Zwetschgenkuchen, dafür sind sie hervorragend zur Zubereitung von Mus. Und die allerletzten taugen noch zum Einschlagen in ein Fass fürs Schnapsbrennen.

Doch vor dem Essen und sonstigem Verwenden muss man schauen; oft sind die ersten weichen Früchte madig.

Zwetschge als ideale Einmachfrucht

Pflaumen lassen sich vielseitig verwerten: für Marmelade, für Kompott, zum Eindünsten und Entsaften. Die goldgelbe, saftige 'Mirabelle von Nancy' ist eine gute Einmachfrucht. Zum Einfrieren eignen sich rohe Pflaumen nicht; Pflaumenkompott dagegen schon.

Zwetschgen lösen sich – anders als Pflaumen – gut vom Stein. Die zuckersüßen 'Hauszwetschgen' eignen sich hervorragend zum Dörren (für „Zwetschgenhutzel") und für Mus, das man dick und ganz ohne Zucker einkochen kann (Rezept siehe Seite 273).

Am schnellsten geht das Einfrieren. Dazu schneide ich die Früchte auf und entsteine sie, sodass die Fruchthälften noch zusammenhängen. Aufgeklappt schichte ich sie gleichmäßig und immer in gleicher Lage in die Einfrierdosen. So lassen sie sich gut zum Belegen von Kuchen herausnehmen.

Zwetschgen eignen sich auch sehr gut zum Einlegen in Schnaps; zusammen mit anderen Früchten als „Rumtopf".

Problem mit Wurzelausläufern

Schon länger stehende Pflaumen- oder Zwetschgenbäume treiben reichlich Wurzelausläufer. Die reichen viele Meter weit in angrenzende Beete und in den Rasen und schicken Schößlinge nach oben. Die muss man abreißen, abschneiden oder abhacken. Da sowohl Ausläufer als auch Schößlinge verholzen, ist das eine recht mühsame Arbeit, die niemals endet. Pflaumen- und Zwetschgenbäume sollten deshalb entfernt von Gemüsebeeten gepflanzt werden. Einen Vorteil hat die Ausläuferbildung: Wenn ein Baum gefällt werden muss, entwickeln sich schnell Nachkömmlinge.

Goldgelbe Quitten rechtzeitig vor dem Frost ernten und möglichst bald verarbeiten.

Quitte – Zier- und Nutzgehölz in einem

Mein erster Obstbaum, den ich eigenhändig pflanzte, war eine Quitte. Sie ist immer noch mein Favorit, wenn ich mich für einen einzigen Obstbaum entscheiden müsste. Ich pflanzte den Baum der schönen Blüten wegen und weil sich aus Quitten so Köstliches zubereiten lässt.

Quittenbäume (*Cydonia oblonga*) passen auch in kleine Gärten. Sie lassen sich problemlos kultivieren. Man kann sie einfach wachsen lassen und muss sich kaum um den Schnitt kümmern, es sei denn, der Feuerbrand befällt die Äste. Dann muss man radikal bis ins gesunde Holz zurückschneiden. Die Früchte werden dagegen nicht befallen. Bei gesund herangewachsenen Exemplaren wird es erst nach etlichen Standjahren nötig, zu dicht stehende Äste auszulichten. Gegenüber dem Apfel haben Quitten den Vorteil, dass sie selbstfruchtbar sind und daher ein Exemplar im Garten ausreicht. Ein Quittenbaum gedeiht am besten auf kalkhaltigem, nährstoffreichem und lehmigem Boden.

Arten und Sorten

Bei den Sorten unterscheidet man nach der Form zwischen Apfel-Quitte (zum Beispiel 'Konstantinopeler') und Birnen-Quitte (zum Beispiel 'Bereczki', 'Portugiesische', 'Vranja'). Die Sorte 'Cydora Robusta' ist resistent gegen Feuerbrand.

Köstliche Früchte ernten

Die Quittenernte beginnt, je nach Region, etwa ab Mitte September und dauert bis Ende Oktober oder Anfang November. Die goldgelben Früchte muss man unbedingt vom Baum ernten. Schon das Anfassen der duftenden, wie pelzig behaarten Früchte bereitet Vergnügen. Richtig reif sind sie, wenn sich der Stiel bei leichtem Drehen gut vom Ast löst. Am Baum reifen nicht alle Früchte gleichzeitig heran; die auf der Sonnenseite sind die ersten. Da muss man also mehrmals durchpflücken und dabei aufpassen, dass sich beim Pflücken nicht überreife Früchte lösen und auf den Boden fallen. Bevor es richtig frostig wird, sollten die Bäume abgeerntet sein. Ein wenig Bodenfrost, der nicht in die Krone reicht, schadet aber nicht.

Herabgefallene Früchte haben immer braune Stellen und verderben von hier aus schnell. Solche Früchte sind immer noch gut zum Entsaften oder zur Bereitung von Mus; dies muss allerdings schnell geschehen. Die goldgelben Quittenfrüchte sollte man innerhalb von ein paar Wochen verar-

Quitten verschenken

Von einem ausgewachsenen Quittenbaum ernte ich in guten Jahren mehrere Obstkisten voll, schätzungsweise bis zu etwa 100 kg. Viel zu viel für meinen eigenen Bedarf. Von der Ernte gebe ich gerne an Nachbarn und Freunde ab. Ich behalte aber immer noch einzelne, sehr schön geformte Früchte zurück, die ich auch später noch verwende. Oder einfach zum Anschauen mit in die Obstschale lege.

Quittenmus auf die schnelle Art

Am schnellsten geht es, wenn man Quitten direkt zu Mus kocht, ohne den Umweg übers Dampfentsaften. Heruntergefallene Quitten, die man schnell verarbeiten muss, lassen sich so gut verwerten. Dazu die Quitten abreiben und gut waschen, teilen, Kerngehäuse entfernen und grob in Stücke schneiden. In etwas Wasser gar kochen. Mit dem Pürierstab pürieren. Nach Geschmack Zucker hinzufügen oder, was den herben Quittengeschmack etwas mildert, überreife Bananen. Das Mus in Schraubgläser füllen und abgekühlt einfrieren.

beiten. Lange gelagerte, äußerlich noch schöne Früchte, sind oft innen braun und kaum noch verwertbar.

Wertvolle Einmachfrucht

Harte Quittenfrüchte sind roh nicht genießbar, allenfalls als Dörrobst. Interessant ist, dass der Inhaltsstoff Vitamin C auch bei der Verarbeitung erhalten bleibt. Beim Aufschneiden färbt sich das Fruchtfleisch schnell braun. Durch Überträufeln mit Zitronensaft lässt sich das verhindern.

Vor dem Verarbeiten reibt man den Flaum mit einem trockenen Tuch von den Früchten ab. Beim Auf- und Kleinschneiden muss man vorsichtig zu Werk gehen, damit das Messer an den etwas unhandlichen und harten Früchten nicht abgleitet und man sich verletzt.

Die einfachste Möglichkeit, Quitten zu verarbeiten, ist das Dampfentsaften. Der Saft lässt sich weiter zu Gelee verarbeiten. Das Fruchtfleisch, das im Dämpftopf zurückbleibt, lässt sich noch gut weiterverarbeiten. Ich püriere es und bereite zusammen mit Zucker und Gewürzen (Zimt und/oder Gewürznelke) einen äußerst wohlschmeckenden Brotaufstrich daraus zu oder verarbeite es weiter zu Quittenbrot. (Ein Tipp: Beim Vorbereiten der Früchte fürs Entsaften das Kerngehäuse herausschneiden, dann ist es nicht nötig, das beim Entsaften zurückgebliebene Fruchtmus durchzupassieren.)

Kaum bekannt ist, dass man Quitten auch dörren kann. Dazu die Früchte in ganz dünne Scheiben schneiden und rasch im Dörrapparat trocknen – ein angenehm herb-säuerliches Dörrobst für den winterlichen Knabberteller.

Stachelbeere – sogar im Halbschatten

Die Kultur-Stachelbeere (*Ribes uva-crispa* var. *sativum*) stammt von der Wilden Stachelbeere (*Ribes uva-crispa* var. *uva-crispa*) ab, die in beschatteten Gebüschen und Wäldern sehr häufig vorkommt. Die Kulturform wächst insgesamt größer und hat größere Früchte als die Wildform. Als eines der wenigen Obstgehölze verträgt die Stachelbeere auch etwas Beschattung. Stachelbeeren gedeihen am besten auf einem nährstoffreichen, kalkhaltigen Boden. Stachelbeersträucher blühen früh im April und Mai. Sie sind sehr gute, frühe Bienenweidepflanzen. Erntezeit der vollreifen länglichen bis runden Beeren ist von Mitte Juni bis August. Sie lassen sich zu köstlicher Marmelade, zu Saft und Stachelbeerkuchen verarbeiten.

Baumschulen bieten Stachelbeeren als Busch, als Halb- und Hochstämmchen sowie in Säulenform an. In ihrem Sortiment haben sie gelbfrüchtige ('Invicta', 'Hinnonmäki, gelb') und rotfrüchtige

Ein Stachelbeer-Hochstämmchen findet Platz im kleinsten Garten.

('Remarka', 'Rokula', 'Spinefree') Sorten. Zudem gibt es nahezu stachellose Sorten, beispielsweise die rotfrüchtige 'Pax'. Hochstämmchen muss man wie die von Johannisbeeren mit stabilen Pfählen oder mit einem Dreiecksgerüst stützen.

Winterschnitt ist wichtig

Bei der Stachelbeere ist gründlicher Schnitt sehr wichtig. Die Sträucher müssen im Spätwinter gut ausgelichtet werden; zudem muss man alle Triebspitzen abschneiden, weil hier der gefürchtete Stachelbeermehltau überwintert. Durch den Anbau von widerstandsfähigen Sorten umgeht man dieses Problem.

Walnussbaum – der Riese

Wer über ein großes Grundstück verfügt, sollte unbedingt einen Walnussbaum pflanzen – der fettreichen Nüsse wegen, aber auch weil er zu einem prächtigen Baum mit schöner Krone heranwächst, der sich so recht als Hausbaum eignet. Wer im Kronenbereich sitzt, wird kaum von Stechmücken belästigt, denn erfahrungsgemäß hält der Walnussbaum diese lästigen Tiere fern. Er unterdrückt auch Pflanzenwuchs: Im Kronenbereich kommt kaum Vegetation auf; weil der Baum Hemmstoffe (zum Beispiel Juglon) abgibt, die auf andere Pflanzen keim- und wachstumshemmend wirken. Dieses Phänomen wird als Allelopathie bezeichnet.

Walnuss – Sämling oder Klon?

Walnüsse lassen sich leicht selbst vermehren. Man braucht nur Nüsse in den Boden oder in Töpfe zu stecken. Daraus wachsen dann Bäume heran, die allerdings erst nach etwa zehn Jahren tragen. Außerdem weiß man bei Sämlingen nie, wie die Fruchtqualität sein wird. Bei Sämlingsexemplaren muss man damit rechnen, dass die Nüsse klein und schwer zu knacken sind und dass sich der Nusskörper schwer aus der Nuss lösen lässt. Wer einen Baum haben will, der schnell und gut trägt, sollte keinen Sämlingsbaum pflanzen, sondern ein veredeltes Exemplar. Das trägt bereits nach etwa fünf Jahren die ersten Nüsse und wird nur etwa 10–12 m hoch. Empfehlenswert ist zum Beispiel die Veredelung 'Weinsberg 2', die nur bis etwa 6 m hoch wird. Sie bringt einen guten Ertrag an großen bis sehr großen Nüssen mit dünner Schale. Empfehlenswert ist auch der schwachwachsende Klon Nr. 26 mit spätem Austrieb, sodass Frost den Blüten kaum schadet und er sicher trägt.

Ein ausgewachsener Walnussbaum kann eine Fläche von der Grundfläche eines Einfamilienhauses beschatten.

Reife Walnüsse springen aus der grünen Hülle und fallen zu Boden. Regelmäßig auflesen und gut trocknen.

Walnussbäume (*Juglans regia*) gedeihen am besten bei mildem Klima ohne Spätfröste im Frühjahr und auf tiefgründigen Böden. Die Blüten reagieren empfindlich auf Spätfröste. Beste Pflanzzeit ist im Frühjahr. Sämlingsexemplare brauchen bei einem Kronendurchmesser von oft über 10 m einen sehr weiten Abstand zu Nachbargehölzen. Veredelte Exemplare nehmen etwas weniger Platz ein.

Profianbauer lichten die Bäume im Frühjahr regelmäßig aus, um junges Fruchtholz zu bekommen. Wir schneiden unsere Walnussbäume auf unseren extensiv genutzten Obstgrundstücken jedoch nie und ernten trotzdem ganz gut.

Wegen des hohen Gerbstoffgehalts verrottet das Laub nur langsam. Es sollte deshalb, schon wegen der großen anfallenden Menge, nicht auf den normalen Gartenkompost, sondern entweder separat gelagert oder zur Grüngutabfuhr gegeben werden.

Auf gutes Trocknen kommt es an

Wenn die Nüsse Mitte September bis Anfang Oktober reif sind, öffnen sich die grünen Hüllen und die Nüsse fallen zu Boden. Es ist nötig, die Nüsse mindestens einmal am Tag aufzusammeln und sofort zum Trocknen auf Horden auszulegen. Bei nassem Wetter und wenn noch Teile der Hülle an der Nuss kleben, kann man sie auch kurz unter Wasser abbürsten. Bei Walnüssen kommt es besonders auf sorgfältiges Trocknen an. Das heißt, dass man die flach auf Horden ausgelegten Nüsse mehrmals am Tag bewegen und wenden muss. Das Trocknen ist deshalb so wichtig, weil feuchte Nüsse schimmeln und dann unter Umständen das hochtoxische Aflatoxin bilden. Von Pilzgeflecht durchzogene Nüsse muss man wegwerfen.

Wegen der potenziellen Schimmelgefahr muss man die Nüsse nach dem Trocknen ebenfalls trocken und kühl in luftdurchlässigen Säcken aufbewahren.

Walnüsse ohne Haut genießen

Bei ganz jungen Nüssen lässt sich die dünne, hellbraune Haut abziehen. Die enthäuteten cremefarbenen Nusskörper schmecken cremig-mild. Beim Trocknen verfärbt sich die Haut braun und die Nüsse bekommen einen anderen Geschmack.

In Weinbaugebieten pflanzen Hausbesitzer häufig einen Rebstock an den Hauseingang.

Weinrebe nutzt die Vertikale

Weinreben bringen südliches Flair in den kühlen Norden. Sie umranken Sitzplätze im Freien und spenden Schatten. Das Weinlaub und die reifenden Trauben vermitteln bukolische Gefühle. Was gibt es Schöneres, als an lauen Sommerabenden unter einer Weinpergola den Rebensaft zu genießen? Dazu muss man nicht am Kaiserstuhl, im Rheingau oder in Franken leben. Weinstöcke gedeihen auch in kühleren Klimaregionen, wenn sie geschützt stehen. Generell wächst die Rebe gut bei einer Jahresdurchschnittstemperatur von über 8 °C. Frostharte Sorten vertragen Tiefsttemperaturen bis −20 °C.

Selbstversorgung mit Weintrauben

Durch geschickte Sortenwahl, zum Beispiel mit der sehr früh reifenden 'Boskoops Glorie', die bereits im August reift, und mit einer später reifenden Sorte wie 'Regent' oder 'Phönix', zieht sich die Ernte von Anfang/Mitte August bis Anfang November fast ein Vierteljahr hin. So wird der eigene Garten ein wenig zum Schlaraffenland. Von älteren Rebstöcken, die zu einem großzügigen Spalier erzogen

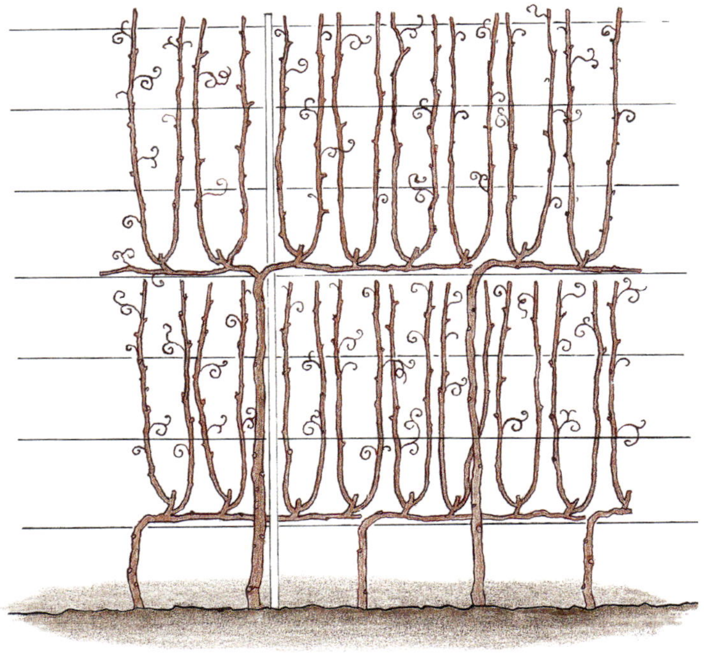

Ein Weinspalier mit kunstvoller Formierung am Drahtgerüst.

sind und schon ein paar Jahre tragen, kann eine Familie sich gut selbst mit frischen Weintrauben versorgen.

Neue resistente Hausrebensorten

Empfehlenswerte Hausreben sind die sogenannten interspezifischen Sorten, die resistent gegen die gefährlichen Pilzkrankheiten Echter und Falscher Mehltau sind. Resistenzen gibt es auch gegen Grauschimmel, gegen Reblaus und Nematoden. Diese Eigenschaften der Neuzüchtungen, die aus Kreuzungen der europäischen Rebe mit widerstandsfähigen amerikanischen Rebenarten entstanden sind, kommen biologisch gärtnernden Menschen entgegen, die keine Spritzmittel einsetzen wollen. Die interspezifischen Sorten haben einen weiteren Vorteil, den viele Menschen sehr schätzen und die Trauben noch mehr genießen lässt: Sie enthalten wenige oder gar keine Kerne.

Vom Pflanzen und Pflegen

Weinreben gedeihen am besten an einem geschützten Platz am Haus oder vor einer nach Süden, Südwesten oder Südosten exponierten Wand. In Weinbaugebieten kann man sie auch freistehend pflanzen.

Weinreben brauchen einen warmen, kalkhaltigen, durchlässigen Boden. Für die Rebe wird ein tiefes Pflanzloch ausgehoben und in die Tiefe und zu den Seiten hin gelockert. Die Reben-Jungpflanze soll möglichst außerhalb des Dachtraufs stehen und leicht schräg gepflanzt werden. Nach dem Auffüllen des Pflanzlochs sollte die Veredelungsstelle etwa handbreit über der Bodenoberfläche liegen. Aufgefüllt wird mit lockerer Gartenerde. Bei kalkarmem Boden sollte man etwas Düngekalk hinzufügen. Die Reben profitieren im Sommer von einer Mulchdecke. Das Bedecken der Pflanzscheibe mit Kompost im Herbst verhilft dem Rebstock zu einem guten Start.

Das Spalier bauen

Von sich aus würden Weinreben am Boden entlang wachsen. Ursprünglich wuchs unsere europäische Weinrebe (*Vitis vinifera* var. *sylvestris*) im Wald und hangelte sich an Bäumen empor. Weinstöcke brauchen deshalb ein Stützgerüst als Unterlage, an dem entlang sie erzogen werden können. Ein Holzspalier sollte zur Wand hin einen Abstand von 15–20 cm haben. An diesen Stützunterlagen kann man die Triebe mit ummanteltem Bindedraht oder mit dünnen, biegsamen Weidenästchen anheften. Mit der Zeit entsteht ein kräftiger Stamm oder es bilden sich mehrere kräftige Stämme. Die Erziehung zu einem Rebspalier ist kein Hexenwerk, wenn man ein paar einfache Grundregeln beachtet.

Senkrecht und waagerecht formieren

Bei veredelten Reben bleibt beim Pflanzen ein sichtbares Auge am Edelreistrieb, alle anderen werden weggeschnitten. Unveredelte Reben werden auf zwei Augen zurückgeschnitten. Von den beiden Trieben, die im Pflanzjahr austreiben, nimmt man den stärkeren und leitet ihn durch Anbinden

Erfahrungen mit ‘Boskoops Glorie‘

Meine Weinrebe ‘Boskoops Glorie’ ist seit über zwei Jahrzehnten immer gesund gewesen. Allerdings habe ich es manchmal mit „Mitessern“ zu tun: Vögel, die an den Beeren picken oder Wespen, die über die süßen Beeren herfallen. In den meisten Jahren sind so viele Beeren da, dass dieser Verlust gar nicht auffällt.

senkrecht nach oben. Dieser Trieb ergibt später den Stamm. Er wird zu Beginn des zweiten Standjahres noch einmal zurückgeschnitten. Einer der neu erscheinenden Triebe wird weiter nach oben geleitet. Dies kann man noch ein oder zwei weitere Jahre fortsetzen. Zu dieser Erziehungsform sagen die Fachleute „senkrechter Kordon".

In der Praxis häufig ist ein Kordon mit waagerechter Formierung, bei dem vom Stamm ausgehend ein oder zwei Schenkel waagerecht geleitet werden. Diese Schenkel oder Kordonarme können in mehreren Etagen übereinander stehen und die ganze Fassade bedecken. Fächerförmig angeordnete Spaliere und ganz freie Spaliere sind ebenfalls möglich.

Guter Ertrag durch Schnitt im Winter

Wenn die Grundform des Weinspaliers einmal steht, hat man eigentlich nur noch wenig Arbeit. Man muss lediglich wissen, dass die Rebe an Sommertrieben fruchtet, die aus einjährigem Holz hervorgehen. Danach richtet sich der jährliche Ertragsschnitt. Bei den Hausreben üblich ist der Schnitt auf Zapfen, bei dem am Tragholz zwei Augen stehen bleiben. Andere Schnittweisen wie der Bogrebenschnitt sind etwas für Spezialisten. Der richtige Zeitpunkt für den Schnitt ist am Ende des Winters, im Februar oder März. Dabei nicht direkt oberhalb des Auges schneiden, sondern 2–3 cm darüber, sodass das Auge nicht austrocknet. Wenn man mit dem Schnitt etwas zu spät dran ist, kann es passieren, dass der mit dem Saftstrom aufsteigende Saft aus den Schnittstellen herausspritzt. Man sagt dann, dass die Reben „bluten".

Im Sommer beblätterte Triebe laufend zurückschneiden

Im Laufe des Sommers muss man ein paar Mal nach den Reben schauen. Das fängt mit dem Ausbrechen von Geiztrieben, die aus den Blattachseln treiben, an. Auch Wasserschosse werden entfernt. Spätestens sobald die Blüten – die Winzer sagen „Gescheine" – da sind, ist Zeit für das Entspitzen der Triebe.

Ziel dieser „Laubarbeiten", wie der Winzer sagt, ist es, die beblätterten Triebe so auszulichten, dass Sonne auf die Trauben scheinen kann und ihnen die nötige Süße gibt. Ab Mitte August keine Triebspitzen und Geize mehr kappen, da die jüngsten Blätter für die Zuckerbildung in den Früchten wichtig sind.

Diese Schnittregeln klingen kompliziert. Erfahrungsgemäß ist es aber gar nicht so schwierig, einen Rebstock zu erziehen. Er verzeiht falschen Schnitt viel leichter als ein Apfelbaum. Schnittfehler lassen sich fast immer in nachfolgenden Jahren korrigieren.

Trauben essen oder keltern

Am besten schmecken Weintrauben frisch. Sie lassen sich etwa eine Woche lang oder sogar noch länger aufbewahren, wenn sie locker ausgebreitet in Kistchen lagern. In manchen Jahren essen wir bis in die Adventszeit unsere eigenen Trauben. Überschüssige Ernte entsaften wir und bereiten aus einem Teil des Safts köstliches Gelee. So lassen sich herkömmliche Traubensorten mit kleinen Beeren und vielen Kernen, aus denen normalerweise Wein gekeltert wird, gut verwerten. Als Tafeltrauben zum Frischverzehr eignen die sich nämlich nicht so gut. Richtigen Wein, also vergorenen Rebensaft, kann man natürlich ebenfalls selbst herstellen. Das lohnt sich jedoch nur bei größeren Erntemengen.

Sortenempfehlungen für Hausreben

Blaue Trauben:

- 'Boskoops Glorie': fast kernlos, reift sehr früh im August
- 'Georg': mit Kernen, walzenförmige Trauben, lange Erntezeit
- 'Muscat Bleu': frühe Reife ab August, Muskatgeschmack
- 'Nero': fast schwarze Beeren, sehr winterhart, stark wachsend, für Lauben und Pergolen
- 'Regent': stark wachsend, für Lauben und Pergolen, auch im professionellen Weinbau
- 'Venus': kernarm, frosthart

Weiße Trauben:

- 'Bianca': früh reifend, gut für Weinbereitung
- 'Lakemont' (= 'New York'): kernlos, dünne Schale, lange Traube
- 'Lilla': früh reifend, große Beeren, kräftig wachsend, frosthart
- 'Phoenix': Muskataroma, stark wachsend, für Lauben und Pergolen, auch im professionellen Weinbau

Rosé Trauben:

- 'Suffolk Red': kernlos, sehr schöne Farbe
- 'Vanessa': sehr große, kernlose Beeren

Wildobst

Wildobst ist aktueller denn je. Immer mehr Menschen beschäftigen sich mit den Früchten des Waldes. Feinschmecker genießen deren ausgeprägte Aromen. Köchinnen und Köche bereiten leckere Desserts aus Wald-Himbeeren und Vogel-Kirschen zu. Und auch die Vorratshaltung mit Marmelade, Säften und Alkoholischem kommt wieder in Mode.

Im Frühsommer beginnt die Wildobstsaison mit Holunderblüten und Wald-Erdbeeren. Etwas später reifen Felsenbirnen, Vogel-Kirschen und Wald-Himbeeren. Die Ernte setzt sich im Spätsommer und Herbst fort mit Holunderbeeren, Brombeeren, Kornelkirschen, Hagebutten, Sanddornbeeren und Schlehen.

Die herben Früchte der Schlehe reifen im Spätherbst. Sie werden häufig zu Likör angesetzt.

Die Beeren und Früchte sammelt man normalerweise von wild wachsenden Sträuchern und Bäumen in der freien Natur. Wildobstsammler nehmen immer Rücksicht auf die Natur, sammeln nicht zu viel an einem Ort und lassen den Tieren etwas übrig. Wildobststräucher und -bäume kann man aber auch im Garten anpflanzen; manchmal siedeln sich die Gehölze auch „von alleine“ an. Sie sind allesamt anspruchslos und gedeihen mit wenigen Ausnahmen an fast jedem Platz. In kleine Gärten passen Wald-Erdbeeren. Holunder und Felsenbirne sind dekorative Solitärsträucher. In einen Biogarten passt auch sehr gut eine frei wachsende Wildstrauchhecke mit Felsenbirne, Haselnuss, Hecken-Rose, Hunds-Rose, Holunder, Kornelkirsche und Sanddorn. Als kleine Hausbäume eignen sich Maulbeere, Eberesche oder Kirschpflaume. Vogel-Kirsche, Speierling und Ess-Kastanie wachsen zu großen Bäumen heran; es sind Gehölze für sehr große, parkartige Grundstücke und für die freie Landschaft. (Wobei diese Bäume durchaus die Funktion eines Hausbaumes einnehmen können.) Eine Zusammenfassung der wichtigsten Wildobstarten mit Angabe ihrer Verwendungsmöglichkeiten finden Sie im Serviceteil auf Seite 278.

Eberesche oder Vogelbeere als kleiner Hausbaum

Die Eberesche oder Vogelbeere (*Sorbus aucuparia*) hat eine locker aufgebaute Krone, die nicht so viel Schatten wirft wie die anderer Gehölze. Sie wird häufig als Hausbaum gepflanzt.

Die medizinisch wirksamen, Vitamin-C-reichen Beeren der wild wachsenden Eberesche schmecken bitter. Durch Frosteinwirkung verlieren sie ein

Die Früchte der Kupfer-Felsenbirne schmecken mild wie Heidelbeeren.

Haselnüsse groß und klein – Zuchtsorte (oben aufliegend) und Wildform.

wenig von ihrer Bitterkeit. Roh sollte man sie nicht essen, denn der Inhaltsstoff Parasorbinsäure ruft Übelkeit hervor; beim Erhitzen wird der Stoff abgebaut. Die herb-bitteren Beeren lassen sich zu Saft, Gelee, Chutneys und Schnaps verarbeiten. Wer die wilden Beeren nutzen will, muss den Vögeln zuvorkommen, denn die plündern die Beeren zur Reifezeit im September und Oktober.

Gartenbesitzer pflanzen am besten die Mährische oder Süße Eberesche *Sorbus aucuparia* 'Edulis'. Bei dieser Züchtung sind die Beeren süßer und enthalten zudem mehr Vitamin C als die der Wildart (etwa 200 mg pro 100 g Frucht), außerdem fehlt bei ihnen die unbekömmliche Parasorbinsäure.

Felsenbirne – beerentragendes Ziergehölz

Die einheimische Gewöhnliche Felsenbirne (*Amelanchier ovalis*) ist in der freien Natur selten anzutreffen. Steinreiche, trockene und warme Hänge sind ihr Quartier. Viel häufiger ist eine Zierform der Gärten: die Kupfer-Felsenbirne (*Amelanchier lamarckii*). Dieser Strauch zieht mit seinem schönen Wuchs und seinen im Herbst flammend orangerot gefärbten Blättern die Blicke auf sich. Kaum bekannt ist, dass Felsenbirnenfrüchte kleine Köstlichkeiten sind; sie enthalten kaum Säure und schmecken deshalb süßer als die meisten anderen Wildfrüchte. Die tief blauvioletten Beeren reifen im Juni/Juli. Sie ähneln in Größe, Form und Geschmack Heidelbeerfrüchten. Die von der Konsistenz her leicht mehligen Beeren schmecken roh oder getrocknet im Joghurt oder im Müsli. Sie lassen sich auch zu süßen Fruchtaufstrichen verarbeiten.

Haselnuss wächst überall

Warum nicht Haselnusssträucher anbauen, von denen Baumschulen auch großfrüchtige Zuchtformen im Sortiment haben. Das kann sich sogar finanziell lohnen, denn Haselnüsse sind im Laden derzeit sehr teuer. Die Haselnuss (*Corylus avellana*) ist ein einheimisches Wildgehölz, das einen Platz in unseren Gärten verdient – wegen der Nüsse, aber auch wegen anderer Verwertungsmöglichkeiten. Haselnusssträucher liefern Holz für den Kaminofen, Haselnussstecken für Flechtzäune und Reisig als Rankhilfe für Erbsen. Zudem sind Haselnusssträucher sehr gute Nist- und Nährgehölze für Vögel und vor allem für Haselmäuse und Eichhörnchen.

Haselnüsse aufsammeln

In guten Haselnussjahren gelingt es, sich aus eigener Ernte einen Wintervorrat an fettreichen Nüssen anzulegen. In sehr guten Haselnussjahren ernte ich von meinen beiden Sträuchern mehrere Kilogramm Nüsse mit Schale. In manchen Jahren tragen die Sträucher wegen Frost während der Blütezeit allerdings gar nicht.

Spezielle Kultursorten für den Garten

Allerdings brauchen die doch recht hohen Wildsträucher viel Platz und sie werfen auch Schatten. Deshalb sind sie eher etwas für größere Gärten und stehen besser auf der Nord- oder Ostseite des Geländes. Die niedriger wachsenden Kultur-Haselnusssträucher gehören zur Varietät *Corylus avellana* var. *grandis*; Sie heißen auch Zellernüsse. Der Name geht auf das Kloster Zell bei Würzburg zurück, von wo aus sich die Sträucher vor Jahrhunderten verbreiteten. Bekannte Sorten sind 'Halle'sche Riesennuss', 'Webb's Preisnuss' oder die rotblättrige 'Rote Zellernuss'. Bei diesen lösen sich die Haselnüsse von selbst aus der zweigeteilten, kurzen Hülle. Darüber hinaus bieten die Baumschulen Sorten der Lamberts Hasel (*Corylus maxima*) an, beispielsweise die 'Rotblättrige Lambertnuss'. Bei diesen muss man die großen Nüsse aus der röhrenförmigen, langen Hülle herauslösen.

Wer eine kleine Haselnusskultur anlegen will, pflanzt die Sträucher im Abstand von 3–4 m. Für die Verwendung als Sichtschutzgehölz kann der Abstand enger sein. Die Sträucher lassen sich alle paar Jahre „auf den Stock setzen", also bis auf den Boden absägen, um sie zu verjüngen. Von unten her treiben sie wieder kräftig aus.

Haselnüsse reifen im September. Vollreife Haselnüsse fallen von selbst vom Strauch; in guten Haselnussjahren prasseln die Nüsse bei schönem, trockenem Herbstwetter nur so zu Boden. Durch Unterlegen eines großen Tuches erleichtert man sich das Aufsammeln, das etwa einmal täglich geschehen sollte. Danach zum weiteren Trocknen auf flachen Horden oder Tabletts auslegen.

Haselnussbohrer macht die Ernte streitig

Den Ertrag schmälert ein Schädling: der Haselnussbohrer. Befallene Früchte liegen zur Erntezeit samt der Hülle am Boden. Zuvor, im Juni, hat der Käfer durch ein stecknadelkopfgroßes Loch ein Ei in das Innere der jungen Nuss gelegt. Aus dem Ei entwickelt sich die Made, die die Nuss von innen her auffrisst. Die ausgewachsene Larve bohrt sich durch die Schale nach außen und verlässt so die Nuss. Haselnüsse mit dem verräterischen, etwa 2 mm großen Ausbohrloch braucht man gar nicht erst zu öffnen; sie enthalten unter Garantie keine Nuss. In Hausgärten wird man mit dem Befall leben und erntet dann eben weniger Nüsse.

Ein Holunderstrauch darf in einem Biogarten nicht fehlen.

Holunder gehört an jedes Haus

Ein Biogarten ohne den Schwarzen Holunder (*Sambucus nigra*) ist eigentlich nicht vorstellbar. (In Norddeutschland heißt er auch „Flieder".) Er gehört einfach dazu, wie schon zu Urzeiten als Schutzstrauch an Haus und Hof, in dem die guten Geister daheim sind. Der Wildstrauch kommt oft „von alleine", ohne menschliches Zutun auf. Vor allem an nährstoffreichen Plätzen wächst er sehr schnell zu einem ausladenden Strauch heran. Baumschulen bieten eine großfrüchtige Zuchtsorte namens 'Haschberg' an. Von dem brüchigen Holz brechen oft Äste ab oder sie sterben ab.

Alle Teile des Holunderstrauchs – Blätter, Blüten, reife Früchte und Astwerk – sind zu irgendetwas nutze (siehe auch Kasten). Rohe Beeren enthalten allerdings giftige Glycoside (Sambunigrin, Prunasin), die Erbrechen und Durchfall auslösen. Beim Erhitzen oder Dampfentsaften werden sie abgebaut. Saft aus Schwarzen Holunderbeeren ist also völlig ungiftig; aus den Beeren lässt sich auch Marmelade zubereiten. Holunderblüten verwendet man für Sirup, Sekt, Gelee, zum Ausbacken in Pfannkuchenteig und trocknet die Blütendolden für Tee. Die Blätter werden in der Volksheilkunde als Abführtee genutzt.

Holunderbeeren entsaften

Die ideale Methode zum Verarbeiten großer Mengen Holunderbeeren ist das Dampfentsaften. Ich schneide die Dolden mit der Gartenschere ab und streife die Beeren von dem grünen Doldengerippe ab – entweder mit den Fingern oder mit einer scharfzinkigen Gabel. Der Saft schmeckt dann sehr viel besser, als wenn auch die grünen Pflanzenteile mit entsaftet werden.

Baumaterial fürs Insektenhotel

Holunderäste sind markhaltig. Sie lassen sich, in gleich lange Stücke geschnitten und gebündelt, in Insektenhotels einbauen. Wildbienen und andere Insekten nisten in ihnen.

Die Vogel-Kirsche wächst zu einem großen Baum von über 10 Meter Höhe heran. Sie ist deswegen nur etwas für große Gärten.

Vogel-Kirsche – nicht nur für Vögel

Bei der Ernte der Vogel-Kirschen (*Prunus avium*) muss man den Vögeln zuvorkommen – wegen der Beliebtheit bei Vögeln heißt die Baumart so. Die Früchte sind kleiner als die der Kultur-Kirschen, zudem besitzen sie einen größeren Stein, sodass die Ausbeute an Fruchtfleisch nicht so groß ist. Das Fruchtfleisch löst sich bei vollreifen Früchten erstaunlich gut vom Stein. (Sogar die Kirschenstiele lassen sich verwerten. Sie enthalten Gerbstoffe, wirken also zusammenziehend. Als Teeaufguss zubereitet helfen sie gegen Durchfall.)

Vogel-Kirsch-Bäume sind in der freien Natur verbreitet. Besonders an Waldrändern, in Heckenstreifen oder in Streuobstbeständen fallen sie zur Blütezeit im April/Mai auf. Sie siedeln sich auch „von alleine" in Gärten an. Außer den Vogel-Kirschen gibt es noch andere wild wachsende Kirschenarten mit essbaren Früchten, zum Beispiel die Felsen-Kirsche, auch Stein-Weichsel oder Weichsel-Kirsche genannt (*Prunus mahaleb*) oder die Traubenkirsche (*Prunus padus*).

Alle, die gerne Konfitüre oder Kompott essen, sollten eine Kirschpflaume im Garten haben.

Bei der Kornelkirsche sitzen die Früchte unter dem Laub.

Hagebutten lassen sich in der Küche vielseitig verwerten.

Kirschpflaume und Blut-Pflaume für Entdecker

Die Blut-Pflaume (*Prunus cerasifera* 'Nigra') wird oft als Straßenbegleitgehölz und in frei wachsende Hecken gepflanzt. In vielen Gärten steht sie auch als Solitärgehölz. Von Ferne ist sie an den lebhaft-rosafarbenen Blüten zu erkennen. Diese erscheinen vor oder während des Blattaustriebs, je nach Frühjahrswetter Ende März oder im Lauf des Aprils. Auch die dunkel braunroten bis schwarzroten Blätter treiben früh. Sie behalten ihre satte Farbe und verblassen nicht. Blut-Pflaumen wachsen strauch- oder baumförmig bis etwa 5–7 m hoch. Sie gedeihen am besten an einem warmen, sonnigen Standort auf nährstoffreichem Lehmboden.

Kaum jemand weiß, dass die Früchte dieses Ziergehölzes essbar sind. Im Unterschied zu den ebenfalls essbaren gelben Früchten der Kirschpflaume *Prunus cerasifera* sind die der Blut-Pflaume dunkelrot. Wir bereiten sowohl aus der Wildart als auch aus der Zierform gerne feine Konfitüren mit süßsäuerlicher, etwas herber Geschmacksnote zu.

Kornelkirsche für köstliche Konfitüren

Die Kornelkirsche (*Cornus mas*) schätze ich als Wildstrauch sehr. Sie stammt ursprünglich aus dem Kaukasus, hat sich jedoch in Mitteleuropa eingebürgert. Sie liebt leichte, kalkhaltige Böden mit hohem Humusgehalt. In der freien Natur siedelt sich die Kornelkirsche in Feldgehölzen, an Waldrändern und vereinzelt mitten in Wäldern an. Dort fällt sie im Februar und März mit ihren hellgelben Blüten auf.

Schnittverträgliches Gehölz

Die Kornelkirsche wächst als Großstrauch oder kleiner Baum. Wie die Haselnuss fügt sie sich gut in frei wachsende und geschnittene Hecken ein. Baumförmig wachsende Exemplare werden bis etwa 8 m hoch. Das Gehölz ist äußerst schnittverträglich und lässt sich auf niedrige Höhe als Busch oder als Hochstämmchen zurechtstutzen. Und es gedeiht sogar in Kübeln.

Die Kornelkirsche besitzt ein sehr dichtes Astwerk, sodass sie auch ohne Blätter guten Sichtschutz gibt. Schön sieht es aus, wenn im Frühjahr, noch vor dem Laubaustrieb, die hellgelben Blütenbüschel erscheinen. Diese bieten Bienen und Wildbienen frühe Nahrung.

Herb-süße Konfitüre aus Kornelkirschen

Kornelkirschen-Konfitüre zählt zu meinen Favoriten bei den süßen Aufstrichen! Wegen des unvergleichlichen herb-süßen Geschmacks lohnt sich die Mühe des Erntens und Verarbeitens. Das Entsteinen der Kirschen von Hand ist mühsam, schneller geht es, wenn man die Früchte zunächst mit Wasser aufkocht und dann das Fruchtfleisch passiert.

Wertvoll ist das Gehölz auch wegen der Früchte, die sich zu Gelee, Konfitüre und Saft verarbeiten lassen. Die Früchte reifen ab Anfang September bis Oktober und nehmen mit zunehmender Reife eine dunkelrote Farbe an. Manche Baumschulen führen die großfrüchtige Sorte 'Jolico'.

Wildrosen bringen Hagebutten

Die Hecken-Rose (*Rosa corymbifera*) sowie die Hunds-Rose (*Rosa canina*) sind die häufigsten einheimischen Wildrosen. Weitere Arten sind die Wein-Rose (*Rosa rubiginosa*), die Apfel-Rose (*Rosa villosa*), die Rotblättrige Rose (*Rosa glauca*) oder die Zimt-Rose (*Rosa majalis*). Die Beinamen beziehen sich zum Teil auf besondere Duftnoten der Drüsen an den jungen Trieben, seltener der Blüten. Die häufig gepflanzte Kartoffel-Rose (*Rosa rugosa*) ist jedoch nicht einheimisch. Sie stammt ursprünglich aus Ostasien und kam erst um 1830 nach Mitteleuropa. Diese robuste Rosenart ist in Norddeutschland in der Küstenregion ein gefürchteter invasiver Neophyt, der heimische Pflanzenarten bedrängt und unter Umständen verdrängt. In anderen Regionen wird sie bei der Landschaftsgestaltung, beispielsweise bei der Straßenbegrünung, eingesetzt.

Wildrosenblüten locken vor allem Insekten an. Viele Käferarten, Fliegen, Schwebfliegen, Honig- und Waldbienen finden hier Pollen als Nahrung.

Die Früchte aller Wildrosenarten, die Hagebutten, enthalten relativ viel Vitamin C, das so gebunden ist, dass es auch beim Erhitzen erhalten bleibt. Traditionell werden Hagebutten („Hägen") zu Hagebuttenmark („Hägemark") verarbeitet. Auch die „Kerne" im Inneren sind nutzbar; sie ergeben einen vorzüglichen, wärmenden Wintertee.

Ein Sanddornstrauch fällt durch sein bizarres Geäst auf.

Sanddorn zur Bodenbefestigung

Sanddornsträucher (*Hippophae rhamnoides*) fallen zu jeder Jahreszeit auf: zum einen durch ihr silbriges, weidenartiges Blattwerk und zum anderen durch ihr bizarres Geäst, das im Herbst und Winter dicht mit orangefarbenen Beeren besetzt ist. Sanddornsträucher gedeihen auf sandigem Boden gut und breiten sich hier mittels Wurzelausläufern aus; deshalb sind sie in den Küstenregionen und an sandigen Flussufern häufig. Die Insel Rügen beispielsweise ist voll von Sanddorn. Auf schweren kalkhaltigen Böden gedeihen sie dagegen nicht so gut. Da der Sanddorn ein Fremdbefruchter ist, tut man gut daran, bei Neuanpflanzungen im Garten neben den weiblichen Pflanzen ein männliches Exemplar zu pflanzen. Gängige Sorten sind 'Leikora', 'Dorana' (niedriger Wuchs, wenig Ausläufer) und 'Pollmix' (männlich).

Die knapp 1 cm langen orangefarbenen Sanddornbeeren muss man vor dem ersten Frost im Oktober oder November ernten. Das Ernten der einzelnen Beeren von den dornigen Sträuchern ist mühsam. Die herb-säuerlich schmeckenden Beeren lassen sich frisch ins Müsli, in den Quark oder in Desserts mischen. Zudem lassen sich Sanddornbeeren gut trocknen und entsaften. Lecker schmecken Mixgetränke von Sanddornsaft mit Milch oder Buttermilch. Die Früchte sind wegen ihres hohen Vitamin-C-Gehaltes sehr wertvoll. Außerdem wirken sie entzündungshemmend und helfen bei Durchfall.

Ziergarten und andere Gartenteile

In meinem biologisch bewirtschafteten Garten will ich mich am Anblick der Pflanzen erfreuen und gleichzeitig etwas für die Tierwelt tun. Darunter verstehe ich auch, im Garten ein Refugium für die Wildflora zu schaffen. Einen persönlichen Beitrag zur Biodiversität zu leisten – das betrachte ich als eine schöne, sinnstiftende Aufgabe.

Natürliches Gestalten

Ziergarten und Nutzgarten gehen oft ineinander über, sind miteinander verzahnt. In meinen Gärten lassen sie sich kaum voneinander trennen.

Da wachsen Sommerblumen als Begleitpflanzen auf den Gemüsebeeten, Kräuterstauden breiten sich unter Rosenstöcken oder unter Beerensträuchern aus. Ziersträucher stehen inmitten von Staudenbeeten ... Manche Obstgehölze haben den Charakter von Ziergehölzen, vor allem die Quitte und die Mispel mit ihren wunderschönen offenen Blüten und ihrem ebenmäßigen Wuchs. Durch solch enges Nebeneinander von Nützendem und Zierendem lassen sich auch kleine Gärten optimal nutzen.

Das ausbreitungsfreudige Gewöhnliche Seifenkraut verströmt am Abend süßen Duft.

Mein wichtigster Grundsatz beim Gestalten des Ziergartens ist derselbe wie im Nutzgarten: die standortgerechte Auswahl der Pflanzenarten. Standortgerecht heißt, dass die (Zier-)Pflanzen mit den vorgegebenen Bodenverhältnissen, mit der Belichtung und den sonstigen klimatischen Verhältnissen zurechtkommen müssen. Solche Arten brauchen keine aufwendige Düngung und keinen besonderen Pflanzenschutz. Wer sich daran hält, braucht nur wenig zu tun.

Generell beobachte ich, dass sich die Vegetation verändert, dass neue, vor allem wärmeliebende Arten aufkommen, dafür andere verschwinden. Besonders freut mich, dass die duftende Acker-Lichtnelke (*Silene noctiflora*) eingewandert ist. Die wächst auf den Gemüsebeeten und am Rand offener Flächen einfach so mit.

Bei guter Planung wenig Arbeit im Ziergarten

- Keine Pflanzinseln in Rasen oder Wiese anlegen, denn Ränder machen wegen des Einwachsens von Gräsern und Kräutern immer viel Arbeit.
- Statt Sommerblumen und niedriger Stauden besser horstbildende, aufrecht wachsende Großstauden in weitem Abstand pflanzen. (Die Zwischenräume eventuell mit Zwiebelblumen füllen.) Die Stauden entwickeln sich in die Höhe und Breite, beschatten den Platz darunter, sodass dort wenige Beikräuter aufkommen. Um solche Pflanzungen muss man sich das ganze Jahr über kaum kümmern. Es genügt, Verdorrtes im Lauf des Winters abzuschneiden oder abzumähen. Gut geeignet sind Sonnenauge (*Heliopsis helianthoides*), Wald-Geißbart (*Aruncus dioicus*), Eibisch (*Althaea officinalis*) oder Wasserdost (*Eupatorium fistulosum*).
- Nur robuste, dem Standort angepasste Ziergehölze pflanzen. Bei Rosen beispielsweise auf die Widerstandsfähigkeit gegen Krankheiten achten.
- Halbschattige und schattige Standorte mit Bodendeckern, beispielsweise mit Efeu oder Kleinem Immergrün, bepflanzen und überwachsen lassen. Unter der grünen Decke kommen Unkräuter kaum auf. So schafft man ruhige Gartenszenerien, die fast keine Arbeit machen.
- Insgesamt alles tun, um wuchernde Unkräuter gar nicht erst hochkommen zu lassen. In älteren Gärten erfordert der Kampf gegen das Verwildern den meisten Einsatz.

Sommerblumen

Sommerblumen wie Löwenmäulchen, Sonnenhut und Zinnien gehören einfach dazu. Sie geben jedem Garten etwas anheimelnd Charmantes.

Bei meiner Auswahl orientiere ich mich an den Blumen der traditionellen Bauerngärten. Diese sind unkompliziert zu kultivieren. Ich erziele rasch einen Effekt, setze Akzente. Etliche Arten säen sich selbst aus und mischen sich in Gemüsebeete, gesellen sich zu Stauden und Sträuchern. So entsteht ein wie zufällig hingeworfenes Bild, das so typisch ist für einen Biogarten. Nur nichts Abgezirkeltes, Starres darf es sein!

Was Biogärtner an Sommerblumen und Stauden schätzen

- Ästhetische Bereicherung
- Verwendung als Schnittblumen
- Bienen- und Insektenweide, Nützlingsförderung
- Ökologische Bereicherung des Lebensumfeldes

Eine bunte Blumenmischung – zur Freude der Menschen und zum Nutzen der Tierwelt.

Im Biogarten werden Sommerblumenmischungen mit Reseda, Duftsteinrich und Co. häufig direkt an Ort und Stelle gesät.

Kurzes, buntes Leben

Sommerblumen haben im Unterschied zu Stauden nur eine kurze Lebensdauer; sie vollenden ihren Lebenszyklus von Aussaat im Frühjahr über Blüten- und Fruchtbildung bis zum Absterben normalerweise in einem Jahr. Bei manchen Arten sind die Übergänge zu Zweijährigen und zu Stauden fließend. Die als Sommerblumen geltenden Arten Sonnenhut (*Rudbeckia hirta*) und Löwenmäulchen (*Antirrhinum majus*) halten sich oft mehrere Jahre.

Manche Sommerblumen wie Jungfer im Grünen (*Nigella damascena*), Ringelblumen (*Calendula officinalis*) und Schmuckkörbchen (*Cosmos bipinnatus*) versamen sich und kommen „von alleine" immer wieder.

Mit Sommerblumen gestalten

Mit Sommerblumen lassen sich die Beete jedes Jahr neu gestalten. Im einen Jahr fröhlich-bunt mit gelben Studentenblumen (*Tagetes erecta* und *Tagetes patula*), roten Zinnien (*Zinnia elegans*) oder orangefarbenen Tithonien (*Tithonia rotundifolia*). Im nächsten Jahr könnten es rosa Farbtöne sein mit Sommer-Phlox (*Phlox drummondii*) und Schmuckkörbchen.

Reine Sommerblumenbeete haben den Vorteil, dass man die Beete im Spätherbst abräumen und umgraben kann. Beikräuter bekommt man so besser in den Griff als auf Beeten mit ausdauernden Arten. Andererseits machen bei den Sommerblumen manchmal Nacktschnecken Probleme. Bei *Tagetes* beispielsweise gelingt es manchmal erst mit mehrmaligem Nachpflanzen, die Beete zu füllen.

Sommerblumenmischungen wie ein Teppich

Außer Sommerblumen wie üblich zu pflanzen, kann man robuste Arten auch direkt auf die Fläche säen. Spezielle Sommerblumenmischungen sind für die Direktsaat bereits fertig gemischt erhältlich. Die Samen werden breitwürfig ausgesät, leicht eingeharkt und festgeklopft, dann sanft angegossen. Für die Direktsaat eignen sich folgende Arten:

Rundblättriges Hasenohr (*Bupleurum rotundifolium*), Ringelblume, Kornblume (*Centaurea cyanus*), Schmuckkörbchen, Kalifornischer Mohn (*Eschscholzia californica*), Einjährige Schleifenblume (*Iberis amara*), Duftsteinrich (*Lobularia maritima*) und Jungfer im Grünen (*Nigella damascena*).

Frisch oder getrocknet – Blumen für die Vase

Schnittblumen wachsen eher aufrecht und bilden lange Stiele. Sommerblumen, die aus den Blattachseln immer neue Triebe bilden, eignen sich besonders gut zum Schnitt. Sommerastern (*Callistephus chinensis*), Löwenmäulchen und Zinnien sind die Favoriten. Durch häufiges Schneiden der Blütenstiele für die Vase werden die Blumen zu immer neuem Austrieb angeregt.

Abgeblühtes entferne ich regelmäßig, damit die Pflanzen nicht zu viel Kraft in die Samenbildung stecken müssen. Wie wichtig dieses regelmäßige Ausputzen ist, merke ich, wenn ich zwischendurch keine Zeit dafür habe. Dann blühen die Duft-Wicken (*Lathyrus odoratus*) eben kaum noch. Beim Abknipsen einzelner Blüten braucht man aber nicht allzu gründlich zu sein. Wenn einzelne Blütenstände stehen bleiben, entwickeln sich daraus Fruchtstände – mit dem Saatgut fürs nächste Jahr.

Bei den einjährigen Trockenblumen, wie etwa Garten-Strohblume (*Xerochrysum bracteatum*), Sonnenflügel (*Rhodanthe chlorocephala*), Garten-Fuchsschwanz (*Amaranthus caudatus*) oder Muschelblume (*Moluccella laevis*), kommt es auf den richtigen Schnittzeitpunkt an. Beim Schnitt dürfen sie nicht zu stark aufgeblüht sein. Zum Nachtrocknen mit den Blüten nach unten aufhängen.

Sommerblumen in Töpfen und Kästen

Sommerblumen lassen sich gut in Gefäßen kultivieren, regelmäßiges Gießen und gelegentliches Düngen mit organischem Flüssigdünger oder Vorratsdünger vorausgesetzt. Am besten eignen sich kompakt wachsende Sorten, beispielsweise Studentenblumen, deren Stängel nicht abknicken oder umfallen. Ich stelle gerne mit Sommerblumen bepflanzte Töpfe als Lückenfüller auf Gemüse- und Staudenbeete, wenn nach dem Abschneiden von Stauden oder nach der Ernte von frühem Gemüse Lücken entstanden sind. Dafür behalte ich stets selbst gesäte Pflanzen in Reserve – immer eine besondere Sorte, die dann mal hier, mal da im Garten Farbtupfer setzt. Im Sommer 2016 fiel meine Wahl auf die Kapuzinerkresse 'Cherry Rose Jewel' mit außergewöhnlich gefärbten, leuchtenden Blüten.

Einjährige Kletterpflanzen

Kletterpflanzen ermöglichen das Begrünen in dritter Dimension – der Ästhetik wegen und als Sichtschutz an Zäunen oder Rankgittern. Da sind wüchsige Arten wie die Feuer-Bohne (siehe Seite 125) ideal. Duft-Wicke (*Lathyrus odoratus*) oder die Prunkwinde (*Ipomoea*-Arten), Kanarien-Kapuzinerkresse (*Tropaeolum peregrinum*) und Schwarzäugige Susanne (*Thunbergia alata*) bleiben dagegen eher niedrig und eignen sich weniger als Sichtschutz. Einjährige Kletterpflanzen ranken oder schlingen sich am besten an dünnen Stäben, Seilen oder feinmaschigen Gittern in die Höhe.

Kapuzinerkresse in ungewöhnlichem Farbton: die Sorte 'Cherry Rose Jewel'.

Zweijährige Blumen

Zweijährige Blumen stehen zwischen den Einjährigen und den Stauden, mit fließenden Übergängen in die eine wie die andere Richtung.

Sie entwickeln sich nach der Aussaat im Juni oder Juli auf ein Anzuchtbeet oder in Saatgefäße zunächst vegetativ. Im August oder September kommen die Jungpflanzen an den ihnen zugedachten Platz, an dem sie im Folgejahr zur Blüte kommen. Nach Blüte und Fruchtreife im zweiten Jahr sterben einige Arten wie die Marien-Glockenblume (*Campanula medium*) ganz ab. Andere Arten wie Bart-Nelken (*Dianthus barbatus*) setzen ihr Wachstum oft fort, blühen in den Folgejahren aber nicht mehr so üppig.

Die Schwarze Königskerze passt in einen Naturgarten.

Blühen erst im Jahr nach der Aussaat: Bart-Nelken und Stiefmütterchen.

Faible für Gartenvagabunden

Ich persönlich mag die zweijährigen Blumen sehr, vor allem wegen ihrer Eigenschaft, im Garten zu vagabundieren. Viele versamen sich selbst und suchen sich einen Platz auf Staudenbeeten, auf Randstreifen, zwischen Plattenfugen, wo sie meistens viel besser zur Geltung kommen als an vorgewählten Plätzen. Solche willkommenen Gartenvagabunden sind die Vexiernelke oder Kronen-Lichtnelke (*Silene coronaria*), ebenso Königskerze (*Verbascum*-Arten), Mondviole (*Lunaria rediviva*) und Stockrose (*Alcea rosea*).

Zwiebel- und Knollenpflanzen

Kaum ein Garten kommt ohne Zwiebelblumen und Knollengewächse aus. Die Stauden lassen sich unkompliziert handhaben; die meisten sind anspruchslos und bringen damit beste Voraussetzungen für die Kultur im Biogarten mit!

Zwiebeln und Knollen sind Überdauerungs- und Fortpflanzungsorgane und ermöglichen die nichtgeschlechtliche (vegetative) Fortpflanzung. Etliche Arten verwildern leicht und bilden so nach und nach im Rasen und auf Beeten ausgedehnte Bestände.

Das Zwiebelblumen-Einmaleins

- Geduld mit Zwiebelblumen: Erst wenn Ziergehölze und Rosen an ihren gut ausgewählten Plätzen richtig sitzen, kommen Stauden und Zwiebelblumen in den Boden.
- Zwiebelblumen kann man pflanzen, solange der Boden offen ist. Dabei immer mehrere Exemplare einer Art und Sorte locker verteilen, sodass ein natürlicher Eindruck entsteht.
- Faustregel: Zwiebeln beim Pflanzen mindestens so hoch mit Erde bedecken wie die Zwiebeln oder Knollen dick sind.
- Nach der Blüte die Zwiebelblumen in Ruhe einziehen lassen; erst wenn die Blätter fast völlig vergilbt sind, darf man sie herausziehen oder abschneiden. Die Blumen müssen die Nährstoffe aus den oberen Pflanzenteilen in ihr unterirdisches Speicherorgan, die Zwiebel, zurückbefördern und so wieder Kraft für den Austrieb im kommenden Jahr sammeln.

Zwiebelblumen fürs Frühjahr

Schneeglöckchen (*Galanthus nivalis*) und Elfen-Krokusse (*Crocus tommasinianus*) sind die ersten Frühlingsboten. Sie zeigen sich in manchen Jahren schon im Januar. Beide Arten verwildern auf Rabatten, an Randstreifen und im Rasen. Diese Vorfrühlingsblüher liefern Hummeln zudem erste Pollennahrung. Etwas später folgen die Botanischen Krokusse und die normalen großblütigen Garten-Krokusse (*Crocus*-Hybriden).

Blausternchen (*Scilla siberica*) und Schneeglanz (*Chionodoxa luciliae*) verwildern ebenfalls leicht. Beim Blausternchen hängen die violettblauen Blütchen einzeln oder bis zu viert an den Stielen. Schneeglanz ist an den aufwärts gerichteten hellblauen Blüten mit weißem Zentrum zu erkennen.

Sehr ausbreitungsfreudig ist auch die Traubenhyazinthe (*Muscari armeniacum*). Sie bildet im Laufe der Zeit Horste mit Büscheln grasähnlicher, überhängender Blätter, die oft schon im Spätherbst zu sehen sind. Die Zwiebelblume versamt sich und hat sich bei mir sogar in den Gemüsebeeten angesiedelt.

Noch mehr Hyazinthen für Rabatten

Das Hasenglöckchen (*Hyacinthoides hispanica* und *H. non-scripta*) ist halb Scilla und halb Hyazinthe. Es blüht später als die anderen hier vorgestellten Zwiebelblumen erst im Mai/Juni und wächst höher. Die Garten-Hyazinthe (*Hyacinthus orientalis*) ist wegen ihres unvergleichlichen Dufts bekannt. Die Gärtner haben nach ihrer Einführung in Mitteleuropa im 16. Jahrhundert schon bald mit ihr umzugehen gewusst und gelernt, sie im Zimmer anzutreiben. Sie ist aber auch eine dankbare, robuste Gartenpflanze, die sich an warmen Plätzen und auf nährstoffreichem Boden gut entwickelt.

Das blaue Band des Frühlings weht hier mit Hyazinthen, Träubelhyazinthen und Schneeglanz.

Wie alle Zwiebelblumen braucht sie im Frühjahr genügend Feuchtigkeit zum Austrieb und im Sommer Trockenheit.

Mit Tulpen durchs Frühjahr

Tulpen blühen je nach Art und Sortengruppe von Anfang März bis Juni. Es beginnt mit den früh blühenden Kaufmanniana- und Fosteriana-Tulpen, die ihre Blüten an den ersten sonnigen Frühlingstagen weit öffnen. Der Blütenzauber dauert aber nur wenige Tage. Auch die niedrigen Botanischen Tulpen und die Wildtulpen wie beispielsweise die Weinberg-Tulpe (*Tulipa sylvestris*) und *Tulipa tarda* nicht zu vergessen. Es folgen die höheren Triumph-Tulpen und die Darwin-Hybriden. Lilienblütige Tulpen, Crispa-Tulpen und Viridiflora-Tulpen blühen erst ab Anfang Mai, dafür aber sehr ausdauernd.

Tulpen gedeihen am besten, wenn die Standortbedingungen denen in ihrem Ursprungsgebiet, nämlich in Steppengebieten im Bereich des 40. Breitengrades, entsprechen. Dort bekommen sie nur während einer kurzen Zeit des Jahres Wasser und nutzen dies zum Austreiben. Tulpen kommen deshalb mit Sommertrockenheit gut zurecht, dagegen schadet ihnen Staunässe im Boden. Tulpen kommen also den Ansprüchen des biologischen Gärtnerns entgegen, weil sie kein Gießwasser brauchen.

Robuste Narzissen

Narzissen (*Narcissus*) sind für mich die robustesten Zwiebelblumen. Sie kommen in meinem Garten zuverlässig immer wieder. Die Zwiebeln bilden im Lauf der Jahre Tochterzwiebeln, sodass dichte Horste entstehen. Sie siedeln sich, wie „von alleine", auch an anderen Stellen im Garten an. Ihre Robustheit beruht auch darauf, dass ihre Zwiebeln so tief im Boden sitzen, dass man sie nicht anhackt, wie es bei Tulpen oft der Fall ist. Es ist auch möglich, Narzissenzwiebeln aus Frühlingstöpfen auszupflanzen. Die wachsen mit einiger Sicherheit an. Man kann sie auch abblühen und eintrocknen lassen und bis zur normalen Pflanzzeit im September/Oktober lagern und dann erst tief in den Boden setzen.

Narzissen unterscheiden sich hauptsächlich in Blütenform und -farbe. Die Blüte setzt sich aus Blütenkranz und Krone zusammen, die je nach Sorte gleichfarbig oder verschiedenfarbig sind. Im naturnahen Garten verdienen eher einfache Blütenformen den Vorzug. Da passt die klassische goldgelbe Osterglocke mit einheitlich gefärbtem Blütenkranz und Krone. Auch die zweifarbige 'Las Vegas' mit reinweißer Krone und goldgelber Krone sieht dezent aus. 'Mount Hood' ist sogar einfarbig weiß. Die schmalwüchsige, elegant wirkende Dichter-Narzisse (*Narcissus poeticus*) mit weißem Blütenkranz und kleiner Krone ist prädestiniert für eine natürliche Gartenumgebung.

Narzissen eignen sich für gemischte Pflanzungen an sonnigen Plätzen mit Stauden oder Kräuter-Halbsträuchern. Das Blattwerk spät blühender Stauden kaschiert die vergilbenden Blätter von Narzissen im Hintergrund der Beete.

Edle Kaiserkronen

Kaiserkronen (*Fritillaria imperialis*) sind die stattlichsten Zwiebelblumen. Drei gängige Sorten sind: 'Rubra Maxima' (rot), 'Aurora' (orangefarben) oder 'Lutea Maxima' (gelb). Kaiserkronen wollen einen offenen, sonnigen Stand, und sie brauchen Dünger, damit sie sich gut vermehren. Der Boden sollte für Kaiserkronen nahrhaft und lehmig-humos, dabei durchlässig sein. Die fleischigen Zwiebeln kommen sehr tief, 20–30 cm, in den Boden. Wühlmäuse vertreibt die Zwiebelblume leider nicht, wie manchmal vermutet wird. An die Kaiserkronen-Zwiebeln selbst gehen die Nager jedoch nicht. Gestalterisch verwendet werden Kaiserkronen genauso wie Narzissen.

Lilien und Dahlien fürs Sommerbeet

Alle Biogärtner, die von einem Bauerngarten träumen, werden auch Dahlien mögen. Dahlien (*Dahlia*-Cultivars) gefallen mit ihren interessanten Blütenformen, mit ihren Kaktus-, Seerosen- oder Pomponblüten – allesamt unentbehrlich für opulente Sommer- und Erntedanksträuße. Dahlien sind Knollengewächse und in unserem Klima nicht frosthart; die Dahlienstöcke werden im Herbst nach dem ersten Frost ausgegraben und kühl und dunkel in flachen Kisten ohne Erde gelagert. Das muss man auch mit Gladiolen (*Gladiolus*-Cultivars) und Freesien (*Freesia*-Cultivars) tun, deren Überdauerungsorgane Zwiebelknollen sind.

In einen biologisch bewirtschafteten Garten passen auch Madonnen-Lilien oder Weiße Lilien (*Lilium candidum*), ebenso Feuer-Lilien (*Lilium bulbiferum*). Von den Gemälden der Alten Meister weiß man, dass die Madonnen-Lilien schon seit dem Mittelalter die Gärten Mitteleuropas zieren. Umso mehr sind diese sehr alten Zierpflanzen zu schätzen. Da muss man nur aufpassen, dass der Schädling Maiglöckchenhähnchen (siehe Seite 93) nicht alles abfrisst. Das heißt also, die Lilienstängel ständig kontrollieren, ob an Stängeln oder Blättern Larven oder ausgewachsene Käfer sitzen und diese dann ablesen oder abfangen und töten.

Beschwingtes Bild mit spät blühenden Viridiflora-Tulpen und Lilienblütigen Tulpen.

Stauden

Stauden eröffnen in Gärten ungeahnte Möglichkeiten. Das Staudenreich bietet Blühendes fast das ganze Jahr hindurch.

Im Unterschied zu den Sommerblumen sind es bei den Stauden immer wieder andere Arten, die in den jeweiligen Jahreszeiten in Erscheinung treten – je nach Art mit Blattwerk, Blüten und Fruchtständen. Dass immer etwas blüht und fruchtet, erfreut die Betrachter, es ist aber auch nützlich für die Tierwelt: Insekten und Vögel finden so das ganze Jahr über eine Nahrungsquelle.

Mit Stauden durchs Gartenjahr

Das Staudenjahr beginnt eigentlich schon im Winter mit der Blüte der Christrosen und der anderen *Helleborus*-Arten, oft begleitet von Kissen-Primeln (*Primula vulgaris*). Spätestens im Februar oder März überziehen sich die Polsterstauden – Blaukissen (*Aubrieta* Cultivars), Kaukasische Gänsekresse (*Arabis caucasica*) und Berg-Steinkraut (*Alyssum montanum*) – mit Blüten. Im April und Mai folgen Kaukasus-Gämswurz (*Doronicum orientale*), Feder-Nelken (*Dianthus plumarius*), Lupinen (*Lupinus polyphyllus*), Glockenblumen (*Campanula*-Arten) und Pfingstrosen (*Paeonia officinalis* und *P. lactiflora*). Die Blüte von Türken-Mohn (*Papaver orientale*), Garten-Margerite (*Leucanthemum × superbum*) und Hoher Rittersporn (*Delphinium elatum*) leitet zum Sommer über. Russel-Brandkraut (*Phlomis russeliana*), Stauden-Phlox (*Phlox paniculata*), Zier-Salbei (*Salvia nemorosa*), Mädchenauge (*Coreopsis grandiflora* und andere Arten), Sonnenauge (*Heliopsis helianthoides*), Prärie-Sonnenhut (*Rudbeckia fulgida*) und Kugeldistel (*Echinops ritro*) gehören zur Sommerriege. Und mit Kissen-Astern (*Aster dumosus*), Raublatt-Astern (*Aster novae-angliae*), Glattblatt-Astern (*Aster novi-belgii*), Purpur-Fetthenne (*Sedum telephium*), Herbst-Anemonen (*Anemone hupehensis*) und Winter-Astern (*Chrysanthemum × grandiflorum*) reicht der Blütenreigen bis fast in die Adventszeit.

Robuste Türken-Mohn-Sorte 'Türkenlouis' mit gefransten Blütenhüllblättern.

Die meisten der aufgezählten Stauden gehören zur Gruppe der Prachtstauden. Es sind im Wesentlichen auch diejenigen Arten, die auf den Rabatten der traditionellen Bauerngärten anzutreffen sind. Diese wollen alle einen sonnigen Platz, an dem sie sich ausbreiten können und gut mit Nährstoffen versorgt sind. Auf etwas schwereren, humosen Böden finden sie die besten Bedingungen. Regelmäßige Versorgung mit Kompost tut ihnen gut. Doch neben den Prachtstauden gibt es viele andere Arten, die speziellen Lebensbereichen angepasst sind.

Stauden für Sonne und Schatten

Wie alle Gewächse reagieren Stauden stark auf die Belichtung. Die meisten gedeihen am besten in voller Sonne. Dann blühen sie gut und sind standfester. Einige vertragen leichten Schatten; relativ wenige nehmen mit Schattenplätzen vorlieb. Schattenstauden sind beispielsweise Kleines Immergrün (*Vinca minor*) oder Goldnessel (*Lamium galeobdolon*), die verwildert in heimischen Wäldern wachsen. Flächen, die mit Bodendeckerstauden begrünt sind, machen wenig Arbeit. Die vielen Storchschnabelarten bieten da gute Möglichkeiten.

Dekorative Staude für Weg- und Gehölzränder: Acker-Glockenblume.

Langlebige und kurzlebige Stauden

Bei der Anlage eines Staudenbeetes spielt auch die Langlebigkeit der Gewächse eine Rolle. Manche Stauden halten es jahrzehntelang an ihrem Platz aus. Bauern-Pfingstrosen (*Paeonia officinalis*) sind solche extrem langlebigen Stauden, die mit den Jahren immer schöner werden und generationenlang an einem Platz stehen.

Andere Stauden wie die Lupinen (*Lupinus polyphyllus*) sind dagegen kurzlebig und verschwinden nach wenigen Jahren einfach. Und wieder anderen wie der Bart-Iris (*Iris barbata*) tut es gut, wenn sie alle paar Jahre verpflanzt werden.

Wildstauden für nachhaltige Gartengestaltung

Bei der Gestaltung von Staudenbeeten spricht vieles für Wildstauden, die wild in Mitteleuropa vorkommen und an die Standortverhältnisse angepasst sind. Bei richtiger Auswahl ergeben sich stabile Pflanzkombinationen, die kaum Pflege und so gut wie keine Düngung brauchen, außer eventuell gelegentlichen Kompostgaben. Man muss die Wildgewächse kaum stutzen und schneiden. Ein Wildpflanzengarten spart also Zeit. Wer sich für Wildstauden entscheidet, muss nicht ständig vertrocknete, erfrorene oder aus anderen Gründen eingegangene Exemplare ersetzen.

Dabei brauchen sich Wildstauden nicht hinter Prachtstauden aus Amerika oder Asien zu verstecken. Sie bereichern unser Lebensumfeld mit interessanten Wuchsformen, Blattgestalten, Blüten und Fruchtständen. Einige verströmen wunderbaren Duft: Maiglöckchen (*Convallaria majalis*), Nachtviole (*Hesperis matronalis*) oder Seifenkraut (*Saponaria officinalis*).

Ich denke bei Wildstauden auch an blattschöne Gestalten, an einheimischen Wurmfarn und Frauenfarn (*Dryopteris filix-mas* und *Athyrium filix-femina*) mit dekorativen Blattwedeln oder an den Hirschzungenfarn (*Asplenium scolopendrium*) mit seinen langen, zungenförmigen Blättern. Einige immergrüne Stauden lassen mit ihren Blätter und Blattschöpfen den Garten im Winter lebendig erscheinen. Eine meiner Lieblingspflanzen ist die stämmige Stinkende Nieswurz (*Helleborus foetidus*) mit ihren dunkelgrünen, handförmig geteilten Blättern, die mitten im Winter blüht. Wintergrün ist auch die Haselwurz (*Asarum europaeum*). Efeu (*Hedera helix*) und Kleines Immergrün (*Vinca minor*) breiten das ganze Jahr über ihre beblätterten Triebe wie eine grüne Decke aus. Auch an wintergrüne Gräser sollte man denken wie etwa an die Wald-Marbel (*Luzula sylvestris*) und die Schnee-Marbel (*Luzula nivea*).

Ich siedle auch gerne schön blühende Wildstauden im Garten an oder lasse sie einfach wachsen, beispielsweise Acker-Glockenblume (*Campanula rapunculoides*), Nesselblättrige Glockenblume (*Campanula trachelium*) und Moschus-Malve (*Malva moschata*).

Duftige Rosen-Malve vor gelb blühendem Sonnenauge.

Viele Wildstauden sind auch im Verblühen und mit Samenständen noch schön, vor allem Schafgarbe (*Achillea millefolium*), Echtes Johanniskraut (*Hypericum perforatum*) oder Türkenbund-Lilie (*Lilium martagon*).

Der Garten als Landeplatz für Bienen und Schmetterlinge

Im Garten können alle einen Beitrag zur Vielfalt in der Natur leisten. Vielfältig gestaltete Gärten bieten Lebensräume für Pflanzen und Tiere, die hier Nahrung, Brut- und Rückzugsmöglichkeiten finden. Sie übernehmen damit ein klein wenig Funktionen der Feldflur, einer vielfältigen Kulturlandschaft mit Streuobstwiesen, Hecken, Feldrainen oder Ödland. Dies ist umso wichtiger angesichts zunehmender Ausräumung und Verödung der Landschaft.

Blühende Wild- und Zierstauden bieten Bienen und Wildbienen einen reich gedeckten Tisch mit Pollen und Nektar. Sie fliegen vor allem ungefüllte Blüten an. Bienen bedanken sich mit der Befruchtung beispielsweise von Obstgehölzen und schenken uns Honig. Schwebfliegen fliegen vor allem auf Doldenblütler. Deren Larven sind wichtige Blattlausfeinde, sie gelten deswegen als Nützlinge (siehe Seite 96).

Mit Falterblumen Schmetterlinge anlocken

Jeder, der einen Garten betreut, freut sich über den Besuch von Tagpfauenauge und Zitronenfalter. Es sind Düfte und Farben, die Schmetterlinge anlocken. Die lilafarbenen Blüten der Wiesen-Flockenblume (*Centaurea jacea*, siehe Foto Seite 255) locken zum Beispiel das Schachbrett an. Auf das Wohlriechende Geißblatt (*Lonicera caprifolium*) „fliegt" der Mittlere Weinschwärmer. Der Distelfalter trinkt an Korbblütlern wie Disteln (*Carduus-* und *Cirsium*-Arten) oder Flockenblumen (*Centaurea*-Arten) Nektar. Der Kaisermantel holt sich Nektar an Disteln und Dost (*Origanum vulgare*).

Einige Blütenpflanzen wie Karthäuser-Nelke (*Dianthus carthusianorum*), Pech- und Licht-Nelke (*Silene*-Arten), Primel (*Primula*-Arten), Distel, Karde (*Dipsacus*-Arten) bieten sich durch ihren besonderen Blütenaufbau Schmetterlingen als Nahrungsquelle an. Es sind Blumen mit tiefen Blütenröhren oder langen Spornfortsätzen. Nur Tagfalter mit einer Rüssellänge von bis zu 28 mm und Schwärmer mit einer Rüssellänge von bis zu 80 mm können die Nektarquelle erreichen.

Nachtfalterblumen besitzen eine noch tiefere und enge Blütenkrone. Es sind dies stark duftende Blumen mit weißen, gelben oder blasspurpurnen Tönen, u. a. Geißblatt (*Lonicera*-Arten), Nachtkerze (*Oenothera*-Arten), Türkenbund-Lilie (*Lilium martagon*) und Seifenkraut (*Saponaria officinalis*). Eine Schwärmerart, das auffallende, kolibriartige Taubenschwänzchen, fliegt auch am Tag. Man kann es oft beobachten, wie es blitzschnell von Blüte zu Blüte fliegt.

Einige Schmetterlingsarten überwintern als ausgewachsene Tiere in Bäumen und Sträuchern. Tagpfauenauge, Kleiner Fuchs, C-Falter und Zitronenfalter machen sich bereits sehr früh im Jahr auf die Suche nach Nektar. Sie finden ihn zum Beispiel bei Polsterpflanzen wie Blaukissen (*Aubrieta*-Hybriden) und Berg-Steinkraut (*Alyssum montanum*).

Spät blühende Fetthenne-Arten (*Sedum telephium* und andere Arten) werden besonders vom Kleinen Fuchs besucht, der sich an ihnen vor der Überwinterung noch Nahrung holt. Die anderen überwinternden Arten sind ebenfalls auf späte Nahrungsquellen angewiesen.

Die Raupen der Schmetterlinge sind wählerischer. Der Kleine Fuchs zum Beispiel frisst nur an der Brennnessel (*Urtica dioica*). Die Brennnessel ist die wichtigste Schmetterlingsnährpflanze. An ihr frisst auch die Raupe des Distelfalters, die zudem Gewöhnlichen Natternkopf (*Echium vulgare*) und Wilde Malve (*Malva sylvestris*) besucht.

Bienenweidepflanzen aus dem Staudenreich

Herbstastern (*Aster novi-belgii* und *A. novae-angliae*)
Bergminze-Arten (*Calamintha*-Arten)
Krokusse (*Crocus*-Arten)
Kugeldistel-Arten (*Echinops*-Arten)
Schnee-Heide (*Erica carnea*)
Gewöhnlicher Efeu (*Hedera helix*)
Fetthenne-Arten (*Sedum*-Arten)
Goldrute-Arten (*Solidago*-Arten)

Herbstastern als Landeplatz für Tagpfauenauge und Co.

Ziersträucher und ausdauernde Kletterpflanzen

Gehölze – Laub- und Nadelgehölze – bereichern ebenfalls das Gartenumfeld und bieten der Tierwelt Nahrung und Unterschlupf. Das Wichtigste ist die vorausschauende Planung und gute Auswahl. Gehölze bilden den ruhenden Pol, das eher statische Element in einer Pflanzung.

Wenig Arbeit mit Gehölzen

Um standortgerecht ausgewählte Gehölze muss man sich nur wenig kümmern. Sie brauchen eigentlich keine Düngung und keinen Pflanzenschutz. Die meiste Arbeit hat man mit dem Rückschnitt, vor allem bei älteren Sträuchern. Das Versorgen und Entsorgen der Berge von Abgeschnittenem und Abgesägtem ist aufwendig. Das Material kann man häckseln (schreddern) und teils kompostieren, teils zum Mulchen verwenden oder man bringt es auf einen Häckselplatz der Kommune.

Die sparrige Zierquitte überzieht sich im Frühjahr – je nach Sorte – mit Blüten in Weiß, Rosa oder Orange.

Blütensträucher für frei wachsende Hecken oder als Solisten

Ich persönlich orientiere mich bei der Auswahl der Ziersträucher an dem, was in den ländlichen Gärten, die ich aus meiner Kindheit kenne, üblich war. Dabei schaue ich darauf, dass möglichst das ganze Jahr über etwas blüht und Nahrung für Insekten und Schmetterlinge bietet. Die Sträucher stehen entweder für sich als Solitär oder sind in frei wachsende Hecken integriert.

Im Frühjahr blühen Schneeball (*Viburnum*-Arten), Kirschpflaume (*Prunus cerasifera*), Forsythie (*Forsythia*-Hybriden), Elfenbeinginster (*Cytisus praecox*), Zierquitte (*Chaenomeles*-Arten), Mahonie (*Mahonia aquifolium*), Blut-Johannisbeere (*Ribes sanguineum*), Spierstrauch (*Spiraea*-Arten), Zier-Kirschen (*Prunus*-Arten) und Flieder (*Syringa vulgaris*). Im späten Frühjahr folgen Fingerstrauch (*Potentilla fruticosa*), Felsenmispel (*Cotoneaster*-Arten), Kirschlorbeer (*Prunus laurocerasus*), Kolkwitzie (*Kolkwitzia amabilis*), Falscher Jasmin (*Philadelphus coronarius*). Die Weigelie (*Weigela*-Hybriden) zählt schon zu den Sommerblühern. Geradezu ein Muss im Biogarten ist der Sommerflieder (*Buddleja davidii*), weil er wie ein Magnet auf Schmetterlinge wirkt.

Hecken als Sicht- und Windschutz

Formschnitthecken sind als Sicht- und Windschutz unübertroffen. Und sie geben einen guten, ruhigen Hintergrund für Stauden- und Rosenpflanzungen. Zur Wahl stehen immergrüne Laub- und Nadelgehölze und Laub abwerfende Gehölze. Für Laub abwerfende Gehölze spricht vieles. Sie machen das Spiel der Jahreszeiten mit und wirken freundlicher als Nadelgehölze. Und einige Laubgehölzarten bieten sogar das ganze Jahr über den oft erwünschten Sichtschutz. Bei der sehr häufig gepflanzten einheimischen Hainbuche (*Carpinus betulus*) bleiben die Blätter bis weit in den Winter hinein hängen. Gerade mit der Hainbuche lassen sich Gartenräume spannungsreich gestalten; die Bäume dicht gepflanzt und formiert zu Laubengängen, Bögen und grüne Wände mit „Fenster"-Öffnungen.

Auch die Rot-Buche (*Fagus sylvatica*) eignet sich für Formschnitthecken. An ihr haften die Blätter sogar bis zum Neuaustrieb. Eine geschnittene Feld-Ahorn-Hecke (*Acer campestre*) wächst schnell und sieht ebenfalls natürlich aus. Auch die Schneebeere (*Symphoricarpos*) lässt sich für den Zweck verwenden.

Die immergrünen Laubgehölze Buchsbaum und Liguster sind Heckenpflanzen par excellence. Für hoch wachsende Hecken nimmt man *Buxus sempervirens* beziehungsweise *Buxus sempervirens arborescens*, vom Liguster *Ligustrum ovalifolium* oder *Ligustrum vulgare* 'Atrovirens'. *Buxus sempervirens arborescens* erweist sich als relativ robust gegen das sogenannte Buchssterben, dem schon viele niedrige Buchshecken zum Opfer gefallen sind. Dabei verdorren die Sträucher infolge des Befalls entweder mit dem Buchsbaumzünsler oder mit dem Pilz *Cylindrocladium buxifolia*. Da hilft nur großzügiges Ausschneiden befallener Teile und gründliches Entsorgen. Durch optimales Versorgen der Sträucher mit Wasser und Nährstoffen lässt sich dem Befall vorbeugen.

Romantische Frühsommerszenerie mit Moosrose 'Blanche Moreau' vor Kolkwitzie und Sommerspiere.

Immergrüne Nadelgehölze wie Eibe, Scheinzypresse oder Thuja wirken nach meinem Empfinden etwas düster. Sie sehen das ganze Jahr über gleich aus, es fehlt ihnen das Frische, Beschwingte der Laubgehölze. Wer auf perfekten Sichtschutz aus ist, wählt schmalwüchsigen Säulen-Lebensbaum *Thuja occidentalis* 'Columna' oder Eiben (*Taxus baccata* und Becher-Eibe *Taxus media* 'Hicksii').

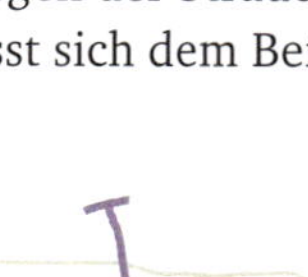

Gehölzauswahl nach Standort

Magnolien, Rhododendren und Hortensien wären in meinen Gärten fehl am Platz. Ich weiß genau, dass sie mit den Gegebenheiten an meinen Standorten nicht zurechtkommen. (Im Ammerland oder in anderen Regionen mit sauren, oft anmoorigen Böden gedeihen sie dagegen gut.) Außerdem passen nach meinem ästhetischen Empfinden diese für mich etwas starr wirkenden Gehölze nicht zu meinem Gestaltungsstil mit eher natürlichen Formen.

Solitärbäume

In größeren Gärten sollte mindestens ein hoher Laubbaum stehen. Eine Winter-Linde (*Tilia cordata*) als Haus- oder Hofbaum, das hat etwas! Dazu beschenkt sie uns mit duftenden Blüten für heilkräftige Teeaufgüsse. Allerdings muss man für diesen großen Baum, der ausgewachsen 25 m hoch werden kann, viel Raum vorsehen – damit er selbst zur Geltung kommt und andere Pflanzen nicht bedrängt. Die Sommer-Linde (*Tilia platyphyllos*) kann in gleicher Weise verwendet werden.

Auch die Ross-Kastanie (*Aesculus hippocastanum*) kann mit ihren ausdrucksstarken Blüten und Blättern ein schöner Hausbaum sein, wenn nicht die Kastanien-Miniermotte sie verunstaltet und die Blätter verdorren. Doch dagegen lässt sich vorbeugend etwas tun: Das herabgefallene Laub wegräumen, um den Entwicklungszyklus der Kastanien-Miniermotte zu unterbrechen.

Ein Walnussbaum (*Juglans regia*) ist ein klassischer Haus- und Hofbaum. Sämlingsexemplare wachsen hoch und sehr ausladend. In guten Jahren darf man sich an einem hohen Ertrag an Nüssen freuen (siehe Seite 220). Als Hausbaum ist er sehr zu empfehlen, weil er mit seinen Ausdünstungen Stechmücken vertreibt.

Als kleinkronige Hausbäume für Vorgärten eignen sich vor allem Eberesche oder Vogelbeere (*Sorbus aucuparia*, siehe Seite 224) und Mehlbeere (*Sorbus intermedia*) mit eher lockeren Kronen. Zier-Kirschen (*Prunus*-Arten) blühen wunderschön, allerdings sind sie nicht sehr langlebig. Ebenso kann die Gewöhnliche Stechpalme (*Ilex aquifolium*) zu einem eindrucksvollen Baum heranwachsen.

Auch die oft verpönten Nadelgehölze – Fichten, Tannen, Kiefern – können durchaus schöne Hausbäume sein, wenn sie in den Naturraum passen.

Wüchsige Klettergewächse vorsichtig einsetzen

So begeistert ich vom Efeu bin, muss ich doch auch ein wenig vor ihm warnen, vor allem vor *Hedera hibernica* als Fassadenbegrüner: Efeu wächst nach anfänglich zögerlichem Wuchs sehr stark; die Triebe können sich hinter lose Gebäudeteile, durch Ritzen im Mauerwerk oder hinter Holzverschalungen drängen und sogar in Dachstühle hineinwachsen. Starke Äste drücken unter Umständen Dachrinnen und Fallrohre zur Seite und Haftwurzeln hinterlassen auf dem Putz Spuren, die sich kaum entfernen lassen. Von der Verwendung des Efeus an verputzten Häusern sei also eher abzuraten.

Auch bei anderen allzu wüchsigen Kletterpflanzen ist Obacht angesagt: Die einheimische Gewöhnliche Waldrebe (*Clematis vitalba*) schlingt sich bis in hohe Baumwipfel hinauf. Sie wirkt mit ihren büscheligen cremefarbenen Blütenständen und den fedrigen Fruchtständen, die bis zum Frühjahr haften bleiben. Auch das an sich hübsche immergrüne Henrys Geißblatt (*Lonicera henryi*) wächst überbordend stark, es verwandelt mit seinen stark wachsenden Schlingtrieben Gartenteile in einen Dschungel. Jelängerjelieber tut es ihm nach langen Standjahren fast gleich.

Die Glyzine (*Wisteria sinensis*) fällt ebenfalls in diese Kategorie. Wunderschön anzuschauen, doch mit ihren zu Stämmen werdenden Schlingtrieben oft zu mächtig für Hausfassaden. Die Äste klemmen Fallrohre ab, ziehen Klettergerüste aus Halterungen. Flügelknöterich (*Fallopia sachalinensis*) hat ebenfalls eine starke Wuchskraft.

Wer es besonders wild und naturgartenmäßig mag …

… kann die Zaunrübe (*Bryonia dioica*) am Gartenzaun wachsen lassen. Mit ihren grünlichen Blüten und den roten Früchten hat die Wildpflanze durchaus Zierpflanzenqualitäten. Giftpflanze und Heilpflanze ist sie dazu. Die Staude treibt aus ihrem dicken Rübenkörper zuverlässig jedes Jahr wieder aus. Ausgesamte Jungpflanzen und störende Triebe lassen sich leicht entfernen, sodass sie nicht lästig wird.

Kletterpflanzen

Sie wurzeln, schlingen oder ranken – Kletterpflanzen erobern die Höhe auf unterschiedliche Weise. Sie haften mit Wurzeln am Untergrund, sie schlingen bzw. winden oder halten sich mit umgewandelten Blättern oder mit Blattstielen an der Unterlage fest. Die Verwendung orientiert sich an deren Kletterstrategie (siehe Tabelle).

Im Biogarten verdienen heimische Pflanzen den Vorzug, doch allzu dogmatisch braucht man nicht zu sein. Die heimische Natur bietet für viele Gestaltungszwecke das richtige Klettergewächs: das Allroundtalent Efeu zum Begrünen von Wänden und Mauern genauso wie Jelängerjelieber für die Gartenlaube oder Breitblättrige Platterbse („Staudenwicke“) für den Gartenzaun. In der Geißblatt-(*Lonicera*-) und Waldreben-(*Clematis*-)Familie finden sich viele natürlich anmutende Arten.

Efeu (*Hedera helix*) aus der Familie der Araliengewächse ist eines der wenigen Klettergewächse, das „von selbst“ klettert; er haftet mit kurzen Wurzeln an Wänden oder Baumstämmen. Am Boden bildet Efeu oberirdische Ausläufer, die sich direkt am Stängel bewurzeln.

Seine Qualitäten zeigt der immergrüne Efeu besonders an schattigen Orten – als Bodendecker unter Bäumen und Sträuchern oder zur Fassadenbegrünung an Nord- und Ostseiten von Gebäuden. An sonnigen Standorten bleiben die typisch gelappten Blätter kleiner. Efeu blüht erst nach acht bis zehn Standjahren. Solchen blühenden Exemplare begegnet man an altem Gemäuer oder an Bäumen, wo nicht ständig geschnitten und gestutzt wird. Die Blätter dieser blühenden, sogenannten Altersform sind nicht gelappt.

Efeu bietet Bienen noch im Spätherbst reichlich Nahrung.

Dezenter Schmuck für die Hausfassade: Clematis 'Rosy O'Grady'.

Ein dichter Efeumantel an Gebäuden oder Baumstämmen sieht nicht nur schön aus, sondern hat auch einen hohen ökologischen Wert. Unter dem immergrünen Blätterdach finden Vögel Schutz und nisten hier auch. Und die doldigen Efeublüten locken von September bis November Bienen, Wespen, Schwebfliegen und Fliegen an – zu einer Zeit, in der sonst draußen kaum noch eine Pflanze blüht. Die ebenmäßig aufgebauten Fruchtstände mit den blauschwarzen Beeren schmücken das Gehölz im Winter.

Eine Auswahl an Klettergewächsen für Natur- und Biogärten

Pflanzenart	Wuchshöhe	Blütezeit, Blütenfarbe	Verwendung
Alpen-Waldrebe (*Clematis alpina*)	2–3 m (je nach Sorte auch höher)	Juni/Juli, Farbe je nach Sorte	Fassadenbegrünung, Rankgitter, Baumkletterer
Berg-Waldrebe (*Clematis montana*)	bis ca. 10 m	Mai bis Juni, rosa	Fassadenbegrünung und Baumkletterer
Italienische Waldrebe (*Clematis viticella*)	3–4 m	Juli bis September, viele Sorten mit unterschiedlichen Blütenfarben	Fassadenbegrünung, Rankgitter
Efeu (*Hedera helix*)	bis ca. 15 m oder höher, je nach Sorte	September bis November, gelblich	Fassaden- und Mauerbegrünung, stehende Wände, Rankgerüste
Wilder Hopfen (*Humulus lupulus*)	bis ca. 6 m	Juli/August, gelblich	auch Zuchtsorten, Bögen, Hauseingänge
Winter-Jasmin (*Jasminum nudiflorum*)	bis ca. 5 m	Dezember bis Februar	Spreizklimmer für Mauerkronen oder Fassaden
Breitblättrige Platterbse (*Lathyrus latifolius*)	2–3 m	Juni bis August	Zäune, Rankgitter
Jelängerjelieber (*Lonicera caprifolium*)	3–4 m und höher	Juni bis Juli, gelblich-rötlich, duftend	Gartenlauben, Bögen
Feuer-Geißblatt (*Lonicera heckrottii*)	3–4 m	Juni bis September, rot mit gelb, stark duftend	Fassadenbegrünung, Pergola
Wald-Geißblatt (*Lonicera periclymenum*)	3–4 m	Juni bis Juli, gelbweiß-rötlich, duftend	Fassadenbegrünung, Pergola
Gold-Geißblatt (*Lonicera × tellmaniana*)	4–5 m	Mai bis Juli, dottergelb, hellrote Beeren	Fassadenbegrünung, Pergola

Rosen

Wen einmal die Rosenleidenschaft gepackt hat, den lässt sie so schnell nicht wieder los. Am liebsten möchte man alle Sorten haben, von den modernen Zierstrauchrosen, den Alten Rosen, den Ramblerrosen …

Auf Langlebigkeit achten

Ich schaue auch immer danach, wie langlebig die Rosensorten sind. Diese Königin der Blumen kann Gartenmenschen lange durchs Leben begleiten, vielleicht sogar ein Leben lang. Ich mag es gar nicht, wenn man einen Rosenstock mal schnell wie irgendeine Ware im Supermarkt mitnimmt und die Rose so zur Wegwerfware degradiert. Hochstammrosen würde ich für den Biogarten nicht nehmen, weil sie harte Winter oft nicht überstehen und somit nur kurzlebig sind.

Doch die Kunst liegt in der Beschränkung! Und in der guten, dem Standort angepassten Sortenwahl, bei der nicht allein Blütenfarbe und -form sowie Duft ausschlaggebend sein dürfen.

Widerstandsfähige Sorten wählen

Die Rosenstöcke sollen von sich aus gesund sein und gar nicht oder kaum von Krankheiten und Schädlingen befallen werden. In der Rosenzüchtung tut sich in der Hinsicht viel. In aufwendigen Sortenprüfungen werden die Sorten getestet. Nur Rosen, die sich drei Jahre lang bei der Allgemeinen

Rosenromantik pur mit 'Constance Spry' hinter Türken-Mohn, Pfingstrosen, Iris und Fingerhüten.

Deutschen Rosenprüfung als robust gegenüber Krankheiten und als frosthart erwiesen haben, erhalten das begehrte ADR-Prädikat. ADR-Rosen sind in Katalogen entsprechend gekennzeichnet.

Wer für den Biogarten solche Sorten wählt, hat weniger Probleme mit Rosenkrankheiten (siehe ab Seite 251) und muss normalerweise nichts unternehmen. So handhaben es übrigens auch die Stadtgärtner, die im öffentlichen Grün kostengünstig und effizient wirtschaften müssen.

Die Beetrose 'Heidetraum' blüht unermüdlich, hier mit Woll-Ziest als Begleitstaude.

Rosen in Klassen

Die Rosenzüchter bescherten und bescheren uns eine unglaubliche Sortenfülle an Alten Rosen und modernen Gartenrosen. Daneben gibt es noch die Wildrosen. Da fällt die Auswahl schwer. Entscheidungshilfe bietet die Einteilung der Rosen in Klassen nach ihrer Wuchsform und ihrer Verwendung. Daran orientiere ich mich bei der Aufzählung (siehe Tabelle Seite 278). Hierbei zählen Alte Rosen zu den Strauchrosen.

Beetrosen (Floribunda-Rosen) und Bodendeckerrosen

Diese modernen Rosen bleiben niedrig oder wachsen breitbuschig. Sie eignen sich für Pflanzungen in Gruppen oder zur Bepflanzung größerer Flächen. Viele blühen sehr üppig mit büscheligen Blütenständen und scheinen aus der Ferne betrachtet eine fast geschlossene Farbfläche zu bilden, wenn sie zu mehreren gepflanzt sind. Einige eignen sich auch für kombinierte Pflanzungen mit Stauden. Bei dieser Rosengruppe ist nur ein Auslichtungsschnitt am Ende vom Winter nötig.

Öfterblühende Zierstrauchrosen

Zierstrauchrosen wachsen höher als Beetrosen (wobei es da Übergänge gibt) mit aufrechterem, buschigem Wuchs. Sorten dieser Gruppe wirken einzeln, mit Begleitpflanzen zu Füßen. Die modernen Gartenrosen haben die Eigenschaft, dass sie den ganzen Sommer über bis zum Herbst blühen, mit kurzen Blühpausen. Die meisten von ihnen sind auch gute Schnittrosen. Manche sind stark bestachelt. Man braucht sie nicht wie die Edelrosen regelmäßig zurückzuschneiden. Lediglich abgeblühte Blütenbüschel werden entfernt, um die Rosenbüsche zu neuer Blütenbildung anzuregen.

Teehybriden oder Edelrosen

Edelrosen sind vielleicht nicht die erste Wahl für den Biogarten. In meinen frühen Biogartenzeiten waren sie verpönt, was ich heute nicht mehr nachvollziehen kann. Ich mag auch diese Rosengruppe. Bei ihnen stehen die Blüten von edler Gestalt einzeln, einladend für den Schnitt. Doch man muss sich keinen Zwang antun. Warum nicht eine 'Gloria Dei' ('Peace') mit ihrem unvergleichlichen Duft pflanzen? So holt man mit dieser meist gepflanzten Rose aller Zeiten auch ein wenig Rosengeschichte in den eigenen Garten. Ebenso mit der rosafarbenen 'Queen Elizabeth' ('The Queen Elizabeth Rose'), anlässlich der Krönung der britischen Königin 1954 in den Handel gebracht. Diese wüchsige, sehr gesunde Sorte fällt durch ihren straff aufrechten Wuchs und ihr großes, glänzendes Laub auf. Oder die pfirsichgelbe 'Speelwark' mit intensivem Duft, die auch Hitze verträgt. Bei Edelrosen muss man die Triebe regelmäßig am Ende des Winters auf zwei Augen zurückschneiden, damit sie schön blühen.

Kletterrosen und Ramblerrosen

Diese Rosentypen verkörpern Rosenromantik pur. Bilder von lauschigen Gartenpavillons und blütenumrankten Sitzplätzen erscheinen vor dem inneren Auge. Die Kletterer erobern Zäune, Pergolen und alte Bäume.

Rosengärtner unterscheiden zwischen den „klassischen" Kletterrosen für Wandspaliere oder für Bögen und den Ramblerrosen, die sich mit ihren langen, weichen Trieben in Bäume hineinhangeln oder sich wie ein Schleier über Pergolen ergießen. Diese Rambler sind enorm wuchskräftig; ihre

Rambler-Rosen am alten Pflaumenbaum

Auch ich konnte mich der neu entbrannten Leidenschaft in Deutschland für Ramblerrosen nicht entziehen. 'Bobby James' oder 'Kiftsgate' sind bekannte, wüchsige Sorten, die für einen normalen Hausgarten fast zu groß werden. Ich habe mich für 'Apple Blossom' entschieden und den Rosenstock an einen alten Pflaumenbaum gepflanzt, der schon abgestorbene Äste hat und nicht mehr viel trägt. Am Anfang musste ich den Rambler am Stamm hochleiten. Die langen Triebe haben sich innerhalb weniger Jahre hoch oben ins Geäst gehangelt.

'Apple Blossom' in altem Pflaumenbaum.

Triebe können 10 m und mehr Länge erreichen. An Obstbäume, von denen man noch ernten möchte, sollte man die Rambler möglichst nicht pflanzen, weil man dann kaum noch an die Früchte kommt.

Nach meiner Beobachtung verhalten sich viele klassische Kletterrosen wie Rambler. Das gilt zumindest für 'Alchymist', 'New Dawn' und 'Coral Dawn', die ich seit vielen Jahren in meinen Gärten habe. Die stark bestachelte Sorte 'Alchymist' mit dicht gefüllten Blüten in ungewöhnlichem Apricot rankt mit 5–6 m langen Trieben schon halb übers Ziegeldach der Garage. Die Blütenbüschel von 'Coral Dawn' grüßen in mein Schlafzimmer. Und die edelrosenähnlichen Blüten der 'New Dawn' betrachte ich im Obergeschoss des Hauses aus dem Fenster meines Arbeitszimmers. Diese Sorte ist ein äußerst frostharter Klassiker, eine Züchtung aus dem Jahr 1930, allerdings stark bestachelt, sodass man sich der Rose nur vermummt und mit dicken Handschuhen nähern darf.

Gegen diese altbewährten Züchtungen nimmt sich die neue Kletterrosensorte 'Laguna' noch sehr jung aus. Seitdem die Sorte 2004 in den Handel kam, ist sie mit Gold- und Silber-Prämierungen überhäuft worden. Sie fällt mit ihren gefüllten Blüten in kräftigem Pink auf, die dazu noch intensiv duften. Ihre Blattgesundheit prädestiniert sie geradezu für den Biogarten.

Kletterrosen braucht man nicht regelmäßig zu schneiden, nur nach Bedarf, wenn sie zu groß werden, zu sehr durcheinander wachsen oder wenn Triebe abgestorben sind.

Wildrosen und Parkrosen

Parkrosen sind der Geheimtipp für größere Gartenanlagen oder für exponierte Plätze in Nähe von Haus und Hof. Sie entfalten sich bei freiem Stand am besten. Hier kommen ihre Gestalt und ihre Blüten am besten zur Geltung. Ich erfreue mich jedes Jahr an 'Marguerite Hilling' mit ihrer überwältigenden Blütenfülle. Der ganze Strauch ist von den großen, offenen, rosa Schalenblüten überzogen.

Einen anderen Charakter hat die rot blühende Wildrose *Rosa moyesii*. An sonnigen Tagen wird sie von Honigbienen nur so belagert. In einem Rosengarten sah ich sie einmal in einer Dreiergruppe, sie wirkte so noch eindrucksvoller.

Eine Wildrose fällt aus dem Rahmen: die Kartoffel-Rose (*Rosa rugosa*). Diese aus Ostasien stammende Rosenart unterscheidet sich durch ihr Wuchsbild, ihr Laub und ihre Bestachelung, durch ihre Blüten und ihre großen kugeligen bis abgeflachten Früchte deutlich von anderen Rosen. Aber sie duftet rosentypisch intensiv. Zudem sind die Art und Züchtungen daraus ziemlich gefeit gegen die gefürchteten Rosenkrankheiten Sternrußtau und Echter Mehltau (siehe Seite 252).

Park- und Wildrosen benötigen keinen regelmäßigen Schnitt, man kann sie jedoch wie Kletter- und Ramblerrosen nach Bedarf schneiden, wenn sie einem „über den Kopf wachsen".

Begleiter der Rosen

Ideale Rosenbegleiter sind Kräuter-Halbsträucher wie Garten-Salbei (*Salvia officinalis*) und Lavendel (*Lavandula angustifolia*). Blaue und blauviolette Blüten und silbrig angehauchtes Laub harmonieren immer gut mit Rosen. So ergibt sich mit wenigen Pflanzen ein schönes Bild auf Rabatten. Die Eberraute (*Artemisia abrotanum*) mit ihrem feinfiedrigen, graugrünen Laub passt ebenfalls gut zu Rosen. Sie lässt sich wie auch der Lavendel in Reihe gepflanzt zu einer niedrigen Kräuter-Dufthecke zurechtstutzen. Beim Verreiben verströmen ihre Blätter einen herb-zitronigen Duft. Die Kräuter-Halbsträucher bringen nicht nur ästhetischen Gewinn; sie sollen, so hoffen Biogärtner, mit ihren Duftausscheidungen Schädlinge abhalten.

Die Rosenbegleiter umspielen den Fuß der Sträucher und Rosenstöcke, kaschieren ihren unteren Teil mit oft etwas staksigen Stämmen. Glockenblumen (*Campanula*-Arten), Storchschnäbel (*Geranium*-Arten) oder Frauenmantel (*Alchemilla mollis*) bieten sich ebenfalls an, leider mit der Tendenz zu verwildern.

Einmalblühend und öfterblühend

Wildrosen blühen nur einmal im Jahr, im Juni, und setzen dann Hagebutten an. Es folgt allenfalls noch eine kleine Nachblüte. Auch die meisten Alten Rosen blühen nur einmal im Jahr. Erst die China-Rose, die Ende des 18. Jahrhunderts aus China eingeführt wurde, brachte die Eigenschaft der Öfterblütigkeit mit. Alle modernen, öfterblühenden Gartenrosen haben Erbgut der China-Rose in sich.

Duftender Lavendel als typischer Rosenbegleiter, hier der Strauchrose 'Märchenland'.

Alte Rosen

Alte Rosen stehen derzeit hoch im Kurs. (In den Gärten des 18. und frühen 19. Jahrhunderts gab es nur Zentifolien und Moos-Rosen, die Essig-Rosen, die Alba-Rosen, die Damaszener-Rosen und einheimische Wildrosen.) Moos-Rosen entstanden etwa Ende des 17. Jahrhunderts aus Zentifolien. Sie unterscheiden sich von diesen durch die wegen ihres Drüsenbesatzes wie „bemoost" aussehenden Blütenstiele, Fruchtknoten und Kelchblätter. Die rosafarbene Moos-Rose *Rosa × centifolia* 'Muscosa' ist die typische Rose der Bauerngärten.

Viele Menschen schätzen die dicht gefüllten Blüten, den feinen Duft, die zurückhaltende Art. Der Nachteil der alten Sorten ist jedoch, dass die meisten nur einmal blühen, während die modernen Gartenrosen öfterblühend sind. Für kleine Hausgärten sind die alten Sorten deshalb nicht so ideal, weil sie eben nur kurze Zeit wirken und in der restlichen Zeit eher schmucklos und mit ihrer etwas struppigen Gestalt wenig attraktiv erscheinen.

Doch es gibt Ausnahmen! Einige der alten Sorten blühen nach oder blühen öfter und schmücken so über längere Zeit. Zu denen zählen die Herbst-Damaszener-Rosen 'Jacques Cartier', 'Quatre Saison' und 'Rose de Resht'. 'Rose de Resht' erkennt man aus der Ferne an ihrer charakteristischen fuchsienroten Blütenfarbe. Ihre dicht gefüllten, pomponförmigen Blüten mit einem Durchmesser von ca. 5 cm stehen wegen ihrer kurzen Blütenstiele direkt über dem Laub. 'Rose de Resht' wirkt auch durch ihr blassgrünes, weiches Blattwerk mit relativ großen Fiederblättern, die im Vergleich zu den kleinen Blüten fast ein wenig

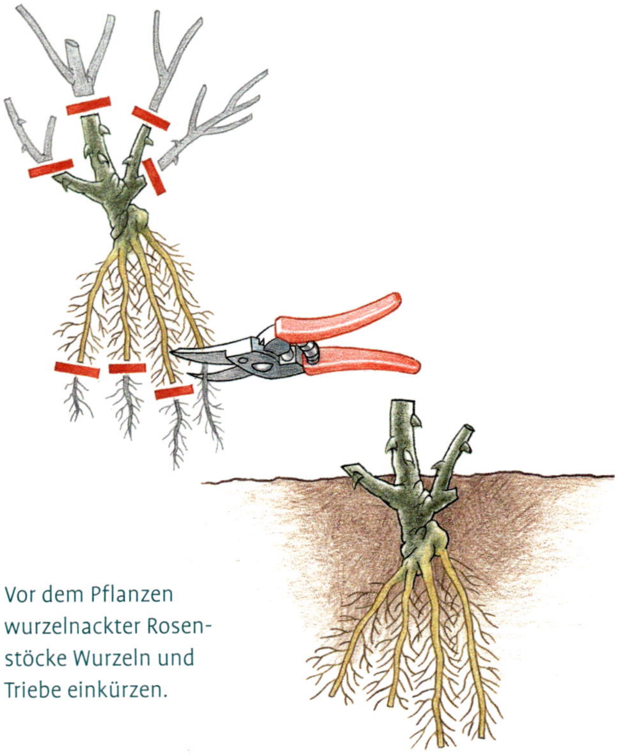

Vor dem Pflanzen wurzelnackter Rosenstöcke Wurzeln und Triebe einkürzen.

Tipps für gesunde Rosen

- Das Pflanzloch ausreichend tief und weit ausheben. Wurzeln dürfen nicht knicken oder ins Pflanzloch gezwängt werden. Sehr lange Wurzeln einkürzen. Mit guter Gartenerde auffüllen, Erde leicht festtreten und einschlämmen.
- Rosen tief pflanzen, sodass die Veredelungsstelle im Boden liegt.
- Frisch gepflanzte Rosen immer mal wieder wässern, vor allem in langen Trockenphasen. Damit die Feuchtigkeit im Boden bleibt, um den Fuß der Rosen herum mulchen.
- Kletterrosen, die direkt am Haus stehen, bei Trockenheit durchdringend wässern. Bei zu trockenem Stand im Bereich des Dachtraufs bekommen Rosen leicht Mehltau.
- Arten und Sorten auswählen, die widerstandsfähig gegen Rosenkrankheiten sind; vor allem Züchtungen aus der Kartoffel-Rose erweisen sich als sehr robust oder sogar resistent gegen Echten Mehltau und Sternrußtau.
- Wildtriebe, die aus der Unterlage treiben, entfernen.
- Ältere Rosenstöcke von unten her auslichten.
- Rosen sind dankbar für organischen Dünger in Form von Mistkompost. Diesen im Frühjahr ausbringen; bei zu später Düngung werden die Triebe weich und somit anfällig für Frost.

überdimensioniert wirken. Wegen ihres kompakten, niedrigen Wuchses ist sie eine ideale Rose fürs Staudenbeet, etwa in Kombination mit weiß oder blau blühenden Glockenblumen und mit Lavendel.

Pflanzenschutz an Rosen

Rosen wünschen wir uns immer makellos schön mit üppigem, gesundem Blattwerk. Doch gerade diese Sträucher mit ihren formschönen Blüten werden oft krank und verlieren im Lauf des Sommers ihre Blätter. Ihre Triebe stehen dann oft nur noch staksig da. Doch zum Glück kann man dem Krankheitsbefall vorbeugen und auch direkt etwas dagegen unternehmen.

Mit Sternrußtau umgehen

Sternrußtau ist das größte Ärgernis bei Rosen. Fast alle normalen Gartenrosen, auch die robusten, zeigen früher oder später im Sommer die verräterischen schwarzbraunen Flecken, die am Rand oft sternförmig ausgezackt sind. Schließlich werden die Blätter gelb und einzelne Fiederblätter oder ganze Blätter fallen nach und nach zu Boden. Man kann versuchen, mit biologischen Pflanzenpflegemittel (siehe Seite 280) gegen die Pilzkrankheit vorzugehen. Die einfachste Gegenstrategie ist das Auflesen und Entsorgen der befallenen Blätter, wobei man es realistischerweise nicht schaffen kann, alle aufzulesen. Von Sternrußtau befallene Blätter dürfen nicht auf den Kompost. Einzig die Kartoffel-Rosen bleiben weitgehend verschont. Außer der Wildart gibt es da viele Züchtungen, beispielsweise die „Roadrunner"-Serie der Züchterfirma Kordes.

Rosenrost tolerieren

Eine andere Pilzkrankheit, der Rosenrost, tritt ebenfalls häufig auf. Zu erkennen ist die Pilzkrankheit an typischen Rostpusteln auf der Blattunterseite und gelblichen oder rötlichen Flecken auf der Blattoberseite. Sie befällt hauptsächlich Alte Rosen, beispielsweise Zentifolien und Moos-Rosen. Moderne Gartenrosen sind ziemlich gefeit gegen Rosenrost. In meinem Garten habe ich trotz ihrer Anfälligkeit Moosrosen gepflanzt, denn den feinen, zitronigen Duft von 'Salet' und 'Blanche Moreau' (siehe Foto Seite 245) möchte ich nicht missen. Nach der Hauptblüte schneide ich die Rosenstöcke ziemlich stark zurück. Sie blühen dann im Spätsommer noch nach.

Dem Mehltau lässt sich vorbeugen

Die Pilzkrankheit Echter Mehltau zeigt sich in manchen Jahren. Der Pilz überzieht die Ober-, seltener auch die Unterseite der Blätter, die Knospen und die Blütenstiele mit einem mehlig-weißen Belag. Wassermangel in Kombination mit stockender Luft kann die Ursache für den Befall sein. Auch Überdüngung mit Stickstoff begünstigt den Befall. Befallene Triebe und Knospen schneidet man am besten einfach ab und entsorgt sie. Bei ein oder zwei Rosenstöcken in Hausnähe lohnt sich eine Behandlung mit gekauften Präparaten eigentlich nicht.

Gegen Blattläuse: Nützlinge fördern

In meinem Garten habe ich es sehr selten mit Blattläusen an Rosenstöcken zu tun. Blattläuse breiten sich vor allem bei Trockenheit aus, wenn es längere Zeit nicht regnet oder wenn die Rosenstöcke so stehen, dass sie nicht genügend natürliche Niederschläge abbekommen. Man kann also mit reichlichem Wässern in den Wurzelbereich vorbeugen. (Fest eingewurzelte Rosen in freiem Stand brauchen normalerweise nicht bewässert zu werden.)

Die wichtigste Strategie gegen Blattläuse ist wie in anderen Gartenbereichen, Nützlinge durch den Anbau von Blütenpflanzen zu fördern. Vor allem Doldenblütler locken beispielsweise nützliche Schwebfliegen an. Da empfehle ich immer den üppig blühenden Gewürz-Fenchel (siehe Seite 181). Oftmals verschwinden die Blattläuse dann fast wie von alleine, nur mit etwas Zeitverzögerung, weil sich die Nützlingspopulationen erst aufbauen müssen. Effektive Blattlausfeinde sind außerdem Marienkäfer und ihre Larven sowie Gallmückenlarven, Schlupfwespen und Florfliegenlarven.

Für diejenigen, die Blattläuse direkt bekämpfen wollen, gibt es ein Seifenpräparat, das für den biologischen Anbau zugelassen ist. Diese Seifenlösung muss gründlich und tropfnass auf Blattunterseiten und in Blattachseln gespritzt werden; am besten am Abend, sodass das Präparat lange einwirken kann. Nur dann erzielt es eine gute Wirkung.

Mit Steinmehl gegen Blattläuse

Bei sehr starkem Blattlausbefall griff ich doch einmal ein und stäubte Blätter und Triebe mit feinst vermahlenem Gesteinsmehl ein. Diese für Menschen völlig giftfreie Methode mit einem leichten düngenden und pflegenden Effekt wirkte sehr gut.

Bei zu trockenem Stand an der Hausfassade bekommen Rosen leicht Mehltau.

Die Blätter von Alten Rosen werden häufig vom Rosenrost befallen.

Phänomen: Blattrollwespe

Ich habe es seit einigen Jahren häufiger mit der Blattrollwespe zu tun: Dann verunzieren eingerollte Blattfiedern die Rosenstöcke vor allem im oberen Teil der Triebe. In den aufgerollten Blättern sitzen die Larven des Insekts. Da diese eigentlich keinen Schaden anrichten, braucht man auch nichts zu unternehmen. Ich knipse einfach nach und nach bei meinen Gartenrundgängen die befallenen Blätter ab und entsorge sie. Im Hochsommer verlassen die Larven die Blätter und suchen sich im Boden ein Versteck, wo sie sich verpuppen. Im Frühjahr schlüpft das Insekt und legt Eier an Blätter, die sich daraufhin wieder charakteristisch wie zu Bleistiften einrollen.

Von Blumenwiese bis Gartenteich

Ein Biogarten sollte gleichzeitig ein Naturgarten mit vielen verschiedenen Lebensräumen sein. Auf Wiesen, in Mauerritzen, auf Schotter oder Randstreifen und in feuchten Zonen siedeln sich jeweils besondere Pflanzen und Tiere an.

Blumenwiese und Blumenrasen

Wiesen oder Grünflächen können sehr verschieden aussehen und aus unterschiedlichen Pflanzen zusammengesetzt sein – ob magerer Rasen mit Gänseblümchen, Schafgarbe und Herbst-Löwenzahn oder artenreiche blühende Wiese mit Margeriten, Glockenblumen und Flockenblumen. Im Extremfall setzt sich die Grünfläche wie beim Golfrasen nur aus Gräsern zusammen. Welche Gräser und Kräuter im „Rasen" oder in der „Blumenwiese" wachsen und sich auf Dauer durchsetzen können, hängt wesentlich von Standortbedingungen, Pflege und Nutzung ab.

Neuanlage einer Blumenwiese

Bei Garten-Neuanlagen lässt sich eine Blumenwiese den eigenen Bedürfnissen und dem Standort

Im Frühsommer zeigen sich Blumenwiesen mit Margeriten, Rot-Klee, Hornklee und Esparsette von ihrer schönsten Seite.

Die ausdauernde Färber-Reseda passt in bunte Säume an Weg- und Stellplatzrändern.

Die Wiesen-Flockenblume wächst auch auf der Gartenwiese, wenn diese selten gemäht wird.

entsprechend neu ansäen. Die Anbieter von Wildblumensamen bieten entsprechende Fertigmischungen für alle möglichen Boden- und Belichtungsverhältnisse und für die geplante Nutzung an. Das Wunschbild einer „richtigen" Blumenwiese vom Typus Salbei-Glatthafer-Wiese wird sich auf einem Hausgrundstück selten verwirklichen lassen, weil eine solche Wiese erst spät und nur zwei- bis dreimal im Jahr gemäht werden darf. Die Blütenpflanzen müssen abblühen und sich versamen können. Den Bedürfnissen einer Familie, die die Grünfläche am Haus zum Sonnen, Spielen oder für Feste nutzen möchte, kommt am ehesten die Mischung „Trittfester Blumenrasen" entgegen. Sie ist mit ihrer Mischung aus 20 % Blumen (u. a. Heide-Nelke, Labkräutern und Hornschotenklee) und 80 % Gräser auf eine drei- bis fünfmalige Mahd im Jahr ausgelegt.

Der beste Zeitpunkt für die Neuansaat ist im August/September, wenn die größte Sommerhitze vorbei ist. Dann laufen die festgewalzten Samen in einem gut vorbereiteten, feinkrümeligen Saatbett gut und gleichmäßig auf.

Im ersten Jahr erscheinen meistens einjährige Ackerwildkräuter wie etwa Klatsch-Mohn und Kornblume. Im zweiten Jahr übernehmen ausdauernde Wiesenpflanzen, also Gräser, Margeriten und Hornklee, die Regie. Hartschalige Schalen keimen erst mit Verzögerung. Allmählich wird sich durch Nutzung und Pflege, vor allem durch Mahd, ein Gleichgewicht einstellen.

Angepasstes Mähen

Blühende Wiesen verlangen viel weniger Pflege als ein kurzgeschorener englischer Rasen. Je nach Variante braucht nur einmal bis mehrere Male im Jahr gemäht zu werden. Wenn bei mehrmaligem Mähen der Aufwuchs nicht allzu hoch ist, kann der Wiesenschnitt an Ort und Stelle gemulcht werden. Hohen Aufwuchs muss man zusammenrechen und wegtransportieren. Das Grüngut lässt sich zusammen mit anderen Gartenabfällen auch gut kompostieren, doch wenn man den fertigen Kompost auf Gemüsebeete ausbringt, werden Samen aus dem Samenvorrat an Wiesenblumen keimen. Da muss man also aufpassen.

Eine nette Idee ist es, in der Wiese Wege rasenmäherbreit auszumähen und den Aufwuchs auf den Flächen erst später zu mähen oder abzusensen, wenn die Gräser und Kräuter ausgesamt haben.

Handrasenmäher nutzen

Zum Mähen meiner kleinen Gartenwiese nehme ich einen nur mit Körperkraft betriebenen Handrasenmäher, an den sich ein Auffangkorb anhängen lässt. Solche Geräte lassen sich leicht und ohne großen Kräfteaufwand bedienen. Bei zu hohem Aufwuchs und an den Rändern mähe ich mit einem Freischneider nach.

Eine bestehende Grünfläche umwandeln

Wenn die Neuansaat einer Blumenwiese nicht möglich ist, lassen sich punktuell Wiesenblumen einbringen. Dazu kleine Flächen der Grasnarbe mit einem scharfen Spaten abheben, mit magerer Erde auffüllen und Wiesenblumen einsäen oder einzelne Wiesen-Margeriten oder Wiesen-Glockenblumen einpflanzen.

Trockenstandorte

Um fast jedes Haus herum gibt es trockene und steinige Stellen – Böschungen, Streifen hinter Mauerkronen oder trockene Bereiche unter Hecken oder Dachträufen sowie Straßen- oder Parkplatzränder. Hinzu kommen die Mauern selbst oder Pflanztröge. Hier gedeihen Rabattenstauden in aller Regel nicht oder sie passen nicht an solche Standorte. Im Staudenreich gibt es indes sehr viele Arten, die mit der Situation an diesen exponierten und meist trockenen Standorten gut zurechtkommen.

Dazu zählen die bekannten Steingartenpflanzen Blaukissen (*Aubrieta*), Gänsekresse (*Arabis*), Hornkraut (*Cerastium*), Teppich-Phlox (*Phlox subulata*), Schleifenblume (*Iberis sempervirens*), Polster-Seifenkraut (*Saponaria*), Steinbreche (*Saxifraga*-Arten), ebenso die niedrigen *Sedum*-Arten.

Lebensraum Mauer

Im Lebensraum Mauer herrschen extreme Bedingungen. Die Mauerbesiedler müssen hart im Nehmen sein: An der Sonnenseite der Mauern trotzen sie Trockenheit, intensiver Sonneneinstrahlung, starkem Temperaturwechsel und Nährstoffmangel.

Dachbegrünung

Die Mauerpflanzen eignen sich wegen ihrer Genügsamkeit und Trockenheitsverträglichkeit auch für Dachbegrünungen. Mit den Trockenheit und Schatten vertragenden Arten lassen sich problematische Standorte unter Dachtraufen oder Schotterflächen begrünen.

Die äußerst trockenheitsverträgliche Dachwurz bildet auf der Mauerkrone ein dichtes Polster.

Eine Zauneidechse sonnt sich im Steingarten auf dem Bett aus Fetthenne.

Ein Teich und seine Randzonen bieten vielen Pflanzen und Tieren Lebensraum.

Auf der absonnigen Seite ist es kühler und feuchter, hier siedeln sich andere Pflanzen an. Mauern sind wertvoller Lebensraum nicht nur für Pflanzen, sondern auch für Eidechsen, Spinnen und allerlei anderes Getier.

Schön anzuschauen sind Natursteinmauern an alten Gebäuden, auf Friedhöfen oder auf Weinbergsterrassen. Auch in Gärten lässt sich der Lebensraum Mauer an passenden Plätzen neu schaffen, vorzugsweise durch Aufsetzen einer Trockenmauer.

Einige anspruchslose Pflanzen kommen damit gut zurecht – Dachwurze (*Sempervivum*-Arten) und Wald-Habichtskraut (*Hieracium murorum*), Gelber Scheinlerchensporn (*Pseudofumaria lutea*) und Schild-Sauerampfer (*Rumex scutatus*), Brauner Streifenfarn (*Asplenium trichomanes*) und Mauerraute (*Asplenium ruta-muraria*) und, nicht zu vergessen, das hübsche Zimbelkraut (*Cymbalaria muralis*). In Steingärten, in Steinaufhäufungen oder in und um Trockenmauern finden sich wärmeliebende Zauneidechsen oder sogar Smaragdeidechsen ein.

Feuchte Lebensräume

An feuchten Standorten siedeln andere interessante Pflanzen und dementsprechend auch eine andere Tierwelt. In feuchten Senken oder entlang von Gräben gedeihen beispielsweise Echter Baldrian (*Valeriana officinalis*), Mädesüß (*Filipendula ulmaria*) und prächtiger Blut-Weiderich (*Lythrum salicaria*).

Der Gartenteich

Für einen Gartenteich sind aufwendigere Vorbereitungen nötig. Für eine künstliche Anlage muss eine mindestens 60 cm tiefe Grube ausgehoben und mit Teichfolie ausgelegt werden, die am Rand entlang gut überlappt. Damit Pflanzen wurzeln können, schüttet man auf den Grund des Teiches nährstoffarmes Material (Sand oder Kies) ungefähr 10 cm hoch auf.

Bei der Bepflanzung ist es wichtig, dass die Stauden in die richtige Zone kommen. In den Randbereichen am Übergang vom Nassen zum Trockenen fühlen sich Kriechender Günsel (*Ajuga reptans*) und Pfennigkraut (*Lysimachia nummularia*) wohl. In der Uferzone gedeihen Sumpf-Dotterblume (*Caltha palustris*), Sumpf-Vergissmeinnicht (*Myosotis palustris*), Gewöhnlicher Gilbweiderich (*Lysimachia vulgaris* var. *vulgaris*), Blut-Weiderich (*Lythrum salicaria*) und viele andere.

Besonders prächtige Schwimmpflanzen für den Gartenteich sind die Seerose (*Nymphaea alba* und andere Arten) und die Gelbe Teichrose (*Nuphar lutea*).

Selbstversorgung mit Gemüse, Obst und Kräutern

Der Traum vom Landleben verbindet sich für viele mit dem Wunsch, sich gesund mit selbst herangezogenem Obst und Gemüse zu versorgen – zum frisch Verbrauchen während der Saison und darüber hinaus zum Einlagern und Konservieren. Volle Kisten und Regale mit Eingemachtem erfüllen mit Stolz und Zufriedenheit.

Selbstversorgung heutzutage

Realistisch ist eine Teil-Selbstversorgung mit einigen Obst- und Gemüsearten. Von einer Obstwiese kann man sich in manchen Jahren beispielsweise gut selbst mit Äpfeln und Birnen versorgen.

Und auch der Eigenbedarf an Kartoffeln und anderen Hackfrüchten lässt sich oft ganz abdecken. Aber in der heutigen Zeit dürfte es kaum möglich sein, sich vollständig selbst mit Gartenprodukten zu versorgen, ganz zu schweigen von Getreide und tierischen Produkten. Dazu hat kaum jemand Zeit und Neigung und verfügt auch nicht über genügend Fläche. In Zeiten mit mühseliger, kräftezehrender Subsistenzwirtschaft zum Überleben will ohnehin sicher niemand zurück.

Und wie viel Anbaufläche ist für die Teil-Selbstversorgung nötig? Ein ungefährer Richtwert ist 20 m² pro Person für den Gemüse- und Beerenobstanbau. Mit einem etwa 100 m² großen Nutzgarten für eine Familie liegt man sicher ungefähr richtig und hat dann noch etwas Spielraum für Gründüngung und Zwischenkulturen. Ein Kleingewächshaus ist sinnvoll, wenn man sich regelmäßig darum kümmern kann. Nur hier gedeihen wärmebedürftige Fruchtgemüse wie beispielsweise Tomaten und Salatgurken gut.

Eine exakte Zahl für den Flächenbedarf lässt sich kaum angeben, die Voraussetzungen sind eben sehr unterschiedlich. Die Ernteerträge schwanken abhängig von Arten, Sorten und Wetter naturgemäß schon sehr stark und sie hängen zudem von der Intensität des Anbaus ab (siehe Seite 11). Und wenn jemand sich vegetarisch oder vegan ernährt, ist der Bedarf ohnehin höher. Sobald Obstbäume hinzukommen, vergrößert sich die nötige Anbaufläche enorm, denn ein einzelner Apfelbaum kann je nach Baumform und Sorte etwa 10 oder sogar 80 m² einnehmen (siehe ab Seite 194).

Direkt aus dem Garten in die Küche – frischer geht es nicht!

Gärtnern im Alltag

Egal ob zur Selbstversorgung oder ein paar Nummern kleiner: Ein Biogarten ist nicht nur ein Garten; mit ihm verbunden sind Menschen, Menschen unterschiedlichen Alters, unterschiedlichen Familienstandes, unterschiedlicher Neigungen. Menschen, die auch in den verschiedensten gesellschaftlichen Zusammenhängen stehen. Oft wird die Zeit zum begrenzenden Faktor für die biogärtnerischen Aktivitäten – wenn man beruflich stark eingespannt ist, wenn Kinder den Alltag bestimmen oder wenn der Garten entfernt von der Wohnung liegt. Der Biogärtner ist also auch ein Sozialwesen, der oft nicht genug Zeit fürs Werken und Werkeln im Garten hat. Anstatt alles machen zu wollen und das möglichst perfekt, ist es da besser und entspannter, die Sache anders anzugehen und auch einmal auf etwas zu verzichten.

Diesen Rat gebe ich mit der Erfahrung aus vielen Gartenkursen. Ich weiß, dass die vielen Veröffentlichungen über Gartenarbeit oftmals falsche Erwartungen wecken. In den Magazinen muss alles „easy", „lazy" oder „leicht" zugehen. (Nur so animiert man die Leser, sich in viele Aktivitäten zu stürzen und dafür Pflanzen und Gartenzubehör zu kaufen.) In der Realität ist die Arbeit nicht mal so nebenbei zu bewältigen. Und oftmals geht etwas schief oder es passiert Unvorhergesehenes. Nachwuchsgärtner machen diese Erfahrung schon recht bald.

Zehn Empfehlungen bei Zeitmangel

1 Blumen und Gemüse nicht vorkultivieren, sondern Setzlinge in der Gärtnerei kaufen.

2 Nichts in Gefäßen anbauen. Wer Gemüse, Blumen, Stauden und Gehölze in Kisten und Kästen kultiviert, muss sich im Sommer ständig um sie kümmern. Pflanzen, die in gewachsener Erde stehen, können sich dagegen weitgehend selbst mit Wasser und Nährstoffen aus dem Boden versorgen, deshalb kann man sie eher einmal einige Zeit alleine lassen.

3 Den Nutzgarten mit Gemüse- und Kräuterbeeten kompakt mit wenigen Rändern gestalten. Auf keinen Fall Pflanzinseln in den Rasen oder in die Wiese setzen. Wenn Anbauflächen an Rasen oder Wiese angrenzen, diese klar mit Kanten abtrennen. Solche Übergangszonen machen häufig viel Arbeit, da man hier häufig Gras abstechen und Unkräuter jäten muss. Außerdem wandern von Rasen oder Wiese häufig Nacktschnecken auf die Beete ein.

4 Nicht zu viele Kulturen anlegen, sondern lieber weniger und von einer Art oder Sorte mehr, da man für jede Einheit extra Aufwand betreiben muss.

5 Gemüse anbauen, das wenig Arbeit macht. Am einfachsten lassen sich Kartoffeln und Zwiebeln kultivieren. Die braucht man nur zu legen beziehungsweise zu stecken, ein paar Mal zu hacken – und schon sind sie bereit zur Ernte.

6 Pflanzen bevorzugen, die zum Standort passen. Kohlgemüse beispielsweise will eher schweren, lehmigen Boden, der das Wasser gut hält. Auf Sandböden würden die Pflanzen dagegen schwer zurechtkommen; da gedeihen sie nur mit häufigen Wasser- und Düngergaben. Zudem haben auf falschen Standorten die Schädlinge an geschwächten Pflanzen ein leichtes Spiel.

7 Möglichst Kulturpflanzen wählen, die man nicht stützen und anbinden muss. Gerade solche Arbeiten sind umständlich und erfordern viel Zeit. Man ist damit beschäftigt, Stäbe und Stecken und das Bindematerial bereitzulegen und nach dem Abräumen der Reihen wieder wegzuräumen. Also bei Zeitmangel eher auf den Anbau von kletternden Stangen-Bohnen oder Erbsen verzichten.

8 Strauchbeerenobst anbauen, also Rote, Weiße und Schwarze Johannisbeeren sowie Stachelbeeren und Jostabeeren. Beerensträucher machen wenig Arbeit. Außer mulchen und gelegentlichem Rückschnitt der abgetragenen Äste braucht man bei den Sträuchern eigentlich nichts zu machen. Diese Arbeiten sind nicht zeitlich gebunden, sodass man sie irgendwann, wenn etwas Luft ist, erledigen kann.

9 Wer sehr wenig Zeit hat, pflanzt einfach pflegeleichte Nutzgehölze wie beispielsweise die Quitte in die Gartenwiese, die nur ein paar Mal im Jahr gemäht wird.

10 Mit Einkäufen von Gartenutensilien, von Geräten, Gefäßen, Kleidung zurückhaltend sein. Erfahrungsgemäß kommt man bei der Arbeit im Nutzgarten mit wenigen Geräten aus. Das Herumräumen und die Pflege der Geräte, Gefäße und Befestigungsmaterialien erfordert auch Zeit. Eigentlich genügen Rechen, Hacke, Grabegabel, Spaten, Gartenschere. Nichts kaufen, wofür man noch mehr Stauraum braucht.

Rund ums Jahr: Arbeiten im Selbstversorgergarten

Über die Jahre gesehen ist es ganz hilfreich, ein Gartentagebuch zu führen. Ich tue das seit Jahrzehnten und notiere darin beispielsweise Sä- und Pflanztermine, besondere Wetterereignisse, Erntemengen. Ich notiere auch, welche Sorten von Gemüse, Kräutern, Stauden und Rosen ich gesät oder gepflanzt habe. So entsteht rückblickend eine Art Arbeitskalender, an dem ich mich jedes Jahr neu orientieren kann.

Frostharter Lauch (Porree) steht mitten im Winter zur Ernte bereit.

Januar

Eine angenehme Winterbeschäftigung ist es, in **Saatgutkatalogen** zu stöbern und zu schauen, welche Sämereien nachbestellt und welche neuen Sorten ausprobiert werden sollten.

Wer im Herbst mit Säen und Pflanzen winterharter Gemüsearten vorgesorgt hat, kann jetzt **Feldsalat, Barbarakraut, Lauch (Porree) sowie Grünkohl und Rosenkohl** direkt aus dem Garten holen.

Auch im Haus ist Würzkräftiges von ausdauernden Gehölzen zu ernten. Von **Lorbeerbäumchen und Rosmarin**, die im Haus überwintern, kann man Blätter beziehungsweise Triebe und Nadeln ernten.

Organische Abfälle aus der Küche – Reste vom Gemüseputzen, Teebeutel, Kaffeesatz – nicht über die braune Tonne entsorgen, sondern zum Kompostbehälter bringen.

Die **Apfelvorräte** kontrollieren und faulige Äpfel auslesen. An milden Wintertagen mit dem **Obstbaumschnitt** beginnen.

Februar

Bei der **Grünkohlernte** den Strunk stehen lassen. Aus den Blattachseln treiben ab jetzt junge, zarte

Blätter nach, die roh im Salat oder im Smoothie gut schmecken.

In einem milden Winter sprießen schon manche ausdauernd wachsende **Küchenkräuter**, beispielsweise **Sauerampfer** und **Winterhecken-Zwiebel**. Auf der Gartenwiese stehen **Gänseblümchen und Wiesen-Schaumkraut** zur Ernte bereit.

Jetzt ist auch Gelegenheit, sich um ein **warmes Frühbeet** (siehe Seite 44) zu kümmern. Je nach Klimalage und Wetter kann dort bereits im Lauf des Februars gesät werden. Als erstes sät man **Schnitt-Salat, Spinat und frühe Radieschen sowie Möhren**. Wer es einfacher haben möchte, nutzt ein Kleingewächshaus für die frühen Saaten.

Ende des Monats sollte man im Haus mit der **Vorkultur von Fruchtgemüse** beginnen. Vor allem **Tomaten, Auberginen und Paprika** muss man früh säen, um die Vegetationsperiode gut auszunutzen.

Bei **Obstbäumen und Beerensträuchern** geht es mit dem Winterschnitt weiter. Bei **Stachelbeeren** die Triebspitzen zurückschneiden, denn hier überwintert der Amerikanische Stachelbeermehltau. Bei der Gelegenheit die Sträucher bis ins Innere gut auslichten. **Johannisbeeren** an frostfreien Tagen ebenfalls auslichten. Am besten ist es, die ältesten Äste an der Basis des Strauchs über einem jungen, kräftigen Trieb abzuschneiden.

Gemüsearten mit langer Vorkultur wie etwa Tomaten muss man Ende Februar oder Anfang März säen.

März

Bevor die Saison richtig beginnt, einen **Regenmesser** im Garten anbringen. Anhand der darin aufgefangenen Regenmenge kann man sicher ablesen, wie viel es tatsächlich geregnet hat. Erfahrungsgemäß trügt das Augenmaß beim Abschätzen der Regenmenge. Der Regenmesser sollte aufrecht und frei stehen, mit Abstand zu Gebäuden und Gehölzen.

Nicht zu früh mit der Arbeit im Gemüsegarten beginnen, die Beete vielmehr erst bearbeiten, wenn die Oberfläche abgetrocknet ist. Mit dem Rechen (Harke) **den Boden einebnen** und dabei grobe Pflanzenreste, Steine und Klumpen entfernen.

Die allerfrühesten Gemüsearten (Schnitt-Salat, Spinat, Rucola, Radieschen, Möhren) erst ins Freiland säen, wenn sich der Boden mindestens auf 5–6 °C erwärmt hat. Durch Überdecken oder Übertunneln mit Vlies oder Folie steigt die Temperatur um ein paar Grad an, sodass das Gemüse vor Frost einigermaßen sicher ist.

Möhren keimen sehr langsam, es empfiehlt sich eine Markiersaat für den Reihenverlauf mit **Radieschen** (siehe Seite 147).

Die Ende Februar oder Anfang März Im Haus ausgesäten **Tomaten, Paprika und Auberginen** nach dem Keimen etwas kühler, bei 18–20 °C stellen.

Erdbeeren werden normalerweise im August gesetzt. Doch jetzt ist noch Gelegenheit, Jungpflanzen mit Topfballen zu pflanzen.

April

Der April ist der wichtigste Monat für Freilandsaaten. Jetzt werden viele Arten direkt in Reihen gesät: **Spinat, Schnitt- und Pflück-Salat, Rettich und Radieschen, Möhren, Mangold, Lauch (Porree), Erbsen**. Ende des Monats dürfen in milden Gegenden auch schon **Busch- und Stangen-Bohnen** ins Freie. Die Fruchtgemüse **Gurken,**

Kürbisse, Zucchini, in kühleren Gegenden auch **Stangen-Bohnen** werden besser ab Ende April im Haus vorkultiviert.

Im intensiven Gemüsebau ist es sinnvoll, spezielle sehr feinmaschige **Kulturschutznetze** über die Beete zu legen. Diese halten schädliche Gemüsefliegen von Lauch, Zwiebeln und Möhren ab, vorausgesetzt sie liegen rundum gut auf dem Boden auf.

Beim **Rhabarber** beginnt die Ernte: die Rhabarberstiele unten anfassen, leicht hin und her drehen und mit kurzem Ruck abziehen. Die Stiele nicht abbrechen oder abschneiden. Manchmal erscheinen auch schon Blütentriebe; die bricht man am besten aus.

Im April sprießen viele **Küchenkräuter: Schnittlauch, Winterhecken-Zwiebel, Sauerampfer und Pimpinelle (Kleiner Wiesenknopf)**. Auch Zitronen-Melisse und Brennnesseln treiben; frische Blätter und Triebe sind jetzt hochwillkommen für die Kräuterküche und für Tees.

Guter Monat zum **Pflanzen von Obstgehölzen**: Frühjahrspflanzung ist günstig für **Walnussbaum, Stachelbeer-Kiwi und Kultur-Heidelbeere**.

Mai

Die **Eisheiligen**, kalendarisch vom 11. bis 15. Mai (die Kälteperiode kommt manchmal etwas zeitlich verschoben), teilen den Monat Mai in zwei Hälften – für Gärtner sind sie der entscheidende Wendepunkt im Jahr. Erst nach den Eisheiligen dürfen **frostempfindliche Gewächse** (Auberginen, Gurken, Kürbis, Paprika, Tomaten) ins Freiland gepflanzt werden.

Vor dem eigentlichen Auspflanzen die selbst gezogenen Jungpflanzen an einigen bedeckten und windstillen Tagen zum **Abhärten** ins Freie stellen.

Die Kulturen im Gemüsegarten sind jetzt dankbar für eine **Mulchdecke**. Dafür eignen sich Spinatblätter, Rasenschnitt ohne samentragende Kräuter und Gräser, Brennnesseltriebe und Beinwellblätter.

Beim **Beerenobst**, vor allem bei Erdbeeren und Himbeeren, ist **Stroh** das beste Mulchmaterial.

Bei **Obstbäumen** helfen einfache Methoden, Krankheiten und Schädlinge zurückzudrängen. So kann man Triebe, die von Mehltau oder von Blattläusen befallen sind, einfach abschneiden und ver-

Von Erdbeeren kann man nie genug haben.

nichten. Bei **Apfelbäumen** erreicht man viel gegen den Apfelwickler durch Anlegen von Fanggürteln aus Wellpappe um den Stamm (siehe Seite 201).

Juni

In diesem Monat kommen Gemüsegärtnerinnen und -gärtner mit dem Ernten und Zubereiten von **Salaten, Kohlrabi, Radieschen, Rettich, Zucker-Erbsen und Busch-Bohnen** kaum hinterher. Gleichzeitig müssen sie für die Ernte im Spätsommer und Herbst vorsorgen, beispielsweise durch späte Saaten von **Busch-Bohnen** und frühen **Möhrensorten**.

Wasser sparen ist das große Thema im Juni. **Hacken und Mulchen** trägt viel dazu bei. Manchen Gemüsekulturen wie **Tomaten und Kohlgemüse**, die viele Nährstoffe brauchen, tut jetzt eine **Düngung** gut. Ein schnell wirksamer Dünger ist Kräuterjauche aus Brennnessel oder Beinwell (siehe Seite 71).

Beim Beerenobst steht mit der **Erdbeerernte** der erste Höhepunkt im Jahr an. Auch aufs Wildobst sollte man ein Auge werfen und **Holunderblüten** ernten.

Zitronen-Melisse für erfrischenden Sommertee immer frisch ernten; getrocknete Blätter schmecken oft nach Heu.

Juli

Das Gemüse verlangt jetzt viel Aufmerksamkeit. **Tomaten und Gurken** brauchen gleichmäßige Wasserversorgung (Tomaten dabei nie von oben gießen, sondern immer in den Wurzelbereich, siehe Seite 168).

Zwiebeln sollen vor der Ernte auf dem Beet abreifen. Das Laub nicht umtreten!

Für eine späte Ernte im Herbst und Winter muss man jetzt **Grünkohl, Lauch (Porree), Endiviensalat, Zuckerhut und Gemüse-Fenchel** säen bzw. schon pflanzen.

Nach der Ernte der ersten Gemüsekulturen sollte der Boden rasch wieder bedeckt werden. Das geht am schnellsten mit der Einsaat von **Gründüngung. Phazelie, Buchweizen, Gelb-Senf und Öl-Rettich** entwickeln sich jetzt zum Herbst hin noch gut.

Im Hochsommer ist die beste Zeit zum Ernten von aromatischen Teekräutern für den Wintervorrat. **Pfefferminztriebe, Blätter vom Garten-Salbei, Thymiankraut, Ysopkraut, Lavendelblüten und blühendes Dostkraut** legt man flach in Kisten oder speziellen Horden aus und stellt diese an einem luftigen Ort im Haus zum Trocknen auf.

Abgetragene **Himbeerruten** sofort nach der Ernte über dem Boden abschneiden. Kräftige, frische Triebe belassen.

August

Im August gesäte **Petersilie** geht meist problemlos auf, während die Aussaat im Frühjahr oft erfolglos ist. Wer gerne Salat mag, sät jetzt für die Ernte im Spätherbst und Winter **Feldsalat, Winterpostelein und Spinat** aus.

Brokkoli und andere Kohlgemüsearten brauchen jetzt viel Wasser. Eine **Mulchdecke** sorgt für einen einigermaßen ausgeglichenen Feuchtigkeitshaushalt im Boden. Doch bei lang anhaltender Trockenheit reicht das nicht aus. Da muss man mit kräftigen Wassergüssen nachhelfen.

Im Spätsommer breitet sich sehr häufig der Echte Mehltau an **Gurken** aus. Biologische Präparate können bei rechtzeitiger Anwendung helfen (siehe Seite 280).

Die **Tomaten** auf Kraut- und Braunfäulebefall hin kontrollieren, befallene Blätter laufend entfernen und entsorgen (siehe Seite 167).

Nach Abschluss der Ernte ist jetzt Zeit für die Vermehrung der **Erdbeeren** über Ableger (siehe Seite 207). **Johannisbeeren und Stachelbeeren** nach der Ernte kräftig auslichten. Bei **Brombeeren** die Seitentriebe bis auf zwei Augen zurückschneiden, alle überzähligen Ranken entfernen. Auch bei den **Weinstöcken** die Triebe bis auf zwei Blätter über den ersten Traubenansätzen zurückschneiden.

Frühsorten der Äpfel und Weintrauben sowie Holunder reifen.

September

Eier und Raupen von **Kohlweißling und Kohleule** von der Blattunterseite von Kohlpflanzen (und anderen Gewächsen) ablesen.

Nach einer alten Biogärtnerregel sollen frei werdende Beete „grün“ in den Winter gehen. Im September kann man noch **Gelb-Senf, Feldsalat und Spinat** säen.

Der September ist ein günstiger Monat zum Verpflanzen oder Teilen von **Rhabarber**. Eine kräftige Kompostgabe tut dem Starkzehrer gut.

Haupterntemonat der **Äpfel** zum Frischessen oder zum Mosten, aber auch schon zum Einlagern. Die **Traubenernte** zieht sich mindestens den ganzen Monat über hin.

Das Ernten von **Haselnüssen** ist einfach: die herabgefallenen Nüsse auflesen. **Walnüsse** reifen etwas später im Monat. Die grüne Fruchthülle springt auf und entlässt die Walnussfrüchte.

Oktober

Möhren und anderes Wurzelgemüse sowie Kohl sollten möglichst lange auf den Beeten stehen. Im Oktober wachsen diese Gemüse noch kräftig.

Küchenkräuter wie Liebstöckel, Sellerie, Petersilie, Schnittlauch und Dill ernten und trocknen. Aus dem Trockengut lässt sich beispielsweise Würzpulver oder Würzsalz herstellen.

Nach der Ernte den **Boden lockern**. Auf leichten Böden genügt es, mit der Grabegabel einzustechen und sie hin und her zu bewegen. Auf schweren und verunkrauteten Böden kann es sinnvoll sein umzugraben. Halb verrotteter Kompost oder Mist kann bei der Gelegenheit oberflächlich eingearbeitet werden.

Beim Lockern oder Graben stößt man manchmal auf Eigelege von **Nacktschnecken** in Form von runden, milchweißen Kugeln. Diese auflesen und aus dem Beet entfernen.

Reiche Apfelernte füllt Eimer und Kisten.

Äpfel möglichst lange am Baum hängen lassen, bis sich der Stiel ganz leicht vom Ast löst. Ideal zum Aufbewahren sind kühle Kellerräume mit hoher Luftfeuchtigkeit (siehe Seite 202).

Goldgelbe **Quittenfrüchte** vorsichtig vom Baum pflücken.

Der Oktober ist ein guter Pflanzmonat für **Himbeeren und Stachelbeeren**.

November

Gartenbesitzer sind in diesem Monat mit dem **Laub** beschäftigt. Das Laub der Apfelbäume und der meisten Gehölze lässt sich gut kompostieren. Es eignet sich aber auch zum Mulchen unter Gehölzen. In Gartenecken können kleine Haufen aus Laub und Reisig liegen bleiben. Dort suchen mit etwas Glück Spitzmaus, Igel und Blindschleiche Unterschlupf für den Winter. Laub und Äste eignen sich auch als Füllmaterial für **Hügelbeete oder Hochbeete**.

Zuckerhut und Endiviensalat stehen weiter auf den Freilandbeeten. Die beiden Arten vertragen etwas Frost; Zuckerhut etwas mehr als Endiviensalat. Durch Abdecken mit Vlies oder Tüchern lässt sich die Erntezeit bis nach Weihnachten oder sogar ins Frühjahr verlängern.

Lavendel und Garten-Salbei jetzt nicht zurückschneiden, denn erfahrungsgemäß überstehen die Kräuter-Halbsträucher bei Rückschnitt im Herbst oft den Winter nicht.

Die **Quitten** an einem Baum reifen nicht alle gleichzeitig. Da kann es sein, dass im November nach den ersten Frühfrösten noch Früchte am Baum hängen. Die muss man jetzt schnell abnehmen und verbrauchen.

Die richtige **Pflanzzeit für Obstgehölze** ist nach dem Laubfall. Ausnahme sind Wärme liebende Arten wie Pfirsich, Aprikose, Quitte und Walnuss, die man besser im Frühjahr pflanzt.

Dezember

Nach einem ersten Frosteinbruch im Oktober oder November ist es im Dezember oft wieder recht mild. Die Zeit nutzt man dazu, **den Garten winterfest zu machen**. Dazu gehört es, die Wasserbehälter zu leeren und die Wasserhähne abzustellen, wenn dies nicht schon wegen anhaltend frostiger Temperaturen vorher geschehen ist.

Endspurt im Gartenjahr: Wurzelgemüse im kühlen Keller bei hoher Luftfeuchtigkeit einlagern.

Im Dezember gibt der Gemüsegarten nicht mehr so viel her. Neben den **frostharten Kulturgemüsearten Lauch, Rosenkohl und Meerrettich** werden jetzt die **Wildgemüse** interessant. Zum Würzen und für Salate eignen sich die Blätter bzw. Blattrosetten von **Löwenzahn, Hirtentäschelkraut, Schaumkraut und Gänseblümchen**, außerdem die **Vogelmiere** als Beigabe zu Salaten. Einige Wildobstarten kann man jetzt noch ernten: **Hagebutten, Sanddorn, Schlehen und Mispeln**.

Gehölze und Stauden in Gefäßen auf Terrasse oder Balkon an einen schattigen Platz rücken, sodass sie nicht wechselnder Temperatur ausgesetzt sind, und mit Noppenfolie, Jute oder anderen Materialien umhüllen, damit die Wurzelballen nicht durchfrieren.

Nach den **Rosen** sollte man jetzt ebenfalls schauen. Wenn noch nicht geschehen, an der Basis Rosen mit Erde anhäufeln. Bei empfindlichen Sorten Frostschutz in Form von Fichtenzweigen auflegen. **Frisch gepflanzte Gehölze** zum Schutz vor Kahlfrösten locker mit Reisig abdecken.

Die Ernte konservieren und Vorräte anlegen

Ein wesentlicher Bestandteil des Selbstversorgerlebens ist es, alles, was der Garten hergibt, in Küche und Haushalt zu verwerten. Dies ist auch ein wichtiger Beitrag zur Ressourcenschonung.

Bei dieser Sichtweise ist die Vorratshaltung alles andere als altmodisch. Mit ein paar einfachen Konservierungstechniken gelingt es, sich den ganzen Winter über mit dem Geernteten weitgehend selbst zu versorgen. Zum Verarbeiten muss man sich allerdings die Zeit nehmen. Aber es braucht ja nicht das volle Selbstversorgungsprogramm sein wie vor 50 Jahren. Kleine Ansätze sind auch schon viel wert. Es ist ohnehin sinnvoll, sich nach und nach mit den einzelnen Konservierungstechniken zu befassen und nicht mit allem gleichzeitig zu beginnen.

Wie in alten Zeiten ...

Früher war der Vorratskeller – bis in den letzten Winkel gefüllt mit selbst Konserviertem aus Gartenfrüchten – der Stolz jeder Hausfrau: Erdbeermarmelade und Johannisbeergelee, Stachelbeersaft und Quittenmus, eingedünstete Kirschen und Birnen, süßsaure Gurken und Sauerkraut, Bohnenkerne und Zwetschgenhutzel. Und die Männer im Haushalt kümmerten sich um den Apfelmost, den vergorenen Most, der das Hausgetränk war.
Diese umfassende häusliche Vorratshaltung, mit der ich im Haushalt meiner Eltern und Großeltern in den 1950er- und 60er-Jahren des vergangenen Jahrhunderts aufgewachsen bin, praktiziert heute vermutlich kaum noch jemand.
Zu sehr kollidiert die zeitaufwendige Selbstversorgung mit den Arbeitsanforderungen und dem Freizeitverhalten der modernen Gesellschaft. Da bleibt oft nur wenig Zeit für die Gartenarbeit und die Verwertung und Konservierung des Geernteten. Ein Garten braucht aber Zuwendung und ständige Pflege, vor allem in den Monaten April bis Oktober, aber auch in den restlichen Monaten. Während des ganzen Jahres müssen Selbstversorger für zukünftige Ernten vorausschauend planen. Und sich die nötigen Kenntnisse im Gartenbau und in der Vorratshaltung aneignen.

Kräuter und Obst trocknen

Die einfachste Konservierungsmöglichkeit ist das Trocknen bzw. Dörren. Zum Trocknen eignen sich besonders gut folgende aromatische Tee- und Würzkräuter: Bohnenkraut, Garten-Salbei, Garten-Thymian, Minzen, Ysop, Zitronen-Thymian, Zitronenverbene. Zitronen-Melisse verliert beim Trocknen dagegen stark an Aroma.

Und so geht's: Die abgeschnittenen oder abgezupften Blätter oder Triebe flach in einer kleinen Kiste oder auf einem Tablett ausbreiten, sodass Luft darum herumstreichen kann. Man kann sich auch spezielle Horden basteln, aus einem Holzrahmen und mit Drahtgitter bespannt, bei denen auch Luft von unten an das Sammelgut gelangt. Damit die Kräuter gut trocknen, ist es wichtig, die Behältnisse in einem schattigen, luftigen Innenraum aufzustellen (nicht auf Balkon und Terrasse). Die ausgebreiteten Kräuter ab und zu kontrollieren und – je nach Trocknungsgrad – wenden. Bei raschem Trocknen bleiben die wertvollen Vitamine und sekundären Inhaltsstoffe am besten erhalten.

An der Luft dauert es einige Tage bis etwa eine Woche, bis die Kräuter trocken sind. Die Trockentemperatur sollte höchstens etwa 35 °C betragen. Bei höherer Temperatur verflüchtigen sich die wertvollen Inhaltsstoffe der Kräuter, die ätherischen Öle. Das Temperaturmaximum gilt auch beim Trocknen im Backofen. Da muss man sehr vorsichtig sein und sollte mit einem Thermometer kontrollieren.

Heilkräuter an einem luftigen und warmen Ort trocknen und möglichst luftdicht und dunkel aufbewahren.

Die Trocknungsdauer lässt sich nicht pauschal angeben; sie hängt vom Erntegut ab, von der Umgebungstemperatur und der Luftfeuchtigkeit. Mit den Fingern lässt sich der Trocknungsgrad gut ertasten. Erst wenn Blätter und Stängel rascheltrocken sind (genau hinhören!), füllt man in dicht schließende Vorratsdosen ab. Genauso gut taugen gebrauchte Teedosen aus Blech oder Schraubgläser. Jedenfalls darf man die Kräuter erst abpacken, wenn sie ganz trocken sind. Sonst schimmeln sie im Aufbewahrungsgefäß. Die Kräuter beim Abpacken nur grob zerkleinern, um zu verhindern, dass an den Bruchstellen ätherische Öle entweichen. Den Vorrat unbedingt dunkel und kühl aufbewahren. So halten sich getrocknete Kräuter sicher ein Jahr oder länger.

Zum Trocknen großer Kräutermengen ist ein elektrischer Dörrapparat praktisch. In dessen Einsätzen ist das Erntegut im Nu trocken.

Obst hat einen hohen Wassergehalt – sehr viel höher als der von Kräutern – daher trocknet Obst an der Luft und bei Zimmertemperatur nur sehr langsam. Man braucht eigentlich immer eine zusätzliche Wärmequelle zum Dörren. Die Früchte aufschneiden, sodass über die Oberflächen Wasser verdunstet. Äpfel, Birnen und Quitten vierteln und eventuell weiter sehr dünn aufschneiden. Bei Äpfeln kann man zudem das Kerngehäuse ausstanzen und den so ausgehöhlten Apfel in dünne Scheiben schneiden – zum Trocknen von Apfelringen. Die zuckerreichen Zwetschgen und manche kleinfrüchtige Birnensorten machen eine Ausnahme: Die lassen sich auch als ganze Früchte dörren – unentbehrlich für Hutzelmännchen.

Am schnellsten und sichersten geht das Dörren mit einem elektrischen Dörrapparat. Wer den Backofen häufig in Betrieb hat, kann die Früchte auch auf mit Backpapier belegten Backblechen ausbreiten und energiesparend die Nachwärme des Backofens nutzen. Bei niedrigster Temperatureinstellung weiter trocknen. Die Trockentemperatur sollte nicht höher als 40–45 °C sein, damit die wertvollen Vitamine nicht zerstört werden. So lassen sich größere Mengen von Äpfeln, Birnen, Quitten und Zwetschgen zu Dörrobst (Hutzeln) verarbeiten. Hagebutten (ganz oder halbiert), Heidelbeeren und Preiselbeeren lassen sich ebenfalls gut trocknen.

Würzpulver selber machen

Für Würzpulver eignen sich aromatische Kräuter aus der Familie der Lippenblütler wie beispielsweise Dost (Wilder Majoran), Garten-Salbei, Garten-Thymian, Rosmarin und Ysop. Die wirklich trockenen Kräuter im Mörser zerstoßen. Eventuell Salz hinzufügen. Und schon ist ein individuell zusammengestelltes Kräuterpulver bzw. -salz fertig!

Ab in die Kälte: einfrieren

Das Einfrieren ist die schnellste Konservierungsmethode für viele Gemüsearten und Küchenkräuter sowie für Obst.

Tomaten kann man so wie sie sind im Ganzen einfrieren, ebenso in verarbeiteter Form. Grüne Bohnen (von Busch-Bohnen, Stangen-Bohnen oder Feuer-Bohnen) muss man jedoch blanchieren, also einige Minuten lang kochen, abtropfen und abkühlen lassen, und dann erst in die Vorratsgefäße füllen. Auch Spinat lässt sich nach ganz kurzem Blanchieren gut einfrieren. Fertig zubereitete Gemüsegerichte sind selbstverständlich gefriergeeignet.

Anders als Teekräuter lassen sich Würzkräuter auch einfrieren. Das bietet sich vor allem für Suppenkräuter wie Liebstöckel (Maggikraut), Petersilie und Selleriekraut an. Auch Basilikum, Dill, Estragon, Schnittlauch und Zitronen-Melisse sind gefriergeeignet. Mit Schnittlauch und Bärlauch muss man vorsichtig sein. Diese stark riechenden Kräuter sollten nur in sehr dicht schließenden

Blüten in Eis

Auch essbare Blüten wie beispielsweise von Borretsch oder Blütenblätter von Rosen kann man übergossen mit Wasser in Eiswürfelbehältern einfrieren – zum späteren Aufpeppen für Drinks und Bowle.

Dosen oder Gläsern eingefroren werden. Sonst entweicht bei jedem Öffnen von Gefrierschrank oder -truhe intensiver Lauchduft.

Die gewaschenen, abgetropften und etwas klein geschnittenen Kräuter portionsweise in kleine Schraubgläser oder Gefrierdosen füllen und diese beschriften.

Es geht aber auch anders: Die Kräuter fein hacken und in Eiswürfelbehälter füllen, mit Wasser übergießen und einfrieren. Die gefrorenen Würfel locker in gut schließende Gefrierbehälter füllen.

Geht schnell und einfach: Beerenobst einfrieren.

(Einzeln verpackte Würfel lassen sich besser entnehmen.) Nach Bedarf gefrorene Würfel zu Suppen und Saucen geben.

Auch Obst lässt sich wunderbar in den Kälteschlaf versetzen. Erdbeeren, Himbeeren, Johannisbeeren, Stachelbeeren und Brombeeren lassen sich so wie sie sind einfrieren. Die Beeren dazu portionsweise flach ausgebreitet auf einem Tablett in die Gefriertruhe oder ins Gefrierfach legen. Die so schonend schockgefrorenen Beeren in Beutel oder Gefrierdosen abfüllen. Entsteinte Zwetschgen eignen sich ebenfalls sehr gut zum Einfrieren.

Leckeres aus dem Glas: eindünsten

Jahrzehntelang gehörte das „Eindünsten“ oder „Einwecken“ zum Standardprogramm in den Haushalten, die Vorratswirtschaft betrieben. Eingeweckt wurde alles, was Garten und Natur an Früchten hergaben. Nach wie vor beliebt sind eingedünstete Birnenschnitze und Kirschen sowie Essiggurken. Das Eingedünstete lässt sich viele Jahre lang aufbewahren – zur Vorsorge für Notzeiten wie früher oder einfach so.

Zum Eindünsten braucht man einen Eindünstapparat (Einkochautomat) und gut schließende Einweckgläser mit Gummiringen oder Schraubgläser, sogenannte Twist-Off-Gläser. Es ist auch möglich, statt im Eindünstapparat im Backofen auf mit Wasser gefüllten Blechen (Fettpfannen) einzudünsten. Gemüse wird – je nach Art – bei 85–100 °C eingedünstet. Bei Gurken in Essiglösung ist die Eindünstdauer bei 85 °C 25 Minuten, bei Tomaten 30 Minuten. Bohnen (vorgekocht) bei 100 °C 90 Minuten. Die Eindünsttemperatur bei Obst liegt bei 75–80 °C bei einer Eindünstdauer von 20–30 Minuten.

Das Eindünsten von Essiggurken wird so vorbereitet: Möglichst gleichmäßig kleine Einlegegurken oder in Scheiben geschnittene Gurken ohne Kerne in Einmachgläser schichten und mit einer Essiglösung bis 1 cm unter den Rand übergießen. Das Mischungsverhältnis der Essiglösung kann beispielsweise ¼ l Apfelessig auf ¾ l Wasser und 20 g Salz und 100 g Zucker sein. Diese Essiglösung wird vorher zusammen mit Gewürzen aufgekocht und heiß über das Gemüse gegossen. Kürbis und Zucchini lassen sich auf gleiche Weise mit variierendem Zuckerzusatz eindünsten.

Das Eindünsten von Obst so vorbereiten: Das gewaschene und in Schnitze geschnittene Obst

Bei großen Erntemengen bietet sich das Einwecken in den klassischen Einmachgläsern an.

in Eindünstgläser oder in Schraubgläser füllen. Nun kommt es darauf an, ob Sie süß oder süßsauer eindünsten wollen. Wird es süßes Kompott, gießen Sie Zuckerwasser bis zum Rand über die Schnitze (den Zucker vorher in Wasser auflösen). Je nach Eigensüße der Obstart nehmen Sie dafür 50–100 g Zucker je Kilogramm Früchte. Süßsauer eingedünstete Birnen, Kirschen oder Quitten sind eine Delikatesse. Bei Quitten rechnet man dann zum Beispiel auf 1 kg Früchte 50–100 g Zucker, ½ l Weinessig oder Obstessig und ½ l Wasser. Geben Sie als Würze Nelken, etwas Zimt, Ingwer und Zitronenschale dazu.

Gemüse und Obst kalt entsaften

Roh gepresste Säfte gelten mit ihrer hohen Konzentration an Vitaminen und anderen sekundären Inhaltsstoffen als besonders gesund. Möhren, Rote Bete und Kräuter lassen sich hervorragend mit einer Saftzentrifuge entsaften, Beeren und anderes Obst sowieso. Dabei experimentieren und Rote Bete mit Apfel mischen oder Brennnessel mit Apfel oder Möhre mit Sellerie, ein paar Spritzer Zitronensaft dazu – so sind im Nu erfrischende Gesundheitsdrinks kreiert!

Smoothie mixen

Wer Obst, Gemüse und Kräutern vollständig nutzen will, bereitet aus ihnen Smoothies zu. Dafür braucht man allerdings einen speziellen Mixer, der die Zutaten fein zerfasert und zerschlägt und zu Mus macht. Das Praktische an Smoothies ist, dass man sich beim Mixen nicht an feste Rezepte halten muss. Genommen wird das, was an Früchten, Gemüse sowie Wild- und Gartenkräutern im persönlichen Umfeld greifbar ist, ohne sich an genaue Mengenangaben zu halten. Dann nur noch Wasser hinzufügen, sodass alles musig und gut trinkbar wird.

Besonders wertvoll sind „Grüne Smoothies“ mit viel grünem Blattwerk, hauptsächlich von Spinat und Grünkohl, ergänzt durch mild schmeckende Blätter und Stängel von Brennnessel, Giersch, Taubnessel und Vogelmiere. Wer mag, kann dem Smoothie mit Gundermann, Löwenzahn, Schafgarbe oder Wilder Rauke eine herbe, leicht bittere oder scharfe Geschmacksnote geben. Noch mehr geschmackliche Varianten bringen Würzkräuter in Smoothies, also beispielsweise Basilikum, Borretsch, Dill, Liebstöckel, Petersilie, Pimpinelle, Schnittlauch oder Schnitt-Sellerie. Von diesen aromatischen Kräutern nur wenig zufügen, damit sie im Smoothie nicht dominieren.

Der Dampfentsafter ermöglicht das Herstellen köstlicher Fruchtsäfte.

Kleine Erntemengen, auch von mehreren Fruchtarten gemischt, am besten schnell zu Marmelade kochen.

Dampfentsaften

Große Mengen an Obst lassen sich gut durch Dampfentsaften verwerten. In meiner Familie entsaften wir hauptsächlich Holunderbeeren, Johannisbeeren, Quitten und Weintrauben mit Hilfe eines speziellen Dampfentsafters. Der Saft sammelt sich im Zwischenbehälter des dreiteiligen Topfes und fließt über einen abklemmbaren Schlauch ab. Mit Hilfe des kurzen Schlauches wird der Saft fast kochend heiß direkt in sehr gut und sehr heiß gereinigte Flaschen oder Schraubgläser gefüllt. Wir zuckern ihn nicht. Nach meiner Erfahrung hält sich ungezuckerter Saft sehr gut, wenn die Gläser und Deckel vorher sehr gründlich und sehr heiß gereinigt worden sind. Wer ganz sicher gehen will, dass der Saft hält, sterilisiert die verschlossenen Flaschen oder Gläser zusätzlich in einem Eindünstapparat.

Gelee und Marmelade bereiten

Der gewonnene Saft – egal ob aus dem Dampfentsafter oder kalt entsaftet – ist die Grundlage für Gelee. Dazu den Saft in einen großen Topf gießen, abkühlen lassen und Gelierzucker (alternativ Zucker und Gelfix) hinzufügen und einrühren. Je nachdem, wie süß das Gelee sein soll, nimmt man Gelierzucker mit unterschiedlicher Gelierkraft. Es gibt Gelierzucker 1:1, 2:1 oder 3:1, entsprechend dem Verhältnis, wie viel Zucker dem Saft zugesetzt werden soll. Bei Gelierzucker 3:1 wird beispielsweise auf drei Teile Saft nur ein Teil Zucker (bezogen auf das Gewicht) zugefügt. Den gezuckerten Saft bei starker Hitze unter Rühren zum Kochen bringen, bis das Kochgut sprudelt. 4 Minuten unter Rühren weiterkochen lassen. Die heiße Masse randvoll in Schraubgläser füllen und sofort mit Schraubdeckeln verschließen.

Quittenmus als Brotaufstrich

Aus den Rückständen vom Quittenentsaften bereite ich mit wenig Zucker und Gewürzpulver (Nelken, Zimt, Ingwer) Quittenmus als süßen Brotaufstrich zu. Dazu fülle ich das noch heiße Mus in einen Topf um und rühre das Gewürzpulver unter, sodass es fein verteilt wird. Das Mus in Gläser mit Schraubverschluss abfüllen, abkühlen lassen und einfrieren. Das Quittenmus wiederum lässt sich zu Quittenbrot weiterverarbeiten. Dazu das Mus sehr dünn auf einem mit Pergamentpapier ausgelegten Backblech ausstreichen und bei niedriger Temperatur im Backofen trocknen lassen.

Mit der praktischen Einfüllhilfe für Marmelade und Fruchtsaucen läuft nichts daneben.

Anders als beim Gelee nimmt man für die Marmeladenbereitung die ganzen Früchte, man schält sie allenfalls und entfernt mögliche Kerngehäuse oder Steine. Klassische Marmeladenfrüchte sind Brombeeren, Erdbeeren, Himbeeren, Johannisbeeren, Jostabeeren, Stachelbeeren, Pflaumen und Zwetschgen – und leckere Mischungen daraus, auf Wunsch verfeinert mit Vanille, Zimt oder Alkoholika. Die weiteren Schritte sind wie beim Geleekochen.

Fruchtsaucen – für Desserts und Fleischgerichte

Das Verwerten von Pflaumen und Zwetschgen ist wegen der meist übergroßen Menge für mich immer eine Herausforderung und zwingt mich, sie in allen möglichen Varianten zuzubereiten. Von beiden Steinfrüchten (auch von Kirschpflaumen) bereite ich gerne rohe Fruchtsaucen zu. Die Früchte dafür waschen, entsteinen und in einen hohen Topf geben. Mit dem Pürierstab pürieren. Nach Geschmack leicht mit Zucker, Honig oder mitpürierter Banane süßen. In kleine Schraubgläser abfüllen und einfrieren. Diese Saucen schmecken gut zu Desserts und Eis, aber genauso gut zu Reis- oder Fleischgerichten. Ich esse sie gerne zu leicht gesalzenem Haferbrei (Porridge), den ich gelegentlich zum Frühstück zubereite.

Zwetschgenmus zubereiten

Die sehr zuckerhaltigen Zwetschgen lassen sich ohne oder mit sehr wenig normalem Haushaltszucker zu Mus verkochen – entweder im Kochtopf oder wie früher im Kupferkessel auf dem Holzherd, so wie es meine Großmutter praktizierte. Jedenfalls muss das Mus stundenlang leicht blubbernd köcheln. Dabei verdampft Wasser und das Fruchtmus dickt immer weiter ein. So erhöht sich die Zuckerkonzentration und die Fruchtmasse konserviert sich selbst. Gut eingedicktes Zwetschgenmus hält sich jahrelang.

Konzentrierte Aromen: Chutneys

Süßsaure und pikante Chutneys werden ähnlich wie Marmelade zubereitet, jedoch wird bei den süßsauren Varianten zusätzlich Essig hinzugefügt. Dank ihres hohen Zucker- und Essiganteils sind Chutneys lange haltbar. Bei der Auswahl der Zutaten sind der Fantasie fast keine Grenzen gesetzt. Häufig werden sie mit Äpfeln, Zwiebeln, Kürbis, Paprika oder aus Wildfrüchten zubereitet, gut gewürzt mit Peperoni, Senfkörnern, Pfefferkörnern und vielen weiteren Gewürzen.

Einlegen in Alkohol

In manchen Jahren ernten wir so viele Zwetschgen, dass wir nicht wissen, wohin damit. Besonders schöne Exemplare legen wir dann in Schnaps (Obstler) ein. Wir halbieren und entsteinen dazu die Früchte. Beim Halbieren ist leicht zu sehen, ob die Früchte von „Würmern" befallen sind, ob also die Maden des Pflaumenwicklers in ihnen fressen und sie ungenießbar machen. In Hochprozentigem eingelegte Zwetschgen sind nahezu perfekte Konserven; sie halten jahrelang.

Statt Schnaps kann man auch Rum nehmen und den klassischen Rumtopf ansetzen. Den Ansatz startet man im Juni mit Erdbeeren, dann folgen den Sommer über Kirschen, Aprikosen und schließ-

lich Weintrauben im Herbst. Nach jedem Einfüllen von Früchten folgt eine Lage Rum und Zucker. Abgedeckt und kühl gelagert, entwickeln sich köstliche Aromen.

Essig und Öl aromatisieren

Essig und Öl sind gute Aromaträger – und sehr gute Konservierungsmittel. So entsteht mit wenig Aufwand fruchtige und pikante Feinkost, beispielsweise Himbeeressig, Holunderblütenessig oder Estragonessig für die Salatsoße. Die Pflanzenteile dafür in ein Schraubglas geben, mit Wein- oder Obstessig übergießen, sodass sie gut bedeckt sind, und mit dem Deckel verschließen. Den Ansatz lässt man einige Wochen lang bei Zimmertemperatur stehen, gießt ab und füllt in gut gesäuberte Flaschen oder Gläser mit Korken oder Schraubverschluss um.

Pikantes Würzöl bekommt man durch Einlegen von Knoblauchzehen, Peperoni und Rosmarinzweigen in kaltgepresstes Olivenöl oder ein anderes fettes Öl. Besonders delikat sind Ansätze mit aromatischen Kräutern wie Dost oder Kümmel. Dazu die Kräuter, Knoblauchzehen etc. locker in ein Glasgefäß füllen und mit gutem, kalt gepresstem Olivenöl übergießen. Den Ansatz zwei bis drei Wochen lang auf ein sonniges Fensterbrett stellen. Danach in gut verschließbare Fläschchen abfüllen. Die Kräuteröle unbedingt dunkel und kühl aufbewahren, aber nicht im Kühlschrank.

Pesto zubereiten

Pesto aus Basilikum kennt jeder. Doch Pesto lässt sich genauso gut mit anderen Kräutern zubereiten. Beispielsweise mit Bärlauch, Brennnessel, Brunnenkresse oder Vogelmiere. Beim Pesto kommt es auch auf die Menge der Zutaten an, da darf man nicht sparen. Ohne fein geriebenen Parmesan, fein gehackte Pinienkerne und Olivenöl geht es (fast) nicht. Püriert und gewürzt mit Meersalz und gemahlenem Pfeffer, abgeschmeckt mit Zitronensaft – danach leckt man sich die Finger.

Linke Seite: Himbeeressig ist beste, selbst hergestellte Feinkost.

Milchsauer vergären

Die bekannteste milchsaure Zubereitung ist das Sauerkraut. Die Sauerkrautbereitung ist eigentlich einfach, wenn man sich einmal daran gewagt hat. Das wichtigste Hilfsmittel dabei ist ein feiner Krauthobel in Kombination mit einem speziellen Gärtopf mit Rille am Rand (Gießrand) und Deckel. Das sehr fein gehobelte Kraut wird darin lagenweise eingeschichtet, gesalzen und immer wieder festgestampft, bis Saft austritt. Das setzt man fort, bis der Topf voll ist. Den Inhalt mit einer speziell angepassten Holzscheibe beschweren. Wasser in den Gießrand füllen, Deckel auflegen. Den Topf fünf bis sechs Wochen lang zum Gären bei Zimmertemperatur aufstellen. Danach in den kühlen Keller stellen. Auch Rote Bete eignen sich hervorragend für die milchsaure Vergärung.

Wieder modern: Sauerkraut, im speziellen Gärtopf selbst hergestellt.

Noch mehr erfahren ...

Auf diesen Seiten finden Sie weiterführende detaillierte Informationen zu den Themen dieses Buches.

Gründüngungspflanzen für den Garten (siehe auch Seite 83–88)

Pflanzenart	Pflanzenfamilie	Aussaatzeit	Aussaatmenge je 100 m²	Wuchseigenschaften, Ansprüche an den Boden	Besonderheiten
Acker-Bohne, Sau-Bohne (*Vicia faba*)	Schmetterlingsblütler, einjährig	Februar–Anfang August	1500 g	Pfahlwurzel, aber empfindlich gegen Bodenverdichtungen	für Reihensaaten in der Mischkultur, Anbau in Mischung
Alexandriner-Klee (*Trifolium alexandrinum*)	Schmetterlingsblütler, einjährig	Mai–Anfang August	250–300 g	für mittelschwere bis schwere Böden	zur schnellen Begrünung größerer Flächen
Buchweizen (*Fagopyrum esculentum*)	Knöterichgewächs, einjährig	April–Ende August	600–800 g	wenig Wurzelmasse, für leichte Böden	schnelle Begrünung, Feinwurzeln vor allem in oberen Bodenschichten
Feld-Erbse (*Pisum sativum* subsp. *sativum* Arvense-Gruppe)	Schmetterlingsblütler, einjährig	April–Anfang August	1500–2000 g	kurze Pfahlwurzel mit kräftigen Seitenwurzeln	schnellwüchsig, rankend, gut für Mischung
Gelb-Senf (*Sinapis alba*)	Kreuzblütler, einjährig	März–Mitte September	500 g	für mittelschwere bis schwere Böden	nicht bei Kohlherniebefall säen
Inkarnat-Klee (*Trifolium incarnatum*)	Schmetterlingsblütler, überwinternd	April–Ende September	250–300 g	geringe Ansprüche an den Boden	für überwinternde Gründüngung
Blaue Lupine (*Lupinus angustifolium*)	Schmetterlingsblütler, einjährig	Mai–Mitte August	1500–2000 g	für fast alle, auch schwerere Böden	wurzelt tief, für Gartenneuanlagen
Gelbe Lupine (*Lupinus luteus*)	Schmetterlingsblütler, einjährig	April–Anfang August	1200–1500 g	für leichte und mittelschwere Böden mit niedrigem pH-Wert	wurzelt tief
Luzerne (*Medicago sativa*)	Schmetterlingsblütler, ausdauernd	März–Mai, August	200–300 g	für kalkhaltige, tiefgründige Böden	für mehrjährige Nutzung
Öl-Rettich (*Raphanus sativus*)	Kreuzblütler, einjährig, überwinternd	März–Anfang Sept.	180–250 g	Pfahlwurzel geht in die Tiefe, bricht Bodenverdichtungen auf	schnellwüchsig, gut zur Vorbereitung von rohen Böden auf Neubaugrundstücken, schnelle Bodenbeschattung
Persischer Klee (*Trifolium resupinatum*)	Schmetterlingsblütler, einjährig	Mai–Anfang August	180–200 g	auch für leichtere Böden	Bienenweidepflanze, stark duftend

Pflanzenart	Pflanzenfamilie	Aussaatzeit	Aussaatmenge je 100 m²	Wuchseigenschaften, Ansprüche an den Boden	Besonderheiten
Phazelie (*Phacelia tanacetifolia*)	Wasserblattgewächs, einjährig	April–Ende August	100–300 g	für alle Standorte	Bienenweidepflanze, späte Saaten blühen nicht mehr
Winter-Roggen (*Secale cereale*)	Süßgras, überwinternd	August–Oktober	1500 g	für alle Böden	gute Vorkultur für Wurzelgemüse
Sonnenblume (*Helianthus annuus*)	Korbblütler, einjährig	April–Ende August	400–800 g	für warme Lagen	bringt hohen Grünmasseertrag, auch zum Verfüttern und Silieren, auch in Gründüngungsmischungen mit Leguminosen
Spinat (*Spinacia oleracea*)	Gänsefußgewächs, einjährig	März–Oktober	500 g	für mittelschwere bis schwere Böden	für Liniensaaten in der Mischkultur
Studentenblume (*Tagetes*)	Korbblütler, einjährig	Mai–Ende Juni	400–600 g	alle Böden	Gesundungsfrucht, wirkt als „Bodenkur" gegen Nematoden
Sommer-Wicke (*Vicia sativa*)	Schmetterlingsblütler, einjährig	April–Anfang August	1000–1400 g	Wurzelwerk schließt den Boden gut auf	bildet viel Grünmasse, auch gute Futterpflanze, auch in Mischung mit Hafer
Zottel-Wicke (*Vicia villosa*)	Schmetterlingsblütler, überwinternd	August–Anfang September	600–800 g (bei Mischsaat weniger)	Wurzelwerk schließt den Boden gut auf	Überwinterungsgründüngung, in Kombination mit Winter-Roggen als Stützfrucht

So soll Gründüngung aussehen: wie eine grüne Decke, hier mit Phazelie.

Die wichtigsten Wildobstarten (siehe Seite 224–229)

Gehölzart	Wuchshöhe	Wuchsform/Verwendung	Gartenwert und ökologischer Wert
Eberesche, Vogelbeere (*Sorbus aucuparia*)	bis ca. 15 m	Baum	Fruchtschmuck, Vogelnahrung
Kupfer-Felsenbirne (*Amelanchier lamarckii*)	bis ca. 3 m	Strauch	Ziergehölz und Obstertrag
Gewöhnliche Haselnuss (*Corylus avellana*)	bis ca. 6 m	Strauch, frei wachsend in Hecke	Obstertrag, Nahrung für Kleinsäuger
Hecken-Rose und Hunds-Rose (*Rosa corymbifera* und *Rosa canina*)	1,50–2 m	Strauch, frei wachsend	Hagebutten, Insektenweide, Vogelnahrung
Schwarzer Holunder (*Sambucus nigra*)	3–6 m	Strauch oder Baum	Blüten und Holunderbeeren nutzbar, Insektenweide, Vogelnahrung
Kirschpflaume und Blut-Pflaume (*Prunus cerasifera* und *Prunus cerasifera* 'Nigra')	4–8 m	Strauch oder Baum	Ziergehölz und Obstertrag
Kornelkirsche (*Cornus mas*)	bis ca. 8 m	Strauch oder Baum, frei wachsend in Hecke oder Formschnitt	Obstertrag, Bienenweide, Nahrung für Kleinsäuger
Sanddorn (*Hippophae rhamnoides*)	bis ca. 6 m	Stark bedornter Strauch, treibt Ausläufer	Obstertrag
Vogel-Kirsche (*Prunus avium*)	15–25 m	Baum, Solitär oder in Feldgehölzen	Obstertrag

Bekannte und bewährte Rosensorten für den Biogarten

Sorte (Züchter, wann in den Handel gebracht)	einmalblühend oder öfterblühend	Blütenfarbe	Duft	Wuchshöhe	Eigenschaften
Zierstrauchrosen					
'Gelber Engel' (Kordes 2002)	öfterblühend	hellgelb mit goldgelben Staubgefäßen	leicht	ca. 1,50 m	üppiger Wuchs, sehr widerstandsfähig gegen Sternrußtau, behält das Laub lange, manchmal sogar über Winter
'Lichtkönigin Lucia' (Kordes 1966)	öfterblühend	kräftiges Zitronengelb	gut	bis 1,80 m	straff aufrechter Wuchs
'Rosarium Uetersen' (Kordes 1977)	öfterblühend	kräftiges Tiefrosa	leicht	bis 1,50 m	sehr frosthart, auch als Kletterrose zu verwenden
'Schneewittchen' (Kordes 1958)	öfterblühend	reines Schneeweiß	leicht	bis 1,20 m	lange Blütezeit
'Ulmer Münster' (Kordes 1982)	öfterblühend	leuchtendes Blutrot	leicht	bis 1,80 m	straff aufrechter Wuchs, blüht in Sommerhitze
'Westerland' (Kordes 1969)	öfterblühend	leuchtendes Kupferorange	intensiv	bis 2,50 m	sehr frosthart, lange blühend

Sorte (Züchter, wann in den Handel gebracht)	einmal-blühend oder öfterblühend	Blütenfarbe	Duft	Wuchs-höhe	Eigenschaften
Kletterrosen und Rambler					
'Alchymist' (Kordes 1956)	einmalblühend	zart apricot	gut	bis 5 m	ungewöhnliche Farbe, ziemlich robust
'Flammentanz' (Kordes 1955)	einmalblühend	feuriges Blutrot	–	bis 5 m	sehr frosthart, hübscher Hagebuttenschmuck
'Ghislaine de Féligonde' (Turbat 1916)	öfterblühend	gelborange-apricot, verblassend	gut	bis 2,50 m	gut noch im Halbschatten, sehr frosthart
'Laguna' (Kordes 2004)	öfterblühend	gefüllt, kräftiges Pink	intensiv	bis etwa 2,50 m	sehr blattgesund
'New Dawn' (Somerset Nursery 1930)	öfterblühend	zartes Cremerosa	gut	bis ca. 4 m	sehr frosthart, lange belaubt
'Super Excelsa' (Hetzel 1986)	öfterblühend	karminrosa	–	bis etwa 2,50 m	muss aufgebunden werden
'Sympathie' (Kordes 1964)	öfterblühend	samtiges Dunkelrot	gut	bis etwa 3 m	sehr frosthart
Beetrosen und Bodendeckerrosen					
'Aprikola' (Kordes 2000)	öfterblühend	aprikosengelb bis rosa	leicht	0,70 m	auffallende Blütenfarbe
'Aspirin' (Tantau 1997)		weiß bis zartrosé	–	0,50–0,60 m	sehr blattgesund
'Heidetraum' (Noack 1989)	öfterblühend	karminrosa bis rosa	leicht	0,60–0,80 m	große Blütendolden, glänzendes Laub, sehr blattgesund
'Sommerwind' (Kordes 1985)	öfterblühend	leuchtendes Reinrosa	–	0,80 m	lange Blütezeit
Edelrosen					
'Gloria Dei' (Meilland 1945)	öfterblühend	lichtgelb mit rosa-farbenem Rand	leicht	0,80 m	blühwillig, großblütig wie Pfingstrosenblüten
'Queen Elizabeth' (Lammerts 1954, USA)	öfterblühend	zart reinrosa	gut	bis 2 m	reichblühend, gesund, straff aufrechter Wuchs
'Speelwark' (Kordes 1999)	öfterblühend	pfirsichgelb	stark	0,80 m	verträgt heißes Klima

Pflanzenschutzmittel gegen Schädlinge (siehe Seite 92–97)

Bitte bei allen Produkten die genauen Herstellerangaben beachten und prüfen, ob die Zulassung noch besteht.

Wirkstoff	Anwendung	Beispiele
Azadirachtin (Neem-Präparate)	gegen saugende, beißende und blattminierende Insekten	Blattläuse, Schildläuse, Spinnmilben, Kartoffelkäfer
Bacillus thuringiensis (Bakterienpräparat)	gegen Schmetterlingsraupen	Eulenarten, Lauchmotte, Kohlweißlingsarten, Kartoffelkäferlarven
Eisen-III-Phosphat	Nacktschnecken	Wegschnecken, Ackerschnecken
Granulovirus	Apfelwickler	Apfelwickler
Kali-Seife	gegen saugende Insekten	Blattläuse, Weiße Fliegen, Spinnmilben
Paraffinöl	Winterspritzung im Obstbau	Schildläuse, Wollläuse, Spinnmilben
Pyrethrine + Rapsöl	gegen saugende und beißende Insekten, Schmetterlingsraupen	Kartoffelkäfer, Blattläuse, Apfelwickler, Apfelblütenstecher
Rapsöl	gegen saugende Insekten	Spinnmilben, Gallmilben, Weiße Fliegen, Mehlige Kohlblattläuse
Spinosad (Präparat aus einem Bodenbakterium)	gegen Schadinsekten und freifressende Schmetterlingsraupen	Kartoffelkäfer, Minierfliegen, Thripse, Kleine Kohlfliegen, Kirschessigfliegen

Pflanzenschutzmittel gegen Pilze (siehe Seite 92–97)

Bitte bei allen Produkten die genauen Herstellerangaben beachten und prüfen, ob die Zulassung noch besteht.

Wirkstoff	Anwendung bei	Wirkt gegen
Kaliumhydrogencarbonat (Backpulver)	Gurken, Kürbis, Zucchini, Kräuter	Echter Mehltau
Kupferhydroxid	Gemüse, Obst	Blattkrankheiten, Schorf, Feuerbrand, Kraut- und Braunfäule an Tomate, Kraut- und Knollenfäule an Kartoffeln
Kupferoktanoat	Kartoffeln, Tomaten, Weinreben, Kernobst	Kraut- und Braunfäule an Tomate, Kraut- und Knollenfäule an Kartoffel, Echter Mehltau, Falscher Mehltau, Schorf
Schwefel	Gemüse, Kräuter, Weinreben, Zierpflanzen	Echter Mehltau, Schorf

Aktuelle Angaben zur Zulassung von Pflanzenschutzmitteln für den professionellen Ökoanbau finden sich auf folgenden Webseiten:

www.betriebsmittelliste.de

http://oekologischerlandbau.julius-kuehn.de/

www.bvl.bund.de, Suchbegriff: Ökoliste

www.demeter.de, Suchbegriff: Betriebsmittelliste

Bezugsquellen

Gartenausstattung, Gartengeräte

Manufactum
Hiberniastraße 5
45731 Waltrop
Tel.: 02309/939050
www.manufactum.de

Gartenbedarf-Versand Richard Ward
Günztalstraße 22
87733 Markt Rettenbach
Tel.: 08392/1646
www.gartenbedarf-versand.de

Ing. G. Beckmann KG
Simoniusstraße 10
88239 Wangen/Allgäu
Tel.: 07522/9745-0
www.beckmann-kg.de

Düngung und Pflanzenschutz

W. Neudorff GmbH KG
Postfach 1209
31857 Emmerthal
Tel.: 05155/624-0
www.neudorff.de

Oscorna-Dünger GmbH & Co. KG
Postfach 4267
89032 Ulm
Tel.: 0731/946640
www.oscorna.de

Ludwig Engelhart
Organische Düngemittel
Schloßgut Erching
85399 Hallbergmoos
www.ludwig-engelhart.de

Wolfgang Nixdorf
Aschhausenstraße 77
97922 Lauda
Tel.: 09343/3465
www.garten-wn.de

Sämereien und Pflanzen (Gemüse, Kräuter, Obst, Zierpflanzen)

Für den Biogarten sollen auch die zugekauften Sämereien und Pflanzen aus biologischem Anbau stammen. Einige der nachfolgend aufgeführten Lieferanten sind zertifizierte Biobetriebe, andere führen Saat- und Pflanzgut aus biologischem Anbau im Sortiment.

beetfreunde UG
Erwin-Baur-Straße 23
06484 Quedlinburg
www.beetfreunde.de

W. Kordes' Söhne
Rosenstraße 54
25365 Klein Offenseth-Sparrieshoop
Tel.: 04121/48700
www.gartenrosen.de

Rühlemann's Kräuter & Duftpflanzen
Auf dem Berg 2
27367 Horstedt
www.ruehlemanns.de
www.kraeuter-und-duftpflanzen.de

Bioland Hof Jeebel
Jeebel 17
29410 Salzwedel
Tel.: 039037/781
www.biogartenversand.de

Ellenbergs Kartoffelvielfalt
Ebstorfer Straße 1
29576 Barum
Tel.: 05806/304
www.kartoffelvielfalt.de

Noack-Rosen
Im Fenne 54,
(Verkauf: Im Waterkamp 12),
33334 Gütersloh
Tel.: +49 (0) 5241/20187
www.noack-rosen.de

Dreschflegel GbR
In der Aue 31
37213 Witzenhausen
www.dreschflegel-saatgut.de

Gärtner Pötschke
41561 Kaarst
Tel.: 01805/861100
www.gaertner-poetschke.de

Bio-Saatgut Gaby Krautkrämer
Eulengasse 2
55288 Armsheim
Tel.: 06734/915580
www.bio-saatgut.de

Bingenheimer Saatgut AG
Ökologische Saaten
Kronstraße 24
61209 Echzell-Bingenheim
www.bingenheimersaatgut.de

Rosenhof Schultheis
Bad Nauheimer Straße 3-7
61231 Bad Nauheim
06032/925280
www.rosenhof-schultheis.de

Bioland-Rosenschule Ruf
Zum Sauerbrunnen 35
61231 Bad Nauheim-Steinfurth
Tel.: 06032/81893
www.rosenschule.de

Hild samen gmbh
Kirchenweinbergstraße 115
71672 Marbach am Neckar
Tel.: 07144/847311
www.hildsamen.de

Dürr Samen
Bayernstraße 24
72768 Reutlingen
www.duerr-samen.de

Samenhaus Müller
Raiffeisenstraße 18
75210 Keltern
Tel.: 07236/130887
www.samenhaus.de

Syringa, Duft- und Würzkräuter
Bachstraße 7
78247 Hilzingen-Binningen
Tel.: 07739/1452
www.syringa-samen.de

Baumschule Klaus Ganter KG
Baumstraße 2
79369 Wyhl/Kaiserstuhl
Tel.: 07642/1061
www.obstbau.de

Baumschule Brenninger
Hofstarring 2
84439 Steinkirchen
Tel.: 08084/259901
www.baumschule-brenninger.de

Staudengärtnerei Gaissmayer
Jungviehweide 3
89257 Illertissen
Tel.: 07303/7258
www.staudengaissmayer.de

Gärtnerei Dieter Haas
Obere Leberklinge 26
97877 Wertheim
Tel.: 09342/856580
www.bioland-gaertnerei-haas.de

Österreich:

ReinSaat
A-3572 St. Leonhard 69
Tel.: +43-(0)2987-2347
www.reinsaat.at

Schaugärten (Auswahl)

Keimzelle Öko-Saatgut
Eve Bubenik
Dorfstraße 20
16846 Vichel
Tel.: 01520/4542040 und
033928/239800

Dreschflegel Schaugarten
Dorfstraße 12
D-37318 Schönhagen
Tel.: 036083/54544
www.schaugarten.kuhmuhne.de

Samengarten Eichstetten
Hauptstraße 140
D-79356 Eichstetten
Tel.: 07663/4573
www.kaiserstuehler-garten.de

Weihenstephaner Gärten
Teilbereich „Kleingarten"
Am Staudengarten
D-85354 Freising
www.hswt.de/fgw

Österreich:

Arche Noah Schaugarten
Obere Straße 40
A-3553 Schiltern
www.arche-noah.at

Schweiz:

Sortengärten von Pro Specie Rara
Verzeichnisse unter
www.prospecierara.ch und unter
www.prospecierara.de

Zum Weiterlesen

Webseiten

www.biologischgaertnern.de

www.lwg.bayern.de/gartenakademie

Zeitschriften

Natürlich gärntern & Anders leben, www.natuerlich-gaertnern.de

Kraut & Rüben, www.krautundrueben.de

Demeter-Gartenrundbrief, www.gartenrundbrief.de

Bücher

Bayerischer Landesverband für Gartenbau und Landespflege e.V. und Gesellschaft für Pomologie und Obstsortenerhaltung Bayern (Hrsg.): Apfel- und Birnensorten Europas. Obst- und Gartenbauverlag, München 2007

Brunhilde Bross-Burkhardt: Das Bodenbuch. Haupt Verlag, Bern, 2017

Brunhilde Bross-Burkhardt: Lob des Unkrauts. Haupt Verlag, Bern, 2015

Brunhilde Bross-Burkhardt: Gemüseraritäten im naturnahen Garten. aVBUCH im Cadmos Verlag, Schwarzenbek, 2014

Brunhilde Bross-Burkhardt: Wildpflanzen im naturnahen Garten. aVBUCH im Cadmos Verlag, Schwarzenbek, 2013

Brunhilde Bross-Burkhardt: Tomaten, Paprika, Auberginen und Co.. BLV Buchverlag, München, 2012

Bross-Burkhardt, Brunhilde: Der private biologische Gartenbau in Süddeutschland seit 1945 – Die Rolle der Pioniere und Veränderungen im Wissenstransfer. Edition Gärten & Geschichte, Langenburg 2011

Gertrud Franck: Gesunder Garten durch Mischkultur. Südwest Verlag München, 8. Auflage 1991 (nur noch antiquarisch erhältlich)

Hofbauer, Hermine: Die Verwertung von Obst und Gemüse aus dem Garten. Obst- und Gartenbauverlag, München, 5. Auflage 2015

Kawollek, Wolfgang: Das große Ulmer Gartenbuch. Verlag Eugen Ulmer, Stuttgart, 5. Auflage 2016

Kreuter, Marie-Luise: Der Biogarten. Das Original. BLV Buchverlag, München, 27. Auflage 2016

Maurer, Johannes/Kajtna, Bernd/Heistinger, Andrea/Arche Noah: Handbuch Bio-Obst: Sortenvielfalt erhalten. Ertragreich ernten. Natürlich genießen. Löwenzahn Verlag, Innsbruck 2016

Schmid, Otto/Henggeler, Silvia: Biologischer Pflanzenschutz im Garten. Verlag Eugen Ulmer, Stuttgart, 10. Auflage 2012

Langerhorst, Margarete: Meine Mischkulturenpraxis. OLV Organischer Landbau Verlag, Kevelaer, 3. Auflage 2014

Seifert, Alwin: Gärtnern, Ackern – ohne Gift. C. Beck, München, 9. Auflage 2008

Seymour, John: Seymours Gartenbuch für die Familie: Wie jeder sein Gemüse selbst anbauen kann. Urania Verlag, Freiburg, 2016

Register

Zur Autorin

Der biologische Anbau spielt in meinem Leben schon seit Jahrzehnten eine wichtige Rolle. Von Beginn meines Agrarwissenschaftsstudiums an interessierte ich mich eigentlich nur für den biologischen Anbau. Der Anstoß dazu kam von der meinem Heimatort nahegelegenen Bauernschule Hohenlohe in Kirchberg-Weckelweiler (Baden-Württemberg). Sie ist die Wiege des biologischen Anbaus, hauptsächlich des biologisch-dynamischen Anbaus in Deutschland. Den Gründer und Leiter der Bauernschule Fritz Strempfer und seine Weggefährtin Else Wolz lernte ich schon zu Schulzeiten über die Musik kennen. (Abgesehen von den reinen Anbaufragen gab es in der Pionierphase im Bioanbau immer auch ein kulturelles, musisches Element, das mir den Zugang ebnete.)

Gleich zu Beginn meines Agrarwissenschaftsstudiums nahm ich an einem Kurs an der Bauernschule teil, bei dem ich Gertrud Franck, die Mischkulturgärtnerin, und Wolfgang von Haller, den Geschäftsführer der Gesellschaft Boden und Gesundheit kennenlernte. In dieser Zeit absolvierte ich auch ein Praktikum auf einem Demeter-Betrieb. Während meiner ersten Studienjahre in Stuttgart-Hohenheim repräsentierte Prof. Dr. Günter Kahnt den biologischen Landbau, der damals an den Universitäten noch nicht gelehrt wurde. Im Hauptstudium in Kiel befasste ich mich bei Prof. Dr. Norbert Knauer intensiv mit Botanik und Landschaftsökologie und kartierte im Gelände. Mit Prof. Dr. Gerhard Geisler erkundeten wir auf Exkursionen Anbauregionen in Deutschland und Frankreich und interessierten uns dabei besonders für den Weinanbau. Weitere Exkursionen führten uns in die skandinavischen Länder und in die Schweiz.

In der Kieler Studentengruppe für ökologischen Landbau eigneten wir uns viel praktisches und theoretisches Wissen in Eigeninitiative an. Wir legten Mischkulturversuche auf dem Acker an und bewirtschafteten einen Studenten-Gemeinschafts-Biogarten in Kiel-Gaarden. Auf selbst organisierten Exkursionen verschafften wir uns Einblick in die Praxis auf den noch wenigen Biohöfen und arbeiteten auch mit. Ein Praktikum am Schulungszentrum für biologischen Land- und Gartenbau Hohenbuchen in Hamburg-Poppenbüttel mündete dann 1980/81 gleich in den ersten Biogartenkurs, den ich voller Begeisterung an der Volkshochschule in Kiel hielt. Diesem ersten Kurs folgten weitere, dazu bundesweit viele hundert Vorträge, Exkursionen und viele andere Aktivitäten in der Erwachsenenbildung und Öffentlichkeitsarbeit.

In meinem Berufsleben war ich immer in irgendeiner Form für den ökologischen Land- und Gartenbau tätig. Zunächst in meiner Funktion als Schriftleiterin des Nachrichtenblattes der Gesellschaft Boden und Gesundheit e.V. und gleich anschließend als Schriftleiterin der Zeitschrift GartenLand, der ersten vom Verlag Eugen Ulmer auf den Markt gebrachten überregionalen Biogarten-Zeitschrift. Dann konnte ich anderthalb Jahrzehnte lang als Redakteurin beim Landwirtschaftlichen Wochenblatt in Stuttgart und als Lektorin weiter für den ökologischen Land- und Gartenbau wirken. In den Jahren meiner freiberuflichen Tätigkeit verfasste ich sehr viele Fachartikel und schrieb mehrere Dutzend Bücher über Botanik und Gärten. Und nicht zuletzt setzte ich mich in meiner Dissertation wissenschaftlich mit der geschichtlichen Entwicklung des biologischen Land- und Gartenbaues auseinander.

Bildquellen

Alle Fotos im Innenteil stammen von der Autorin, ausgenommen folgende: Adam Radosavljevic/Shutterstock.com: S. 197; Alzbeta/Shutterstock.com: S. 75 re.; audaxl/Shutterstock.com: S. 138 li.; Bauer, Roland: S. 15; Beck, Manuela: S. 253 u., 253 o.; botanikfoto/Fotograf: Steffen Hauser/Gestaltung: Marianne und Detlef Lüdke: S. 248; botanikfoto/Heinz Hauser: S. 233; Botanikfoto/Müller, Hans-Roland: S. 207, 210, 211, 213, 215 u., 228 o.; botanikfoto/Steffen Hauser: S. 8/9, 40, 72 u., 91 o., 121 li.; Botanikfoto/Take, Friederike: S. 225 li.; Catalin Petolea/Shutterstock.com: S. 188/189; chudoba/Shutterstock.com: S. 154; clearviewstock/Shutterstock.com: S. 77; Cora Mueller/Shutterstock.com: S. 266; Dancing Fish/Shutterstock.com: S. 162; EagleEyes/Shutterstock.com: S. 136 li.; Esin Deniz/Shutterstock.com: S. 125; FlavoredPixels/Shutterstock.com: S. 270; Fleuchaus, Frank: S. 165, 167 o.; Flora Press/BIOSPHOTO/Le Scanff-Mayer: S. 153; Flora Press/Christine Ann Föll: S. 219; Flora Press/Emotive Images: S. 71; Flora Press/Gudrun Peschel: S. 216; Flora Press/Meyer-Rebentisch: S. 94, 230/231; Flora Press/Otmar Diez: S. 50/51, 57, 106/107; Frank Hecker Naturfotografie, Frank Hecker: S. 227; Gabi Wolf/Shutterstock.com: S. 232; HaiGala/Shutterstock.com: S. 75 li.; Hartmann, Walter: S. 41; Hokka, Leena: Titelbild; IanRedding/Shutterstock.com: S. 175; imago/Redeleit: S. 59; Ints Vikmanis/Shutterstock.com: S. 102; Karen Kaspar/Shutterstock.com: S. 156; Kassia Marie Ott/Shutterstock.com: S. 78 li.; Kingarion/Shutterstock.com: S. 115; Kiss Gabor Balazs/Shutterstock.com: S. 205; Langerhorst, Jakubus: S. 16; Langheineken, Jutta: S. 6, 109, 116 li., 123 u., 130, 143, 158 o.; LianeM/Shutterstock.com: S. 67 o., 173 u.; Loeper, Ulrich: S. 272 re.; lzf/Shutterstock.com: S. 265; Manfred Ruckszio/Shutterstock.com: S. 182; mauritius images: S. 2, 11, 33, 60, 69 li., 69 re., 86, 98, 99 li., 103, 114, 119, 122 li., 122 re., 131 o., 136 re., 137, 139, 140, 141 li., 141 re. o., 141 re. u., 144, 163, 167 u., 171, 172, 176, 180 li., 185, 191, 199, 200, 203, 214 li., 214 re., 220 re., 226, 255 li., 258/259, 260, 262, 264, 267, 274; Möhrle, Bigi: S. 64, 95, 146; Mühlberger, Iris: S. 74; Nicolette_Wollentin/Shutterstock.com: S. 83; Peter Turner Photography/Shutterstock.com: S. 181 re.; rodimov/Shutterstock.com: S. 89; Schwarzer, Elke: S. 48, 96; Singkham/Shutterstock.com: S. 10; Starover Sibiriak/Shutterstock.com: S. 24; StockFood/Lehmann, Herbert: S. 273; tumsasedgars/Shutterstock.com: S. 36; Vlad Siaber/Shutterstock.com: S. 228 MI.; yurok/Shutterstock.com: S. 192; Zoonar/doethion: S. 93; Zoonar/Himmelhuber: S. 133 u., 149 u., 195; Zoonar/Joerg Hemmer: S. 150; Zoonar/Karl Allgaeuer: S. 275; Zoonar/Manfred Ruckszio: S. 91 u.; Zoonar/mturhanlar: S. 218; Zoonar/P.Ther: S. 272 li.; Zoonar/Petra Schüller: S. 263; Zoonar/Photographer: S. Andre Hopf: S. 145 re.; Zoonar/TAP: S. 271; Zwermann, Karin: S. 21 li.

Alle Illustrationen fertigte Johannes-Christian Rost, Stuttgart. Die Gartenpläne auf den Seiten 23, 27, 31, 35, 39, 43 und 47 zeichnete Susanne Dinkel, Reutlingen.

Bibliografische Information der Deutschen Nationalbibliothek
Die Deutsche Nationalbibliothek verzeichnet diese Publikation in der Deutschen Nationalbibliografie; detaillierte bibliografische Daten sind im Internet über http://dnb.d-nb.de abrufbar.

Wollgrasweg 41, 70599 Stuttgart (Hohenheim)
E-Mail: info@ulmer.de
Internet: www.ulmer-verlag.de
Lektorat: Antje Krause, Gabi Franz, Doris Kowalzik
Herstellung: Gabriele Wieczorek
Umschlagentwurf: Verlag Eugen Ulmer
Satz: Atelier Reichert, Stuttgart
Bildbearbeitung: timeRay, Jettingen
Druck und Bindung: Firmengruppe APPL, aprintadruck, Wemding
Printed in Germany

ISBN 978-3-8001-0868-8